Gemeinde ohne Zukunft?

THEOLOGIE KONTROVERS

Gemeinde ohne Zukunft?

Theologische Debatte und praktische Modelle

Herausgegeben von Matthias Sellmann

HERDER

FREIBURG · BASEL · WIEN

MIX
Papier aus verantwortungsvollen Quellen
FSC® C003147
FSC
www.fsc.org

www.herder.de
Umschlaggestaltung: Finken&Bumiller, Stuttgart
Satz: dtp studio mainz | Jörg Eckart
Herstellung: CPI buch bücher.de GmbH, Birkach

ISBN 978-3-451-30645-7

Inhalt

II. Die Zukunft der Gemeinde – Stellschrauben möglicher Veränderungen

III. Zusammenfassende Beobachtungen

Vorwort zu einem eher ungewöhnlichen Buchprojekt

Die Sorge, wie es mit ‚der Gemeinde' weitergeht, kann ohne große Nachprüfung als eine der bedrängendsten Fragen im gegenwärtigen deutschen Katholizismus betrachtet werden. Zwei große Fragerichtungen sind dabei deutlich erkennbar.

Die einen – und es sind sehr viele – fragen nach ‚ihrer' Gemeinde vor Ort. Denn die Veränderungen sind unübersehbar, seit die deutschen Diözesen in sehr unterschiedlicher, aber immer durchgreifender Weise die lokalen Gemeindesituationen durch strukturelle Reformen unter teils großen Anpassungsdruck gebracht haben. In der Rückschau wird man wohl einmal sagen können, dass die letzte Dekade die Jahre eines großen, kirchenrechtlichen Lernprozesses der ‚einfachen Gläubigen' waren. Die, die sich engagiert für die gemeindliche Situation im eigenen Nahraum interessieren, wissen heute um den Unterschied von ‚Pfarrei' und ‚Gemeinde', von ‚Pfarrer' und ‚Pastor', von den Möglichkeiten des c. 517 § 2 CIC oder den Raumvarianten des ‚Kirchspiels', der ‚Fusion' oder einer ‚Gemeinschaft von Gemeinden'. Nicht nur die Zeiten der Gottesdienste oder die Erreichbarkeit der Hauptamtlichen haben sich vor Ort verschoben, sondern auch die grundlegenden Wahrnehmungen: Mit welcher Kultur vollzieht ‚Kirche' solche Wandlungsprozesse? Wie läuft eigentlich Beteiligung? Lassen sich kirchliche Veränderungsprozesse mit den *change-management*-Erfahrungen anderer Kulturfelder vergleichen oder nicht? Wer bestimmt, wie ‚es' künftig gemacht wird? Soll ein bestimmter und bewährter Betrieb aufrechterhalten werden, oder kommt es zu einer Neubestimmung des

Christseins, die alle erst einmal zu lernen hätten? Welche Heuristik dominiert: die von Kirche als geistlichem Versorgungsunternehmen *top down* oder die einer kollektiven Suchbewegung *bottom up*? Welche Aufgaben haben Priester, welche Getaufte, welche Bistumsleitungen?

Wie in welcher Diözese diese Fragen auch immer faktisch beantwortet werden – und in jedem Bistum sieht das ja sehr anders aus – eines ist doch offensichtlich: Die Frage, wie Kirche sich vor Ort versammeln soll, was lokal Kirche konstituiert und wie weit das in den letzten Jahrzehnten einsozialisierte Modell weiter trägt, ist zuhöchst unklar geworden.

Diese unmittelbare und pastoralpraktische Fragedimension fordert die abstrakter angelegte eigentliche Gemeindetheologie heraus. Die Konzeptionsdebatte ist die zweite hervorragende Fragerichtung im Thema. Auch sie wird mit enormer Intensität geführt – wohl auch deswegen, weil die hier theologisch argumentierenden Vertreterinnen und Vertreter an ihre eigenen glaubensbiografischen und kirchensozialisatorischen Wurzeln geführt und zu bestimmten Distanzierungen auch von hierher gedrängt werden. Jedenfalls liegt wohl auf keinem Traktat der Pastoraltheologie gegenwärtig so viel Strom wie auf dem der Ekklesiogenese.

Hier kommt wirklich einiges an Streitmaterie zusammen: die historische Reflexion auf die Pfadabhängigkeiten der Gemeindetheologie seit dem Aufbruch der 1970er Jahre unter der klostermannschen Überschrift ‚Unsere Pfarrei soll eine Gemeinde werden'; die exegetische Frage, welche Form von Versammlungslogik eigentlich im urkirchlichen Design des Christentums angelegt ist – und ob überhaupt; die systematische Suche nach den konstitutiven Elementen von verfasster Kirchlichkeit im Angesicht einer schwächer werdenden amtspräsentischen Durchdringung des Feldes; die pastoralsoziologische Analyse von sich auseinander differenzierenden Kirchen(be)nutzerstilen, von Milieuverengungen in der Passung von Lebenswelt und gemeindlichem Artikulationsvermögen, von fehlender sozialförmiger Kreativität oder der Dominanz einer eucharistischen Monokultur des Liturgischen.

Der Befund lautet also: Es liegt eine Kontroverse vor, die gleichermaßen das normal-biografische wie das akademische Christsein herausfordert. Und: Es ist eine echte Kontroverse, in der die Standpunkte sowohl operativ (‚Wie machen wir es jetzt vor Ort?') wie reflexiv (‚Wie denken wir jetzt Kirche vor Ort?') jeweils weit auseinanderliegen. Jede publizistische Aufarbeitung dieses Sachverhaltes muss der Pluralität und Heterogenität dieses Diskurses Rechnung tragen.

Genau auf solche Debattenlagen ist die Reihe ‚Theologie kontrovers' scharfgestellt. Hier geht es zunächst nicht um die Präsentation von Überschneidungen, sondern von Brennpunkten. Dies gilt in besonderer Weise für den ersten Teil des vorliegenden Sammelbandes. Hier glückt das Projekt, der Leserin und dem Leser von einer Kontroverse nicht nur zu berichten, sondern sie zwischen zwei Buchdeckeln real durchzuführen. Als säße man in einem Studio, einem Hörsaal oder einer Akademie, treten im Folgenden vier Hauptvertreter des aktuellen gemeindetheologischen Diskurses auf und absolvieren drei Gesprächsreihen: In einer ersten Runde präsentiert jeder Autor seine gemeindetheologische Grundposition in einem programmatischen Text. Es handelt es sich um Beiträge, die bereits an anderer Stelle veröffentlicht sind. Wir danken den Verlagen für die Abdruckgenehmigung. Neu verfasst ist das, was dann kommt. In Runde zwei repliziert jeder Autor ‚live' auf die Beiträge der je anderen drei und markiert seine Differenzen. Dies führt zu Runde drei, einer Steigerung, die im wissenschaftlichen Betrieb eher als ungewöhnlich anzusehen ist: Nachdem ja nicht nur das Lesepublikum, sondern auch jeder Autor drei frische Texte von Kollegen auf die eigene Position hin lesen konnte, erging die Bitte, den gewonnenen persönlichen Lernertrag noch einmal kurz zu fixieren.

Das Ergebnis ist die Präsentation aktueller Pastoraltheologie als direkt geführtes literarisches Gespräch – ein exzellentes didaktisches Format für die Kenntnis des aktuellen Argumentationspanoramas, für die eigene Urteilsbildung und für die konstruktive Fahndung, welche blinden Flecken des Diskurses sich gerade deswegen zeigen, weil alles Übrige so komfortabel hell ausgeleuchtet wurde.

Exzellent – wenn es klappt. Dass eine Gesprächskultur alles andere als selbstverständlich ist, in der sich leidenschaftliche Argumentation mit kollegialem Respekt und lernender Neugier verbindet, dürfte auch denen deutlich sein, die sich nicht täglich in wissenschaftlichen Zirkeln aufhalten. Es gebührt darum ein wirklich sehr anerkennender Dank an die vier Fachvertreter, um deren Positionen es hier geht. Mit Norbert Mette, Andreas Wollbold, Herbert Haslinger und Rainer Bucher wurden nicht nur vier Theologen für dieses Kontroversenprojekt gewonnen, deren Gemeindetheologie jeweils einen sehr prominenten und profilierten Eckpunkt der Gesamtdebatte darstellt. Man erlebt auch vier Wissenschaftler, denen an dieser Gesprächskultur ‚leidenschaftlicher Fairness' in der Zunft gelegen ist. Dies zeigen sie in den folgenden Beiträgen: Wer sie liest, darf sich auf klare Positionierungen und deutliche Abgrenzungen genauso freuen wie auf die Bekundung wechselseitiger inhaltlicher Bereicherung gerade durch die engagierte Sachlichkeit.

Eine andere Richtung nimmt der Teil II des Bandes auf. Um sich auch in der pastoralpraktischen Dimension der Frage zu bewähren, wurden sieben Expertinnen und Experten gebeten, eine für sie bedeutende Handlungsanweisung auszuformulieren, über die ihrer Meinung nach die Zukunft von ‚Gemeinde' gesichert werden kann. Die Titel dieser

Beiträge haben daher immer dieselbe syntaktische Struktur eines Vorschlages: ‚Ehrenamt neu sehen lernen'; ‚Eine Gemeindeleitung neuen Typs entwickeln'; ‚Weltkirchliche Lernchancen ergreifen' u.a. Ein solches Vorgehen schafft Orientierung. Natürlich ist nicht der Anspruch impliziert, eine vollständige Liste von Vorschlägen für Gemeindeentwicklung darzubieten. Aber man wird doch sagen können, dass Stellschrauben für pastoralplanerische Prozesse benannt und begründet werden, an deren grundlegender Fragerichtung vorbeizugehen fahrlässig wäre.

Interessanterweise ergeben die pastoralpraktischen Anregungen eine gemeinsame Drift. Das war so nicht vorherzusehen und überrascht. Das dargebotene Argumentationsmaterial in Teil II hat daher dazu gereizt, aus Sicht des Herausgebers eine Synopse zu versuchen, die sozusagen einen Gesamtentwurf zukünftiger kirchlicher Präsenz vor Ort ahnen lässt. Die angesprochene Drift weist hin auf einen Entwicklungspfad entschlossener Nahraum-Präsenz in der territorialen Nachbarschaft, gebildet aus Prozessen der Selbstorganisation, gespeist aus einem neuen Taufbewusstsein, gefördert durch ermöglichende Hauptamtlichkeit in einer Teamkonstruktion, fundamentiert durch eine pneumatologische Ekklesiologie, die sich in der Leitungsidee eines ‚Gemeinsamen Priestertums' konkretisiert; dies alles lernend ausgerichtet auf den kommunalen und kulturellen Kontext, von dem her man überhaupt erst seine Kirchlichkeit als ‚Zeichen und Werkzeug' empfängt.

Wie könnte es anders sein: Eine solchermaßen geahnte ‚Konzeption' – mehr ist es ja nicht – muss wieder an den theoretischen Diskurs zurückgespielt werden. Die hier in den drei Dialogrunden gewonnenen Einsichten sind wertvoll, um auch solche pastoralpraktische Operationalisierungen weiter zu denken, die gerade aus der Reaktion auf einen früheren Theoriestand gewonnen wurden. So geht Pastoraltheologie eben immer hin und her zwischen den Brennpunkten der Ellipse, zwischen Theorie und Praxis. Darum ist dieses Fach ja so prima. Nur so verhindert man theoretisch fruchtlose Deduktion und praktisch fruchtlose Induktion. Nur so wird freiheitliches Entscheidungshandeln nicht zum Abziehbild vorgängiger Reflexion und wird praktische Theologie nicht zur Rezepteschreiberei für sogenannte ‚Anwender'.

Im Übrigen kann man ein solches Buch auch nur herausgeben, wenn man ein gutes Lektorat im Rücken weiß. Der Dank geht daher auch an Herrn Stephan Weber vom Herder-Verlag für die Anregung dieses Projektes und seine konstruktive Unterstützung; wie an Frau Tabea Bellen und Frau Caroline Wolanski vom Bochumer Lehrstuhl, die in gewohnter und gerade darum so hilfreicher Weise das Manuskript für den Druck vorbereitet haben.

Bochum, im Oktober 2012 Matthias Sellmann

I. Gemeindetheologische Entwürfe in der Kontroverse

1. Gemeindetheologische Positionen

Die Gemeinde nach dem Scheitern der Gemeindetheologie[1]

Perspektiven einer zentralen Sozialform der Kirche

von Rainer Bucher[2]

> „Im Plural der pastoralen Orte lässt sich die Rede von Gott nicht mehr allein von ihren eigenen Erwartungen und Perspektiven her gestalten. Sie kann sich hier nicht auf Utopien beschränken, die sie von sich her gebiert und zu denen sich der Fortschritt in der Darlegung des Glaubens aufzumachen hat. Diese Darlegung wird vielmehr dazu geführt, sich selbst das Unausgesprochene, Unbewältigte, Prekäre dieser Orte sagen zu lassen."
> Hans-Joachim Sander[3]

I. Einige Abgrenzungen und Definitionen

Die jüngste pastoraltheologische Diskussion um die „Gemeinde" ist bekanntlich nicht nur sehr lebendig, sondern auch argumentativ ausgesprochen extensiv verlaufen.[4] Den großen Hoffnungen, mit denen die Gemeindetheologie nach dem Konzil ans Werk ging, entsprechen Engagement und Emotionen, welche ihre aktuelle pastoraltheologische Problematisierung[5] freisetzt. Verständlich ist diese Virulenz allemal, zumal gleichzeitig, wenn auch mehr oder weniger unabhängig davon, die damals angestrebte Gemeindeverfassung der katholischen Kirche in den aktuellen Umbauprozessen ihrer Basisstruktur[6] de facto zunehmend aufgelöst wird.

Diese oft lebensgeschichtlich tief eingeschriebene Brisanz des Themas hat zu einem Diskussionsverlauf geführt, der es nahe legt, einige thematische Verknüpfungen, in welche die Gemeindeproblematik dabei eingewoben wurde, zu lösen. Diese Verknüpfungen sind ohne Zweifel möglich, aber meines Erachtens im Ganzen dann doch eher hinderlich. Konkret betreffen sie die Frage der Zulassungsbedingungen zum Priesteramt, jene des Verhältnisses von Individuum und Gemeinschaft in christlicher religiöser Praxis sowie auch die Frage nach der notwendigen Verortung kirchlicher Pastoral in der räumlichen Fläche.

1. Das Problem der Zulassungsbedingungen zum Priesteramt

Ohne Zweifel sind die gegenwärtigen Zulassungsbedingungen zum katholischen Amtspriestertum ausgesprochen problematisch, vor allem unter Gerechtigkeits-, Qualitäts- und amtstheologischen Gesichtspunkten. Die Gemeindeproblematik dürfte aber kein geeigneter Hebel sein, um hier relevanten Veränderungsdruck aufzubauen. Das Konzept „Gemeinde" als eine kommunikativ verdichtete, überschaubare Lebens-, und Glaubens-, ja „Schicksalsgemeinschaft"[7] unter priesterlicher Leitung ist innerkatholisch viel zu jung, um als Gegengewicht gegen jene alten und vor allem sozialpsychologisch tief eingeschriebenen Traditionen anzukommen, die das Priestertum dem unverheirateten Mann reservieren. Die „Gemeinde" existiert ja selbst im CIC 1983 nur in ihrer rechtlichen Verfasstheit als „Pfarrei"[8] – und ist im CIC 1983 ein höchst flexibles Instrumentarium bischöflicher Raumordnung.[9] Zudem handelt es sich beim Priestermangel, weltkirchlich und schon innereuropäisch gesehen, um eine ausgesprochen relative Wahrnehmung.

Die Seelsorgeämter drehen denn auch genau an diesen beiden Stellschrauben, um den potentiellen Veränderungsdruck auf die Zulassungsbedingungen zu verringern: Sie holen ausländische Priester und/oder vergrößern die priesterlichen Zuständigkeitsräume. Damit steht also ein relativ neues und rechtlich wenig gesichertes Konzept gegen eine politische Realität, die dieses Konzept bei einiger organisationsentwicklerischer Virtuosität, und die haben sich die Seelsorgeämter mittlerweile erarbeitet, ganz erfolgreich umspielen kann. Politisch ist das eine ganz und gar unbefriedigende Situation: Der einklagende pastoraltheologische Diskurs steht gegen institutionelle Macht und Raffinesse. Der Diskurs gewinnt da selten. Zumal, aber darauf wird noch einzugehen sein, die gemeindlichen Mauern nicht nur von außen durch die Seelsorgeämter, sondern eben auch von innen durch die Katholikinnen und Katholiken selbst gesprengt wurden.

Zudem: Die für unsere Kirche wahrscheinlich existenzentscheidende Frage, wie ein amtstheologisch, pastoral und nicht zuletzt personal verantwortbarer Entwicklungspfad des katholischen Amtspriestertums nach der Auflösung der sanktionsgestützten „Konstantinischen Formation" der Kirche ausschauen könnte, wie also das katholische Amtspriestertum nach seiner für dieses lange typischen und lange funktionierenden Kopplung von Spiritualität und Macht konzipiert werden könnte, diese völlig offene Frage scheint mir mit der Verlängerung jenes letztlich paternalistischen Amtskonzepts, wie es die Gemeindetheologie vertritt[10], nicht wirklich beantwortet zu sein.[11]

2. Die Polarität von Individualität und Vergemeinschaftung im Christentum

Das zentrale ekklesiale Problem der Pianischen Epoche war strukturell die mangelnde Freiheit und material die praktisch unmögliche Identifikation des Eigenen im Außen des Eigenen. Das zentrale Problem der kirchlichen Gegenwart, zumindest in unseren Breiten, ist strukturell die Schwierigkeit von Gemeinschaft und material die Setzung der Differenz des Eigenen innerhalb des allgemein Religiösen. War in der Pianischen Epoche die Gemeinschaft des Kirchlichen die Selbstverständlichkeit und die Freiheit das Unselbstverständliche, so ist heute die Freiheit vom Kirchlichen die Selbstverständlichkeit und die kirchliche Gemeinschaft das Unselbstverständliche.

Scheiterte die Kirche in der Auseinandersetzung mit Faschismus und Nationalsozialismus letztlich an ihrer Unfähigkeit, das Eigene im Außen des Eigenen zu entdecken und etwa in den Menschenrechten zu identifizieren, so ist heute ihr Problem, wie sie die Differenz des Eigenen in der Gleichzeitigkeit des religiös diffusen Allgemeinen darstellen kann, ohne dabei in jene soziale Codierung der Innen-Außen-Differenz zu verfallen, wie sie der extra ecclesiam nulla salus-Spruch formulierte und die vorkonziliare Realität sozial-moralisch inszenierte. Denn genau das geht nicht mehr: Die, die es versuchen, also alles rechts vom konziliaren Verfassungsbogen der Kirche, beweisen es aufs Unschönste.

Die Alternative lautet also nicht: religiöser Individualismus versus gemeindliche Vergemeinschaftung.[12] Denn die Freigabe zu religiöser Selbstbestimmung auch für Katholiken und Katholikinnen ist eine soziale Tatsache, im Übrigen eine erst einmal ausgesprochen erfreuliche. Es geht vielmehr darum, wie heute noch ekklesiale Sozialität möglich ist und dies jenseits ihrer autoritativen Einforderung durch die Propagierung quasi-selbstverständlicher Sozialformen von Kirche, diesseits aber auch einer situativ vergemeinschaftenden Event-Orientierung[13], wie sie von der Spitze der Kirche bis an die kirchliche Basis weiter verbreitet sein dürfte, als der offizielle Diskurs vermuten lässt.

Das Christentum kennt von seinen Anfängen her die Spannung von konstitutiver Gemeinschaftlichkeit und unvertretbarer Individualität vor Gott. Koinobiten und Anachoreten, der zölibatäre Priester und die Familie als Ekklesiola, Paulus in seinem unvertretbaren Damaskuserlebnis und die frühe judenchristliche Jerusalemer Gemeinde oder auch der Papst, der ex sese unfehlbare ex cathedra-Entscheidungen fällen kann, aber doch nur, wenn er den Glauben der Kirche auslegt: Das Christentum ist in der Spannung von Individualität und Gemeinschaftlichkeit situiert – und nicht an einem dieser Pole.

3. Die Notwendigkeit der Kirche, „vor Ort" zu sein

Eine dritte Klarstellung. Ein Teil der bisherigen Diskussion lief unter dem recht missverständlichen Label: „Verörtlichung des Glaubens".[14] Dieses Label ist in zweifacher Weise unglücklich: Zum einen ist der Ortsbegriff innertheologisch mit Melchior Canos Lehre von den „loci theologici"[15] als Lehre von der „Pluralität von Orten, an denen Theologie die Autorität des Glaubens in der Geschichte darstellen kann"[16], belegt, eine Lehre, die man übrigens im Kontext der anstehenden Gemeindediskussion wird durchaus gut gebrauchen können. Zum anderen hat Michael Ebertz natürlich Recht, wenn er auf den Vorwurf der „Virtualisierung des Glaubens"[17] mit dem Hinweis antwortet, es gehe vielmehr um die notwendig gewordene „Neustrukturierung und Pluralisierung der pastoralen Orte"[18], und „transitorische Orte" seien dies „ohnehin"[19] allesamt.

Der harte Kern dieses Diskussionsstrangs dürfte die Frage nach dem Territorialprinzip sein, verstanden als flächendeckende Zuständigkeit bzw. Identifizierbarkeit pastoraler Orte im territorial verstandenen Raum.[20] Ich plädiere, um das vorwegzunehmen, nachdrücklich dafür, das Territorialprinzip längstmöglich aufrecht zu erhalten. Realisiert es Kirche als wahrnehmungssensible *Angebotsstruktur*, zwingt das so verstandene Territorialprinzip die Kirche hinein in die Gesellschaft, verringert es tatsächlich die Gefahr, den „Zeichen der Zeit"[21] auszuweichen, und kann es helfen, den

Selbstabschluss kirchlicher Sozialräume zu verhindern. Es wäre dann ein starkes Signal diakonischer Selbstanbietung der Kirche an und für alle.[22]

4. „Gemeindetheologie": Ein analytischer Begriff

Schuldig bin ich freilich noch eine Bestimmung dessen, was ich unter „Gemeindetheologie" verstehe. Ich möchte diesen Begriff analytisch fassen und historisch verorten. Petro Müller etwa, um ihn hier einmal zustimmend zu zitieren, fasst das, was Paul Weß in der Wiener Machstraße initiierte, in den programmatischen Satz zusammen: „Überschaubare Gemeinschaften mündiger Christen sollten die anonymen Pfarrstrukturen aufbrechen und an ihre Stelle treten."[23] Das wurde zum Konzept weit über Wien hinaus. „Unsere Pfarreien müssen zu Gemeinden werden"[24], so Ferdinand Klostermanns[25] zentrale These in der offiziösen Fassung der Handreichung „Gemeinde" für den pastoralen Dienst aus dem Jahre 1970, erschienen in der Reihe „Pastorale", herausgegeben von niemand Geringerem als der Konferenz der deutschsprachigen Pastoraltheologen.

„Gemeindetheologie" meint also im Folgenden jenen pastoral-theologischen Transformationsdiskurs, der Mitte der 1960er Jahre praxiswirksam wurde und die Umformatierung der kirchlichen Basisstruktur hin zu „überschaubaren Gemeinschaften mündiger Christen" initiierte. „Gemeinde", das war konzipiert als Nachfolgestruktur der als anonym, bindungs- und entscheidungsschwach wahrgenommenen volkskirchlichen Pfarrstruktur.[26] Man kann diesen Diskurs tatsächlich Gemeinde*theologie* nennen, denn eines seiner charakteristischen Merkmale war und ist bis heute die dezidiert theologische Selbstbegründung.[27] Das unterschied ihn signifikant von dem bis dahin für Organisation und Legitimation kirchlicher Basisstrukturen primär zuständigen kirchenrechtlichen Diskurs und markiert seinen Ursprung im wissenschaftlichen, nicht im administrativen Bereich der Kirche.[28]

Ein weiteres Merkmal dieses Diskurses und vielleicht Folge seiner theologieintensiven Begründung war es, zumindest konzeptionell alle kirchlichen Handlungsstrategien auf diesen Umbauprozess zu zentrieren. Es galt eben tatsächlich das „Prinzip Gemeinde“[29], es galt die Maxime „Kirche als Gemeinde“[30], um Klostermann erneut zu zitieren.

Dieser Umformatierungsprozess hatte zugleich extensiven wie intensivierenden Charakter. Klostermann nennt als Ziel des Gemeindebildungsprozesses, „dass in (einer) Pfarrei möglichst viele Menschen eine möglichst genuine Gemeinde Jesu, des Christus, erleben können“, „dass die Pfarrei ein konkreter Ort wird, an dem möglichst vielen Pfarrangehörigen, aber auch anderen im Pfarrgebiet wohnenden Menschen die Glaubenserfahrungen Jesu weitervermittelt werden können.“ Dazu sollen „möglichst viele in christliche Gruppen und Gemeinden“[31] eingebunden werden. Intensivierung und extensive Erfassung gleichzeitig also waren angezielt. Das Ergebnis sollte die „menschliche, brüderliche, offene und plurale Pfarrei“[32] sein, so die Formulierung Klostermanns.

Zentrale Bezugsgröße der Kirchenmitgliedschaft war also nicht mehr, wie vorkonziliar und damals „gut katholisch“, die römisch-katholische Kirche mit dem Papst an der Spitze, sondern der überschaubare Nahraum einer kommunikativ verdichteten, letztlich nach dem Modell einer schicksalhaft verbundenen Großfamilie gedachten Gemeinde. Soziologisch angesiedelt jenseits der Mikroebene der Primärbeziehungen, aber diesseits der Makroebene einer anonymen Gesellschaft wurde die „Gemeinde“ zum Hoffnungsträger einer sich erneuernden Kirche. Es winkte das Versprechen einer Kontrastgesellschaft gegen die zweckrationale Außenwelt, aber auch gegen die offenbar nicht so ganz „menschliche, brüderliche, offene und plurale" römisch-katholische Welt. Aus diesem Gegensatz bezog der gemeindetheologische Diskurs viel von seinem attraktiven Kontrastpathos. Denn er versprach, das alte, tendenziell repressive Katholizismuskonzept der Pianischen Epoche zu überwinden, zudem einen anspruchsvollen Konkretionsweg des Christlichen aufzuzeigen und ihn in den und nicht gegen die Modernitätsstrudel der Gegenwart mit anderen, ebenfalls gegenwartssensiblen Mitchristen finden zu können.

Diskursive Marker dieses Wechsels waren neben dem Kontrast von „Pfarrei" und „Gemeinde" Formeln wie: „Die Gemeinde ist Subjekt der Pastoral" versus die „Gläubigen als bloße Objekte der Seelsorge" oder „der reife, mündige, denkende, ... freie, dabei fromme, gläubige Christ" versus dem „hörende(n), blind-gehorchende(n) unkritische(n), problemlose(n), sogenannte(n) ‚einfache(n)', schlichte(n) Christ(en)"[33] – so Klostermann.

5. Eine persönliche Anmerkung

Viele verdanken dieser Gemeindetheologie sehr viel, auch ich. Das gilt für ihre praktischen Ausformungen: Ich komme aus einer durchaus inspirierenden Gemeinde. Ich habe der Gemeindetheologie aber auch in ihrer theoretischen Fassung, etwa bei Rolf Zerfaß, viel zu verdanken. Er war es freilich auch, der mich in seiner unbestechlichen Ehrlichkeit mit einem Zitat auf einen neuen Weg brachte, damals, als mich die Bamberger Fakultät beim Habilitationsvortrag zum Thema „Gemeinde" verpflichtete.

Denn jetzt las ich bei Zerfaß: „Die schöne These von der ‚Gemeinde als Lernort des Glaubens' könnte vergessen lassen, was doch alle neueren religionssoziologischen Erhebungen zur Situation der Kirche in Deutschland belegen: daß ihre Gemeinden *nicht* mehr Orte sind, an denen man den Glauben erlernen kann."[34] Gemeinden seien, so weiter Zerfaß und Klaus Roos, Orte, „wo man den Glauben braucht, um es aushalten zu können, statt daß man ihn dort entdecken könnte", seien Orte „eines beklemmend unpolitischen Bewußtseins und einer mitunter erschreckenden Selbstherrlichkeit (besonders gegenüber Gescheiterten, Geschiedenen, Fernstehenden oder solchen, die nicht glauben können)". Die Ebertzschen Thesen von der gemeindlichen „Milieuverengung" wirken demgegenüber noch richtig zurückhaltend.[35]

II. Das Scheitern der Gemeindetheologie

1. Genese, Struktur und Wirkung der Gemeindetheologie

Der gemeindetheologische Diskurs reagiert deutlich auf die Säkularisierungserfahrung des sich auflösenden „katholischen Milieus". Der nachlassenden Bindekraft der Kirche wollte man gegensteuern. Für Klostermann spielt die These, „dass im allgemeinen der Kirchenbesuch mit der wachsenden Pfarreigröße abnimmt", eine zentrale Rolle in der Begründung seines gemeindetheologischen Projekts. Er entwickelt aus diesem Befund „die pastorale Notwendigkeit von Pfarrteilungen bzw. gemeindlichen Substrukturen unserer städtischen Großpfarreien" und fordert auch die „Erhaltung der Kleinpfarreien ... als echte Gemeinden", auch „auf dem Lande."[36]

Der „fortschreitenden Säkularisierung" sollte, so der Essener Bischof Genn mit Bezug auf eine Studie Wilhelm Dambergs, durch „die Bildung von Pfarreien unter dem Leitbild der Pfarrfamilie" entgegengewirkt werden. Daraus entstand etwa im Bistum Essen „die Option, im Umkreis von maximal 750 Metern immer wieder eine Kirche mit der entsprechenden Infrastruktur (Pfarrhaus, Kaplanei, Kindergarten, Pfarrheim, Jugendheim, Küsterwohnung) zu bauen."[37]

Der gemeindetheologische Diskurs knüpft zudem, das

sieht Petro Müller sicher richtig, wenn auch zu unkritisch[38], an die Tradition des genuin anti-liberalen, demokratie-kritischen „Organismusgedankens“ der Zwischenkriegszeit an, wie ihn etwa Guardini innerkirchlich exemplarisch formuliert hat und Müller ihn zusammenfasst in der Maxime: „Nicht mehr das subjektiv-individualistische Denken herrsche vor, sondern eine organisch geprägte Form, in der die Kirche als Gemeinschaft der Vielen entdeckt wird, geeint in Gott“[39].

Kennzeichen der volkskirchlichen Formation von Kirche war das als selbstverständlich empfundene Miteinander dreier Größen: kirchliche Sozialform, religiöses Sinnsystem und gesellschaftliche Wirklichkeit. Die sozial erlebbare Realität der Kirche einerseits, ihr Sinn- und Symbolsystem andererseits sowie das, was gesellschaftlich galt und erlebt wurde, stützten und plausibilisierten sich wechselseitig. In der „Pianischen Epoche“ und somit nach dem Sieg des bürgerlichen Gesellschaftsprojekts gelang das zwar nur noch auf der reduzierten Basis eines gesellschaftlichen Submilieus und also auf defensiver Basis, aber es gelang noch recht weitgehend.[40] Mit der Perforierung dieses Milieus aber zerfiel diese Einheitsimagination von kirchlicher Sozialform, religiösem Sinnsystem und gesellschaftlicher Wirklichkeit.[41]

Im gemeindetheologischen Konzept werden nun zwei dieser drei Parameter in ein erneuertes Nahverhältnis gebracht: die kirchliche Sozialform und das religiöse Sinnsystem. Die „Gemeindetheologie“ reintegriert beide subjekt- und (klein-) gruppenorientiert. Der grundlegende Wandel des Verhältnisses zur dritten Größe, der umgebenden gesellschaftlichen Realität, wurde dabei eher begrüßt. An die Stelle wechselseitiger Stützung traten der Gesamtgesellschaft gegenüber nun Kategorien wie „Kontrast“, „Eigenständigkeit“ und „Unabhängigkeit“. Oder noch einmal in den Worten Klostermanns: Im gemeindekirchlichen Konzept werde

„das volkskirchliche Denken überwunden; ein Denken, das zu falschen Identifizierungen von Kirche und Volk, Kirche und Staat, Kirche und Partei, Kirche und Klassen, Kirche und irgendwelchen Systemen anderer Ebenen neigt“[42].

Die Gemeindetheologie startet als Diskurs, als ein ungemein wirkmächtiger freilich. Wahrscheinlich war Pastoraltheologie seit Maria Theresias Zeiten nie so einflussreich. *Konzeptionell* war dieser Diskurs zumindest im deutschsprachigen Raum bis vor kurzem praktisch alternativlos, mag auch die Realität schon länger anders ausgesehen haben. Denn weder wurden die volkskirchlichen Bindungen etwa konkordatärer oder informell-politischer Art wirklich gekappt, noch wurde die Kirche wirklich in ein Netz von „Intensiv-Gemeinden“ umformatiert; „Wien-Machstraße“ blieb ebenso eine Ausnahme wie die „Integrierte Gemeinde“ in München. Was geschah, das war etwas anderes. Einerseits wurde tatsächlich die alte volkskirchliche und rein kirchenrechtlich definierte Territorialpfarrei mit gemeindetheologischen Kategorien aufgeladen. Um dem gemeindetheologischen Ideal näher zu kommen, wurden etwa die bereits von Klostermann geforderten „lebendigen Zellen“[43] gegründet, also Familien-, Bibel- und andere religiöse Kreise als Orte verdichteter Kommunikation, möglichst auch verdichteter religiöser Kommunikation. Dazu wurden Pfarrheime gebaut, vor allem aber eine neue Rhetorik, aber auch eine neue Wirklichkeit kommunikativer Gemeinsamkeit und Partnerschaft eingeübt.

Gleichzeitig aber verlor die Gemeinde immer mehr ihrer realen Funktionen. Als nämlich die alte Pfarrerrolle im Professionalisierungsprozess der Pastoral in den 70er und 80er Jahre in ein Set von Hauptamtlichenberufen ausdifferenziert wurde, wanderten die sich professionalisierenden Handlungsfelder stets auch aus der Gemeinde aus: Das galt und gilt für die Diakonie, das galt und gilt für die Schule, das galt und gilt übrigens nur für eine/n nicht: den Pastoralassistenten/die Pastoralassistentin.[44] Heraus kam etwas, was ich als „mittelständisches Dienstleistungsunternehmen ‚Pfarrfamilie'" bezeichnen möchte, um das herum sich ein Kranz von relativ unabhängigen kirchlichen Handlungsfeldern in Diakonie, Schule oder Erwachsenenbildung legt.

2. Das Scheitern

Der Versuch, die katholische Kirche von einer amtszentrierten Heilsinstitution zur quasi-familiären Lebensgemeinschaft umzuformatieren, ist nun keineswegs am Widerstand der veränderungsresistenten Heilsinstitution gescheitert. Gerade die jüngsten römischen Versuche, diese klerikal-heilsinstitutionalistische Seite der Kirche wieder stark zu machen, belegen dies indirekt.[45] Es sei denn, man erkennt in der gegenwärtigen Ausweitung des priesterlichen Einflussraums, also der Höherplazierung des Priesters im kirchlichen Personalkegel – und nichts anderes motiviert ja doch wohl zur Bildung von Seelsorgeräumen und ähnlichen übergemeindlichen Großformen –, die subtile, wenn auch wohl unbewusste Revanche der alten Bischofskirche an der neuen Gemeindetheologie.

Der Versuch, die katholische Kirche von einer amtszentrierten Heilsinstitution zur quasi-familiären gemeindlichen Lebensgemeinschaft umzuformatieren, ist an etwas anderem gescheitert: an seinem Charakter als halbierte, ja selbstwidersprüchliche Modernisierung, einem Widerspruch, wie er etwa schon in Klostermanns Doppelziel von Intensivierung und Expansion zum Ausdruck kommt. Die gemeindetheologische Modernisierung wollte freigeben („mündiger Christ") und gleichzeitig wieder in der „Pfarrfamilie" einfangen. Sie wollte Priester und Laien in ein neues gleichstufiges Verhältnis bringen bei undiskutierbarem Leitungsmonopol des priesterlichen „Vorstehers". Sie wollte eine

Freiwilligengemeinschaft sein, die aber auf ein spezifisches Territorium bezogen sein sollte[46], sie wollte für alle da sein[47], war es aber doch für immer weniger, und wurde immer mehr, wie Zerfaß/Ross formulieren, ein „Ort beharrlichen Kreisens um sich selber, um den Kirchturm, das Pfarrfest und die wenigen Personen, die derzeit (und wie lange schon?) im Pfarrgemeinderat das Sagen haben"[48]. Und man mediatisierte die ehemals extrem aufgespannten Partizipationsgrade an Kirche auf das berühmte „aktive Gemeindemitglied" ausgerechnet zu jenem Zeitpunkt, als die Einzelnen die Lizenz zu bindungsfreier religiöser Praxis bekamen.

Diese Selbstwidersprüchlichkeiten einer halbierten Modernisierung blieben nicht folgenlos. Aus ihrer inneren Widersprüchlichkeit entwickelten sich äußere Paradoxien: Die Gemeinde sollte das Leben in Christus vermitteln und musste doch offenbar selbst ständig „verlebendigt" werden, sie war auch in ihrem eigenen Selbstverständnis kein Selbstzweck, zog aber alle Bemühungen und Initiativen auf sich, sie war plötzlich die „Summe und Pointe aller Pastoral"[49], und doch expandierten die nicht-gemeindlichen Handlungssektoren der Kirche, also Diakonie, Kategorialpastoral oder Bildungsarbeit, weit stärker.

Der Kern der Selbstwidersprüchlichkeit des gemeindetheologischen Konzepts gründet in seinem ambivalenten Verhältnis zur Freiheit. Diese Ambivalenz aber rührt aus dem Status der Gemeindetheologie als kriseninduziertes Rettungsprogramm. Ähnlich wie das Papsttum im späten 19. Jahrhundert und daher auch, etwa im Unterschied zu katholischen Verbänden oder Diözesancaritasvereinen, ähnlich emotional aufgeladen, zog die Gemeindetheologie enorme Rettungsphantasien einer durch die moderne liberale Gesellschaft und ihre ganz anderen Lebensstile unter Druck geratenen Kirche auf sich – wenn auch diesmal bei den eher modernitätsfreundlichen Teilen der Kirche. Doch in einem kommt sie mit der forcierten Papstkirche der Pianischen Epoche überein: Durch Aufbau, Ausbau und theologische Unterfütterung einer spezifischen Sozialform von Kirche sollten die freiheitsbedingten Erosionsprozesse kirchlicher Konstitution gestoppt werden.

Die Gemeindetheologie formuliert somit ein spezifisches innerkirchliches sozialtechnologisches Projekt. Sie verspricht Vergemeinschaftung jenseits der Repression einer unverlassbaren Schicksalsgemeinschaft und doch diesseits der unheimlichen und ungebändigten Freiheit des Einzelnen. Deshalb thematisiert die Gemeindetheologie auch primär Sozialformen, nicht aber pastorale Inhalte. Diese werden immer noch mit einer gewissen Selbstverständlichkeitsaura umgeben, mag diese Selbstverständlichkeit, etwa in der Sakramentenpastoral, auch noch so hinfällig geworden sein. Es ist ja nicht zu übersehen: Ähnlich wie beim Papsttum will man über eine institutionelle Struktur sichern, was in der liberalen Gesellschaft gefährdet erscheint: die Tradierung des Christlichen.

Dass dieses Projekt scheitern musste, erklärt sich aus seiner inneren Selbstwidersprüchlichkeit, dass es gerade in seiner intendierten Rettungswirkung scheiterte, dafür nur ein paar kirchensoziologische Daten: Die Bindewirkung des gemeindlichen Milieus hat, nimmt man die Kirchgängerzahlen als Grundlage, seit 1950 um ca. 70 % abgenommen.[50] Nicht dieser Vorgang an sich – er ist nicht so sehr der Gemeinde als vielmehr dem generellen Kontextwechsel kirchlicher Konstitution zuzuschreiben, der die Kirche von einer praktisch unverlassbaren Schicksalsgemeinschaft zu einer von vielen Anbieterinnen auf dem religiösen Markt macht – als vielmehr die Tatsache, dass auch der gemeindetheologische Umbau praktisch keine Spuren in dieser linearen Reduktion kirchlicher Partizipation hinterlassen hat, scheint mir bemerkenswert.

Man wird heute von der Faustformel 25 % KatholikInnen mit relativ regelmäßigem Gemeindekontakt[51], 25 % potentiell Austrittswilligen[52] und einer knappen „unbekannten Mehrheit" von „Kasualienfrommen" auszugehen haben[53], wie die instruktive Studie von Först / Kügler zu dieser innerkirchlichen Personengruppe treffend betitelt ist.[54] Zudem laufen praktisch alle ressourcenbedingten aktuellen pastoralplanerischen Initiativen darauf hinaus, das klassische „Normalbild" einer um den Pfarrpriester gescharten, überschaubaren, lokal umschriebenen, kommunikativ verdichteten Glaubensgemeinschaft aufzulösen, was dazu geführt hat, dass bereits 2005 „nur noch gut ein Viertel (24,2 %) aller Pfarreien dem vertrauten Bild von der Pfarrei mit einem Pfarrer, der die Pfarrei leitet"[55] entsprach, wie niemand Geringeres als die DBK festhält. Michael Ebertz hat schon Recht, wenn er feststellt, es sei „schon merkwürdig, dass … dieser so offensichtlich negative Ausgang eines gewissermaßen historischen Experiments immer noch ignoriert werden kann"[56].

III. Ein Blick ins Archiv zweier pastoraltheologischer Referenzdiskurse

Ich möchte an dieser Stelle zur Selbstvergewisserung einen kurzen Blick ins Archiv zweier klassischer Referenzdiskurse der Pastoraltheologie werfen: den systematisch-theologischen wie den soziologischen. Beide Blicke helfen, gewisse Korrekturen anzubringen, die Lage zu klären und weiterführende Perspektiven zu entwickeln.

1. Systematische Theologie

Die Pastoraltheologie teilt trotz ihres tendenziell eher progressiven Images auf Grund ihrer ekklesialen Thematik doch eine typisch katholische Versuchung: den Institutionalismus, also die Selbstverwechslung einer Institution mit ihrem Existenzzweck. Intentional ist er eher im hierarchischen Spektrum der Kirche angesiedelt, diskurs-strukturierend bisweilen auch in der Pastoraltheologie in ihrer Fixierung auf die Reflexion von Sozialformen von Kirche.

Demgegenüber ist systematisch-theologisch an die „pastorale Wende“ des II. Vatikanums zu erinnern.[57] Sie ist bereits in *Lumen gentium* greifbar und wird dort gerade über den Sakramentsbegriff eingeleitet. Die berühmte Definition von Kirche in LG 1 lautet ja, die Kirche sei „in Christus gleichsam das Sakrament bzw. das Zeichen und Werkzeug für die innigste Vereinigung mit Gott und für die Einheit des ganzen Menschengeschlechts“. Hans-Joachim Sander hält zu dieser Stelle fest: „Das Sakrament Kirche ist ein Zeichen, also etwas, das auf etwas anderes hindeutet und diese Repräsentanz dann für andere von sich selbst her markiert. Das worauf es hindeutet, ist zugleich das, wozu es dient; dieses Sakrament ist ein Werkzeug, und zwar für die ‚Vereinigung mit Gott und für die Einheit aller Menschen‘. Kirche dient nicht sich selbst, sondern jemandem und etwas, was sie gar nicht selber ist: nämlich Gott und allen Menschen.“[58]

Das klingt nachkonziliar fast selbstverständlich und ist es doch nicht. Es ist ein wirklicher Wandel im Selbstentwurf der Kirche. Denn die „*societas perfecta* wird“ jetzt „prinzipiell überschritten“ und damit jene Kategorie, mit der sich „die neuzeitliche Kirche … von sich selbst her begriffen“[59] hatte. Die konziliare Bindung der Kirche an ihre sakramentale Sendung dezentriert Kirche aus dem Sog ihrer institutionellen Selbsterhaltung und verweist sie auf ihre existenzlegitimierende Aufgabe: Zeichen und Werkzeug der Geschichte Gottes mit den Menschen zu sein. Der quasi immanenten Häresie einer jeden religiösen Institution, der Selbstverwechslung mit dem, dem sie zu dienen hat, wird hier ein aufgabenbezogenes sakramentales Verständnis von Kirche entgegengesetzt.

Sander hat diese pastorale Wende des Konzils konstitutionsanalytisch auf die Unterscheidung von der Kirche als Religions- und als Pastoralgemeinschaft gebracht.[60] Als Religionsgemeinschaft ist die Kirche eine immer noch mächtige Institution mit Einfluss und vielen Zeichen bleibender gesellschaftlicher Präsenz. Als Pastoralgemeinschaft ist die Kirche ein ohnmächtiger, weil von Gottes Gnade abhängiger Ort der Realisation des Evangeliums in den Zeichen der Zeit, ist sie ein „allumfassende(s) Sakrament des Heiles", welches wie *Gaudium et spes* 45 fast unglaublich formuliert, „das Geheimnis der Liebe Gottes zu den Menschen zugleich offenbart und verwirklicht."

Die Polarität und auch die Unentkoppelbarkeit beider Existenzweisen, der religionsgemeinschaftlichen wie der pastoralgemeinschaftlichen, sind ganz unausweichlich; von welchem Pol her man Kirche aber begreift, ist es nicht. Die pastorale Wende des Konzils besteht ganz wesentlich darin, Kirche als Religionsgemeinschaft von ihrem Charakter als Pastoralgemeinschaft her zu entwerfen. Da „Pastoral" aber im Konzil ein qualifiziertes Geschehen meint, nämlich die kreative und handlungsbezogene Konfrontation von Evangelium und Existenz heute, kann man dies die „materiale Wende" in der Konzeption und Reflexion kirchlicher Konstitutionsprozesse nennen. Die Pastoraltheologie sollte ihr nicht nur grundsätzlich und theoretisch, sondern auch in der Reflexion aktueller Probleme der Kirchenkonstitution folgen. Das würde bedeuten, nicht zuerst Sozialformen, also Religionsgemeinschaftliches, zu reflektieren und dabei zu fragen, wie in ihnen Pastoral (noch) möglich ist, oder gleich gar, welche Zukunft diese Sozialformen haben, sondern umgekehrt zu reflektieren, wo und warum Pastoral im konziliaren Sinne heute dem Volk Gottes gelingt, um dann an der Weiterentwicklung jener Sozialformen mitzuhelfen, welche bessere Chancen für die Pastoral bieten.[61]

Man hätte da viel von kategorial-pastoralen oder auch diakonisch-pastoralen Orten zu lernen. Vor allem, weil sie unter dem heilsamen Druck stehen, das Evangelium in nicht-selbstverständlichen Kontexten zu präsentieren, mithin der Kontinuitäts- und Selbstverständlichkeitsfiktion anderer pastoraler Orte nicht so schnell verfallen. Anders gesagt: Kategorialpastorale Orte stecken in einem heilsamen Inkarnationszwang. Sie entgehen damit leichter der für die Kirche gefährlichen Fiktion, es gäbe Pastoral jenseits der ergebnisoffenen Konfrontation von Evangelium und individueller Existenz.

2. Soziologie

Womit ich bei meiner zweiten Referenz bin, der Soziologie. Sie kann als heilsames Korrektiv gegenüber einer Wirklichkeitswahrnehmung wirken, die eigene innerkirchliche sozialpsychologische Befindlichkeiten in die gesellschaftliche Umgebung der Kirche projiziert. Alfred Dubach hat zutreffend bemerkt, dass es überhaupt nichts nützt, die eigenen gefährdeten Vergemeinschaftungsformen dadurch retten zu wollen, dass man dogmatische Vorgaben – Dubach meint hier konkret die communio-Ekklesiologie[62] – zum „Raster selektiver Informationsaufnahme und -verarbeitung"[63] macht und dann ausgerechnet eine „Sehnsucht vieler Menschen nach Gemeinschaft" als „Zeichen der Zeit"[64] identifiziert.

Die „strukturelle Individualisierung moderner Gesellschaften", so Dubach, werde von den „kirchlichen Autoritäten in ihrer institutionserosiven Kraft als beängstigend und bedrohlich erfahren". Dies lasse die Kirchenleitungen in ihrer „Sorge um die eigene Institution" dann „nicht auf eine Kultivierung moderner Freiheitsambitionen setzen", vielmehr solle über „dichte kohäsive Sozialbeziehungen … kollektive Identität mit den Überzeugungen der Kirche erreicht werden."[65] Auch das gemeindekirchliche Konzept folgt deutlich diesem Muster.

Abgesehen davon, dass dies ein ganz und gar unkorrekter „Zeichen der Zeit"-Begriff[66] wäre: Vergemeinschaftungsformen scheinen heute sehr milieuspezifisch zu sein[67], und es gilt wohl eher der Satz, mit dem ein evangelischer Sammelband zum Problem beginnt: „Feste Zugehörigkeiten sind ungewöhnlich geworden. Sie werden vermisst, wenn sie fehlen; sie stören mehr oder weniger, wenn sie gegeben sind"[68]: Die Grundfrage von Kirchenbildung unter spätmodernen Bedingungen ist eben nicht, wie viel Gemeinschaft kann gegen den Freiheitsdrang des Einzelnen noch gerettet werden, sondern, wieder Dubach, „Wie stiftet Freiheit ekklesiale Sozialität?"[69]

Die Alternative lautet eben nicht: religiöser Individualismus versus gemeindliche Vergemeinschaftung, so als ob es diese an jenem vorbei heute noch gäbe. Religiöse Praxis wird seit einiger Zeit in die Verfügungsfreiheit des Einzelnen gegeben, übrigens sehr spät und ungefähr zeitgleich mit der Freigabe der Geschlechterrollen: Religion als das Verhältnis zur obersten Macht und die Geschlechterrolle als das Verhältnis zum eigenen Körper sind offenbar ausgesprochen prekäre Größen der menschlichen Existenz, die nur sehr zögerlich in den Freiheitsspielraum des Einzelnen überführt wurden. Aber sie wurden es, und damit geht es um die unter diesen Bedingungen neu möglichen Vergemeinschaftungsformen von Kirche.

Der beschriebenen Ambivalenz der Gemeindetheologie wird man nur mit einer doppelten, in sich freilich zusammenhängenden Reaktionsstrategie entkommen. Zum einen mit der Anerkennung der religiösen Freiheit des Einzelnen auch als Konstitutionsbedingung, ja Konstitutionsprinzip von Kirche. Zum anderen aber mit der konsequenten Umsetzung der pastoralen Wende des Konzils und also seines pastoralen Prinzips[70] auch in der pastoraltheologischen Reflexion kirchlicher Sozialformen.

IV. Perspektiven

Abschließend seien drei Prinzipien des Umgangs mit der Sozialform „Gemeinde" im pastoraltheologischen Diskurs formuliert, wie sie sich aus den obigen Überlegungen ergeben. Dieser Diskurs sollte erstens die Gemeinde nachvatikanisch entmythologisieren, zweitens gesamtpastoral relativieren und drittens gnadentheologisch reformulieren.

1. Nachvatikanisch entmythologisieren

Die Gemeinde ist nicht der „Ernstfall von Kirche"[71]: Der Ernstfall von Kirche ist die alltägliche Konfrontation von Evangelium und Existenz heute in Wort und Sakrament, in Nächstenliebe und Einsatz für die Gerechtigkeit, in Liturgie und Seelsorge. Der Ernstfall von Kirche ist die Pastoral und ihr geradezu ungeheuerlicher Anspruch, den gnädigen Gott Jesu, den Herrn unseres Lebens, unserer Welt und der ganzen Schöpfung zu vergegenwärtigen. Die Ungeheuerlichkeit dieses Anspruchs, unser Scheitern vor diesem Anspruch und der Versuch, es dennoch nicht aufzugeben, das ist der Ernstfall von Kirche. Diesem Ernstfall darf die Kirche nicht ausweichen, weder in den Individualismus einer funktionalisierten Bedürfnisreligiosität, die sich zuletzt einbaut ins von innen unübersteigbare Gefängnis der eigenen Sehnsüchte und Projekte, noch in die Selbstbezüglichkeit eines großkirchlich-triumphalistischen oder gemeindekirchlich-familiaristischen Milieus.

Wir sollten die Gemeinde als Basissozialform der Kirche auf ihren Hilfscharakter hin entmythologisieren und auf dieser Basis als bewährte, wenn auch kirchengeschichtlich bis zum Verschwinden höchst variable[72] kirchliche Vergemeinschaftungsstruktur ernst nehmen und über ihre heute möglichen und notwendigen Funktionen nachdenken.

2. Gesamtpastoral relativieren

Es gälte, die Gemeinde gesamtpastoral zu relativieren, also viel stärker wieder einzubinden ins Netz pastoraler Orte überhaupt.[73] Das zentrale Merkmal vernetzter sozialer Strukturen ist die grundsätzliche Gleichrangigkeit der Vernetzungsknoten, die aufgabenbezogene Vernetzungsflexiblität und die weitgehende Vernetzungsautonomie, also das weit reichende Recht der einzelnen Orte, die eigenen Vernetzungsstrukturen selbst zu knüpfen und zu lösen.[74]

Eine so verstandene „Gesamtpastoral" fordert eine heute eher unübliche neugierige reversible evangelisatorische Kommunikationskultur jenseits der bürokratischen und/oder religiösen Vermachtung unserer innerkirchlichen Glaubensdiskurse. Diese Kommunikationskultur müsste getragen sein von der Suche nach der Stärke anderer pastoraler Orte als Ressource der eigenen pastoralen Existenz und hätte alle Rivalität von Sozialformen um theologische Bedeutung und finanzielle und personelle Ressourcenzuweisung zu überwinden.

3. Gnadentheologisch reformulieren

Die territoriale Fassung der Pfarrei war in den christentümlichen Zeiten eine machtbestimmte Zugriffsstruktur[75], schreibt ihr heute aber exakt das Konträre ein. Die territoriale Fassung der kirchlichen Basisorganisation wird Element einer selbstlosen Angebotsstruktur der christlichen Botschaft, die auch dorthin geht, wo die Kirche endgültig alle religionsgemeinschaftliche Macht verloren hat. Das Territorialprinzip macht es der Kirche zumindest ein wenig schwerer, den Sorgen und Nöten, Hoffnungen und Freuden der Menschen von heute, besonders der Armen und Bedrängten, auszuweichen. Der theologische Begriff für dieses selbstlose Angebot der Nähe Gottes in Wort und Tat aber heißt Gnade.[76] Die bleibenden Aufgaben der Territorialpfarrei wären also gnadentheologisch zu reformulieren.

Dann aber wäre zuallererst der konkrete *charismatische Reichtum der Gemeinde* zu nennen, also die nie auszuschließende Möglichkeit, alle dem Volk Gottes geschenkten Charismen auch tatsächlich konkret vor Ort geschenkt bekommen zu haben. Das darf nie ausgeschlossen und verhindert werden. Was der Gemeinde geschenkt ist, soll sie verwirklichen und auch verwirklichen dürfen.[77] Aber was ihr nicht geschenkt ist, soll sie nicht machen müssen. Mit zwei Ausnahmen, und auch sie sind gnadentheologisch begründet: Liturgie und die kreative Reaktion auf die konkreten „Zeichen der Zeit" vor Ort.

Die *Liturgie* ist der zentrale gnadentheologische Vollzug der Kirche, sie ist Ort der diskreten Öffnung der Menschen zueinander angesichts der unendlichen Liebe Gottes zu uns. Sie ist tatsächlich der zentrale Ort der Integration des Volkes Gottes vor seinem Angesicht und sie kann das auch tatsächlich sein, solange sie weder eine evangelikale noch eine katholikale Erlebnis- und Bekenntnisveranstaltung wird, sondern die demütige und dankbare Feier der wirksamen Gnade Gottes bleibt.

Das Territorium in seiner kirchlichen Unbeherrschbarkeit präsentiert aber auch die *„Zeichen der Zeit"*, also die Herausforderungen, die dem Evangelium von der Gegenwart her heute neu gestellt sind und auf welche das Volk Gottes erst noch Antworten entwickeln muss. Diesem konkreten herausfordernden „Außen" sollte sich die Gemeinde stellen, sonst kann sie nämlich überhaupt nicht „auf die bleibenden Fragen der Menschen nach dem Sinn des gegenwärtigen und zukünftigen Lebens und nach dem Verhältnis beider zueinander Antwort geben", wie das Konzil in *Gaudium et spes* 4 so schön formuliert.

Nachvatikanisch entmythologisieren, gesamtpastoral relativieren, gnadentheologisch reformulieren, und deshalb annehmen, was an Charismen geschenkt ist, feiern, dass Gott sich uns schenkt, und sich auf dieser Basis dem stellen, was heute vor Ort gefordert ist: Das wären meine Perspektiven für die Gemeinde.

Transformationsprozesse stressen. Denn sie konfrontieren mit der Endlichkeit der eigenen Hoffnungen, mit der Unübersichtlichkeit der Gegenwart und mit der irritierenden Unplanbarkeit der Zukunft. Das aber ist gut so. Denn es macht bescheiden und testet die spirituelle Kraft, gelassen zu bleiben jenseits institutioneller Souveränität. Und zu tun, weswegen es einen gibt.

Literatur

Baumgart, H.: Kirche in der Netzwerkgesellschaft, Münster 2004.

Baumgartner, A.: Sehnsucht nach Gemeinschaft. Ideen und Strömungen im Katholizismus der Weimarer Republik, Paderborn 1977.

Belok, M. (Hg.): Zwischen Vision und Planung. Auf dem Weg zu einer kooperativen und lebensweltorientierten Pastoral. Ansätze und Erfahrungen aus 11 Bistümern in Deutschland, Paderborn 2002.

Bröckling, U.: Katholische Intellektuelle in der Weimarer Republik. Zeitkritik und Gesellschaftstheorie bei Walter Dirks, Romano Guardini, Carl Schmitt, Ernst Michel und Heinrich Mertens, München 1993.

Bucher, R.: Das entscheidende Amt. Die Pluralität, das Konzil und die Pastoralreferent/innen, in: Pastoralheologische Informationen 9 (1989) 263–294.

ders.: Priester des Volkes Gottes. Überlegungen zu Gegenwart und Zukunft der priesterlichen Lebensform, in: Pastoralblatt für die Diözesen Aachen, Berlin, Essen, Hamburg, Hildesheim, Köln, Osnabrück 52 (2000) 174–182.

ders.: Wer braucht Pastoraltheologie wozu? Zu den aktuellen Konstitutionsbedingungen eines Krisenfaches, in: ders. (Hg.), Theologie in den Kontrasten der Zukunft, Graz 2001, 181–197.

ders.: Die Neuerfindung der Gemeinde und des Pfarrgemeinderates, in: Lebendige Seelsorge 55 (2004) 18–22.
ders.: Keine Prophetie, nirgends. Zur wortreichen Sprachlosigkeit der Theologie vor dem Phänomen des Kirchenaustritts, in: ders. / Krockauer, R. (Hg.), Prophetie in einer etablierten Kirche? Aktuelle Reflexionen über ein Prinzip kirchlicher Identität, Münster 2004, 213–277.
ders.: Jenseits der Idylle. Wie weiter mit den Gemeinden?, in: ders. (Hg.), Die Provokation der Krise. Zwölf Fragen und Antworten zur Lage der Kirche, 2. Aufl. Würzburg 2005, 106–130.
ders.: Neue Machttechniken in der alten Gnadenanstalt? Organisationsentwicklung in der Kirche, in: ders. / Krockauer, Macht und Gnade, 183–199.
ders.: Communio. Zur Kritik einer pastoralen Projektionsformel, in: Feeser-Lichterfeld, U. / Feiter, R. (Hg.), Dem Glauben Gestalt geben (FS Fürst), Münster 2006, 121–134.
ders.: Die Entdeckung der Kasualienfrommen. Einige Konsequenzen für Pastoral und Pastoraltheologie, in: Förster / Kügler, Die unbekannte Mehrheit, 77–92.
ders.: Die Provokation annehmen. Welche Konsequenzen sind aus der Sinusstudie zu ziehen?, in: Herder Korrespondenz 60 (2006) 450–454.
ders.: Kirchenpolitik und pastoraltheologischer Diskurs. Beiläufige Beobachtungen über ihren Zusammenhang am Beispiel einer jüngeren Kontroverse zwischen M. N. Ebertz und J. Werbick zur Gemeindeproblematik, in: ders. / Krockauer, R. (Hg.), Pastoral und Politik. Erkundungen eines unausweichlichen Auftrags, Münster 2006, 322–332.
ders: Wider den sanften Institutionalismus der Gemeinde. Zur Priorität der Pastoral vor ihren sozialen Organisationsformen, in: Lebendige Seelsorge 57 (2006) 64–70.
ders.: Neue Priester für neue Kirchenstrukturen, in: Lebendige Seelsorge 58 (2007) 51–57.
Bucher, R. / Krockauer, R. (Hg.): Macht und Gnade. Untersuchungen zu einem konstitutiven Spannungsfeld der Pastoral, Münster 2005.
DBK (Hg.): Katholische Kirche in Deutschland. Statistische Daten 2003, Bonn 2005.
dies. (Hg.): Katholische Kirche in Deutschland. Statistische Daten 2005, Bonn 2007.
dies. (Hg.): „Mehr als Strukturen ... Entwicklungen und Perspektiven der pastoralen Neuordnung in den Diözesen“. Dokumentation des Studientages der Frühjahrs-Vollversammlung 2007 der Deutschen Bischofskonferenz, 12. April 2007, Bonn 2007 (Arbeitshilfen 213).
Dubach, A.: Die Communio-Ekklesiologie – eine zeitadäquate Konzeption von Kirche?, in: Hilberath, B. J. (Hg.), Communio – Ideal oder Zerrbild von Kommunikation, Freiburg / Br., 1999, 54–68.

ders.: Unterschiedliche Mitgliedschaftstypen in Volkskirchen, in: Campiche, R. (Hg.), Die zwei Gesichter der Religion. Faszination und Entzauberung, Zürich 2004, 129–177.

Ebertz, M. N.: Aufbruch in der Kirche, Freiburg/Br. 2. Aufl. 2003.

ders.: Neue Orte braucht die Kirche, in: Lebendige Seelsorge 55 (2004) 40–46.

ders.: Wider den Wohn-Territorialismus, in: Lebendige Seelsorge 55 (2004) 52–55.

ders./Fuchs, O./Sattler, D. (Hg.), Lernen wo die Menschen sind. Wege lebensraumorientierter Seelsorge, Mainz 2005.

Fischer, H./Greinacher, N./Klostermann, F.: Die Gemeinde. Pastorale. Handreichung für den pastoralen Dienst, Mainz 1970.

Först, J./Kügler, J. (Hg.): Die unbekannte Mehrheit. Mit Taufe, Trauung und Bestattung durchs Leben. Eine empirische Untersuchung zur ‚Kasualienfrömmigkeit' von KatholikInnen. Bericht und interdisziplinäre Auswertung, Berlin 2006.

Fuchs, O.: Gnade – nicht Ausnahme, sondern ausnahmslose Regel!, in: Bucher/Krockauer, Macht und Gnade, 347–359.

ders.: Sakramententheologische Kriterien der Kasualpastoral, in: Först/Kügler, Die unbekannte Mehrheit, 93–115.

Gabriel, K.: Katholizismus und katholisches Milieu in den fünfziger Jahren der Bundesrepublik: Restauration, Modernisierung und beginnende Auflösung, in: Kaufmann, F.-X./Zingerle, A. (Hg.), Vatikanum II und Modernisierung, Paderborn u. a. 1996, 67–83.

ders./Keller, S./Nuschler, F./Treber, M.: Handeln in der Weltgesellschaft. Christliche Dritte-Welt-Gruppen, Bonn 1995.

Gebhardt, W. u. a. (Hg.): events. Soziologie des Außergewöhnlichen, Opladen 2000.

Genn, F.: Das Zusammenwirken von unterschiedlichen Orten, Formen und Vollzügen der Seelsorge in den vergrößerten pastoralen Räumen, in: DBK, „Mehr als Strukturen …", 40–49.

Hallermann, H.: Pfarrei und pfarrliche Seelsorge. Ein kirchenrechtliches Handbuch für Studium und Praxis, Paderborn u. a. 2004.

Haslinger, H.: Lebensort für alle. Gemeinde neu verstehen, Düsseldorf 2005.

Hochschild, M.: Wo liegt die Zukunft der Kirche? Vom Milieu zum Netzwerk, in: Antonianum 74 (1999) 697–724.

Hünermann, P. (Hg.): Das Zweite Vatikanische Konzil und die Zeichen der Zeit heute, Freiburg/Br. 2006.

ID-Allensbach: Kirchenaustritte. Eine Untersuchung zur Entwicklung und zu den Motiven der Kirchenaustritte, Allensbach 1992.

dass.: Begründung und tatsächliche Gründe für einen Austritt aus der katholischen Kirche, Allensbach 1993.

Kempf, F.: Kirchenverfassung, Kultus, Seelsorge und Frömmigkeit vom

8. Jahrhundert bis zur gregorianischen Reform, in: Jedin, H. (Hg.), Handbuch der Kirchengeschichte, Bd. III/1, Freiburg/Br. 1966, 294-341.
Kessl, F. u.a. (Hg.): Handbuch Sozialraum, Wiesbaden 2005.
Klinger, E.: Armut - eine Herausforderung Gottes. Der Glaube des Konzils und die Befreiung des Menschen, Zürich-Einsiedeln-Köln 1990.
Klinger, E.: Ekklesiologie der Neuzeit, Freiburg/Br. 1978.
Klönne, A.: Die Liturgische Bewegung - ‚erblich' belastet? Historisch-soziologische Fragestellungen zur Vorgeschichte der Liturgiekonstitution, in: Becker, H./Hilberath, B.J./Willers, U. (Hg.), Gottesdienst - Kirche - Gesellschaft, St. Ottilien 1991, 13-21.
Klostermann, F.: Prinzip Gemeinde. Gemeinde als Prinzip des kirchlichen Lebens und der Pastoraltheologie als der Theologie dieses Lebens, Wien 1965.
ders.: Die Gemeinde Christi. Prinzipien, Formen, Dienste, Augsburg 1972.
ders.: Gemeinde - Kirche der Zukunft, Bd. I: Thesen, Dienste, Modelle, Freiburg/Br. 1974.
ders.: Wie wird unsere Pfarrei eine Gemeinde?, Wien 1979.
Körner, B.: Melchior Cano - De locis theologicis, Graz 1994.
Kügler, J.: Die Macht der Gnade. Bibeltheologische Randbemerkungen auf der Basis von Joh 20,19-23, in: Bucher/Krockauer, Macht und Gnade, 72-87.
Lebendige Seelsorge 55 (2004), Heft 1: „Seelsorge hat Zukunft".
Lebendige Seelsorge 57 (2006), Heft 2: „Gemeinde neu verstehen".
Lehmann, M.: Einleitung, in: dies. (Hg.), Parochie. Chancen und Risiken der Ortsgemeinde, Leipzig 2002, 7-17.
ders.: „Das Konzil sieht die Aufgabe des Laien ganz anders", in: Lackner, F./Mantl, W. (Hg.), Identität und offener Horizont (FS Kapellari), Graz 2006, 317-332.
Lösch, M.: Kirchen-Bildung. Eine praktisch-theologische Studie zur kirchlichen Organisationsentwicklung, Würzburg 2005.
Mette, N.: Gemeindekirche - passé?, in: Diakonia 32 (2001) 124-131.
ders.: Vom pfarrlichen Territorialprinzip zur Option für ortsbezogene Gemeinden, in: Pastoraltheologische Informationen 26 (2006) 8-21.
Müller, P.: Gemeinde: Ernstfall von Kirche. Annäherungen an eine historisch und systematisch verkannte Wirklichkeit, Innsbruck 2004.
Nikolussi, A.: Die Katholische Aktion in der Predigt, in: Katholische Aktion und Seelsorge. Referate der vierten Wiener Seelsorgetagung vom 2.-4. Jänner 1935, Wien 1935, 119-131.
Pastoraltheologische Informationen 25 (2005), Heft 2: „Der halbierte Aufbruch". 40 Jahre Pastoralkonstitution Gaudium et spes.
Pfliegler, M.: Pastoraltheologie, Wien 1962.
Pock, J.: Gemeinden zwischen Idealisierung und Planungszwang. Bi-

blische Gemeindetheologien in ihrer Bedeutung für gegenwärtige Gemeindeentwicklungen. Eine kritische Analyse von Pastoralplänen und Leitlinien der Diözesen Deutschlands und Österreichs, Wien / Berlin 2006.

Pohl-Patalong, U.: Ortsgemeinden und übergemeindliche Arbeit im Konflikt, Göttingen 2003.

dies.: Kirchliche Strukturen im Plural, Schenefeld 2004.

dies.: Von der Ortskirche zu kirchlichen Orten, Göttingen 2004.

Reckert, J.: Soziologische Netzwerkanalyse, in: Kaesler, D. (Hg.), Aktuelle Theorien der Soziologie, München 2005, 286–312.

Rudolf, K.: Das Werden der katholischen Aktion in der Erzdiözese Wien, in: Der Aufbau. Jahrbuch der Katholischen Aktion in Österreich 1935, Wien 1935, 11–24.

Sander, H.-J.: Die Zeichen der Zeit. Die Entdeckung des Evangeliums in den Konflikten der Gegenwart, in: Fuchs, G. / Lienkamp, A. (Hg.), Visionen des Konzils, Münster 1997, 93–102.

ders.: Das Außen des Glaubens – eine Autorität der Theologie. Das Differenzprinzip in den Loci Theologici des Melchior Cano, in: ders. / Keul, H. (Hg.), Das Volk Gottes. Ein Ort der Befreiung (FS Klinger), Würzburg 1998, 240–258.

ders.: nicht ausweichen. Die prekäre Lage der Kirche, Würzburg 2002.

ders.: Theologischer Kommentar zur Pastoralkonstitution über die Kirche in der Welt von heute Gaudium et spes, in: Hünermann, P. / Hilberath, B. J. (Hg.), Herders Theologischer Kommentar zum Zweiten Vatikanischen Konzil, Bd. IV, Freiburg / Br. 2005, 581–886.

ders.: Gottes pastorale Orte. Ein topologischer Vorschlag, in: Bucher, R. / Krockauer, R. (Hg.), Gott. Eine pastoraltheologische Annäherung, Wien / Berlin 2007, 39–56.

Sauer, H.: Erfahrung und Glaube. Die Begründung des pastoralen Prinzips durch die Offenbarungskonstitution des II. Vatikanischen Konzils, Frankfurt / M. u. a. 1993.

Schebeck, F.: Die Pfarrgemeinde als Lebenszentrum der Katholischen Aktion, in: Der Aufbau. Jahrbuch der Katholischen Aktion in Österreich 1935, Wien 1935, 30–36.

Schmälzle, U.: Charismen teilen in überschaubaren Räumen, in: Herder Korrespondenz 61 (2007) 175–179.

Schoer, M.: Räume, Orte, Grenzen. Auf dem Weg zu einer Soziologie des Raums, Frankfurt / M. 2006.

Schulze, G.: Die Erlebnisgesellschaft. Kultursoziologie der Gegenwart, Frankfurt / Main 1992.

Seckler, M.: Die Communio-Ekklesiologie, die theologische Methode und die Loci-theologici-Lehre Melchior Canos, in: Theologische Quartalschrift 187 (2007) 1–20.

ders.: Die ekklesiologische Bedeutung des Systems der „loci theologici", in: ders., Die schiefen Wände des Lehrhauses, Freiburg/Br. 1988, 79–104.

Werbick, J.: Warum die Kirche vor Ort bleiben muss, Donauwörth 2002.

ders.: Wider die Virtualisierung des Glaubens, in: Lebendige Seelsorge 55 (2004) 13–15.

Weß, P.: Und behaltet das Gute. Beiträge zur Theorie und Praxis des Glaubens, Thaur 1996.

Weyer, J. (Hg.): Soziale Netzwerke, München-Wien-Oldenburg 2004.

Wollbold, A.: Handbuch der Gemeindepastoral, Regensburg 2004.

Zauner, W.: Ferdinand Klostermann – Kirche als Leidenschaft, in: Klostermann, F., Ich weiß, wem ich geglaubt habe. Erinnerungen und Briefe aus der NS-Zeit, Hg. R. Zinnhobler, Wien-Freiburg/Br.-Basel, 1987, 9–20.

Zerfaß, R./Roos, K.: Gemeinde, in: Bitter, G./Miller, G. (Hg.), Handbuch religionspädagogischer Grundbegriffe, München 1986, Bd. I, 132–142.

Anmerkungen

[1] Korrigierte Fassung der Erstveröffentlichung in: Georg Ritzer (Hg.): ‚Mit euch bin ich Mensch…' Festschrift anläßlich des 60. Geburtstages von Friedrich Schleinzer O. Cist., Innsbruck/Wien 2008, 19–46.

[2] Ich bin nicht sicher, ob mein geschätzter Salzburger Kollege Friedrich Schleinzer mit allen folgenden Analysen und Optionen einverstanden ist. Aber ich bin ziemlich sicher, dass er eventuellen Dissens mit jenem souveränem Charme und jenem Einfühlungsvermögen notieren und beantworten würde, die ich an ihm so schätze.

[3] Gottes pastorale Orte, 54f.

[4] Siehe etwa die Hefte 1/2004 „Seelsorge hat Zukunft" und 2/2006 „Gemeinde neu verstehen" der „Lebendigen Seelsorge"; *Mette,* Gemeindekirche (2001).

[5] Vgl. etwa: *Haslinger,* Lebensort (2005); *Ebertz,* Neue Orte (2004); *ders.,* Wohn-Territorialismus (2004); *Bucher,* Institutionalismus (2006); *ders.,* Idylle (2005); *ders.,* Neuerfindung (2004).

[6] Vgl. dazu *DBK,* „Mehr als Strukturen …" (2007); *Pock,* Gemeinden (2006); *Belok,* Vision (2002). Eine instruktive Detailstudie liegt vor mit: *Lösch,* Kirchen-Bildung (2005).

[7] So etwa jüngst noch *Schmälzle,* Charismen (2007), 179. Freilich relativiert Schmälzle gut nachvatikanisch die priesterliche Leitungsdominanz.

[8] Vgl. *Pock,* Gemeinden (2006), 27.

[9] Vgl. Hallermann, Pfarrei (2004).

[10] Zum Priesterbild *Klostermanns:* Gemeinde Christi (1972), 92–155. Der Priester ist für Klostermann vor allem „Vorsteher einer bischöf-

lichen oder pfarrlichen, einer territorialen oder personalen Ortsgemeinde" (149), die „Vorsteherfunktion" hat für ihn eine „zentrale Stellung" (100) unter den priesterlichen Aufgaben. Das pastorale Amtskonzept hinter dem „Vorsteher"-Begriff wird man als „quasi-familiaristisch" bezeichnen können, denn der Priester ist ohne Zweifel vor allem der „Vater" der berühmten „Pfarrfamilie". Um ihn soll sich die Gemeinde in überschaubaren, freilich vielfältig verflochtenen Strukturen scharen. Realiter aber ist der Pfarrpriester heute auch in den noch funktionierenden Pfarreien zwischen seiner vor-modernen Sazerdotalität, seinen modernen Managementaufgaben und der post-modernen Sehnsucht nach empathischer Biografiebegleitung heterogensten Erwartungen ausgesetzt.

[11] Vgl. dazu *Bucher,* Neue Priester (2007); *ders.,* Priester des Volkes Gottes (2000).

[12] Dies scheint *Müller* (Gemeinde (2004)) anzunehmen, wenn er meine Position dahingehend resümiert, ich böte „nur die religiöse u. kirchliche Kompetenz des Individuums an" (21) und zöge „eine Gemeindebildung" nur „wenig ... noch in Betracht" (20). Dem ist natürlich nicht so.

[13] „Events" sind dadurch charakterisiert, dass sie die Gemeinschaft erst schaffen, die sich auf ihnen versammelt. Sie sind als singuläres Erlebnis geplant, werden auch so erfahren und besitzen eine verbindende identitätsstiftende Leitidee. Vgl.: *Gebhardt u.a.,* events (2000).

[14] Siehe die Diskussion zwischen J. Werbick und M. Ebertz in: Lebendige Seelsorge 55 (2004), Heft 1, sowie *Werbick,* Kirche vor Ort (2002). Zu dieser Diskussion siehe: *Bucher,* Kirchenpolitik (2006).

[15] Siehe dazu: *Klinger,* Ekklesiologie (1978); *Körner,* Melchior Cano (1994); *Seckler,* ekklesiologische Bedeutung (1988). Zur Diskussion zwischen diesen Positionen: *Sander,* Außen des Glaubens (1998). Siehe jetzt auch: *Seckler,* Communio-Ekklesiologie (2007).

[16] *Sander,* Außen des Glaubens (1998), 240.

[17] *Werbick,* Virtualisierung (2004).

[18] *Ebertz,* Wohn-Territorialismus (2004), 16.

[19] Ebd., 17. Siehe auch: *ders.,* Aufbruch (2003); *ders./Fuchs/Sattler,* Lernen (2005).

[20] Dass man den Raum nicht mehr allein oder auch nur primär territorial verstehen kann und muss, belegen neuere Positionen der Raumsoziologie: vgl. dazu *Kessl u.a.,* Handbuch Sozialraum (2005) (siehe speziell die Artikel von Martina Löw/Gabriele Sturm bzw. Benno Werlen/Christian Reutlinger). Siehe auch: *Schoer,* Räume (2006); das Buch enthält interessante Analysen zur Gleichzeitigkeit von Deterritorialisierungs- und Reterritorialisierungsprozessen in der Gegenwart.

[21] Siehe dazu: *Sander,* Zeichen der Zeit (1997); *Hünermann,* Das Zweite Vatikanische Konzil (2006).

[22] Womit meine Position nicht weit von jener N. Mettes entfernt sein dürfte: vgl. *Mette,* Territorialprinzip (2006).

[23] *Müller,* Gemeinde (2004), 791. In den Worten des bis heute hier höchst engagierten Altmeisters der Gemeindetheologie *P. Weß:* Es ging um „persönlich verbindliche Glaubensgemeinschaften" (Und behaltet das Gute (1996), 20).

[24] *Fischer/Greinacher/Klostermann,* Gemeinde (1970), 15. Siehe auch: *Klostermann,* Pfarrei (1979).

[25] „Von den im Lande geborenen österreichischen Theologen ist nur einer nach dem Zweiten Weltkrieg in der ganzen Welt bekanntgeworden: Ferdinand Klostermann. Das ist wohl unter anderem darauf zurückzuführen, dass sich mit seinem Namen die Leitidee für die Seelsorge nach dem Zweiten Vatikanischen Konzil verbindet, nämlich die christliche Gemeinde." (*Zauner,* Ferdinand Klostermann (1987), 9)

[26] Dies deckt sich weitgehend mit dem, was Herbert Haslinger „Gemeinde-Idee" nennt, in der die „Gemeinde zum Synonym für Kirche überhaupt" wird und ein „Universum" bildet, „innerhalb dessen christliches Leben und alle pastorale Praxis zu geschehen habe und innerhalb dessen alles kirchliche Handeln seinen Stellenwert zugewiesen bekommt." (*Haslinger,* Lebensort (2005), 7) Bei Haslinger findet sich auch eine instruktive Gegenüberstellung von „Volkskirche" und „Gemeindekirche" (86).

[27] So enthalten die Arbeiten Klostermanns ausführliche exegetische und dogmatische Her- und fundamentalpastorale Ableitungen; vgl. etwa: Prinzip Gemeinde (1965). Petro Müllers dogmatische Habilitationsschrift zur Gemeinde (als angeblich „historisch und systematisch verkannte(r) Wirklichkeit") kann in Intention und Umfang als nicht überbietbarer Höhepunkt des Versuchs gelten, eine spezifische Sozialform von Kirche theologisch aufzuladen. Was es bringt, die diachron äußerst divergente Basiswirklichkeit der Kirche unter die nur scheinbar einheitsstiftende Kategorie der „Gemeinde" zu subsumieren, außer dass damit ein vorgeprägtes Normierungsinteresse historisch rekonstruiert wird, erschließt sich mir nicht. Hier wird die historische soziale Wirklichkeit der Kirche für die dogmatische Intention funktionalisiert. Natürlich kann man den Gemeindebegriff, wie Klostermann es tut, mit dem ekklesia-Begriff identifizieren und damit in den Offenbarungsrang heben (Prinzip Gemeinde (1965), 15) oder ihn, wie Müller, massiv ekklesiologisch nobilieren, indem man die Gemeinde „als *Vertreterin der gesamten Kirche vor Ort*" (Gemeinde: Ernstfall von Kirche (2004), 22) definiert und damit faktisch in den Rang einer diözesanen „Ortskirche" hebt. Möglich ist das vielleicht – Begriffe sind grundsätzlich Konventionen, und dogmatisch nicht definierte Begriffe wie „Gemeinde" sind grundsätzlich theologisch frei –, aber weiterführend ist es nicht, eher schon gefährlich, denn man gerät in die Versuchung, den garstig breiten Graben zwischen Normativität und Faktizität zu überspielen, was bekannt-

lich zu erhöhter Ideologieanfälligkeit, also zur interessensgeleiteten Legitimation des Faktischen durch seine verifikationsenthobene Identifikation mit etwas unbestritten Normativem führt. – Auch die Gemeindediskussion leidet offenkundig unter einem Grundproblem des pastoraltheologischen Diskurses: an dessen bisweilen arg unklarem Status zwischen Normativität und Analytik.

[28] Klostermann berichtet, dass noch 1968 nach einem Referat ein „anwesender Jesuit" in den „Räumen der Wiener Katholischen Hochschulgemeinde" entgegnete, „Gemeinde sei eigentlich eine eher protestantische Vokabel, die man im katholischen Bereich vermeiden sollte" (Pfarrei (1979), 7). Freilich, so Klostermann weiter, mittlerweile sei „Gemeinde ... wie über Nacht eine katholische Vokabel, ja geradezu eine katholische Modevokabel geworden." (ebd.) Im IV. Band des „Lexikons für Theologie und Kirche" aus dem Jahre 1960 wird denn auch unter dem Stichwort „Gemeinde" noch schlicht auf „Pfarrei" bzw. auf „Kirche" verwiesen, ausgeführt waren nur das „protestantische Glaubensverständnis" und die „Rechtsgeschichte". Michael Pfliegler – noch nicht der Gemeindetheologie verpflichtet, er spricht denn auch durchgängig von „Pfarre" – notiert, dass erst der „Gallikanismus" mit einem Beschluss des Pariser Parlaments vom 29.4.1665 die „Pfarre als göttlichen Rechtes" (*Pfliegler,* Pastoraltheologie (1962), 122) erklärte, zitiert dann allerdings Rahner als Kronzeugen einer „Theologie der Pfarre" mit dem Axiom „Kirche als Ereignis ist notwendig Ortsgemeinde" (ebd.).

[29] So der Titel von Klostermanns erstem ausführlichem Werk zum Thema.

[30] *Klostermann,* Prinzip Gemeinde (1965), 17. „Kirche als solche, ob nun darunter Pfarrei, Diözese oder Weltkirche gemeint ist, ereignet sich in der Gemeinde; Kirche hat darum wesentlich gemeindlichen Charakter" (*Klostermann,* Gemeinde (1974), 20).

[31] *Klostermann,* Pfarrei (1979), 184.

[32] Ebd., Kap 2.1.6. (122–125).

[33] Ebd., 126. Das „Publik Forum"-Milieu lebt bis heute von diesen Gegenüberstellungen, und leider mit guten Gründen.

[34] *Zerfaß/Roos,* Gemeinde (1986), 132.

[35] In ihrer Studie *Gabriel/Keller/Nuschler/Treber,* Weltgesellschaft (1995), konstatieren die Autoren in kirchlichen „Dritte-Welt-Gruppen" spezifische Solidaritätsverengungen im gemeindlichen Milieu. „Gepaart mit einem eher paternalistischen Hilfekonzept" konnten solche Solidaritätsverengungen in „christlichen Gruppen, die eher im gemeindlichen Binnenmilieu operieren, stärker ausgemacht werden als in denjenigen christlichen bzw. kirchlichen Gruppen, die am Rande oder außerhalb der Kirchengemeinde agieren". „Die Orientierungsfigur des Helfens steht im Erfahrungsraum der gemeindenahen Gruppen ... dem Muster Patenschaft näher als dem der Partnerschaft." „Das Hilfskonzept", das „hier sichtbar wird, erweist den

Orientierungsrahmen der Gruppe als verhaftet im traditionellen, vorvatikanischen Verständnis von Missionsarbeit" (52f., 55).

[36] *Klostermann*, Pfarrei (1979), 55.

[37] *Genn*, Zusammenwirken (2007), 41.

[38] *Müller*, Gemeinde (2004), 644–648. Gerade in den gegenwarts- und problemsensiblen Kreisen der Kirche, in der Jugend und unter den katholischen Intellektuellen, gewann in der Weimarer Republik zunehmend ein spezifisch anti-moderner Affekt, ein romantischer „Hunger nach Ganzheit" und „organischem Leben" an Attraktivität. Vgl. dazu: *Baumgartner*, Sehnsucht (1977); *Bröckling*, Katholische Intellektuelle (1993); *Klönne*, Liturgische Bewegung (1991).

[39] *Müller*, Gemeinde (2004), 644.

[40] Vgl. *Gabriel*, Katholizismus (1996).

[41] Damit wiederholte sich im Übrigen jenes Auseinandertreten von Person, Situation und Tradition an der Basis des Volkes Gottes, wie es Ende des 18. Jahrhunderts bei den gesellschaftlichen Eliten eingetreten war und zur Entstehung der Pastoraltheologie als Krisenwissenschaft der Kirche geführt hatte. Vgl. dazu: *Bucher*, Pastoraltheologie (2001).

[42] *Klostermann*, Prinzip Gemeinde (1965), 31. Der österreichische Hintergrund mit dem alten Habsburger Bündnis von „Thron und Altar" und dem autoritären „Christlichen Ständestaat" (1934–1938) ist unüberhörbar.

[43] *Klostermann*, Pfarrei (1979), 55. Klostermann kommt damit übrigens einer Forderung nach, die bereits 1934 der Wiener Kardinal Innitzer in seinen „Richtlinien für die Katholische Aktion" aufgestellt hatte: „Um die Gesamtheit der Gläubigen zu erreichen, soll in jeder Pfarre die *Zellenarbeit* durchgeführt werden. Sie besteht darin, daß in planmäßiger Auswahl der Laienapostel die ganze Pfarre durchorganisiert wird. Durch diese Laienapostel ergibt sich die lebendige Verbindung zu allen Familien und Gliedern der Pfarre. Die einzelnen Laienapostel, die den Kern einer Zelle bilden, sind durch ständige Schulung und Anregung in eifriger Tätigkeit zu erhalten." (Zitiert nach: *Rudolf*, Werden (1935), 19) Diese Erfassung betrifft intentional die „Ganzheit aller Pfarrangehörigen" (ebd.). Innitzer fordert hier auch bereits die *„Errichtung von Pfarreheimen"* (20), die Einsetzung eines *„Pfarrbeirat(s)"* (20), „allgemein zugängliche *Pfarrabende"*, *„Schulung der Laienapostel"* (20). Es wäre lohnend, den sachlichen und historischen Zusammenhängen (in Nähe und Differenz) des nachkonziliaren gemeindetheologischen Diskurses mit dem Konzept der „Katholischen Aktion" nachzugehen, wie es im deutschsprachigen Bereich primär in Österreich, und hier vor allem in Wien vor dem Krieg und vor allem zu Zeiten des „Österreichischen Ständestaates", massiv propagiert und forciert wurde. Immerhin fordert der Professor für Dogmatik an der Theologischen Hochschule von Stift St. Florian in Oberösterreich, Dr. Alois Nikolussi (1890–1965), auf der

Wiener Seelsorgetagung 1935: „Wir müssen das Wir-Gefühl von der staatlich-politischen in die kirchlich-religiöse Sphäre hinüberleiten, wo es ja wirklich am allermeisten bodenständig ist. Wir müssen ein wahres Trommelfeuer loslassen, bis dass das Wir vor jedermanns Bewusstsein aufragt wie ein Diktator: groß, herrlich, berauschend." (*Nikolussi*, Katholische Aktion (1935), 123) Bereits die „*Weihnachts-Seelsorgertagung*" des Jahres 1933 hatte das Thema „Die lebendige Pfarrgemeinde" (*Schebeck*, Pfarrgemeinde (1935), 31). Zwei Referate der Tagung lauteten: „Die Pfarre als Mysterium" und „Der Pfarrer als Führer". Der entsprechende Bericht forderte a) „*die Pfarrgemeinschaft* in ihrer Ursprünglichkeit wieder herzustellen" (30), b) den „*Klerus* ... wieder für den Gedanken der Pfarrgemeinschaft" (31) zu gewinnen, c) das „längst verkümmerte Pfarrbewußtsein in den Leuten wieder lebendig zu machen" (32), die „*Gewinnung und Schulung der Laienhelfer*" (33), die „*Erfassung der ganzen Pfarre*" (34) sowie das „*Pfarrheim*, zum wenigsten einen *Pfarrsaal*" (35) und schließt: „Erst die in diesem Sinne aufgebaute lebendige Pfarrgemeinde wird eine fähige Trägerin und fruchtbare Wirkerin der Katholischen Aktion sein können" (36). – Klostermann selbst scheint noch 1949 die „Idee der Gemeinde" als „protestantisch" identifiziert und die „Katholische Aktion" propagiert zu haben. Die „Gemeinde"-Idee dürfte er vom Wiener Hochschulpfarrer Karl Strobl kennen gelernt haben. „Strobl hatte während des Zweiten Weltkrieges katholische Studenten als christliche Gemeinde versammelt, nachdem sämtliche kirchlichen Verbände verboten waren. Nach 1945 setzte man dann (in Österreich, R.B.) vor allem auf die Katholische Aktion. Der Hochschulseelsorger Strobl gründete die Katholische Hochschuljugend als selbständige Gliederung der Katholischen Aktion, beließ jedoch die ‚Gemeinde' als Kirche an der Universität. Dem konsequenten Systematiker Klostermann war dies lange ein Dorn im Auge. Er belächelte Strobls Idee der Gemeinde als ‚protestantisch'. Katholisch seien die Pfarre und die Katholische Aktion. Erst in einem Schiurlaub auf dem Arlberg mit dem damaligen Religionslehrer Günter Rombold konnte Klostermann dazu gebracht werden, die Theologie der Gemeinde zu durchdenken. Das Ergebnis war das ... ‚Prinzip Gemeinde', gewidmet ‚Der Katholischen Hochschulgemeinde Wien'" (*Zauner*, Ferdinand Klostermann (1987), 13). Klostermanns Lehrer Michael Pfliegler jedenfalls war ein leidenschaftlicher Anhänger der „Katholischen Aktion" (vgl. *Liebmann*, Konzil (2006), 322f.). Erweist sich gar die „Gemeindetheologie" Klostermanns als spezifische Kombination aus alten KA-Ansätzen und nach-vatikanischer Laientheologie? Schließlich wurde in Österreich, im Unterschied zu Deutschland, die durch den Nationalsozialismus abgebrochene Verbände-Tradition nicht wieder aufgenommen, vielmehr die KA weitergeführt, deren Geistlicher Assistent Klostermann nach dem Krieg war. Klostermann war zudem auf dem Konzil Mitarbeiter am konziliaren Laiendekret, wenn er auch, so Liebmann, zu diesem durchaus lange eine skeptische Haltung einnahm.

[44] Vgl. *Bucher,* Amt (1989).

[45] Vgl. etwa das jüngste päpstliche Motu proprio, welches die stark priesterzentrierte tridentinische Liturgie in der Fassung des Jahres 1962 wieder (fast) gleichrangig neben die nach-vatikanische Messe stellt, oder die „Instruktion zu einigen Fragen über die Mitarbeit der Laien am Dienst der Priester" vom 15. 8. 1997.

[46] Diese spezifische Spannung von Beziehungsintensität und Nicht-Freiwilligkeit teilt sie übrigens mit der Familie und hier bis vor nicht allzu langer Zeit selbst bei der Partnerwahl. Daher hat die Familienmetapher im Umfeld der Gemeindetheologie durchaus ihre tiefere Wahrheit.

[47] Noch Herbert Haslinger betitelt sein in der Analyse durchaus realistisches Gemeindebuch mindestens missverständlich: „Lebensort für alle".

[48] *Zerfaß/Roos,* Gemeinde (1986), 133.

[49] So *Wollbold,* Handbuch (2004), 23–67. Wollbolds „Handbuch" stellt im Ganzen freilich eher das bemerkenswerte Zeugnis des Versuchs dar, eine Gemeindetheologie konsequent jenseits deren (Partizipations-)Fortschritte gegenüber der vorkonziliaren priesterzentrierten Realität zu entwerfen, besser diese Priesterzentrierung mit dem (erstrebten) Dynamismus der Gemeindetheologie zu verbinden. In ihrer radikalen Leugnung des diakonischen Elements markiert sie zudem den Gegenpol zu Haslingers Bestimmung der Diakonie als „theologische(r) Identität der Gemeinde" (*Haslinger,* Lebensort (2005), 191).

[50] Quelle: Kirchliche Statistik (http://www.dbk.de/imperia/md/content/kirchlichestatistik/katholiken und gottesdienstteilnehmer_1950_2005.pdf; 28. 7. 2007).

[51] 2005 lag die sonntäglich gemessene Kirchgängerquote in Deutschland bei 14,3 % (siehe Kirchliche Statistik Fußnote 48). Unter Berücksichtigung der Tatsache, dass davon eine größere Zahl zwar regelmäßig, aber nicht jeden Sonntag die Kirche besucht und dass diese Quote auch Kleinkinder und Kranke umfasst, dann muss man davon ausgehen, „dass es eine ‚potentielle' Erreichbarkeit gibt, die deutlich größer ist als die Zahl derer, die man durch die Zählungen erfasst." (*DBK,* Katholische Kirche in Deutschland. Statistische Daten 2003, 17) Man wird schätzen können, dass gegenwärtig ca. 25% der über 14-jährigen KatholikInnen halbwegs regelmäßig sonntags die Kirche besuchen und somit einen kontinuierlichen Gemeindebezug aufweisen.

[52] Die letzte repräsentative Untersuchung zu Kirchenaustrittsmotivation und -willigkeit (*ID-Allensbach,* Kirchenaustritte (1992); *dies.,* Begründung (1993)) hält fest, dass 1986 15 % der (westdeutschen) Kirchenmitglieder schon einmal mit dem Austrittsgedanken gespielt

haben, 1992 bereits 23 %. Die Schätzung von 25 % für die gegenwärtige Situation (2007) ist also eher konservativ. Siehe dazu auch: *Bucher,* Keine Prophetie (2004).

[53] Eine quantitative Untersuchung aus dem Jahre 1999 rechnet für die Schweiz bei den Katholiken 52,9%, bei den Protestanten 55,2% zu der hier „ritueller Mitgliedschaftstyp" genannten Gruppe. Vgl. *Dubach,* Mitgliedschaftstypen (2004), 143.

[54] *Först/Kügler,* Mehrheit (2006); siehe darin auch: *Bucher,* Entdeckung (2006); *Fuchs,* Sakramententheologische Kriterien (2006).

[55] *DBK,* Katholische Kirche (2007), 26; im Jahr zuvor waren es noch 26,3 % gewesen.

[56] *Ebertz,* Wohn-Territorialismus (2004), 17.

[57] Vgl. dazu: *Sander,* Theologischer Kommentar (2005); *Klinger,* Armut (1990); Themenheft „Der halbierte Aufbruch". 40 Jahre Pastoralkonstitution Gaudium et spes, Pastoraltheologische Informationen 25(2005), Heft 2.

[58] *Sander,* nicht ausweichen (2002), 101.

[59] Ebd.

[60] Ebd., 11–27.

[61] Vgl. *Bucher,* Machttechniken (2005).

[62] Zu deren Kritik siehe: *Bucher,* Communio (2006).

[63] *Dubach,* Communio-Ekklesiologie (1999), 55.

[64] Ebd., 56.

[65] Ebd., 60.

[66] Vgl. *Hünermann,* Das Zweite Vatikanische Konzil (2006).

[67] Das war schon das zentrale Ergebnis der berühmten Studie von *Gerhard Schulze,* Erlebnisgesellschaft (1992), gewesen. Sie wird bestätigt durch die neuere SINUS-Studie „Milieuhandbuch religiöse und kirchliche Orientierungen", dazu: *Bucher,* Provokation (2006).

[68] *Lehmann,* Einleitung (2002), 7.

[69] *Dubach,* Communio-Ekklesiologie (1999), 68.

[70] Vgl. *Sauer,* Erfahrung (1993)

[71] So der Untertitel der Habilitationsschrift von Petro Müller.

[72] Selbst *Müller,* Gemeinde (2004), 503, muss einräumen, dass es während langer Jahrhunderte etwa des Mittelalters „(n)ur noch die Kirche" gab bis hin zum „Verlust(.) von Gemeinde". Das frühmittelalterliche germanische Eigenkirchenwesen war eben etwas ganz anderes als die stolze, zwischen regnum und sacerdotium gespaltene und von Orden charakteristisch beherrschte Kirche des Hochmittelalters, der Josephinismus des 18. Jahrhunderts etwas recht anderes als die Papstkirche der Pianischen Epoche, von den spätantiken Anfängen der Kirche vor und nach der „Konstantinischen Wende" ganz zu schweigen. Die konkrete Sozialgestalt der Kirche hat epochale Wechsel hinter sich und ihre jeweilige Basisstruktur mit ihr. Denn natürlich schlägt die jeweilige Herrschaftsstruktur von Kirche gerade auch auf die Organisation ihres Basiszugriffs durch. „Gemeinde" unter

dem „Pfarrbann" einer christentümlichen Gesellschaft unterscheidet sich sehr, um nicht zu sagen um (fast) alles, von den bürgerlichen Pfarrgemeinden innerhalb der Religionsfreiheit westlicher Gesellschaften. Es wäre unhistorisch, die tiefen Konzept- und Wirklichkeitsbrüche kirchlicher Basisorganisation in einem normativistisch aufgeladenen Gemeindebegriff zu nivellieren.

[73] Wenn ich recht sehe, ist dies nicht weit entfernt von den Überlegungen *Uta Pohl-Patalongs:* vgl. *dies.*, Ortsgemeinden (2003); *dies.*, Ortskirche (2004); *dies.*, Kirchliche Strukturen (2004).

[74] Vgl. *Reckert,* Netzwerkanalyse (2005); *Hochschild,* Zukunft (1999); *Baumgart,* Kirche (2004); *Weyer,* Soziale Netzwerke (2004).

[75] „Der Pfarrbann, eine nutzbare Gerechtsame, die die Pfarrangehörigen im Sakramentenempfang, im Besuch des Gottesdienstes, in den Abgaben (Zehnt, Oblationen, Stolgebühren) an die Kirche band, ähnlich wie bestimmte Gruppen durch Mühlen-, Backofen-, Gewerbebann gebunden waren." (*Kempf,* Kirchenverfassung, 1966), 301) Das IV. Laterankonzil (1215) hatte mit dem „Pfarrbann" juridisch eine feste Beziehung zwischen Person, Territorium und Jurisdiktion etabliert.

[76] Siehe dazu *Bucher/Krockauer,* Macht (2005); darin speziell: *Fuchs,* Gnade (2005); *Kügler,* Macht (2005).

[77] Diesen Gedanken macht ebenfalls stark: *Schmälzle,* Charismen (2007). Schmälzle bezieht es, zu Recht, auch auf das Charisma der Leitung.

Grundvollzüge oder dreifaches Amt?[1]

Auf der Suche nach einer praktikablen Einteilung der Pastoral

von Andreas Wollbold

Man hat sich schon so daran gewöhnt. *Martyria, leiturgia* und *diakonia*, das sind die drei Grundvollzüge der Pastoral. Darauf ist Verlass. Längst hat diese Einteilung der Pastoral die Grenze der Fachwissenschaft überschritten. Klausurtagungen von Pfarrgemeinderäten, diözesane Pastoralpläne, Grundlagenteile von Leitbildern und Festvorträge setzen diese Gliederung der Pastoral voraus. Die Enzyklika „Deus caritas est" erwähnt sie (Nr. 25). Besonders geeignet ist sie, wo Konsens nötig ist. Vermutlich aus diesem Grund wurde sie seit den 70er Jahren so populär. Auch die Fachdiskussionen innerhalb der Pastoraltheologie haben sie nicht beseitigt, sondern nur nachjustiert. So wurde je nach Titel, Thesen und Temperamenten zuerst ein vierter Grundvollzug hinzugefügt, die *koinonia.*[2] Nur dann sei eine selbstlose Diakonie möglich, ohne gleich fragen zu müssen: Gehen die Leute nachher auch zur Kirche? In ähnlicher Absicht wird die *diakonia* als „das Integral *vor* den anderen Vollzügen" verstanden.[3] Dabei bleibt aber das Modell der Grundvollzüge selbst unangetastet. Im ersten Abschnitt dieses Beitrags soll jedoch dessen Scheinplausibilität erwiesen werden, die für die Bewältigung von Fragen der Praxis nicht taugt. Nicht zufällig springt dies gegenwärtig besonders ins Auge, da die Mittel knapper, die Ziele diffuser und die Unzufriedenheit größer wird. Wo nämlich in der Territorialseelsorge oder bei der Finanzplanung Entscheidungen anstehen, die nicht durch das bewährte „Sowohl-Als auch" zu lösen sind, zeigt sich, dass das Modell über einen Formelkompromiss nicht hinauskommt. Es hat bislang ein Leben und Leben-Lassen ermöglicht, bei dem sich jeder dieses Modell nach den eigenen Vorstellungen auslegen konnte.

So sollen zunächst seine Mängel dargestellt werden. Sie werden an der Sache selbst entwickelt, die einzelnen Versionen bei Theologen wie Rahner, Klostermann oder in den neueren Handbüchern können hier nicht im Einzelnen behandelt werden. In einem zweiten Abschnitt werden die Grundvollzüge auf die Orientierung am dreifachen Amt Christi zurückgeführt, wie ich es in meinem „Handbuch der Gemeindepastoral"[4] vorgeschlagen habe. In diesem Zusammenhang kann auch die Stellung der *diakonia* und der *koinonia* angemessen bestimmt werden.

Die Mängel der Grundvollzüge

Was ist der Sinn des Modells der Grundvollzüge? Offensichtlich eine Einteilung der Pastoral in ihrer Gesamtheit. Doch geschieht diese Einteilung deskriptiv oder normativ? D. h. beschreibt sie kirchliches Handeln nur oder trifft sie dafür Sollensaussagen? Dies ist schon schwieriger zu beantworten. Karl Rahner hat im „Handbuch der Pastoraltheologie" zunächst einfach verschiedene Handlungsfelder der Kirche aufgelistet, sie dann aber mit Hilfe einer spekulativen Idee zu normieren versucht.[5] Danach gebe es den Dienst der Wahrheit *(martyria)*, den der Liebe *(diakonia)* und das Ineins von Wahrheit und Liebe in der *leiturgia*.[6] Das ist zwar beeindruckend, aber wenig plausibel. Wie etwa soll eine Predigt der Wahrheit dienen, die nicht einer seelsorglichen Liebe zu den Hörern entspringt? Oder wie ist eine Diakonia in der Suchthilfe denkbar, die nicht mit der Wahrheit der Abhängigkeit konfrontiert? Kurz, die gegenseitige Abhängigkeit von Wahrheit und Liebe erlaubt keine Einteilung der Pastoral durch Aufteilung auf diese beiden. Doch dies wirft eine grundsätzlichere Frage auf: Bilden *martyria* (M), *leiturgia* (L) und *diakonia* (D) überhaupt eine erschöpfende und eine erhellende Einteilung der Pastoral (P)? Unter Pastoral wird dabei alles Handeln im Namen und Auftrag der Kirche zur Verwirklichung ihrer Heilssendung verstanden. Die Einteilung der Pastoral geschieht in praktischem Interesse; sie soll möglichst genau angeben, was im Einzelnen zu tun ist, um diese Heilssendung zu verwirklichen.

1. Erschöpfend ist eine Einteilung, wenn sie mit ihren Gliedern das Ganze und nur das Ganze einschließt, d. h. in (vereinfachter) Formalisierung: $P = M + L + D$. Diese Vollständigkeit dürfte bisher das stärkste Argument für das Modell gewesen sein. Denn damit wusste man, was zu tun ist: Wo immer Pastoral geschieht, soll ein Teil der Beschäftigung verkündigend, ein Teil gottesdienstlich und ein Teil diakonisch sein. So konnte man die Sendung der Kirche in einzelne Handlungsfelder aufteilen. Außerdem wollte man damit die gesunde Mitte wahren. Denn nur Weihrauch wäre ebenso einseitig wie, wenn es um die ausdrückliche Verkündigung ginge, bloß „Dr. Murkes gesammeltes Schweigen" (Heinrich Böll). Das bedeutet dann praktisch, auch ein regionaler Caritasverband soll von Zeit zu Zeit ein Roratefrühstück halten, und man kann sich trösten: Die Firmung ist zwar vorbei, die Firmlinge verschwunden, aber der Firmkurs war ja diakonisch und hat den jungen Menschen bei ihrer Identitätsfindung geholfen. Doch drei Kritikpunkte erweisen diese Einteilung gerade als nicht erschöpfend.

- Von der Dreigliederung werden viele wichtige pastorale Einzelfragen, Innovationen und Problemkreise gar nicht berührt, also etwa missionarische Pastoral, Organisations-, Leitungs- und Finanzierungsfragen, Berufszufriedenheit oder Evangelisierung ($P > M + L + D$).

- Zumindest die Diakonie überschreitet wiederum die Pastoral der Kirche, wenn sie als eine nicht auf Verkündigung und Liturgie verweisende Hilfe verstanden wird ($P < M + L + D$). Sie wird dann als Handeln entsprechend der Grundnorm jedes menschlichen Miteinanders (im Sinn einer „Option für den Anderen" oder des Respekts vor dem Selbstbestimmungsrecht jedes Menschen) begründet.
- Erschöpfend sind die drei Grundvollzüge schließlich nur, wenn sie jeweils sehr weit gefasst sind. Dann schließt die *leiturgia* auch das weite Feld der Spiritualität, von Gebet und Meditation, aber auch die rituelle Diakonie z. B. bei den ostdeutschen „Feiern der Lebenswende" als Ersatz für die Jugendweihe. Ebenso beinhaltet die *martyria* dann auch Religionsunterricht und kirchliche Presse. Bei einem solchen weiten Verständnis überlappt diese Einteilung der Pastoral aber so sehr, dass sie kaum mehr zur Klärung beiträgt.

2. Erhellend ist eine Einteilung, wenn ihre Kriterien klare Zuweisungen erlauben. Doch weder das Gesamt der Pastoral noch das Verhältnis der Glieder zueinander ist klar.

- Was meint hier „Pastoral" (P)? Jedes einzelne seelsorgliche Tun, das Tun einer Gemeinde oder gar eines Bistums in ihrer Gesamtheit oder das jeglicher kirchlichen Einrichtung? Konkret: Muss jeder Hausbesuch wenigstens implizit verkünden, zum Gottesdienst hinführen sowie diakonisch unterstützen? Oder reicht es, wenn in jeder Gemeinde oder auch nur im Bistum als Ganzem die drei Grundvollzüge ausreichend zur Geltung kommen? Gilt dasselbe aber auch für ein kirchliches Krankenhaus oder für die Schulpastoral?
- Muss jeweils nur einer der Grundvollzüge verwirklicht werden ($P = M \vee L \vee D$ [hier als logische, nicht als mathematische Aussage genommen; v meint „vel", also die

nichtausschließende Adjunktion „oder"]) oder ergeben erst alle drei im Zusammenspiel eine gültige Pastoral (P = M + L + D)? Wahrscheinlich wird man die drei ohnehin am besten im Sinn der Stufen der Evangelisierung von „Evangelii nuntiandi" 21–24 als Zeugnis des Lebens *(diakonia)*, Zeugnis des Wortes *(martyria)* und als Empfang der Zeichen *(leiturgia)* verstehen, ihnen dann aber auch die von Paul VI. angeführte vierte Stufe des eigenen Apostolats (missionarische Pastoral) hinzufügen.

Wegen vieler Unklarheiten gibt das Modell der Grundvollzüge also keine pastorale Orientierung. Letztlich lassen sich die Grundvollzüge als Handlungsarten wohl kaum klar unterscheiden. Auch Nächstenliebe verkündigt, auch der christliche Dienst wird den Anderen zu Christus führen, in dem sich erst das tiefste Geheimnis des Menschen enthüllt (GS 22), und die Liturgie verkündigt Gottes große Taten (1 Petr 2,9) und vergegenwärtigt zugleich den, der gekommen ist, „zu dienen und sein Leben als Lösegeld hinzugeben für viele" (Mk 10,45). Muss die Pastoral darum über sich selbst im Unklaren bleiben? Im folgenden Abschnitt werden die Grundvollzüge deshalb auf das dreifache Amt Christi zurückgeführt. Darin werden nicht Handlungsformen voneinander unterschieden, sondern die Beziehung zum Ursprung in Christus. D. h. in jeder Situation wird danach gesucht, wie das heiligende, verkündende und lenkende Tun Christi am besten vergegenwärtigt wird.

Das dreifache Amt Christi und die Pastoral

Christus ist Priester, Prophet (Lehrer) und König (Hirte). Dieses dreifache Amt übergibt er der Kirche aller Zeiten. Christus heiligt, verkündet und lenkt, in dieser dreifachen Tätigkeit verwirklicht er das Heilsmysterium des Vaters in der Kraft seiner messianischen Salbung mit dem Heiligen

Geist. Um dieses Wirken allezeit gegenwärtig zu halten, hat er die Kirche gegründet. Nichts anderes als diese Vergegenwärtigung hat sie als Heilssakrament zu tun. Das Gesamt der Pastoral erschöpft sich deshalb im dreifachen Amt.

Dieses Modell hat mehrere Vorzüge. Es ist ökumenisch, weil es auf biblische und patristische Soteriologie zurückgreift, dann aber vor allem über Johannes Calvin in der evangelischen Theologie und über Matthias Scheeben in der katholischen Theologie beheimatet wurde. Es verbindet Christologie, Soteriologie und Pastoral. Es hat das Wirken aller Gläubigen im Blick und nicht nur das der Entscheidungsträger. Schließlich gebraucht das II. Vatikanische Konzil dieses Denkmodell gern, weil sich darin Dogmatik und Pastoral aufeinander beziehen (vgl. LG 10. 12. 13. 21. 25. 31. 32. 34; UR 2; AG 15. 39; OT 4; PO 1; AA 2. 10), und im Anschluss daran die neuere Kanonistik. Das wichtigste Argument muss jedoch in der Sache selbst zu finden sein: Hilft das dreifache Amt klarer zu sehen, was in der Pastoral zu tun ist? Ja, und zwar aus mehreren Gründen.

1. Seelsorge verliert sich nicht im Vielerlei. Das dreifache Amt ist das des einen Christus. Um ihn geht es immer und überall, sonst betreibt die Pastoral Etikettenschwindel. Was sie auch tut, sie muss Christi Heilswirken vergegenwärtigen. Unter dieser Bedingung braucht man dann aber in einzelnen Handlungsfeldern keine 100 %-ige Plansollerfüllung. Aber was man tut, soll auf jeden Fall Menschen mit Christus verbinden. Der Unterschied zur Pastoral nach den Grundvollzügen ist deutlich. Diese neigt dazu, Tätigkeiten aufzulisten. Viele bunte Gottesdienste, eine breite Palette an Verkündigungsangeboten und an diakonischen Initiativen, das macht dann eine lebendige Gemeinde aus. Die derzeitigen Umbrüche der Territorialseelsorge können dabei nur als bedrohliche Ausdünnung erfahren werden. Pastoral aus dem dreifachen Amt dagegen sucht Gelegenheiten,

die Nähe zum Herrn zu vermitteln. Sie kann sich darum in veränderten Situationen leichter zurechtfinden. Sie nörgelt nicht, sondern sucht beharrlich das jetzt Mögliche.

2. Seelsorge bleibt spirituell. Sammlung steht vor Sendung. Die Aktivitäten mögen geringer an Zahl werden, es mag weniger Sonntagsmessen geben, weniger Gruppen und Kreise, und manche Trägerschaft einer caritativen Einrichtung mag in nichtkirchliche Hände abgegeben werden. Aber was weiterhin geschieht, bemisst sich an seiner geistlichen Kraft. Vor allem das Leitungsamt ist nun viel klarer als ein Hören auf die Lenkung durch den Herrn, also kontemplativ, zu verstehen. Auch steht das Leiten nicht gleichberechtigt neben dem Lehren und dem Heiligen, sondern es hat nur so viel Wert, wie es „die Heiligen zurüstet" (Eph 4,12) für ihren Dienst. (Übrigens ist dies der ursprüngliche Sinn des dritten Grundvollzuges der *diakonia*, nämlich die geistliche Qualifikation des Leitungsdienstes. Insofern es sich dabei um den Gemeindeaufbau handelt, ist darin auch die *koinonia* im engeren Sinn eingeschlossen und braucht nicht als vierter Vollzug ausgesondert zu werden. Insofern die Liebe das Grundgesetz der Kirche schlechthin darstellt, wird man zugleich im weiteren Sinn vom diakonischen Charakter allen kirchlichen Tuns sprechen.) Die Pastoraltheologie fragt dann jeweils nach, wie viel an kirchlichen Einrichtungen, Gremien oder Handlungsvollzügen bloß Selbstzweck ist und nicht mehr wirklich der Heilsverwirklichung dient.

3. Seelsorge bleibt selbstkritisch. Wer bereits einige Jahre als Seelsorger gewirkt hat und an einem ruhigen Abend einmal bedenkt, was er den Kirchenschafen bereits alles zugemutet hat und was er an Gutem versäumt hat, kann schon kleinlaut werden. Das dreifache Amt erinnert ihn daran, er ist nicht Herr, sondern Knecht. Die Gläubigen haben ein Recht auf Seelsorger, die für ihr Tun zur Verantwortung gerufen werden.

4. Seelsorge weiß, was sie zu tun hat. Neue pastorale Konzepte wirken beim Endverbraucher nicht selten nach dem „Das auch noch!“-Prinzip. Oder sie machen alles etwas komplizierter und erhöhen den Reflexionsbedarf. Seelsorge nach dem dreifachen Amt dagegen braucht das Rad nicht neu zu erfinden. Christus ist heilsgegenwärtig in seinem Wort, in den Sakramenten und in der Zurüstung zum Dienst. In dieser Trias ist auch der Sinn des Modells der Grundvollzüge aufgehoben. Daraus lassen sich Kriterien für das Tun und Lassen der Pastoral entwickeln:

- Christus sprechen lassen – die Verkündigung: Das Wort Christi im Glauben der Kirche ist die Grundlage aller Verkündigung. Alles Bestreben geht dahin, dass das „Wort Gottes in seiner ganzen Fülle bei euch wohne“ (Kol 1,19). Sinnvollerweise wird man dabei als Unterstufen die kerygmatische Heilsansage, die Katechese und die weitere Predigt und Seelsorge unterscheiden. Hier lässt sich auch Reformbedarf leicht feststellen. Wo etwa eine Generation diesen Glauben nur bruchstückhaft kennenlernt, wo die Predigt ihre Lieblingskinder und ihre Stiefkinder hat, wo das Adjektiv „diakonisch“ dazu dient, in Religionsunterricht und Katechese nicht in wenigstens elementarer Weise diesen Glauben vorzustellen, muss ein Umdenken einsetzen.
- Christus heiligen lassen – die Sakramente: Die Sakramente Christi werden dort fruchtbar, wo sie in Glauben, Hoffnung und Liebe empfangen werden. Auch hier ist eine Untergliederung sinnvoll: sakramentale Liturgie, gemeinschaftliche Frömmigkeitsformen und persönliche Spiritualität. „Ex negativo“ gilt etwa: Wo eine sakramentliche Feier nur punktuell bleibt, wo etwa nach einer Kindertaufe jahrelang keine Begegnung mit dem Glauben wahrscheinlich ist oder wo Krankensalbung oder Beichte aus dem Blick geraten, wo Liturgien entstehen, die eine Eu-

charistiefeier zum Anlass für Inszenierungen gebrauchen, entsteht Handlungsbedarf.

- Christus lenken lassen – die Zurüstung zum Dienst: Gerade institutionell breit ausgebaute Ortskirchen können an Sendung und Stil Jesu Maß nehmen. Wächst bei allem eine Gemeinschaft von Zeugen Christi, und zwar institutionell ebenso wie personell? Wo dagegen Kirchenferne zum dominanten Mitgliedschaftstypus wird, wo kirchliche Einrichtungen viel Energie in die schlichte Selbstreproduktion investieren, wo Klerikalismus, Veräußerlichung oder Vereinsmeierei herrschen, da tut Umkehr not. Das dreifache Amt kann die Pastoral zielbewusster machen. Vielleicht gewinnt gerade dadurch die Seelsorge auch ein weites Herz. Denn wer weiß, was er will, kann bei den Schritten zum Ziel auch manche Umständlichkeiten, Experimente und Langatmigkeiten mittragen, die nun einmal zum menschlichen Tun dazugehören.

Literatur

Deus caritas est. Enzyklika von Papst Benedikt XVI. an die Bischöfe, an die Priester und Diakone, an die gottgeweihten Personen und an alle Christgläubigen über die christliche Liebe, in: OR (d) 36 (2006) Nr. 4 (27. Januar 2006) I–VIII.

Knobloch, S.: Praktische Theologie. Ein Lehrbuch für Studium und Pastoral, Freiburg 1996.

Rahner, K.: Die Grundfunktionen der Kirche. Theologische und pastoraltheologische Vorüberlegungen, in: Handbuch der Pastoraltheologie. Praktische Theologie der Kirche in ihrer Gegenwart. Bd. 1. Hg. von F. X. Arnold u. a., Freiburg 1964, 216–219.

Wollbold, A.: Handbuch der Gemeindepastoral, Regensburg 2004.

Zerfaß, R.: Diskussionsbeitrag: „Zur theologischen Begründung diakonischen Handelns“, in: Deutscher Caritasverband (Hg.), Der ekklesiologische Ort der Diakonie. Zur gemeindebildenden Funktion und Bedeutung der Diakonie heute. Protokoll eines Symposiums der Fortbildungs-Akademie des DCV in Zusammenarbeit mit dem Referat Caritas und Pastoral des DCV (= DCV-materialien 5), Freiburg 1985, 33–40.

Anmerkungen

1 Erstveröffentlichung in: Lebendige Seelsorge 57 (2006) 58–63.
2 *Zerfaß,* Begründung (1985), 34f.
3 *Knobloch,* Praktische Theologie (1996), 329.
4 *Wollbold,* Handbuch (2004).
5 *Rahner,* Grundfunktionen (1964), 216–219.
6 Ebd., 219.

Gemeinde rechtfertigt sich allein durch ihre diakonische Verausgabung für die Menschen[1]

von Herbert Haslinger

Die Frage nach der „Zukunft der Gemeinde" ist in aller Munde. Wie soll es mit den Gemeinden weitergehen angesichts des viel beklagten „Priestermangels", der es unter den obwaltenden Umständen und Bedingungen unmöglich macht, die bisherige Struktur der Gemeinden mit einem je eigenen leitenden Pfarrer aufrechtzuerhalten, aber auch angesichts einer zunehmenden Distanzierung der Menschen von der Kirche, die sich in kontinuierlich abnehmenden Zahlen bei Gemeindevollzügen, insbesondere bei Gottesdienstbesuch und Sakramentenempfang manifestiert? Damit bei der Suche nach dem weiteren Weg der Gemeinde auch der richtige Weg gefunden und eingeschlagen wird, tut eine Besinnung auf die derzeitige Verfasstheit der Sozialform Gemeinde not.

1. Die „Gemeindekirche"-Konzeption

Die gängige Rede vom „Ende der Volkskirche", die beginnend etwa mit der epochalen Wende des Zweiten Vatikanischen Konzils in der deutschsprachigen Theologie zunehmend Platz gegriffen hat, war zugleich die Geburtsstunde der „Gemeindekirche"-Konzeption, die den pastoraltheologischen Diskurs seit Mitte der 1960er Jahre und in Ausläufern bis heute prägt.[2] Sie profiliert sich durch eine plakative

Abgrenzung zur Volkskirche, die dabei als jene überholte Form von Kirche gezeichnet wird,

- die ihrem Anspruch nach das ganze Volk erfasst;
- deren Gliederung in Diözesen und Pfarreien sich flächendeckend auf das gesamte Territorium eines Staates bezieht („Territorialprinzip");
- die ihre Mitglieder „automatisch" aufgrund gesellschaftlicher Konvention rekrutiert, u. a. über die allgemein praktizierte Kindertaufe und durch kirchlich geführte Sozialisationseinrichtungen;
- die auf den verschiedenen Ebenen von Amtsträgern hierarchisch geleitet wird;
- in der die geweihten Amtsträger die in ihrem Pfarreibereich lebenden Menschen mit den obligatorischen religiösen Handlungen „versorgen";
- die Funktionen für den Staat übernimmt, aber auch umgekehrt staatlich gestützt und geschützt wird;
- und deren amtliche Instanzen die Macht haben, für Normen und Glaubensinhalte Akzeptanz als gesellschaftsweit gültige Maßgaben einzufordern.

Die „Gemeindekirche"-Konzeption versucht, die volkskirchlichen Verhältnisse auf ein anderes Verständnis von Gemeinde und somit auf eine andere Art des Kirche-Seins hin zu überwinden, wofür ein Buchtitel von *Ferdinand Klostermann* die Richtungsanzeige vorgibt: „Wie wird unsere Pfarrei eine Gemeinde?"[3] Man beruft sich dabei immer wieder vor allem auf zwei Diagnosen. Zum einen: Die Volkskirche würde aufgrund ihrer hierarchischen, patriarchalistischen, auf den alleinzuständigen Amtsträger zentrierten Struktur die Gemeindemitglieder bevormunden, zu bloßen Objekten einer Versorgung machen und ähnlich einer „‚Einpferchung'"[4] in ein geschlossenes System zwängen. Zum anderen: Die Kirchendistanzierung der Menschen sei so weit vorangeschritten, dass sich der Anspruch der Volkskirche per se als obsolet erweise. Der mit solchen Argumenten propagierte Wechsel zur „Gemeindekirche“ zeichnet diese als jene (vermeintlich) zeitgemäße Form von Kirche,

- deren Mitglieder sich freiwillig anschließen, in denen die Mitgliedschaft aber umso nachdrücklicher auf einer bewussten Entscheidung für die Bindung an die Gemeinde beruhen muss;
- deren Mitglieder durch engagierte, umfassende Teilnahme am Gemeindeleben, insbesondere durch Übernahme von Aufgaben, ihre Gemeindezugehörigkeit und ihre grundlegende Gesinnungsübereinstimmung erweisen;
- die mit hohen Integrationsanforderungen absichtsvoll in Kauf nimmt, sich auf die „kleine Herde“ der bewusst Entschiedenen zu reduzieren;
- deren Mitglieder sich durch enge, geschwisterliche Beziehungen untereinander zu einer Art „Familie“ verbunden fühlen und dadurch die Gemeinde nicht als territorial, sondern als personal definierte Größe erleben;
- deren Mitglieder selber Verantwortung tragen für das Gemeindeleben, aufgrund selbst bestimmter Aktivitäten die Rolle gleichberechtigter, mündiger Subjekte einnehmen und sich so von der Rolle des schlichten, gehorchenden, patriarchalistisch bevormundeten Christen lösen;[5]
- die sich ob ihrer engen internen Bindung weniger als Teil der Gesellschaft denn als Gemeinschaft im Kontrast zur Gesellschaft versteht;
- die identisch ist mit Gemeinde, in der es also kirchliches Leben nur im „Aggregatszustand“ der Sozialform Gemeinde gibt – oder mit der berühmten gemeindekirchlichen Initialschrift von *Ferdinand Klostermann* formuliert: in der gemäß dem „Prinzip Gemeinde“ gilt, dass „die Kirche … nur entstehen und leben, … sich überhaupt nur realisieren [kann] als Gemeinde und in Gemeinde“[6]

Bald nach seinem Aufkeimen wurde das Programm einer

Kritik[7] unterzogen, die vor allem folgende Gefahren monierte:

- theologisch nicht haltbare Gleichsetzung von Kirche und Gemeinde;
- romantische Idealisierung eines Nischendaseins, die eine geschlossene Homogenität konstruieren möchte;
- Attitüden der Selbstherrlichkeit bzw. eines elitären Selbstbewusstseins;
- rigoristische bis militante Verhaltensnormen, die auf eine Vollidentifikation abzielen und keinen Spielraum für partielle Rückgezogenheit oder Distanz lassen;
- total(itär)e Vereinnahmung des Individuums für die verabsolutierte Gemeinschaft;
- „Kontrastpathos“[8], in dem sich die Kirche aus der Gesellschaft zurückzieht und zu einer gettohaften Größe bzw. Sekte verfällt;
- voreiliger, soziologisch nicht haltbarer Abgesang auf die Volkskirche und fahrlässige Preisgabe ihrer wertvollen Anteile;
- betonte Introvertiertheit, in der sich Gemeinden auf ihren Binnenbereich fixieren und gegen soziale, politische, aber auch pastorale Anforderungen abschotten;
- Abkapselung der Einzelgemeinde gegenüber der Gesamtkirche.

Diese „Gemeindekirche“-Konzeption hat sich überlebt.[9] Und wenn man sie, einschließlich der einschlägigen Modell-Gemeinden und Selbstverständnis-Deklarationen[10], mit dem gleichen kritischen Bewusstsein wahrnimmt, das man auch an andere Strukturen und Mechanismen innerhalb der Kirche anlegt, dann erkennt man, dass die „Gemeindekirche“ nicht an einem „Bollwerk der überkommenen klerikalen Mentalität ... auf den höheren kirchlichen Ebenen“[11], sondern an ihrem eigenen unmenschlichen Binnendruck der Engagementverpflichtung, des Bindungszwangs und der

Gesinnungskonformität zerbrochen ist – einmal abgesehen davon, dass sie in den breiten Schichten der Gläubigen ohnehin nie wirklich Fuß gefasst hat, sondern immer ein Programm der kirchlich Arrivierten geblieben ist.

2. Die Gemeinde-Idee

Gleichwohl konnte die „Gemeindekirche"-Konzeption eine bis heute anhaltende Wirkkraft entfalten in Gestalt einer Programmatik, die sich tief in die Denk- und Handlungsmuster kirchlicher Funktionsträger eingenistet hat und die ich „Gemeinde-Idee" nennen möchte. Sie besteht aus einem Konglomerat von Überzeugungen, das sich in etwa so umschreiben lässt: *Bestimmung der Christen ist es, ihren Glauben gemeinsam im Zusammenschluss einer Gemeinde zu leben und zum „Gemeindeaufbau" beizutragen; wer in rechter Weise Christ sein will, muss sich durch eine bewusste verbindliche Entscheidung in das Gemeinde-„Leben" einfügen; Gemeinde stellt die umfassende Denkwelt, das „Universum" der Pastoral dar, auf das alles hinzuordnen ist, außerhalb dessen keine authentisch christliche Praxis bestehen kann und innerhalb dessen alles kirchliche Handeln seinen Stellenwert erhält; Kirche realisiert sich nur als Gemeinde; Gemeinde ist das Synonym für Kirche überhaupt; die Gemeinde selbst ist Zweck und Ziel kirchlichen bzw. christlichen Handelns; Pflicht von Christen ist es, durch aktives Engagement der Gemeinde zu dienen.*

Bis dato wird diese Gemeinde-Idee, zumindest in ihrer Quintessenz, dass die Gläubigen durch Engagement der Gemeinde zu dienen hätten, auf breitester Ebene als gültige Richtungsanzeige für die Konzeption der Gemeindepraxis vertreten. Kirchliche Funktionsträger stellen die Gemeindepastoral unter gemeindekirchliche Losungen wie „von der Volkskirche zur Gemeindekirche" oder – unter Berufung auf die Gemeinsame Synode der Bistümer in der Bundesrepublik Deutschland (1971–1975) in Würzburg – „von der versorgten Pfarrei zur sich selbst versorgenden Gemeinde".[12] Praktisch flächendeckend wird das Ideal einer „lebendigen Gemeinde" zum fraglos gültigen Leitbild erhoben und man meint damit den Anspruch, dass möglichst viele Gemeindemitglieder durch möglichst umfassende Teilnahme an den Vollzügen der Gemeinde zu deren „Lebendigkeit" beitragen sollten.[13] Als guter Christ gilt, wer sich in der Gemeinde durch Übernahme von Aufgaben engagiert – bis hinein in pfarramtliche Zeugnisse, in denen das „aktive Engagement für die Gemeinde" die alten Kriterien des Getauftseins und der Teilnahme an den Sakramenten als Maßstab der geforderten Kirchlichkeit abgelöst hat. Subjektsein als Christ wird gleichgesetzt mit Aktivität für die Gemeinde. In einer paradox anmutenden Kontinuität perpetuieren sogar die Konzepte für die neuen pastoralen Strukturen[14], die ja eine denkbar massive Relativierung der Gemeinde als Ebene kirchlichen Lebens darstellen, die Ansprüche der Gemeinde-Idee, wenn sie etwa – mit Verweis auf den Personalmangel in Gemeinden – die Verlagerung pastoraler Aufgaben von den hauptamtlichen Seelsorgern auf Ehrenamtliche propagieren.

Landauf landab wird heute durchgängig eine „Krise der Gemeinde" konstatiert. Gestalt und Verfasstheit der Gemeinden werden als unbefriedigend erlebt. Man muss bewusst und deutlich festhalten: Diese Diagnose wird auf eine Gemeinderealität hin getroffen, die das Ergebnis einer seit über 40 Jahren anhaltenden und weit verbreiteten Konzeption der Gemeinde nach Maßgabe der Gemeinde-Idee ist.

3. Worin besteht die Krise?

Eine Krise festzustellen heißt: Man stellt fest, dass „etwas nicht mehr passt“, dass eine Passung verloren gegangen ist. Im Fall der Gemeinde geht es um die (fehlende) Passung zwischen den Praktiken und Plausibilitäten der Sozialform „Gemeinde“ einerseits und den Lebensformen und Lebensanforderungen der Menschen unter den Bedingungen einer individualisierten bzw. pluralisierten Gesellschaft andererseits. Bei der Beschreibung des Passungsverlustes könnte und müsste man auf vielerlei Facetten des krisenhaften Zustandes der Gemeinden abheben, etwa ihre tief greifende Pluralitätsuntauglichkeit[15], die in ihnen beobachtbare Milieuverengung[16] oder ihre Tendenz zur Verdoppelung sozialer Spaltungen[17]. Wenn ich nun an dieser Stelle zwei andere Krisendiagnosen darlege, bedeutet das mitnichten, dass ich die eben genannten als unwichtig oder gar unzutreffend erachten würde. Im Gegenteil: Die Analysen der Pluralitätsuntauglichkeit, der Milieuverengung und der Verdoppelung der sozialen Spaltung haben ungebrochene Gültigkeit und liegen den folgenden Ausführungen sogar zugrunde. Ich glaube jedoch, dass man bei dem Versuch, der „Krise der Gemeinde“ auf den Grund zu gehen, fortfahren und noch ein paar Schichten tiefer „graben“ muss.

3.1 Krisendiagnose 1: Nicht Aufhebung, sondern Fortsetzung der Machtförmigkeit

Die Gemeinde-Idee beinhaltet den Selbstanspruch, die überkommene, autoritär und obrigkeitlich geführte Volkskirche mit ihrer uniformierenden Zwangsrekrutierung für eine entsprechend paternalistisch organisierte Pfarrei zu überwinden. Wenn die alten Pfarreien sich in neue, d.h. nach der Gemeinde-Idee geformte, Gemeinden umwandeln, dann – so lautet das Versprechen – würden Christen in

Stand gesetzt, ihr Christsein eigenverantwortlich, auf freier Entscheidung beruhend, mit kreativer Aktivität, emanzipiert von bevormundenden Kirchenautoritäten, gleichberechtigt, kurz: *als Subjekte* zu leben. Versprochen wird mit der Gemeinde-Idee also die Aufhebung der Machtförmigkeit der früheren Pfarreien. Dieses Versprechen halte ich für eine der größten Augenwischereien der jüngeren Pastoralgeschichte.

Als Erklärung der konstatierten „Krise der Gemeinde" führt das Gros kirchlicher Kräfte immer wieder bestimmte Veränderungsprozesse ins Feld, unter denen die Gemeinden zu leiden hätten: dass es immer weniger Priester gebe, dass die Bereitschaft der Gemeindemitglieder zum Engagement für die Gemeinde abnehme, dass das Glaubenswissen, z. B. über die Sakramente, bei den Gläubigen verdunste bzw. nicht mehr genügend vermittelt werde u. v. a. m. Solche „Analysen" fallen bereits in sich zusammen, wenn man einen etwas genaueren und nüchternen Blick anlegt. Dann muss man nämlich erkennen, dass es in der gesamten Kirchengeschichte, insbesondere aber seit der Aufklärung und der Säkularisation, eigentlich keinen Zeitraum gegeben hat, in dem kirchliche Instanzen nicht über einen Mangel an Priestern klagten; dass noch nie in der gesamten Kirchengeschichte neben den ordinierten Amtsträgern so viele Gläubige wie heute Aufgaben in den Gemeinden übernommen haben; und dass die Leute auch früher nicht kirchlich geheiratet haben, weil sie sehr viel theologisches Wissen über das Ehesakrament hatten, sondern weil man das als Christ bzw. Katholik eben machte.

Das veranlasst zu der Frage: Was hat sich eigentlich gegenüber früher verändert? Welche Entwicklung ging von statten, aufgrund derer die Sozialform „Gemeinde" heute als krisenhaft bzw. nicht befriedigend erlebt wird? Um dem auf die Spur zu kommen, ist es hilfreich, die von *Karl Ga-*

briel formulierte Typologie des Verhältnisses zwischen Gesellschaft, Christentum/Kirche und je individuellem Menschen[18] als Wahrnehmungsfolie anzulegen. In der *vormodernen christentümlichen Gesellschaft* fielen Gesellschaft und Christenheit in eins. Wer anerkanntes Mitglied der Gesellschaft sein wollte, musste auch Christ sein und die für einen Christen vorgesehenen Haltungen und Handlungen vollziehen. In der *„halbierten Moderne"* der aufgeklärten, industrialisierten Gesellschaft bekam die Kirche die Ausdifferenzierung dieser Gesellschaft dergestalt zu spüren, dass es auf einmal neben ihr andere, konträr zu ihr angelegte Milieus gab, dass sie sich selber aber auch als eines dieser tendenziell geschlossenen Milieus konstituieren und festigen konnte. Die zu einem kirchlichen Milieu gehörenden Personen mussten die für Kirchenmitglieder vorgesehenen Haltungen und Handlungen vollziehen, um sich von anderen Milieus abzugrenzen und so in ihrer sozialen Position zu behaupten. In beiden Konstellationen war also die Bindung der Gläubigen an die institutionelle Kirche, mithin an die Gemeinde gleichsam auf „Automatik" gestellt. Wer in dem jeweiligen sozialen Gefüge integriert und anerkannt sein wollte, musste die ihm von den kirchlichen Autoritäten vorgegebenen Maßgaben des Verhaltens und Handelns erfüllen. Damit war auch für die Pfarrer in den Gemeinden das Erleben automatisch gewährleistet, dass sie die Gläubigen zur Gefolgschaft ihnen gegenüber anhalten können und dass sie mit ihrem Bestreben, die Gläubigen an sich zu binden, Erfolg haben. Die „Automatik" dieses Bindungsverhaltens funktionierte weitestgehend so selbstverständlich, so alltagsimmanent, dass es von den beteiligten Personen gar nicht als solches bewusst reflektiert, geschweige denn problematisiert worden ist. In der *„entfalteten Moderne"* unserer Zeit, d.h. in einer individualisierten und pluralisierten Gesellschaft, löst sich nun der je individuelle Mensch von seinen vorgegebenen Einbindungen in einheitliche Sozialformen bzw. geschlossene Systeme. Er bestimmt nach Maßgabe seines eigenen individuellen Lebenskonzepts, mit welchen wechselnden Rollen er sich verschiedenen Sozialformen situativ anschließt. Unter diesen Bedingungen geht die „automatisierte“, selbstverständliche Bindung an die Kirche verloren.

Darin also besteht die entscheidende Veränderung: *nicht* dass die Menschen heute zu wenig vom Glauben wüssten, dass sie nicht engagiert wären und dass sie in zu geringer Zahl Priester werden wollten, sondern dass sie nicht mehr zur unhinterfragten, totalen Bindung an die Kirche bereit sind. Auf einmal steht ein Problem zur Bearbeitung an, das es in den Pfarreien der alten Volkskirchenstruktur so nicht gab: Wie können die Menschen zur (engeren, dauerhaften) Anbindung an die Kirche bewogen werden? Just das ist der Zweck des Versprechens der Gemeinde-Idee. Sie stellt den Menschen eine anders geartete Kirchenbindung in Aussicht, die nicht mehr vom gesellschaftlichen Zwang motiviert ist, sondern von der Zusage, in der Gemeinde Gemeinschaft, gleichstufige Beziehungen, Möglichkeiten zum Engagement, Homogenität usw. zu finden. Freilich entfalten Gemeinden damit nur für diejenigen Menschen Bindungskraft, die das als attraktiv empfinden, und es *kann* in ihnen nur Platz finden, wer sich einbinden lässt. Folglich müssen Anbindungsleistungen als Erweise der Bereitschaft zur Einbindung festgelegt werden: bewusste verbindliche Entscheidung für die Gemeindemitgliedschaft, aktive Teilnahme an den Gemeindevollzügen, Engagement durch Übernahme von Aufgaben und Übereinstimmung in verbindlichen Überzeugungen. Von der Gemeinde-Idee getragene Gemeinden versuchen also, ihre Einheit durch Einheitlichkeit zu erreichen. Die Gemeinde-Idee dient dazu, die verloren gegangene Bindung der Menschen an die Kirche in eine neue, zwar nicht mehr alle erfassende, bei den bewusst entschiedenen Christen aber umso intensivere Bindungsbereitschaft überzuführen. Hier zeigt sich die Brüchigkeit des Versprechens der Gemeinde-Idee ein erstes Mal: Ihr Konstruktionspunkt ist gerade nicht das Subjektsein der Gläubigen, sondern deren neue Anbindung an die Kirche.

Nun geht es bei Anbindung bzw. Bindungsauflösung in der Kirche nicht einfach um einen Prozess zwischen dem je einzelnen Christen und dem Kollektiv Gemeinde, sondern um ein zwischenmenschliches Geschehen. Es geht immer auch um die Macht bestimmter Personen, andere Personen *an sich* zu binden. Folglich bedeutet der gerade geschilderte Entwicklungsprozess eben auch und vor allem: Geändert hat sich, dass sich das früher auf Dauer gestellte Erfolgserlebnis der kirchlichen Amtsträger, die Menschen zur Anbindung und Gefolgschaft *sich selber gegenüber* anhalten zu können, nicht mehr so einfach einstellt. Die Gemeinde-Idee bzw. ihre Propagierung stellt einen Reflex auch auf diese Änderung dar. In ihre Anbindungsintention eingewoben ist das Bedürfnis ihrer Protagonisten, die Bindungsbereitschaft eines Gemeindemitglieds als Gefolgschaft sich selber gegenüber zu erleben (und herbeizuführen) sowie die Auflösung von Bindung als Aufkündigung der Gefolgschaft sich selber gegenüber zu empfinden (und möglichst zu unterbinden). Mit Blick auf diese Machtförmigkeit der Beziehung lässt sich der eigenartige Umstand, dass permanent über mangelnde Engagementbereitschaft der Gemeindemitglieder geklagt wird, obwohl noch nie so viele Menschen wie heute in den Gemeinden ehrenamtliche Aufgaben übernommen haben, in Analogie zu dem aus dem pathologischen Bereich bekannten Sucht- und Schuldzuweisungsmechanismus erklären: Protagonisten der Gemeinde-Idee brauchen zur Befriedigung ihres Machtbedürfnisses eine immer höhere Dosis des Erfolgserlebnisses, andere zur Gefolgschaft zu animieren, und sie wehren Veränderungsanforderungen an die eigene Adresse ab, indem sie in Form des Vorwurfs mangelnden Engagements die Ursache der eigenen krisenhaften Situation bei „den anderen", d.h. „der Gesellschaft", „den Passiven", „den Kirchendistanzierten" usw. ansiedeln.

Das ist die Stelle, an der die Brüchigkeit des Versprechens der Gemeinde-Idee vollends zum Vorschein kommt. Die Macht, um die es in ihr geht, lässt sich nämlich durchaus im Sinne der klassischen soziologischen Machtdefinition *Max Webers* dechiffrieren als das Vermögen, innerhalb sozialer Beziehungen den eigenen Willen gegenüber anderen Personen auch gegen deren Widerstreben durchzusetzen.[19] Die Gemeinde-Idee dient als Instrument in den Händen bestimmter Personen, mit dem diese das Gemeindegeschehen nach *ihren* Vorstellungen steuern. Diese Personen erwarten „*Mit*arbeit", d.h. *Mit*-Tun an etwas, das schon da ist, also Einpassung in Praxisformen, die von ihnen vorgegeben sind. Diese Personen definieren, was zur Gemeinde gehört und was nicht; und oft genug wird daraus ein Bestimmen darüber, *wer* zur Gemeinde gehört und wer nicht. Von diesen Personen sind die Gemeindemitglieder hinsichtlich ihres Stellenwerts in der Gemeinde abhängig, insofern sie darüber befinden, ob jemand zu den „guten Leuten", zu den „Engagierten" gehört oder nur „distanziert", „am Rand" lebt. Diese Personen verfügen über Machtmittel, um ihre Interessen durchzusetzen: Entscheidungsbefugnisse, Redezeiten, Informationen, Kommunikationswege, Seilschaften usw. Diese Personen bestimmen darüber, was als Normalität der Gemeinde zu gelten hat, und somit darüber, wer als Träger des „Normalen" Akzeptanz verdient und wer als Träger des Nicht-Akzeptierten mit Argwohn belegt wird. Diese Personen reagieren vielfach ungehalten, mit Sympathieentzug oder auch mit Sanktionen, wenn Menschen in der Gemeinde einmal wirklich als Subjekte handeln und sich von ihren Vorstellungen lösen. Und wenn diese Personen wortreich ihre Einbindung in ein „Team“, ihre Gleichberechtigung mit allen anderen, ihren Verzicht auf Leitungsmacht deklarieren – weil ja alle gleichermaßen am „Subjektsein der Gemeinde“ Anteil hätten –, dann wirken solche Beteuerungen wie verbale Rauchbomben, unter deren Nebelschwaden sie umso ungehemmter und umso unkontrollierbarer ihre machtförmigen Verhaltensmuster ausagieren.[20] Beim Blick in die real existierenden Gemeinden fällt auch auf, dass mitnichten nur Priester, sondern auch viele offenkundige und verdeckte Führungsfiguren unter den Gemeindemitgliedern, so manche „Super-Laien“ und „graue Eminenzen“, diesem Verhaltensmuster verfallen. Es ist sehr aufschlussreich, mit Blick auf Versprechen und Wirklichkeit der Gemeinde-Idee *George Orwells* „Farm der Tiere“[21] nochmals zu lesen und dabei zu fragen, wer in unseren Gemeinden die „Napoleons“ und die „Schneeballs“, die Arbeitspferde und die anderen tagtäglich das gemeinsame Lied absingenden Tiere, die vielen Gleichen und die wenigen „Gleicheren“ sind.

Für all das sind die Menschen heute nicht mehr zu haben. Viele Gemeindeverantwortliche fragen immer noch, was sie mit den Gemeindemitgliedern alles machen können; aber die Menschen lassen nicht mehr alles mit sich machen. Dieses Spiel funktioniert nicht mehr. *Hans Schilling* hat Mitte der 1970er Jahre der „Gemeindekirche“-Konzeption in bemerkenswerter Weitsicht ins Stammbuch geschrieben: „Wenn die Kirche von morgen … nicht mehr im selben Maß wie heute ‚eine Kirche der unvermeidlich Ungleichzeitigen‘ sein sollte, wenn in ihr … die heute Fortschrittlich-Dynamischen, Progressiv-Engagierten, Gemeindlich-Aktiven oder wie immer man sie nennen will, mehr oder weniger unter sich sein würden, dann müsste *diese* ‚kleine Herde‘ spätestens übermorgen entweder an ihrer eigenen Konformität ersticken oder doch wieder neue ‚Ungleichzeitigkeiten' riskieren."[22] Heute ist dieses „übermorgen". Die Gemeinde-Idee erstickt an ihren eigenen Zwängen. Sie ist nicht die Überwindung, sondern die Fortsetzung des Patriarchalismus mit anderen Mitteln. Sie ist nicht die Aufhebung, sondern die Fortsetzung der Machtförmigkeit in der Pastoral – oder besser: der *Versuch* der Fortsetzung von Machtförmigkeit. Allerdings scheitert dieser Versuch zunehmend daran, dass die Menschen heute mehr als früher die Möglichkeit haben, ihr Widerstreben gegen den Willen der Mächtigen in ein selbst bestimmtes Handeln umzusetzen – z. B. durch Distanzierung.

3.2 Krisendiagnose 2: Der Bruch zwischen Gemeinderealität und Lebenswirklichkeit

Im Rahmen meiner Tätigkeit als Fortbildungsreferent in der Diözese Rottenburg-Stuttgart hatte ich immer wieder Mal mit einer Arbeitshilfe für Besuchsdienste bei Neuzugezogenen[23] zu tun. Sie trug den Titel „miteinander das Netz der Gemeinde knüpfen" und war von Personen erstellt worden, deren Vorstellung von kirchlicher Praxis von dem durchtränkt war, was ich hier „Gemeinde-Idee" nenne. Die Grafik des Titelblattes zeigte Hände, die ein Netz knüpfen. Im Text wurde Wert darauf gelegt, dass der Besuch nicht abschreckend wirken, vielmehr die Bereitschaft der Neuzugezogenen zu Engagement in der Gemeinde wecken soll.[24] Die den Mitarbeitenden zugesprochene Sinngebung ihres Besuchsdienstes lautete: „Wenn Sie Menschen in Ihrer Gemeinde besuchen …, dann gestalten Sie ganz aktiv Ihr Gemeindeleben."[25]

Worum geht es hier? Die Gemeinde soll aus den vielen Menschen zusammen-„geknüpft" werden. Die Neuzugezogenen sollen sich in das Netz der Gemeinde „einknüpfen", aber auch dafür gewinnen lassen, durch ihr Engagement zum „miteinander"-Arbeiten am Gemeindeleben beizutragen. Hier geht es nicht darum, wie die betroffenen Menschen ihre Lebensveränderung des Wohnsitzwechsels erleben, welche Abschiede sie zu bewältigen haben, welche Hoffnungen sie mit dem neuen Lebensort verbinden und was sie gegebenenfalls von der Gemeinde zum Gelingen ihres neuen Lebensalltags brauchen könnten. Hier geht es darum, was die Gemeinde von den neuen Einwohnern brauchen kann. Zweck ist das, was man im Jargon der üblichen Gemeindebetriebsamkeit „Lebendigkeit der Gemeinde" nennt; Zweck ist gerade nicht das Leben der betreffenden Menschen.

Bei der beschriebenen Arbeitshilfe handelt es sich um kein Exotikum pastoraler Praxis. Ähnliche Maßnahmen mit gleichgerichteter Intention werden in kirchlichen Gemeinden jahraus jahrein zu tausenden praktiziert. Die darin transportierten Anliegen – die Erhebung der Gemeinde selbst zum Zweck pastoralen Handelns, die Anwerbung von Menschen zur Einbindung in die Gemeinde, die Einforderung von Mitarbeit möglichst vieler Mitarbeitenden, die gegen die individualisierte Lebensform gerichtete Überhöhung des „Miteinanders" zum unhinterfragbaren Ideal – bilden jene Programmatik, nach der die Gemeindepraxis heute fast durchgängig konzipiert wird. Und es ist genau die Programmatik, die eine abgrundtiefe Kluft zwischen Gemeinderealität und Lebenswirklichkeit der Menschen aufreißt. Zum einen gibt sie den Menschen tagtäglich zu verstehen, dass es in den Gemeinden gerade nicht um ihre Lebenswirklichkeit geht; dass sie mit dem, was ihren Alltag ausmacht, für die Leitfiguren in den Gemeinden irrelevant sind – zumindest solange es sich nicht irgendwie zu einem Effekt für das „Gemeindeleben" ummünzen lässt. Zum anderen greifen Gemeinden mit diesem Gestus der werbenden „Einlullung" in eklatanter Weise an den Lebenskonzepten, Lebensformen und Lebensbedingungen, kurz: an der Lebenswirklichkeit der Menschen heute vorbei. Menschen heute müssen es geradezu bei Gefahr ihres Lebensscheiterns lernen,

- sich ihren Lebensanforderungen und Lebensproblemen zu stellen und diese eigenständig zu bewältigen, und zwar umso eigenständiger und individueller, je weniger sie dabei in einer individualisierten Gesellschaft auf die Lenkung und Stützung durch soziale (Ein-)Bindungen zurückgreifen können;
- eine alltägliche Lebensführung zu bewerkstelligen, die immer weniger durch tradierte oder sozial kontrollierte Orientierungs- und Handlungsschemata vorgegeben ist, sondern immer mehr als tagtäglich anstrengende Mühe klein gearbeitet werden muss, indem man ständig Entscheidungen trifft, Initiativen ergreift, Belastungen erträgt und sich auf Neues einstellt[26];
- sich kritisch gegen soziale Systeme zu stellen, die Menschen für die eigene Bestandserhaltung instrumentalisieren und deren Angebot (Waren, Dienstleistungen, Freizeitgestaltungen usw.) sich aufgrund der darin stattfindenden Verdinglichung der Menschen nicht als Bereicherung, sondern als belastende Vereinnahmung der alltäglichen Lebensführung erweisen;
- das Leben wirklich als „eigenes Leben“[27] zu führen und sich nicht in Verweigerung gegenüber den Unwägbarkeiten eines selbst zu verantwortenden Lebens in die Uniformität von Kollektiven zu flüchten;
- bei allem unausweichlichen Leistungsdenken sich ein Bewusstsein dafür zu bewahren, dass der eigene Wert als Person nie von der Leistungsfähigkeit und der Erfüllung eines Leistungsdrucks abhängig gemacht werden darf;
- sich ständig zwischen verschiedenen sozialen Systemen zu bewegen und dabei soziale Beziehungen flexibel mit

wechselnden Rollen, mit unterschiedlicher Dauer bzw. Intensität sowie nach vielfältigen normativen Orientierungen zu gestalten;
- sich gegen alle Formen der Vereinnahmung zu wehren, bei denen Menschen vordefinierte Rollen übernehmen sollen und so als bloße Objekte der Interessen anderer instrumentalisiert werden, – und zwar mit umso kritischerem Bewusstsein, je emotional aufgeladener oder religiös missionarischer die vereinnahmenden Kräfte auftreten.

Die hier genannten Einstellungen und Bewusstseinshaltungen entspringen keineswegs einem Lebensgefühl der individualistischen Beliebigkeit. Es ist zu billig, sie als „(Diktatur des) Relativismus", „Säkularismus" oder „Subjektivismus" zu inkriminieren. Es handelt sich vielmehr um schlechterdings notwendige Anforderungen, die erfüllt sein müssen, wenn Menschen die eben nicht bequeme, sondern anstrengende und anspruchsvolle Aufgabe bewältigen sollen, unter den heutigen gesellschaftlichen Bedingungen ein gelingendes, d. h. selbstbestimmtes, individuell stimmiges und sozial verantwortungsvolles, Leben zu führen. Die Kirche insgesamt und die Gemeinden im Speziellen können nicht allen Ernstes erwarten, dass die Menschen diese Einstellungen und Bewusstseinshaltungen, mit denen sie sich tagtäglich in unzählig vielen Lebenssituationen bewähren müssen, allein bei ihnen auf einmal außer Kraft setzen und sich einer anderen Logik folgend in sie einpassen lassen.

Die Menschen haben andere und letztendlich auch wirklich wichtigere Lebensfragen und Sorgen als das, was in der durchschnittlichen Betriebsamkeit der real existierenden Gemeinden als für das „Leben der Gemeinde" notwendig oder wünschenswert deklariert wird. Die Menschen müssen Tag für Tag ihrer Arbeit nachgehen, dort zunehmende Belastungen bewältigen, um ihren Arbeitsplatz und damit um ihr Auskommen bangen oder auch mit Arbeitslosigkeit fertig werden; sie müssen ihre Wohnung und ihren Lebensunterhalt finanzieren; sie müssen das „schöne schwierige“ Miteinander eines Familienalltags gestalten und sich um das Gelingen ihrer Ehen und Partnerschaften bemühen; sie müssen Kinder erziehen und Probleme mit Kindern bewältigen – wie auch Kinder Probleme mit Erwachsenen bewältigen müssen; sie müssen mit Krankheiten oder körperlichen Leiden fertig werden und in vielen Familien Angehörige in deren Gebrechen pflegen; sie müssen kochen, putzen, waschen, einkaufen, die Freizeit der Kinder organisieren, Streitigkeiten austragen oder ebensolche schlichten. All das und vieles mehr ist der normale, alltägliche Lebensinhalt für den weitaus größten Teil der Menschen heute. Die Konstruktion ihres Alltags erfolgt mehr anhand der Frage nach der „schmutzigen Wäsche“[28] als anhand glänzender Broschüren zu den neuen Seelsorgeeinheiten. Diese Menschen fragen nicht danach, welche „Charismen“ sie haben und wie sie damit „Gemeinde aufbauen“ können; es ist nicht ihr Problem, wie viel sie in der Gemeinde selber machen dürfen und ob sie sich dadurch als „Subjekte der Gemeinde“ erweisen; sie können sich nicht damit beschäftigen, ob ihre Gemeinde von vielen Ehrenamtlichen getragen wird, wie die neuen pastoralen Räume strukturiert sind und wie darin die kirchlichen Funktionsträger verteilt werden. All dieses ist *nicht* ihr Lebensinhalt, ist *nicht* ihre Lebenswirklichkeit – und *kann* es nicht sein.

Die Protagonisten der Gemeinde-Idee unterliegen einer suggestiven Selbsttäuschung. Sie definieren den kleinen Anteil derjenigen Menschen, die sich in die von ihnen vorgegebenen Vollzüge und Anforderungen des Gemeindebetriebs einfügen (lassen), die also „mitmachen“, als Normal-Fall und somit deren Verhalten und Handeln implizit als Norm des Christseins. Dazu kontrastierend diskreditieren sie umgekehrt den weitaus größeren Anteil derjenigen Menschen, die in diesem Repertoire des „aktiven Gemeindelebens" nicht ihren Lebensinhalt erkennen, als vom Normal-Fall Abweichende, als Vertreter des Nicht-Normalen. Sie unterstellen ihre konstruierte Gemeindewelt als normale Welt, und erkennen nicht mehr, dass das Leben der Menschen außerhalb dieser konstruierten Gemeindewelt die Normalität des Lebens ist. Die alltägliche Lebenswirklichkeit sperrt sich gegen eine Einpassung in den von der Gemeinde-Idee vorgesehenen Betrieb; und wo die Konfrontation mit ihr unausweichlich ist, da unterbricht sie den Gemeindebetrieb. Wenn etwa ein Mensch den Tod eines Angehörigen betrauert und der Seelsorger beansprucht ist, diesem Menschen *als Seelsorger* beizustehen, spürt man mit wuchtiger Evidenz, wie nichtig sich die übliche Leitfrage der Gemeinde-Idee erweist, was dieser Mensch zum Gemeindeleben beitragen könne – vorausgesetzt natürlich, man hat ein Gespür für eine solche Situation.

Das Geschehen in vielen Gemeinden vollzieht sich im Modus eines Freizeitvereins. Ein Schützenverein oder ein Fußballverein findet seinen Zweck in dem, was Schützenvereine oder Fußballvereine tun, also in sich selbst. Es kommt geradezu darauf an, die Wirklichkeiten der anderen Lebensfelder außen vor zu lassen und das Tun im Verein als Ausgleich oder als Gegenwelt zu erleben. In frappierender Parallelität wird das Gemeindegeschehen heute über weite Strecken als etwas vollzogen, das sein Ziel in sich selbst finde; Gemeinde *ist* förmlich eine Veranstaltung, zu der man, seine alltäglichen Lebenswirklichkeiten verlassend, „hin geht" (!) – zum Pfarrfest, zur Frauengruppe, zur Pfarrgemeinderatssitzung, zum Bibelkreis. In Gemeinden wird immer weniger danach gefragt, wie es den Menschen in ihren alltäglichen Lebensbereichen ergeht. Bezeichnenderweise kommen in diesen Veranstaltungsgemeinden bestimmte Lebenswirklichkeiten, respektive deren Träger

(z. B. Arbeitslose, Pflegebedürftige, pflegende Angehörige) gar nicht mehr vor. Solche Gemeinden laufen Gefahr, in der „Außen"(!)-Perspektive jener Menschen, die sich nicht ständig in ihren inneren Zirkeln bewegen – und das sind eben nicht nur die „Distanzierten", sondern die vielen „normalen", einfachen Leute, die mehr oder weniger glückend ihr alltägliches Leben führen und damit genug zu tun haben –, nur noch als eine religiös verbrämte Vereinsmeierei zu erscheinen.

Zwischen der real existierenden Gemeindepraxis und der Lebenswirklichkeit der Menschen ist also eine abgrundtiefe Kluft entstanden; die Gemeinden sind nicht trotz, sondern aufgrund ihrer Aktivität vom Leben der Menschen weit weggedriftet. Das ist die „tektonische" Verschiebung, der umstürzende Bruch zwischen „Gemeindeleben" der Kirche und Lebenswirklichkeit der Menschen.

4. Die Wegscheide: Sekte oder diakonische Kirche

Bei der Frage, welche Perspektiven sich aus diesen Krisendiagnosen für die Zukunft ergeben, sehe ich die Gemeinde vor eine grundlegende Wegscheide gestellt.

Entweder: Die verantwortlichen Kräfte und Instanzen der Kirche konzipieren die Gemeinde weiterhin gemäß der „Gemeinde-Idee". Dann konstruieren sie mit ihr auch in Zukunft eine Sozialform, in der sie sich tendenziell von den individualisierten Lebensformen und Lebensanforderungen einer plural verfassten Gesellschaft abschotten, mit der sie ihr Machtbedürfnis befriedigen, Menschen an sich zu binden, und mit der sie sich von der unmittelbaren Konfrontation mit der alltäglichen Lebenswirklichkeit sowie von der Aufgabe der Begleitung von Menschen *in* dieser Lebenswirklichkeit zusehends dispensieren. Dann aber müssen sie sich darüber im Klaren sein, dass unter dieser Maßgabe die Gemeinden zu „Sekten“ im Sinne von *Ernst Troeltsch* und *Max Weber* degenerieren[29], d.h. zum Typus einer religiösen Formation, die sich durch eine hochselektive Reduzierung ihrer Mitgliedschaft auf einen kleinen homogenen Kreis bindungsbereiter Personen und umgekehrt durch eine entsprechend scharfe Abgrenzung gegenüber ihrer Umwelt auszeichnet. Und sie müssen sich darüber im Klaren sein, dass dann solche Gemeinden für das soziale Gefüge der Gesellschaft insgesamt wie auch für das individuelle, alltägliche Leben des weitaus größten Teils der Gesellschaftsmitglieder so irrelevant sind, dass sie nicht einmal als Problem relevant sind.

Oder: Die verantwortlichen Kräfte und Instanzen der Kirche vollziehen bei ihrer Konzeption der Gemeinde einen radikalen Wechsel hin zum Paradigma einer diakonischen Kirche. Dann müssen sie ihre Gestaltung der Gemeindepraxis an der fundamentalen Maxime ausrichten, dass die Gemeinde für die Menschen da ist, nicht der Mensch für die Gemeinde; dass also die Sozialform Gemeinde weder Selbstzweck noch „Selbstwert“[30] ist, sondern als Instrument bzw. Funktion einem Zweck und Wert jenseits ihrer selbst, nämlich der menschlichen Person zu dienen hat. Dann müssen sie bei der Gestaltung der Gemeindepraxis die Maßgabe der Pastoralkonstitution des Zweiten Vatikanischen Konzils einlösen, dass sie „kein irdischer Machtwille [bestimmt], sondern nur dies eine: … zu retten, nicht zu richten; zu dienen, nicht sich bedienen zu lassen.“ (GS 3) Das heißt: Dann müssen sich kirchliche Kräfte mit all ihrem Tun und all ihren Ressourcen dafür verausgaben, dass die Menschen, und zwar ohne jegliche Unterscheidung *alle* Menschen, ein Leben entsprechend ihrer Würde vor Gott, in individueller Stimmigkeit und sozialer Verantwortung führen können – und sie dürfen dabei keine verdeckten oder fremden Interessen neben dem Leben der Menschen verfolgen. Dann freilich müssen sie konsequent damit Schluss machen, das Gemeindegeschehen als einen sozialen Inklusions- bzw. Exklusionsmechanismus zu konstruieren, mit dem sie die Menschen zur Bindung an die Gemeinde anhalten, mit dem sie ihre eigenen Vorstellungen von „richtigem Gemeindeleben" den Menschen als kollektiv verbindliche Maßgabe „richtigen Christseins" aufoktroyieren und mit dem sie je nach Gefolgschaft ihnen gegenüber die Menschen hinsichtlich ihrer Kirchennähe oder Kirchenferne, hinsichtlich ihres Glaubens oder Glaubensmangels eintaxieren. Dann und nur dann besteht Aussicht darauf, dass in Zukunft kirchliche Gemeinden von Menschen als vertrauenswürdiger, hilfreicher, mit dem je individuellen Lebenskonzept stimmig vereinbarer Lebensraum wahrgenommen werden können.

Eine Bestimmung des theologischen Wesens der Gemeinde[31], welche die vom Zweiten Vatikanum vorgenommene Definition der Gemeinde als „Kirche am Ort" (LG 26) zugrunde legt und in Konsequenz dazu in den ekklesiologischen Bestimmungen der Kirche als „Sakrament" (LG 1), als „Volk Gottes" (LG 9–17) und als „Kirche in der Welt" (GS) die theologischen Maßgaben der Gemeindepraxis sehen müsste, käme zu dem Ergebnis, dass für die Gemeinden allein die zweite Option, die der diakonischen Kirche, ein statthafter und tragfähiger Weg sein kann. Folglich erweist sich auch die Frage nach der „Zukunft der Gemeinden", zumindest in ihrer gängigen Sinnrichtung, als obsolet. Denn es geht eben nicht darum, ob die Gemeinde eine Zukunft hat, sprich: wie die Gläubigen die Gemeinde in ihrem Bestand bewahren können. Es geht darum, ob die Menschen eine Zukunft haben und ob die Gemeinde als Sozialform das richtige Instrument („Werkzeug" – vgl. LG 1) ist, um den Menschen zu einer heilvollen Zukunft zu verhelfen. Die Gemeinde rechtfertigt sich allein durch ihre diakonische Verausgabung für die Menschen.

Beck, U. u.a.: Eigenes Leben. Ausflüge in die unbekannte Gesellschaft, in der wir leben, München 1995.

Belok, M. (Hg.): Zwischen Vision und Planung. Auf dem Weg zu einer kooperativen und lebensweltorientierten Pastoral. Ansätze und Erfahrungen aus 11 Bistümern in Deutschland, Paderborn 2002.

Betscher-Ott, S. u.a.: Soziologie. 2. Auflage. Hg. von H. Hobmair, Troisdorf 2009.

Bucher, R.: Jenseits der Idylle. Wie weiter mit den Gemeinden?, 2004, in: ders. (Hg.): Die Provokation der Krise. Zwölf Fragen und Antworten zur Lage der Kirche, Würzburg 2004, 106–130.

ders.: Die Gemeinde nach dem Scheitern der Gemeindetheologie. Perspektiven einer zentralen Sozialform der Kirche, in: Pastoraltheologische Informationen 28 (2008) Heft 1, 66–90.

Diakonia: Forum: Kirche und Gemeinde (1. Teil), in: Diakonia 6 (1975) 111–120/192–206.

Diakonia: Forum „Pfarrei versus Gemeinde?", in: Diakonia 20 (1989) 186–201.

Ebertz, M.N.: Kirche im Gegenwind. Zum Umbruch der religiösen Landschaft, Freiburg i. Br. 1997.

Fischer, H./Greinacher, N./Klostermann, F.: Die Gemeinde (= Pastorale. Handreichung für den pastoralen Dienst), Mainz 1970.

Gabriel, K.: Nachchristliche Gesellschaft heute! Christentum und Kirche vor der entfalteten Moderne, in: Diakonia 19 (1988) 27–34.

Gemeinsame Synode der Bistümer in der Bundesrepublik Deutschland. Beschlüsse der Vollversammlung. Offizielle Gesamtausgabe I, Freiburg/Br. 1976.

Greinacher, N.: Die Kirche in der städtischen Gesellschaft. Soziologische und theologische Überlegungen zur Frage der Seelsorge in der Stadt, Mainz 1966.

ders.: Volks- oder Gemeindekirche?, in: Herder-Korrespondenz 30 (1976) 51–53.

ders.: Zielvorstellungen einer kirchlichen Gemeinde von morgen, in: Greinacher, N./Mette, N./Möhler, W. (Hg.): Gemeindepraxis. Analysen und Aufgaben, München/Mainz 1979, 126–141.

Haslinger, H.: Lebensort für alle. Gemeinde neu verstehen, Düsseldorf 2005.

Imbusch, P.: Macht und Herrschaft, in: Korte, H./Schäfers, B. (Hg.): Einführung in Hauptbegriffe der Soziologie. 6., erweiterte und aktualisierte Auflage, Opladen 2002, 161–181.

Institut für Fort- und Weiterbildung der Diözese Rottenburg-Stuttgart (Hg.): Miteinander das Netz der Gemeinde knüpfen. Eine Hinführung zu Besuchen bei Neuzugezogenen, Rottenburg 1993.

Johnson, D./Van Vonderen, J.: Geistlicher Missbrauch. Die zerstörende Kraft der frommen Gewalt, Asslar 1996.

Kaufmann, J.-C.: Schmutzige Wäsche. Zur ehelichen Konstruktion von Alltag, Konstanz 1994.

Kessler, M./Kessler, V.: Die Machtfalle. Machtmenschen in der Gemeinde, Gießen 32004.

Klostermann, F.: Prinzip Gemeinde. Gemeinde als Prinzip des kirchlichen Lebens und der Pastoraltheologie als der Theologie dieses Lebens, Wien 1965.

ders.: Gemeinde – Kirche der Zukunft. Thesen, Dienste, Modelle. Band 1, Freiburg/Br. 1974.

ders.: Wie wird unsere Pfarrei eine Gemeinde? Für alle Mitarbeiter in der Pfarrgemeinde, Wien 1979.

Kudera, W./Voß, G. (Hg.): Lebensführung und Gesellschaft. Beiträge zu Konzept und Empirie alltäglicher Lebensführung, Opladen 2000.

Lätzel, M.: Soll unsere Pfarrei eine Gemeinde werden? Eine Relecture von Ferdinand Klostermanns „Wie wird unsere Pfarrei eine Gemeinde" (1979), in: Pastoralblatt für die Diözesen Aachen, Berlin, Essen, Hildesheim, Köln, Osnabrück 57 (2005) 195–199.

Lehmann, K.: Chancen und Grenzen der neuen Gemeindetheologie, in: Internationale katholische Zeitschrift „Communio" 6 (1977) 111–127.

Løvås, E.: Wölfe im Schafspelz. Machtmenschen in der Gemeinde, Moers 42004.

Mette, N.: Pfarrei versus Gemeinde? Zur Wiederaufnahme einer unterbrochenen Diskussion, in: Diakonia 20 (1989) 150–161.

ders.: Gemeindekirche passé? Für Norbert Greinacher zum 70. Geburtstag, in: Diakonia 32 (2001) 124–131.

ders.: Vom pfarrlichen Territorialprinzip zur Option für ortsbezogene Gemeinden, in: Pastoraltheologische Informationen 26 (2006) Heft 1, 1–21.

ders.: Christliche Gemeinde – Identität und Wandel, in: Bibel und Liturgie 79 (2006) 67–76.

Orwell, G.: Farm der Tiere. Ein Märchen. Aus dem Englischen von M. Walter. Mit einem Nachwort des Autors. Illustrationen von F. K. Waechter, Zürich 1982 (London 1945).

Rahner, K.: Strukturwandel der Kirche als Aufgabe und Chance, Freiburg i.Br. 1972.

ders./Greinacher, N.: Religion und Kirche in der modernen Gesellschaft, in: Arnold, F.X./Rahner, K./Schurr, V./Weber, L.M. (Hg.): Handbuch der Pastoraltheologie. Praktische Theologie der Kirche in ihrer Gegenwart. Band II/1, Freiburg/Br. 1966, 222–233.

Schilling, H.: Kritische Thesen zur „Gemeindekirche", in: Diakonia 6 (1975) 78–99.

Sekretariat der Deutschen Bischofskonferenz (Hg.): „Mehr als Strukturen ... Entwicklungen und Perspektiven der pastoralen Neuordnung in den Diözesen“. Dokumentation des Studientages der Frühjahrs-Vollversammlung 2007 der Deutschen Bischofskonferenz (= Arbeitshilfen 213), Bonn 2007.

dass. (Hg.): „Mehr als Strukturen ...“. Neuorientierung der Pastoral in den (Erz-)Diözesen. Ein Überblick (= Arbeitshilfen 216), Bonn 2007.

Troeltsch, E.: Die Soziallehren der christlichen Kirchen und Gruppen. Neudruck der Ausgabe Tübingen 1912. Teilband I, Tübingen 1994.

Vögele, W./Bremer, H./Vester, M. (Hg.): Soziale Milieus und Kirche, Würzburg 2002.

Weber, M.: Wirtschaft und Gesellschaft. Grundriss der verstehenden Soziologie. Fünfte, revidierte Auflage, besorgt von J. Winckelmann. Studienausgabe, Tübingen 1980 (erstmals 1922).

Weß, P.: Unser Leitbild: die Gemeindekirche, in: Diakonia 6 (1975) 202f.

ders.: Ihr alle seid Geschwister. Gemeinde und Priester, Mainz 1983.

ders.: Wie sich die Praktische Theologie nicht verändern darf, wenn sie kontextuell wird. Plädoyer gegen eine Funktionalisierung von Gemeinde und Kirche in Praxis und Theorie, in: Pastoraltheologische Informationen 18 (1998) 101–112.

Wintels, T./Bönker, J./Nota, M.: Macht und Manipulation in der Gemeinde, Basel 2005.

Anmerkungen

1 Bei diesem Text handelt es sich um einen überarbeiteten und an diese Publikation angepassten Auszug aus meinem Beitrag „Die Krise der Gemeinde“, der erscheinen ist in: *Först/Schöttler* (Hg.): Einführung in die Theologie der Pastoral. Ein Lehrbuch für Studierende, Lehrer und kirchliche Mitarbeiter, Münster 2012, 129–163.

2 Vgl. exemplarisch *Klostermann*, Prinzip Gemeinde (1965)/Gemeinde (1974) / Pfarrei (1979); *Greinacher*, Kirche (1966), 291–367/ Volks- oder Gemeindekirche (1976) / Zielvorstellungen (1979); *Rahner*, Strukturwandel (1972); *Rahner/Greinacher*, Religion (1966), 230–233; *Fischer/Greinacher/Klostermann*, Gemeinde (1970); *Weß*, Leitbild (1975)/Geschwister (1983)/Praktische Theologie (1998); *Mette* Pfarrei (1989)/Gemeindekirche (2001)/Christliche Gemeinde (2006). – Zur Diskussion vgl. Diakonia 1975/1989.

3 Vgl. *Klostermann*, Pfarrei (1979); *Lätzel*, Pfarrei (2005).

4 *Mette*, Territorialprinzip (2006), 14.

5 Vgl. *Klostermann*, Pfarrei (1979), 126.

6 *Klostermann*, Prinzip Gemeinde(1965), 69.

7 Vgl. *Schilling*, Kritische Thesen (1975); *Lehmann*, Chancen (1977), 112–115.

[8] *Bucher,* Gemeinde (2008), 73.
[9] Vgl. Ebd.
[10] Vgl. z.B. *Weß,* Gemeindekirche (1975) / Geschwister (1983).
[11] *Mette,* Gemeindekirche (2001), 130.
[12] Vgl. *Gemeinsame Synode der Bistümer in der Bundesrepublik Deutschland* (1976), 602/690.
[13] Vgl. *Haslinger,* Lebensort (2005), 20–24.
[14] Vgl. *Belok,* Vision (2002); *Sekretariat der Deutschen Bischofskonferenz,* 2007a / 2007b.
[15] Vgl. *Bucher,* Idylle (2004), 117–120.
[16] Vgl. *Ebertz,* Kirche (1997), 129–139.
[17] Vgl. *Vögele/Bremer/Vester,* Soziale Milieus (2002), 101–110.
[18] Vgl. *Gabriel,* Nachchristliche Gesellschaft (1988).
[19] Vgl. *Weber,* Wirtschaft (1980), 28; vgl. auch *Imbusch,* Macht (2002), 172–177; *Betscher-Ott u. a.,* Soziologie (2009), 281–302.
[20] Vgl. *Johnson/Van Vonderen,* Geistlicher Missbrauch (1996); *Kessler/Kessler,* Machtfalle (2004); *Løvås,* Wölfe (2004); *Wintels/Bönker/Nota,* Macht (2005).
[21] Vgl. *Orwell,* Farm der Tiere (1982).
[22] *Schilling,* Kritische Thesen (1975), 99.
[23] Vgl. *Institut für Fort- und Weiterbildung der Diözese Rottenburg-Stuttgart,* Miteinander (1993).
[24] Vgl. ebd. 20–23.
[25] Ebd. 8.
[26] Vgl. *Kudera/Voß,* Lebensführung (2000).
[27] Vgl. *Beck u. a.,* Eigenes Leben (1995).
[28] Vgl. *Kaufmann,* Schmutzige Wäsche (1994).
[29] Vgl. *Troeltsch,* Soziallehren (1994), 358–383; *Weber,* Wirtschaft (1980), 721–726.
[30] Vgl. *Weß,* Praktische Theologie (1998).
[31] Vgl. *Haslinger,* Lebensort (2005), 149–191.

Gemeinde – eine Wiederentdeckung des Zweiten Vatikanischen Konzils[1]

von Norbert Mette

Es war ein eher versteckter und offensichtlich nachträglich eingefügter Abschnitt in der dogmatischen Kirchenkonstitution „Lumen gentium" des letzten Konzils, der in der Nachkonzilszeit theologisch und pastoral eine beachtliche Wirkung entfaltet hat: In Abschnitt 26 dieser Konstitution heißt es, dass die „Kirche Christi … wahrhaft in allen rechtmäßigen Ortsgemeinschaften der Gläubigen anwesend" ist. Und weiter: „In ihnen werden durch die Verkündigung der Frohbotschaft Christi die Gläubigen versammelt, in ihnen wird das Mysterium des Herrenmahls begangen … In diesen Gemeinden, auch wenn sie oft klein und arm sind oder in der Diaspora leben, ist Christus gegenwärtig, durch dessen Kraft die eine, heilige, katholische und apostolische Kirche geeint wird." Liest man diesen Text vor dem Hintergrund des bis dahin vorherrschenden katholischen Kirchenverständnisses, klingt er völlig ungewohnt. Kirche im vollen Sinn, so war die im kirchlichen Denken verbreitete Meinung, ereignet sich als Weltkirche mit ihrem Mittelpunkt in Rom. Die Bistümer und die Pfarreien galten als so etwas wie „Ableger" dieser Weltkirche, die ihre Dignität als Kirche allererst von dieser empfingen. Anders dieser Konzilstext: Da, wo vor Ort Gläubige das, was seit apostolischer Zeit Kirche ausmacht (vgl. Apg 2, 42–47), gemeinsam vollziehen, nämlich das Wort Gottes verkündigen, beten und Eucharistie feiern, den Notleidenden zur Seite stehen und über den Bischof Gemeinschaft mit der Gesamtkirche halten, ereignet sich Kirche im vollen Sinne – selbst oder gerade da, wo sie arm und klein sind und eine Minderheit bilden. Diese Sichtweise liegt in der Logik der ekklesiologischen Auffassung, die auf dem letzten Konzil wieder zur Geltung gekommen ist: Die Kirche ist nicht eine Institution, die zentralistisch strukturiert ist, sondern eine Gemeinschaft von Gemeinschaften – als Gesamtkirche eine Gemeinschaft der verschiedenen Ortskirchen (Bistümer), als Ortskirche eine Gemeinschaft der verschiedenen Pfarreien. Die deutsche Übersetzung des Konzilsabschnitts verwendet hier den Begriff „Gemeinde", einen Begriff, der laut Auskunft des „Lexikons für Theologie und Kirche" aus der damaligen Zeit im katholischen Vokabular nicht vorkam, sondern als protestantisch galt.

Gerade dieser Begriff fand in der Nachkonzilszeit im katholischen Raum rasch breite Verwendung, nicht nur theoretisch, sondern auch und vor allem praktisch. Von der konziliaren Sichtweise der Kirche als „Volk Gottes" bekräftigt, sahen sich viele Gläubige in ihrer bereits vorher praktizierten Auffassung bestätigt oder neu dazu aufgefordert und ermutigt, sich als tätige und verantwortliche Subjekte der Kirche zu begreifen und dieses auch in aktivem Engagement vor allem in der näheren Umgebung, der Pfarrei, einzubringen, sei es in den bestehenden Vereinen, sei es in neu sich bildenden Gruppierungen. Hier liegen beispielsweise die Anfänge der Einrichtung von Pfarrgemeinderäten, Liturgiekreisen u.a.m. Die vordem streng hierarchische Struktur der Pfarrei mit dem Pfarrer an der Spitze, der, umgeben von einem oder mehreren Kaplänen, das Sagen hatte und für den Laien gewissermaßen als dessen „verlängerter Arm" fungierten, wurde durch das Akzeptieren und Ernstnehmen der Mitverantwortung prinzipiell aller Gläubigen an der Heilssendung der Kirche erheblich aufgelockert. Demokratische bzw. synodale Elemente hielten Einzug in die katholische Kirche, insbesondere an ihrer „Basis".

Diese nachkonziliaren Entwicklungen in den Pfarreien wurden begleitet und vorangetrieben durch eine intensive theologische Reflexion, und zwar sowohl seitens der an diesem praktischen Prozess Beteiligten selbst als auch in der theologischen Wissenschaft. Mit dem Thema „Gemeinde" beschäftigte sich nicht nur die praktische Theologie, sondern auch die Exegese, Kirchengeschichte und Dogmatik. Es seien hier nur einige wenige markante Stationen erinnert.

Eine große Rolle spielte ein kleines Buch, erschienen in einer Reihe von Handreichungen für den pastoralen Dienst („Pastorale"), die im Auftrag der Deutschen Bischofskonferenz von der Konferenz der deutschsprachigen Pastoraltheologen herausgegeben wurde: „Die Gemeinde", verfasst von Henry Fischer, Norbert Greinacher und Ferdinand Klostermann.[2] Weite Verbreitung fand das darin formulierte Motto: „Unsere Pfarreien müssen zu Gemeinden werden".[3] Es wurde also zwischen „Pfarrei" und „Gemeinde" unterschieden in Gefolge der beiden Begriffen vorher jeweils gegebenen (soziologischen) Bestimmung: Die Pfarrei wurde als kirchlicher Verwaltungsbezirk umrissen, „in dem ein mehr oder weniger großer Anteil der Pfarrmitglieder nur eine passive Rolle spielt".[4] Die Definition der Gemeinde lautete: „Sie stellt eine Gruppe von Menschen dar, die an Jesus Christus glauben und versuchen, ihr individuelles und gemeindliches Leben an der Botschaft des Neuen Testamentes auszurichten; die Gemeindemitglieder sind in der Gemeinde in ein Geflecht von sozialen Beziehungen hineingebunden und übernehmen bestimmte Funktionen in der Gemeinde; den Mittelpunkt des Gemeindelebens bildet die Gemeindeversammlung, besonders der eucharistische Gottesdienst; die Gemeinde stellt aber kein Getto dar; sie versteht sich als integrierter Teil der Gesamtkirche und weiß sich verpflichtet zum Dienst an der Gesellschaft."[5] Diese, wie angedeutet, soziologische Umschreibung wurde ergänzt und vertieft um eine theologische, so wie sie der Wiener Pastoraltheologe Ferdinand Klostermann in seinem Buch „Prinzip Gemeinde“[6] entfaltet hatte. Demnach ist Gemeinde nicht nur eine bestimmte Sozialform der Kirche, gewissermaßen ihre kleinste Einheit, sondern der gesamten Kirche kommt wesentlich ein „gemeindlicher Charakter“ zu. Kirche als ganze lebt wesentlich als Gemeinde, als Gemeinde der damals und heute Jesus Nachfolgenden, der als der von seinem Vater Erhöhte ihr einziger Herr ist. Daraus ergibt sich „die fundamentale und ‚wahre Gleichheit in der allen Gläubigen gemeinsamen Würde und Tätigkeit zum Aufbau des Leibes Christ‘ (Kirchenkonstitution Nr. 32)“ zukommt.[7] Unter dem erhöhten Christus sind die Gläubigen geschwisterlich miteinander verbunden. Das Pastorale spricht von einer „kollegialen Grundstruktur“, die der ganzen Kirche zu eigen ist.

Dieser Punkt – das sei als Anmerkung eingeschoben – ist sehr wichtig, weil er eins unmissverständlich deutlich macht: Ein nachhaltiger Aufbau der Gemeinde im Kleinen nach Maßgabe der verantwortlichen Teilhabe aller Gläubigen am Leben und an der Sendung der Kirche kann nur gelingen, wenn dieses Prinzip auch auf den anderen Ebenen der Kirche zum Zuge kommt. Wenn das nicht beherzigt wird, steht sich die Kirche strukturell selbst im Wege, weil das strikt-hierarchische Prinzip, das dem Klerus die maßgebliche Verantwortung für das kirchliche Wirken vorbehält, und das gemeindliche Prinzip sich widersprechen. Viele Probleme und Konflikte, mit denen es die katholische Kirche nach dem Konzil zu tun bekommen hat und auch gegenwärtig zu tun hat, haben in dieser Unvereinbarkeit der beiden Prinzipien ihre Wurzel. Um es auf den wesentlichen Punkt zuzuspitzen: Es geht nicht um die Institution des (Leitungs-)Amtes in der Kirche als solches, sondern um sein Verständnis und seine Ausübung. Deswegen haben die Autoren des Bändchens „Gemeinde“ gerade diesem Thema große Aufmerksamkeit gewidmet und Wege aufgezeigt, wie durch ein sachgemäßes Verständnis des Amtes als Dienst und eine entsprechende Praxis die Gläubigen zu der ihnen eigenen Mündigkeit geführt und zum Einbringen ihrer genuinen Begabungen (Charismen) ermutigt werden können.

In der Tat: Wo Priester sich von jeglicher klerikalen Herrschafts- und Bevormundungsattitüde frei gemacht haben, wo sie konsequent der Maxime von Augustinus „Für euch habe ich ein Amt, mit euch bin ich Christ" gefolgt sind, da war eine wichtige Voraussetzung erfüllt, dass sich ein kirchliches Leben entfalten konnte, das vom Zusammenwirken vieler getragen und gestaltet wurde und wird. Das war nicht nur an den durch Veröffentlichungen als „Modellgemeinden" bekannt gewordenen Orten der Fall, in der damaligen Bundesrepublik Deutschlands beispielsweise die Christkönigsgemeinde in Eschborn, St. Franziskus in Dortmund-Scharnhorst oder St. Ludwig in Ibbenbüren. Sondern es kam an vielen Orten zu größeren oder kleineren Aufbrüchen. Das Bild in den Pfarreien oder Pfarrgemeinden vor dem und nach dem Konzil hat sich gewaltig verändert. Schon allein darin, wer damals und wer heute an der Gestaltung der Gottesdienste aktiv beteiligt ist, findet das seinen Ausdruck; das übrige gemeindliche Leben verdankt sich noch stärker der Mitarbeit von ehrenamtlich sich engagierenden Gläubigen. Insofern lässt sich behaupten, dass das, was als „gemeindlicher Aufbruch" in der katholischen Kirche bezeichnet werden kann, insbesondere für die kirchliche Praxis „vor Ort" erhebliche Veränderungen mit sich gebracht hat. Nicht zuletzt verdient es erwähnt zu werden, dass die Reformprozesse vor Ort stark ökumenisch ausgerichtet waren, was etwa bis in die Gründung von ökumenischen Gemeindezentren in Neubaugebieten hinein seinen Niederschlag fand.

Um diese Entwicklung allerdings nicht allzu sehr in

einem verklärten Licht erscheinen zu lassen, muss im Auge behalten werden, dass sie keineswegs unbedingt in eitler Harmonie verlaufen ist, sondern nicht selten durchaus mit erheblichen Konflikten verbunden war. Diese rührten letztlich daher, dass unterschiedliche Meinungen darüber, was Christsein ausmacht, aufeinanderstießen – eine stärker noch vorkonziliar geprägte Sichtweise einerseits und eine vom Konzil beförderte und teilweise seine Anliegen weitertreiben wollende Sichtweise andererseits. Solche Konflikte auszutragen, war man in der katholischen Kirche kaum gewohnt. Es waren darum nicht selten eher kritisch und reformorientiert eingestellte Gläubige, die frustriert über mangelhafte Konfliktaustragung sich schließlich resigniert aus dem gemeindlichen Leben zurückzogen und sich anderweitig (in kirchlichen oder nichtkirchlichen Zusammenhängen) engagierten – mit der Folge, dass an solchen Orten der gemeindliche Aufbruch erheblich an ihn kreativ vorantreibenden Ressourcen einbüßte. Hinzukam, dass manche Bistumsleitungen zu fürchten begannen, dass durch solche Aufbrüche zu viel Unruhe in die Kirche hineingetragen würde, und aus vermeintlicher Sorge um die Einheit ihnen eher restriktiv gegenüberstanden (was sich z. B. auf personalpolitische Entscheidungen auswirkte), als dass sie dem Reformkurs „grünes Licht" gaben und ihn so bestärkten. Das Setzen auf Kontrolle, dass alles in geordneten Bahnen verlief, war häufig genug ausschlaggebender als das Vertrauen darauf, dass der Heilige Geist letztlich den rechten Weg weisen wird.

Die „Gemeinsame Synode der Bistümer in der Bundesrepublik Deutschland" (1971–1975) hat einen beachtlichen Aufwind für die in Gang gekommene Gemeindeentwicklung vor Ort mit sich gebracht. „Die Gemeinde", so hat der damalige Sekretär der Synode, Karl Lehmann, als erste von fünf Leitlinien, die die Synode für das kirchliche Leben vorgegeben habe, formuliert: „Die Gemeinde als Trägerin und als Bewährungsfeld vieler bedeutsamer pastoraler Vollzüge steht im Mittelpunkt vieler Aussagen." In drei Beschlüssen findet sich sinngemäß das zitierte Motto aus dem Pastorale „Gemeinde" wieder: „Aus einer Gemeinde, die sich nur versorgen lässt, muß eine Gemeinde werden, die ihr Leben verantwortlich selbst mitgestaltet", heißt es etwa programmatisch im Beschluss zur Rahmenordnung für die pastoralen Strukturen (I). Wie ernst diese Programmatik genommen wurde, wird daran deutlich, dass in einigen Diözesen innerhalb der Ordinariate Abteilungen zur Gemeindeberatung und -entwicklung eingerichtet wurden.

Als Zwischenbemerkung sei darauf aufmerksam gemacht, dass sich bei der Verwendung des Gemeindebegriffs leicht terminologische Schwierigkeiten einstellen können: Folgt man etwa dem Pastorale „Gemeinde", findet sich dort bereits eine zweifache Verwendung: Auf der einen Seite wird soziologisch – wie aufgezeigt – zwischen Gemeinde und Pfarrei zwar differenziert. Auf der anderen Seite wird aber postuliert, dass die Pfarrei zur Gemeinde werden soll. Das hat dazu geführt, dass vielfach das, was früher „Pfarrei" genannt wurde und bis heute kirchenrechtlich so heißt, einfach in „Gemeinde" umbenannt wurde bzw. in „Pfarrgemeinde" oder „Kirchengemeinde". Auf der anderen Seite findet sich im Pastorale aber auch die theologische Bestimmung von „Gemeinde" als konstitutivem Prinzip für die gesamte Kirche auf allen ihren Ebenen und in ihren verschiedenen Ausformungen. Demnach ist etwa auch der Vollversammlung einer Bischofskonferenz ein gemeindlicher Charakter zu eigen – oder, programmatisch formuliert, sollte er es sein. Vom theologischen Prinzip her ist es problematisch, den Gemeindebegriff mit der Pfarrei als der kleinsten territorial strukturierten kirchlichen Sozialform einfachhin gleichzusetzen. Die Pfarrei kann Gemeinde sein; aber nicht jede Pfarrei ist Gemeinde. Zudem gibt es – bereits im Pastorale „Gemeinde“ ausdrücklich erwähnte – nicht territorial gebundene kirchliche Sozialformen, für die das Gleiche gilt. Durch solche terminologische Klärungen könnten manche Missverständnisse, die sich in der strittigen Debatte über die sogenannte „Gemeindetheologie“ eingestellt haben, gelöst und damit auch Polemiken entkräftet werden. „Gemeinde“ ist theologisch eher etwas Ereignishaftes als etwas bereits fest Gegebenes; sie realisiert sich dort, wo das Volk Gottes konkret Nachfolge praktiziert. Sie ist – so hat es Hermann Steinkamp treffend bestimmt – vor allem eine Praxisform und nicht bloß eine Sozialform.

In diesem Sinne haftet der Rede von Gemeinde etwas Programmatisches an, so etwas wie eine erstrebenswerte Vision von Kirche als dem Volk Gottes unterwegs (so eine vielfach von den Basisgemeinden in Brasilien gebrauchte Selbstbezeichnung). Dass damit strukturelle Konsequenzen verbunden sind, hat wohl kaum ein anderer Theologe mit solcher Klarheit aufgezeigt wie Karl Rahner in seiner Schrift „Strukturwandel der Kirche als Aufgabe und Chance“.[8] Fünf Merkmale führt er darin an, die kennzeichnend sind für eine „Kirche der Zukunft“ – zumindest wie sie nach ihm theologisch gedacht werden kann: offen, ökumenisch, basisorientiert, demokratisch und gesellschaftskritisch. Auch wenn sich diese Merkmale gegenseitig ergänzen und so als gemeinsames Ganzes gesehen werden müssen, sei auf den Abschnitt „Kirche von der Basis her“ etwas näher eingegangen. Er beginnt mit dem Satz: „Die Kirche der Zukunft wird eine Kirche sein, die sich von unten her durch Basisgemeinden freier Initiative und Assoziation aufbaut.“[9] Und etwas später heißt es: „Die Kirche wird nur dasein, indem sie immer neu wird durch die Glaubensentscheidung und Gemeindebildung der einzelnen inmitten einer eben nicht von vornherein christlich geprägten profanen Gesellschaft."[10] Damit will Rahner nicht einfach die Pfarreien abgeschrieben wissen. Sie können vielmehr durchaus einen Rahmen abgeben, innerhalb dessen sich eine oder mehrere Christengemeinden bilden können – mit unterschiedlichen Zusammensetzungen und/oder Schwerpunkten. Wo auch immer solche Basisgemeinden zustande kommen und wie auch immer sie sich bilden – im Wesentlichen kommt es nach Rahner darauf an, dass sie die gen. kirchlichen Grundfunktionen erfüllen. Weil sie Quelle und Höhepunkt des kirchlichen Lebens sind, muss dafür Sorge getragen werden, dass in diesen Gemeinden auch die Eucharistie gefeiert werden kann. Sofern das aufgrund eines fehlenden Priesters nicht möglich ist, muss es – so schreibt Rahner wörtlich – ermöglicht werden, „dass eine solche Basisgemeinde einen aus ihrer Mitte kommenden geeigneten Gemeindeleiter dem Bischof der Großkirche präsentiert und von ihm eine relative Ordination und Anerkennung für diese bestimmte konkrete Gemeinde Rechtens erwartet".[11] Dabei komme es nicht darauf an, ob als Gemeindeleitung ein Mann oder eine Frau fungiert und ob sie verheiratet ist oder nicht. Entscheidend sei, dass einer offiziell anerkannten Gemeinde nicht die Möglichkeit zu der für ihr Leben konstitutiven Eucharistiefeier vorenthalten werde.

Mit Blick auf die kirchliche Realität wird man nüchtern eingestehen müssen, dass diese Vision Rahners – zahlreiche Theologen und Theologinnen haben sich bis in die jüngste Gegenwart ähnlich geäußert – von einer „Kirche der Zukunft" nicht nur in diesem Punkt, sondern auch in den vier anderen Wunschtraum geblieben sind. Die Frage ist allerdings, welchen Preis sich die Kirche damit eingehandelt hat. Sicherlich sind die enorme Erosion in der aktiven Beteiligung am kirchlichen Leben und darüber hinaus der anteilmäßige Rückgang der Kirchenzugehörigkeit in der Gesamtbevölkerung nicht allein auf innerkirchliche Faktoren zurückzuführen. Aber sehr wohl haben die Kirchen ihrerseits Anteil daran – die katholische wohl etwas anders als die evangelische. Der Vertrauensverlust, den sich die katholische Kirche in jüngster Zeit eingehandelt hat, ist eklatant und in seine langfristigen Auswirkungen noch gar nicht abschätzbar.

Erfahrungsgemäß schlägt das negative Image, das diese Kirche derzeit aufgrund nicht zuletzt selbst verschuldeter Ursachen in großen Teilen der Öffentlichkeit genießt, dort nicht so sehr durch, wo in der konkreten Begegnung mit ihr, im gemeinsam gelebten Miteinander von den Kirchenangehörigen andere, positive Erfahrungen gemacht werden. Wenn Christen und Christinnen ihrer Gemeinde, der sie sich zugehörig fühlen, die Treue halten und weiterhin – in welchem Ausmaß auch immer – an ihrem Leben partizipieren, dann liegt das nicht daran, dass sie vor der verbreiteten Stimmungslage die Augen verschließen und völlig introvertiert sich „nach außen“ abschließen. Sondern dann liegt das daran, dass sie in ihrem Nahbereich mit ihrem Christsein und der Kirche – bei allen Fragen und Zweifeln, die auch sie haben – zu viel positive Erfahrungen verbinden, als dass sie das alles einfach hinter sich lassen könnten. Sie lassen sich nicht einreden, dass in der Tat missliche oder gar abstoßende Erscheinungsformen der Kirche die Kirche schlechthin sein soll.

Kirche lebt wesentlich – infolge der Beziehung Gottes zu seinem Volk – aus Beziehungen, als ein durch Kommunikation und Partizipation geprägtes beziehungsreiches Miteinander, das sich nicht abkapselt, sondern offen ist und einladend mit Blick auf die anderen. Das macht „Gemeinde“ aus. Alle Ämter und Dienste in der Kirche, alle kirchlichen Strukturen haben keinen anderen Zweck, als solche Beziehungen zu ermöglichen und zu fördern. Daran sind sie zu prüfen. Das gilt auch für die in Gang begriffene pastorale

Neuordnung auf Bistumsebene, von der die herkömmlichen Pfarreien zugunsten der Bildung von Pfarreiengemeinschaften oder ihrer Zusammenlegung mit Nachbarpfarreien stark betroffen sind. In bestimmten Bereichen, vor allem in organisatorischer Hinsicht, kann das sicherlich die Synergieeffekte mit sich bringen, die für die Neuordnung Verantwortliche sich von solchen größeren Seelsorgeeinheiten versprechen. Die entscheidende Frage ist jedoch, was mit Blick auf die Ebene der Beziehungen geschieht. Hier muss unbedingt die Einrichtung von größeren Räumen um die Schaffung von kleinen, sich selbst tragenden Einheiten – „Basisgemeinden" nach Rahner – ergänzt werden. Entsprechend der Vielfalt von Beziehungsmöglichkeiten kann es dabei zu einer Vielfalt solcher Gemeinden kommen. Bleibt dies aus bzw. wird das nicht gebührend gefördert, droht die Kirche die Nähe zu den Menschen – nicht nur den Gläubigen – zu verlieren. Sie darf sich nicht wundern, dass sie dann bei nicht wenigen den Eindruck erweckt, es ginge ihr mehr um ihre Selbsterhaltung als um ihr uneigennütziges Dasein und ihren Dienst für die Menschen mit all dem, was sie bewegt – „Freude und Hoffnung, Trauer und Angst". Im Übrigen, würde das, was in den letzten Jahrzehnten theologisch im Zusammenhang von „Gemeinde" reflektiert (und zum Teil ansatzweise auch erprobt) worden ist, von der Kirchenleitung ernst genommen und Schritt für Schritt praktisch umgesetzt, wäre der Spielraum ihres Handelns viel größer, als er es aufgrund der unterlassenen Reformen derzeit ist.

Literatur

Fischer, H. / Greinacher, N. / Klostermann, F.: Die Gemeinde, Mainz 1970.

Klostermann, F.: Prinzip Gemeinde, Wien 1965.

Rahner, K.: Strukturwandel der Kirche als Aufgabe und Chance, Freiburg / Br. 1972.

Anmerkungen

[1] Erstveröffentlichung in: euangel Jg. 2, H. 1/2011, 5–10 (www.kamp-erfurt.de/de/magazin-angel.html).

[2] *Fischer / Greinacher / Klostermann*, Gemeinde (1970).

[3] Ebd., 15.

[4] Ebd., 14.

[5] Ebd.

[6] *Klostermann*, Prinzip Gemeinde (1965).

[7] Ebd., 31.

[8] *Rahner*, Strukturwandel (1972).

[9] Ebd., 115.

[10] Ebd.

[11] Ebd., 117.

2. Erwiderungen

Einige Anmerkungen zu Herbert Haslingers, Norbert Mettes und Andreas Wollbolds Überlegungen zur Gemeindetheologie

von Rainer Bucher

> „Wenn wir heute vor der Frage stehen, welche Organisationsmodelle für die Kirche geeignet sind, so würden uns die Autoren des Neuen Testaments uni sono etwa Folgendes antworten: Schafft euch die Organisationsform, die aus eurer Sicht am besten geeignet erscheint, in eurem kulturellen Umfeld das Evangelium zu verkünden und zu leben."
> Rainer Dillmann[1]

0.

Dem Angebot, auf die Positionen meiner pastoraltheologischen Kollegen zu reagieren, möchte ich in jener althergebrachten Weise nachkommen, die zuerst Gemeinsamkeiten notiert, um dann Unterschiede zu markieren. Wissenschaftlich und diskursiv interessanter sind natürlich die letzteren, die ersten zu benennen ist aber nicht nur friedenstiftend, sondern hilft auch, die eigene Position zu präzisieren. Ich beginne mit der nach meiner Einschätzung nächstliegenden Position, um dann mit Kollegen Wollbold zu schließen.

I.

Herbert Haslinger argumentiert im ersten Teil seiner Ausführungen primär historisch und soziologisch, im zweiten Teil speist sich sein Artikel, wie nicht zuletzt die überaus engagierte Sprache signalisiert, deutlich aus der langjährigen Erfahrung in der Fortbildungsarbeit der Diözese Rottenburg-Stuttgart. Haslinger rekonstruiert plausibel die Genese sowie das Scheitern der von ihm „Gemeinde-Idee" (69) genannten Konzeption: ihre Entstehung in „plakative(r) Abgrenzung" (65) zur herkömmlichen, entscheidungsschwachen „Volkskirche", ihr Anspruch auf monopolistische Hinordnung der gesamten Pastoral auf die „Gemeindeidee", ihr gegenwärtiges Scheitern „an ihrem eigenen unmenschlichen Binnendruck der Engagementverpflichtung." (68)

Haslinger setzt neben den mittlerweile einschlägigen Diagnosen „Pluralitätsuntauglichkeit", „Milieuverengung" und „Verdoppelung der sozialen Spaltungen" vor allem zwei kritische Akzente: Das gemeindetheologische Versprechen der „Aufhebung der Machtförmigkeit der früheren Pfarreien" hält Haslinger „für eine der größten Augenwischereien der jüngeren Pastoralgeschichte" (72), und er konstatiert einen tiefgehenden „Bruch zwischen Gemeinderealität und Lebenswirklichkeit" (78). Wenn mir diese Akzente zwar auch als spezifische Varianten der drei vorangehenden Diagnosen darstellbar zu sein scheinen: Sie treffen ohne Zweifel zentrale Phänomene heutiger pfarrgemeindlicher Realität.

Vor allem stimme ich Haslinger in seiner Rekonstruktion der zentralen Intention der gemeindetheologischen Reformulierung der katholischen Pastoral zu: ihr „Zweck", so Haslinger, „ist das, was man im Jargon der üblichen Gemeindebetriebsamkeit ‚Lebendigkeit der Gemeinde' nennt, Zweck ist gerade nicht das Leben der betreffenden Menschen." (79) In meiner Perspektive formuliert: Die Gemeindetheologie ist noch viel stärker, als sie selber meint, dem tridentinischen, sozialform- und institutionsorientierten Konzept der Kirchenbildung verpflichtet als dem zweitvatikanischen, aufgaben- und prozessorientierten Ansatz. Ihr Kontrastpathos ist daher zwar subjektiv verständlich und man sollte spezifische, vor allem atmosphärisch-kommunikative Fortschritte gegenüber der vorkonziliaren pastoralen Realität, wie sie etwa Mettes Beitrag referiert, nicht unterschätzen, die spezifische Attraktivität der Gemeindetheologie in den Jahren 1970ff wäre sonst auch nur schwer verständlich. Aber richtig bleibt: Den grundlegenden Wechsel hin zu einem konziliaren Blick auf die Basisprozesse und Basisstrukturen der katholischen Kirche hat die „Gemeinde-Idee" nicht vollzogen.

Wie dieser Perspektivenwechsel nun aber geschehen könne und auszusehen habe, da scheint es einen gewissen Einschätzungsunterschied zwischen mir und Herbert Haslinger zu geben. Denn so griffig und stimmig Haslinger die aktuelle Wirklichkeit in den Pfarrgemeinden darstellt und kritisiert und so berechtigt seine Postulate an die Pfarrgemeinde sind: Seine Zielvorstellung von Gemeinde überlastet sie und bleibt hierin dem gemeindetheologischen Konzept in gewisser Weise unerwartet nahe.

Natürlich ist es richtig, wenn Haslinger schreibt, dass sich die „Gestaltung der Gemeindepraxis an der fundamentalen Maxime ausrichten" müsse und „dass die Gemeinde für die Menschen da ist, nicht der Mensch für die Gemeinde" (85). Natürlich ist es richtig, wenn Haslinger fordert, dass sich „alle kirchliche(n) Kräfte mit all ihrem Tun und all ihren Ressourcen dafür verausgaben sollten, dass die Menschen, und zwar ohne jegliche Unterscheidung *alle* Menschen, ein Leben entsprechend ihrer Würde vor Gott, in individueller Stimmigkeit und sozialer Verantwortung führen können" (85), und natürlich ist es auch richtig, dass die Kirche konsequent damit „Schluss machen" sollte, das „Gemeindegeschehen als einen sozialen Inklusions- bzw. Exklusionsmechanismus zu konstruieren." (86)[2]

Als Postulate mit regulativer und orientierender Funktion erscheinen mir solche Forderungen durchaus sinnvoll, als Forderungen an *einen* pastoralen Ort, gar die aus guten Gründen weiterhin territorial verfassten Pfarrgemeinden aber dann doch eine klassische Utopie zu sein: also ein „Nicht-Ort" und keine wirkliche Möglichkeit. Die Pfarrgemeinde war nie, wird nie und kann nie „Lebensort für alle"[3] sein.

Daher beurteile ich die aktuellen Umbauprozesse der katholischen Kirche – so sie im Sinne einer Demonopolisierung der Pfarrgemeinden hin zu einer vernetzten Struktur grundsätzlich gleichrangiger pastoraler Orte führen – ein wenig positiver, als Haslinger es tut.[4] Denn es bietet sich hier die Chance einer pastoralen Neuorientierung, von der durchaus alle etwas haben könnten: die Priester, weil sie endlich vom Anspruch, allen alles sein und alles „überschauen" zu müssen, befreit werden, die engagierten KatholikInnen, weil sie einen größeren Handlungs- und Entscheidungsspielraum bekommen, aber auch jene, die bislang überhaupt nicht in den Blick des Gemeindemilieus kamen, weil man nun plurale Orte aufbauen kann und muss, an denen man glaubwürdig Interesse für sie und ihr Leben signalisiert. Wahrscheinlich wird es weiterführend sein, Kirche zukünftig generell als Netzwerk pastoraler Orte zu organisieren; Netzwerk, das heißt: Gleichrangigkeit der Vernetzungsknoten, aufgabenbezogene Vernetzungsflexibilität und weitgehende Vernetzungsautonomie. Netzwerke agieren aber nicht nach einer Logik der Mitgliedschaft, sondern nach einer Logik der symbolischen Zugehörigkeit und der situativen Dienstleistung.

Vor allem aber stimme ich Herbert Haslinger in einem zu: Die Gemeinde rechtfertigt sich „allein durch ihre diakonische Verausgabung für die Menschen." (86) Sie ist, wie jede Sozialform der Kirche, ein Werkzeug, sie ist Teil einer Kirche, die sich als Ganze und in allen ihren Teilen als das „‚allumfassende Sakrament des Heiles', welches das Geheimnis der Liebe Gottes zu den Menschen zugleich offenbart und verwirklicht" (GS 45) zu verstehen und zu entwerfen hat.

II.

Norbert Mettes Text resümiert prägnant die Ziele, die Atmosphäre und die Hoffnungen, welche einst die Gemeindetheologie begleiteten – und in Mettes Fassung sind es ohne Zweifel auch durchweg gute und erstrebenswerte Ziele. Vor den Augen des Lesers entsteht die Vision einer überaus attraktiven „Kirche der Zukunft": „offen, ökumenisch, basisorientiert, demokratisch und gesellschaftskritisch". (98) In Zeiten manifester restaurativer Tendenzen, die es beinahe schon geschafft haben, die konziliare Minderheitenposition als Horizont der konziliaren Mehrheitsbeschlüsse zu etablieren, formuliert Mettes Text die ebenso schöne wie notwendige Erinnerung an gute und theologisch gut legitimierte Hoffnungen innerhalb der katholischen Kirche.

Die „vordem streng hierarchische Struktur der Pfarrei mit dem Pfarrer an der Spitze, der, umgeben von einem oder mehreren Kaplänen, das Sagen hatte und für den Laien gewissermaßen als dessen ‚verlängerter Arm' fungierten", so Mette, „wurde durch das Akzeptieren und Ernstnehmen der Mitverantwortung aller Gläubigen an der Heilssendung der Kirche erheblich aufgelockert." (92) Für Mette ist offenkundig, dass sich „das strikt-hierarchische Prinzip, das dem Klerus die maßgebliche Verantwortung für das kirchliche Wirken vorbehält, und das gemeindliche Prinzip … widersprechen". (94)

Und so ist es ohne Zweifel auch: Dieser Widerspruch ist es ja, der das „Gemeindeprinzip" für Mette und für viele so attraktiv machte. Das „Prinzip Gemeinde" verkörperte eine große Befreiungshoffnung: die Hoffnung der Befreiung aus der Enge des repressiven Katholizismus der Pianischen Epoche. Wenn sich „Priester … von jeglicher klerikalen Herrschafts- und Bevormundungsattitüde frei“ machen, damit sich ein kirchliches Leben entfalten kann, „das vom Zusammenwirken vieler getragen und gestaltet“ (95) wird, dann ist das tatsächlich ein wirklicher Fortschritt, übrigens gerade auch für die Priester selbst.

Die Gemeindetheologie wurde so breit und so bereitwillig aufgegriffen, weil sie zwei nicht unbedingt gleichgerichtete Versprechen zugleich unterbreitete: nach „links“, ins emanzipationsorientierte Spektrum der katholischen Kirche, versprach sie die Befreiung von religiöser Repression, wie sie sich verstärkt und mit allen Mitteln moderner Sozialtechnologie seit dem Ultramontanismus etabliert hatte mit dem bis heute unvergessenen Höhepunkt der antimodernistischen Hysterie.[5] Nach „rechts“, ins konservative und institutionalistisch orientierte Spektrum aber versprach die Gemeindetheologie die Fortsetzung der seit dem Trienter Konzil kirchlich erfolgreich etablierten Strategie der sozial organisierten (und organisierbaren) Glaubensverdichtung in zunehmend glaubenskritischer Umgebung.[6]

Dass das tridentinische „hierarchische Prinzip“, speziell seine Personalisierung im katholischen Amtspriestertum mit der weitgehenden Identifizierung von Sakramentalität und Iurisdiktion, nicht nur in einer Krise, sondern, zumindest in unseren Breiten, ohne veritablen Reformatierungsprozesse kaum zukunftsfähig ist, dem wird man nur zustimmen können.[7] Und es stimmt auch, dass sich das „Bild in den Pfarreien oder Pfarrgemeinde vor und nach dem Konzil … gewaltig verändert“ (95) hat: die alte Heilsbürokratie wandelte sich in eine großfamiliäre Gemeinschaftsveranstaltung. Die Hintergrundmetaphern stammten nun nicht mehr aus dem Bereich des Militärs (acies ordinata, milites Christi), sondern aus jenem der „Familie“, ein Herrschaftsverband freilich auch sie, wenn auch mit dem gesteigerten Anspruch auf wechselseitige Empathie und Inklusion.

Nun entziehen sich diesem Anspruch freilich immer mehr „Kinder" durch schlichtes Fortbleiben bei selektivem Restkontakt nicht nur in den realen Familien,[8] sondern eben auch in den „Pfarrfamilien". Es ist schlicht nicht eingetreten, was sich die Gemeindetheologie erhofft hat. Diese Tatsache kann man natürlich auf die restaurative Kirchenpolitik der letzten Jahrzehnte zurückführen. Schon mit dem CIC 1983, spätestens aber mit der „Laieninstruktion"[9] von 1997 zog tatsächlich jener Geist wieder verstärkt in die katholische Kirche ein, der innerkirchliche Relationen primär in quasi-ständischen Über- und Unterordnungskategorien denkt und gestaltet.

Dennoch: Es deutet vieles darauf hin, dass das gemeindetheologische Ziel einer offenen, ökumenischen, basisorientierten, demokratischen und gesellschaftskritischen Kirche und das Mittel, mit dem es erreicht werden sollte, die geschwisterlich gedachte „Gemeinde", offenkundig nicht in jenem direkten Zusammenhang stehen, den die Gemeindetheologie hier ansetzt. Der Grund hierfür scheint mir auf der Hand zu liegen: Die Gemeindetheologie denkt noch, wie seit Trient üblich, von der kirchlichen Sozialform her auf die pastoralen Praktiken hin und nicht umgekehrt von den pastoralen Praktiken – und damit von den konkreten Aufgaben der Kirche – her auf die dazu nötigen Sozialformen und besitzt damit ein bestenfalls ambivalentes Verhältnis zur Freiheit.

Mette gibt selbst indirekt einen Hinweis darauf, wenn er schreibt: „Gemeinde ist theologisch eher etwas Ereignishaftes als etwas bereits fest Gegebenes" (98). Denn dieser wichtige und weiterführende ereignisbasierte Ansatz[10] überschreitet die klassische Gemeindetheologie und führt – konsequent weiter gedacht – zu jener Transformation, die ich vorschlage. Freilich braucht es dazu noch einen wichtigen Schritt: die Entwicklung einer Kriteriologie der Ereignisse, um die es Kirche gehen muss. Auch hier bietet Mette Bedenkenswertes an. „Kirche“, so Mette, „lebt wesentlich – infolge der Beziehung Gottes zu seinem Volk – aus Beziehungen, als ein durch Kommunikation und Partizipation geprägtes beziehungsreiches Miteinander, das sich nicht abkapselt, sondern offen ist und einladend mit Blick auf die anderen. Das macht ‚Gemeinde‘ aus. Alle Dienste und Ämter in der Kirche, alle kirchlichen Strukturen haben keinen anderen Zweck, als solche Beziehungen zu ermöglichen und fördern. Daran sind sie zu prüfen“ (100).

Nimmt man hier den gnadentheologischen Einschub – Kirche lebe „infolge der Beziehung Gottes zu seinem Volk“ – ernst und wichtig, führt das letztlich zu jenem kirchenkonstitutiven Pastoralbegriff des II. Vatikanums, der „Pastoral“ als kreative Konfrontation von Evangelium und Existenz in Wort und Tat bestimmt. Dieser kriteriologisch recht gut einsetzbare Begriff bildet die sowohl lehramtlich wie pastoralpraktisch gut abgesicherte Basis der Beurteilung kirchlicher Handlungsorte in ihrer Qualität als Orte der praktischen Präsenz des Evangeliums.

III.

Die geläufige Rede von den „Grundvollzügen“ besitzt neben ihren großen Vorteilen tatsächlich ohne Zweifel einige unübersehbare Schwächen, allen voran die von Andreas Wollbold notierte Statusunentschiedenheit zwischen Analytik und Normativität. Diese Unentschiedenheit teilt sie allerdings mit der Drei-Ämter-Lehre und stellt auch keineswegs ein unlösbares Problem dar.[11] Auch ob mit den „Grundvollzügen“ konkrete *distinkte* Handlungen im Sinne sektoral differenzierter Vollzüge gemeint sind oder Dimensionen *je-*

den pastoralen Handelns, deren genaues Verhältnis in der konkreten Handlung offen bleiben kann und muss, ist tatsächlich nicht sofort klar. Auf dieser Unentschiedenheit, die im Sinne der zweiten Alternative zu entscheiden ist, beruht die Wollboldsche Kritik mangelnder Eindeutigkeit der „Grundvollzüge".

Unübersehbar sind nun aber auch die Leistungen der Lehre von den Grundfunktionen der Kirche. Allen voran: Sie löst eine rein priesterzentrierte Analytik kirchlichen Handelns durch eine die gesamte Breite des Volkes Gottes einschließende Konzeption ab. Dies entspricht der vom Konzil in LG 31 vollzogenen Zuschreibung der Teilhabe an den drei Ämtern Christi an alle „Christgläubigen" und überhaupt der Volk-Gottes-Ekklesiologie des II. Vatikanums. Auch die stärkere Handlungsorientierung gegenüber der Rede von den „Drei Ämtern" ist ein Gewinn. Ämter sind natürlich auch Handlungsträger, aber eben selbst noch keine Handlungen. Ämter werden im Rahmen der Rede von den Grundvollzügen, ganz nach der Logik von Lumen gentium und Gaudium et spes, handlungsbezogen gedacht und nicht umgekehrt Handlungen von den Ämtern her bestimmt. Dass schließlich die Diakonie erst wirklich mit der Rede von den Grundvollzügen als wesentliches Moment pastoraltheologischer Reflexion wieder auftaucht, das nun scheint mir ein weiterer entscheidender Fortschritt.

Kritisch sehe ich freilich die merkwürdige Welt- und Ortlosigkeit von Wollbolds Pastoral-(und Heils-)begriff und die pastoral(-theologisch)e Irrelevanz der Diakonie als selbstloser Hingabe an den Nächsten, wer immer er sei.[12] Pastoral, das scheint für Wollbold das zu sein, was die Kirche in der Nachfolge Jesu „zur Verwirklichung ihrer Heilssendung", in ihrer „Beziehung zum Ursprung in Christus" tut. So weit, so natürlich zustimmungsfähig. Freilich: Worin diese Heilssendung besteht, welche Konsequenzen sie hat, wo sie zu realisieren, an welchen Orten zu erkämpfen und mit welchen Zielen sie zu verfolgen ist, das scheint bei Wollbold allzu klar und unproblematisch.

Wollbolds Pastoralbegriff läuft trotz seines expliziten Christusbezugs de facto auf einen institutionalistischen Fehlschluss hinaus: Alles, was die verfasste Kirche tut, ist Pastoral. Dem ist aber nicht so. Zudem fällt auf, dass „Pastoral" im Sinne Wollbolds – ganz gegenläufig zu ihrem expliziten Christusbezug – manifeste kirchliche Ausschlussprozeduren nach sich zieht. Die „kerygmatische Heilsansage" etwa soll sich offenkundig zukünftig von jenen zurückziehen, die den Glauben „nur bruchstückhaft" kennen, die Sakramentenspendung von jenen, die nur zu den Lebenswenden und also punktuell nach kirchlicher Begleitung fragen und ausgerechnet die nunmehr „Zurüstung zum Dienst" genannte Diakonie scheint überhaupt die „Kirchenfernen" aus dem kirchlichen Bereich hinaus komplimentieren zu wollen.

Ansonsten möchte ich eine Feststellung in den Haupttext heben, die in der Fußnote 49 meines oben abgedruckten Textes zu finden ist: Wollbolds Ansatz stellt im Ganzen den Versuch dar, eine Gemeindetheologie konsequent ohne deren emanzipatorischen Fortschritte gegenüber der vorkonziliaren priesterzentrierten Realität zu entwerfen. Wollbold versucht, etwa auch in seinem „Handbuch der Gemeindepastoral", die vorkonziliare Priesterzentrierung mit dem Dynamismus der Gemeindetheologie zu verbinden.

Die Gemeinde ist jedenfalls eines sicher nicht, weder empirisch noch konzeptionell: die „Summe und Pointe aller Pastoral".[13] Nicht die Gemeinde ist die Summe und Pointe der Pastoral und selbst die Kirche ist es nicht. Sondern die Pastoral ist die Summe und Pointe aller kirchlichen Sozialformen. Wer das umdreht, begibt sich auf die schiefe Bahn des Institutionalismus und nimmt zugleich der Kirche den institutionellen Möglichkeitssinn, den sie heute so dringend braucht.

IV.

Der Zeitsoziologe Hartmut Rosa hat vor kurzem festgehalten, dass die „kulturelle Krisenerfahrung" der Gegenwart im „gleichzeitigen Verlust einer referenzstiftenden Vergangenheit und einer sinnstiftenden Zukunft"[14] liege. Das deutet auf eine kulturgeschichtliche Konstellation, die für die katholische Kirche, immerhin eine der ältesten durchgängig funktionierenden Institutionen der Welt, ausgesprochen schmerzhaft ist – freilich nicht nur für sie. Denn diese Konstellation legt die Frage nahe, ob ein kulturell-institutionelles System in dieser sehr neuen Lage die Ressourcen und Mechanismen besitzt, auf sie angemessen zu reagieren. Angemessen aber kann – in schöner Dialektik – nur heißen: in Verpflichtung vor der eigenen Tradition und in Verpflichtung auf eine gute Zukunft. Diese doppelte Angemessenheit aber kann heute eben gerade nicht mehr durch einfache Verlängerung der Vergangenheit oder in der Orientierung an utopischen Entwürfen geschehen. Denn Vieles spricht für einen veritablen Bruch sowohl gegenüber der Herkunftsorientierung der Vormoderne wie gegenüber der Zukunftsorientierung der klassischen Moderne, vieles spricht tatsächlich für den gleichzeitigen Verlust einer referenzstiftenden Vergangenheit wie einer sinnstiftenden Zukunft. Wie in dieser Konstellation sich auf Vergangenheit als Basis der Zukunft beziehen – das ist die postmoderne Grundfrage der Kirche.

Auch in der „Gemeindeproblematik" wird diese Konstellation erkennbar: als ein für die katholische Kirche und ihre Selbstreflexion schmerzhafter zweifacher Abschied. Zum einen muss sich die katholische Kirche von 1600 Jahren mehr oder weniger selbstverständlicher religiöser, biografischer und gesellschaftlicher Macht verabschieden. Für jene, die innerkirchlich Entscheidungskompetenz besitzen, über Geld und Stellen verfügen, mit Rechten und Privilegien ausgestattet sind, bedeutet das, dass sie der eigenen Macht nicht wirklich trauen können, weil diese ihnen nur fragil zu Gebote steht und jeder Gebrauch unweigerlich deren Brüchigkeit offenbart. Nutzen sie ihre Macht gegen ihre eigene Basis, verlieren sie Autorität, die dann verstärkt gerade auf jene übergeht, gegen die sie die Macht anwenden. Das bedeutet den Abschied von jahrhundertelang gut funktionierenden Routinen kirchlicher Herrschaft und den Abstieg in die Demut der Bewährung für das Volk Gottes. Nur dieser Abstieg in die Demut wird den kirchlichen Ämtern ihre Autorität erhalten.

Auf der anderen Seite stehen jene, die daran leiden, dass „die da oben" die Gestaltungsmacht, die sie noch besitzen, so wenig kreativ gebrauchen, dass ständig über sie verfügt und speziell ihr gemeindliches Umfeld Zug um Zug prekärer wird, und dass dabei jene guten und prägenden Gemeinschaftserfahrungen übergangen werden, die sie mit Kirche verbinden, die sie der Kirche treu bleiben ließen. Diese Erfahrungen werden plötzlich doppelt entwertet: von „denen oben", die an jenen Erfahrungen vorbei administrieren und neue Räume kreieren, entwertet aber auch von jenen vielen, der übergroßen Mehrheit und oft sind es die eigenen Kinder, die an solchen Gemeinschaftserfahrungen im kirchlichen Raum gar nicht mehr interessiert sind.

Für beide Gruppen in der Kirche aber bedeutet das den Abschied von der Hoffnung, dass die eigenen guten Erfahrungen die selbstverständliche, ja auch nur die primäre Basis für die kirchliche Zukunft sein könnten, dass das, was einem selbst wichtig geworden ist, auch für andere wichtig werden wird. Die Hierarchie muss die Macht des Jahrhunderte alten institutionellen Gedächtnisses der Kirche relativieren, die unten die Macht ihres biografisch tief eingebrannten persönlichen Gedächtnisses. Die innerkirchlichen Konflikte sind auch deswegen so hart, weil beide Gedächtnisse ihre unbestreitbare Authentizität besitzen und zudem gerade in unserer Kirche individuelles Erleben und institutionelle Ordnung so eng verknüpft sind und sich daher nicht einfach ausweichen können. Das institutionell-amtliche Gedächtnis der katholischen Kirche erinnert und imaginiert sich die Kirche als eine societas perfecta, die niemanden außer sich selber braucht, das persönliche Gedächtnis vieler Gläubiger aber erinnert und imaginiert sich Kirche als Gemeinde, in der man mit anderen zusammen danach suchen konnte, was es denn heute heißen könnte, katholisch zu sein. Beide fanden Lebensweltsensibilität wie Traditionsanknüpfung und daher Heimat.

Abschiede sind Zumutung. Sie muten uns zu, uns von Menschen, Dingen und Situationen zu trennen, die uns wichtig waren und die wir nicht verlieren möchten. Vitalität und Abschiede sind aber merkwürdig verknüpft: Man kann Abschieden nur um den Preis des verkümmernden Lebens ausweichen. Wer sich nicht trennen kann, wird vom Leben getrennt, denn er sperrt sich in den Käfig seiner Vergangenheit. Weder aber das institutionelle Gedächtnis der Kirche als sakraler Herrschaftsverband noch das individuelle Gedächtnis der Kirche als brüderliche Glaubensgemeinschaft werden die selbstverständliche oder auch nur primäre Grundlage der Zukunft der Kirche sein können.

Denn der Herrschaftswechsel von Individuum und Religion berührt nicht nur „die da oben", sondern auch „die da unten", also etwa die Pfarrgemeinden. Auch sie geraten unter den Zustimmungsvorbehalt ihrer Mitglieder. Deren Nutzungslogik des Religiösen aber folgt mehrheitlich weder dem alten kirchlich-katholischen Gefolgschaftsmuster noch dem moderneren gemeindlichen Beheimatungsmuster. „Die meisten getauften und gefirmten Katholiken … verspüren schlicht kein Interesse an den hohen religiösen Ansprüchen der Gemeindebewegung und an der damit verbundenen Neuverteilung der religiösen Arbeit, die nun den Laien zugemutet wird. Sie haben schlicht andere Sorgen und Relevanzen."[15]

Wenn das, was Kirche vertritt, nicht nur behauptet wahr zu sein, sondern auch tatsächlich wahr ist, dann findet diese Wahrheit Orte ihrer Präsenz und Wirksamkeit zu allen Zeiten und in allen Kulturen. Dann findet sie Orte, an denen sich ihre Heilsbedeutsamkeit entfaltet, dann kann sie auf die Wunder des Glaubens verweisen. Freilich muss man dazu demütig sein und neugierig, mutig und sich wirklich aussetzen den Sorgen und Nöten, Freuden und Hoffnungen menschlicher Existenz heute: jenseits des Paternalismus, der alles besser weiß, und im Vertrauen auf die Zusagen Jesu, bei uns zu sein bis zum Ende aller Tage. Und es kommt darauf an, auf allen Ebenen der Gesellschaft Männer und Frauen als Repräsentanten der Kirche zu haben, die diese liebende, selbstlose Aufmerksamkeit verkörpern. Das ist die Herausforderung. Sie stellt uns übrigens auch vor ein neues dogmatisches Zeitalter, wenn denn „dogmatisch" heißt: Antworten aus dem Glauben entwickeln auf Fragen, die sich dem Glauben neu stellen. Dogmen „sind Antwort auf Fragen des Menschen nach Gott, die sich in Schrift und Tradition, aber auch in der Lebenserfahrung stellen."[16]

Es gibt da aber, wie Joseph Ratzinger in seiner „Einführung ins Christentum" festhält, mitten im Zentrum des Christlichen eine bemerkenswerte und unaufhebbare Spannung. „Der Glaubende wie der Ungläubige haben, jeder auf seine Weise, am Zweifel und am Glauben Anteil, wenn sie sich nicht vor sich selbst verbergen und vor der Wahrheit ihres Seins. Keiner kann dem Zweifel ganz, keiner dem

Glauben ganz entrinnen; für den einen wirkt der Glaube gegen den Zweifel, für den anderen ist der Glaube durch den Zweifel und in der Form des Zweifels anwesend. Es ist die Grundgestalt menschlichen Geschicks, nur in dieser unbeendbaren Rivalität von Zweifel und Glaube, von Anfechtung und Gewißheit die Endgültigkeit seines Daseins finden zu dürfen".[17]

Wenn die „unbeendbare Rivalität von Zweifel und Glaube, von Anfechtung und Gewißheit" im Kern des Glaubens selbst nistet, warum sollte die Kirche dann Angst davor haben, das Stadium der „liquid church" (P. Ward), in dem wir uns schon seit längerem befinden, entschlossen und mutig zu nutzen?

Literatur

Arnold, C.: Kleine Geschichte des Modernismus, Freiburg/Br. 2007.

Bucher, R./Heil, Ch./Larcher, G./Sohn-Kronthaler, M. (Hg.): „Blick zurück im Zorn?" Kreative Potentiale des Modernismusstreits, Innsbruck-Wien 2009.

Bucher, R.: Kirche verliert sich nicht im Außen – sie findet sich dort. Replik auf den Beitrag von Andreas Wollbold, in: Lebendige Seelsorge 57 (2006), 73–75.

ders.: 1935–1970–2009. Ursprünge, Aufstieg und Scheitern der „Gemeindetheologie" als Basiskonzept pastoraler Organisation der katholischen Kirche, in: Scherzberg, L. (Hg.), Gemeinschaftskonzepte im 20. Jahrhundert zwischen Wissenschaft und Ideologie, Münster 2010, 289–316.

ders.: Priester des Volkes Gottes, Würzburg 2010.

ders.: Wenn nichts bleibt, wie es war. Zur prekären Zukunft der katholischen Kirche, Würzburg 2012.

ders.: Ziemlich irrelevant – spätestens heute. Eine pastoraltheologische Lektüre des Synodenbeschlusses „Ehe und Familie", in: Pastoraltheologische Informationen 31 (2011), 77–101.

Dillmann, R.: Ekklesiale Wirklichkeit im Neuen Testament. Ein kommunikatives Netzwerk eigenständiger Ortskirchen, in: Ernst, J. (Hg.), Kirche im Übergang, Paderborn 2003, 43–65.

Ebertz, M. N.: Anmerkungen zum Scheitern der Gemeindebewegung, in: Pastoraltheologische Informationen 28 (2008), 91–109.

Eder, M.: Kirche als pastorales Netzwerk: Chancen und Konsequenzen einer operativen Kirchenkonzeption, Wien-Berlin 2012.
Fuchs, O.: Heilen und befreien. Der Dienst am Nächsten als Ernstfall von Kirche und Pastoral, Düsseldorf 1990.
Haslinger, H.: Zerstören oder fördern neue pastorale Großräume diakonisches Handeln?, in: Lebendige Seelsorge 62 (2011), 394–399.
ders.: Diakonie. Grundlagen für die soziale Arbeit der Kirche, Paderborn 2009.
ders.: Die pessimistische Sicht ist leider die realistischere, in: Lebendige Seelsorge 62 (2011), 406–409.
ders.: Lebensort für alle. Gemeinde neu verstehen, Düsseldorf 2005.
Hünermann, P. (Hg.): Und dennoch ... Die römische Instruktion über die Mitarbeit der Laien am Dienst der Priester. Klarstellungen – Kritik – Ermutigungen, Freiburg/Br. 1998.
„Mich hat an der Theologie immer das Extreme interessiert". Elmar Klinger befragt von Rainer Bucher, Würzburg 2009.
Neuner, P.: Der Streit um den katholischen Modernismus, Frankfurt/M.-Leipzig 2009.
Pock, J./Hoyer, B./Schüßler, B. (Hg.): Ausgesetzt. Exklusionsdynamiken und Exposureprozesse in der Praktischen Theologie, Münster 2012.
Ratzinger, J.: Einführung in das Christentum, München 1968.
Rosa, H.: Beschleunigung. Die Veränderung der Zeitstrukturen in der Moderne, Frankfurt/M. 2005.
Schüßler, M.: Mit Gott neu beginnen. Eine temporale Neuformatierung von Pastoral und Theologie in ereignisbasierter Gesellschaft, Theol. Fak. Graz Habil. 2012.
Sellmann, M.: Von der „Gruppe" zum Netzwerk. Große Räume als Chance für eine durchbrechende Vielfalt kirchlicher Sozialformen, in: Anzeiger für die Seelsorge 3(2010), 19–23.
Weiß, O.: Der Modernismus in Deutschland. Ein Beitrag zur Theologiegeschichte, Regensburg 1995.
Wollbold, A.: Handbuch der Gemeindepastoral, Regensburg 2004.

Anmerkungen

[1] *Dillmann*, Ekklesiale Wirklichkeit (2003), 65.

[2] Vgl. zur Problematik jetzt: *Pock/Hoyer/Schüßler (Hg.)*, Ausgesetzt (2012).

[3] Vgl. *Haslinger*, Lebensort (2005).

[4] Siehe auch die sehr differenzierten Überlegungen bei: *Haslinger*, Zerstören (2011); *Ders.*, Die pessimistische Sicht (2011). Meine Position findet sich in: *Bucher*, Wenn nichts bleibt, wie es war (2012),

169–185; („Von der Gemeindezentrierung zum Netzwerkkonzept"). Siehe auch: *Sellmann*, Netzwerk (2010); *Eder*, Kirche (2012).

[5] Vgl. dazu: *Neuner*, Streit (2009); *Bucher/Heil/Larcher/Sohn-Kronthaler (Hg.)*, „Blick zurück im Zorn?" (2009); *Arnold*, Modernismus (2007); *Weiß*, Modernismus (1995).

[6] Diese Ambivalenz spiegelt sich auch in der Genese der Gemeindetheologie: *Bucher*, 1935–1970–2009 (2010).

[7] Siehe dazu: *Bucher*, Priester (2010).

[8] Siehe dazu einige einschlägige Daten in: *Bucher*, Ziemlich irrelevant (2011).

[9] Instruktion „Zu einigen Fragen über die Mitarbeit der Laien am Dienst der Priester". Siehe dazu: *Hünermann (Hg.)*, Und dennoch ... (1998).

[10] Vgl. dazu jetzt: *Schüßler*, Gott (2012). – Ob die terminologische Unterscheidung von „Pfarrei" und „Gemeinde" tatsächlich so viel bringt, wie Mette annimmt und dadurch „manche Missverständnisse, die sich in der strittigen Debatte über die sog. ‚Gemeindetheologie' eingestellt haben" (98) gelöst werden, möchte ich bezweifeln. Zwar wird durch diese Entkoppelung tatsächlich das Problem gelöst, wie eine Pfarrei als territorial orientierte Zwangsgemeinschaft und die „Gemeinde" als personal orientierte Freiwilligengemeinschaft einfach so identifiziert werden können. Aber immer noch bleibt jene Sozialformorientierung, die nicht von konkreten Prozessen und Aufgaben, also von Orten und den von ihnen präsentierten Aufgaben her denkt, sondern von einer weiterhin relativ homogen gedachten Sozialformen her, deren interne Kommunikation als primäres Definitionsmerkmal kirchlicher Handlungsorte genommen wird.

[11] Im Folgenden greife ich teilweise zurück auf: *Bucher*, Kirche (2006).

[12] Siehe dazu: *Haslinger*, Diakonie (2009); *Fuchs*, Heilen (1990).

[13] So *Wollbold*, Handbuch (2004), 23–67.

[14] *Rosa*, Beschleunigung (2005), 424.

[15] *Ebertz*, Anmerkungen (2008), 101.

[16] „Mich hat an der Theologie immer das Extreme interessiert" (2009), 91.

[17] *Ratzinger*, Einführung (1968), 24.

Kommentar zu den Beiträgen der drei Kollegen

von Andreas Wollbold

Kaum ein Fach der Theologie hat in den letzten Jahrzehnten die eigenen wissenschaftstheoretischen Grundlagen so ausgiebig diskutiert wie die Pastoraltheologie. Kaum ein Fach besitzt bis heute aber auch so wenig verlässliche Axiome wie diese, geschweige denn Konsens. Definitionen und Gliederungen, Voraussetzungen und Grundsätze, Methodik und argumentative Muster, anerkannte Autoritäten und Theorie-Praxis-Verhältnis, ja selbst der Gegenstand der Pastoraltheologie in Material- und Formalobjekt bleiben seltsam unbestimmt bzw. werden von einzelnen Autoren jeweils für die eigenen Zwecke neu eingerichtet. Diese Tatsache könnte man für einen Ausweis der Lebendigkeit des Faches ansehen, wenn sie nicht teuer mit dessen weitgehender Irrelevanz für die tatsächlich geschehende Pastoral erkauft wäre. Die Praktiker in Ordinariaten, Verbänden, Referentenstellen und Gemeinden suchen sich meistens diejenigen Autoren als Gewährsleute, die ihren eigenen Vorstellungen am meisten entsprechen. Dadurch steht diese praktisch-theologische Disziplin in der Gefahr, zum Hoftheologen des jeweiligen *status quo* und seiner Interessen zu werden. Pastoraltheologie aber vermag mehr, und dies unter Beweis zu stellen dienen die folgenden kritischen Anmerkungen zu den Beiträgen der drei Kollegen. Denn alle drei sind ausgewiesene Kenner der Gemeindetheologie. Dennoch gelingt es ihnen aus meiner Sicht nicht in restlos überzeugender Art und Weise, die inhärenten wissenschaftstheoretischen Probleme zu lösen.

Die Ursache für diesen Mangel ist sicher nicht im fehlenden Interesse an Grundlagendebatten zu suchen, die vielmehr so etwas wie den *character indelebilis* des Faches darstellen. Vielmehr erschwert ihr Gegenstand, also die Praxis, die Objektivität des Forschers und legt ihm stattdessen nahe, in diese selbst einzugreifen und Position zu beziehen. Wo es um aktuelle, oft auch affektiv aufgeladene Fragen der Pastoral geht, ist die Versuchung groß, sich für die eigene Position bloß entsprechende Belege zusammenzusuchen, anstatt Vorurteile, mangelnde empirische Erhärtung, Denkfehler, widersprüchliche Konsequenzen, Instrumentalisierung für Nebeninteressen u. v. a. aufzudecken. Dadurch erhält das Fach eine genuine Nähe zur Rhetorik, und in der Tat besitzen schon rein sprachlich viele einschlägige Veröffentlichungen mehr von der *ars persuadendi*, also dem Willen zur Überzeugung für ein Parteiinteresse, als vom Ethos reiner Wahrheitsfindung. Es wäre eine lohnenswerte Aufgabe nachzuweisen, unter welchen Bedingungen Rhetorik und Erkenntnis miteinander verbunden sind – es ist *die* Frage der philosophischen Rhetorik seit Sokrates. An dieser Stelle kann nur auf diese Problematik hingewiesen werden, die ansonsten unerkannt Teile der pastoraltheologischen Forschung um ihre Kraft bringt.

Insofern sollen die folgenden Anmerkungen zu einer Selbstaufklärung der Pastoraltheologie beitragen. Dies geschieht anhand der drei Beiträge von Kollegen, die zu den profiliertesten und bekanntesten Denkern der Gemeindepastoral gehören. Darum sei zunächst jeder der drei Ansätze in seinen Anliegen erfasst.

1. Die Anliegen der Beiträge

Rainer Buchers umfangreiche und sprachlich dichte Erörterung geht von einem Scheitern der Gemeindetheologie aus.

Damit ist der vergebliche Versuch gemeint, „die katholische Kirche von einer amtszentrierten Heilsinstitution zur quasi-familiären Lebensgemeinschaft umzuformatieren" (30). Zutreffend und genau beobachtet finde ich die „thematische[n] Verknüpfungen, in welche die Gemeindeproblematik dabei eingewoben wurde" (20), auch wenn Bucher dabei m. E. zu rasch zu Schlussfolgerungen übergeht, die nicht notwendigerweise bereits in der Analyse gegeben sind. Etwas tendenziös erscheint mir die Unterstellung, die Gemeindetheologie sei vor allem aus der Krise heraus entstanden und habe vornehmlich dazu gedient, die Brüche in der Bindungskraft einer amtlich bestimmten Kirche quasi-familiär zu kitten. Das unterschätzt die Begeisterung der Nachkonzilszeit, die Aufbruchstimmung und die – ebenso kirchlich wie gesellschaftlich beflügelte – Suche nach neuen Formen sozialer Beziehungen, die die großen Einheiten von Gesellschaft und Kirche aus veränderten, nicht vorwiegend autoritären Beziehungen erneuern wollte. Man kann hier etwa an das veränderte Lehrer-Schüler-Verhältnis in der Pädagogik der Zeit denken, das sich gleichzeitig als Paradigma für eine neue, partizipativere Gesellschaft verstand. Ebenso wenig lässt sich behaupten, die 70er Jahre hätten sich den inhaltlichen Fragen kaum gestellt; wenn irgendwann, dann wurde gerade damals leidenschaftlich über alles und jedes gestritten.

Zentral für die Umformatierung im Sinn Buchers ist nun eine „halbierte, ja selbstwidersprüchliche Modernisierung", die „freigeben (‚mündiger Christ') und gleichzeitig wieder in der ‚Pfarrfamilie' einfangen" wollte (30). Damit gelangt Bucher zum Kern seiner Analyse, dem „ambivalenten Verhältnis zur Freiheit" der Gemeindetheologie (31). Es gelinge ihr nicht, vorbehaltlos die Freiheit des Einzelnen zu bejahen, sondern sie hebe diese durch die Hintertür wieder auf, indem sie Bindung, Einordnung und die Akzeptanz traditioneller, unhinterfragter Inhalte verlange; der enormen inhaltlichen Transformation des Glaubens und der Praxis in der durchschnittlichen Gemeinderealität der letzten Jahrzehnte wird dies allerdings wohl kaum gerecht. Diese Kritik wird nun in III.,1 systematisch-theologisch mit dem Axiom von H.-J. Sander untermauert, die Kirche müsse primär als Pastoral- und erst sekundär als Religionsgemeinschaft verstanden werden. Da dieser interessante, aber sehr voraussetzungsvolle Ansatz ohne weitere Diskussion übernommen wird, kommt dem Axiom hier doch allenfalls das Gewicht eines Autoritätsarguments zu, das bekanntlich nur die überzeugt, die schon davon überzeugt sind. Insbesondere scheint die Dichotomie von Pastoral- und Religionsgemeinschaft kaum mit der Ekklesiologie von „Lumen gentium" vereinbar zu sein, wo gerade die institutionelle und die gnadenhafte Seite der Kirche untrennbar in der „una realitas complexa" zusammengebunden werden (LG 8). Soziologisch weist Bucher dagegen wohl überzeugender darauf hin, dass die im Zuge der Communio-Ekklesiologie gerne vermutete heutige Sehnsucht nach Gemeinschaft sehr viel milieuabhängiger, fragiler und selbstbestimmter ist, als man sich das kirchlicherseits oft wünscht. Buchers abschließende Perspektiven bleiben eher grundsätzlich, ihre genaue Relevanz für die Gemeindepastoral müsste noch entwickelt werden. Erstaunlicherweise sind einige dort genannte Anliegen wie die Begegnung von Evangelium und Existenz oder die Würdigung der Charismen in der Gemeinde eigentlich doch gar nicht so fern von dem, was sich in nicht wenigen Entwürfen der Gemeindetheologie der 60er und 70er Jahre fand.

Herbert Haslinger teilt Buchers Verdikt über die Gemeindetheologie ebenso wie deren Voraussetzung, die Gläubigen quasi-familiär binden und vereinnahmen zu wollen. Anders freilich als der gedankenschwere und darum alles andere als leicht zu lesende Beitrag Buchers ist der Haslingers von einer geradezu didaktischen Elementarisierung gekennzeichnet, welche die Lektüre gut nachvollziehbar und anschaulich macht. Ich hätte mir nur etwas weniger an Verurteilungen und Unterstellungen gewünscht, die passagenweise Seelsorger und ehrenamtlich in den Gemeinden Engagierte wie zu einer *Anakonda* werden lassen, aus deren Umklammerung sich niemand mehr lebend lösen kann. Nun wird jeder bestätigen können, der die Gemeindepraxis kennt, dass allein die faktischen Möglichkeiten, Bindung zu entwickeln oder auch nur im Blick darauf ein schlechtes Gewissen zu machen, heute doch sehr begrenzt sind. Jedes Finanzamt oder jede *Facebook*-Freundschaftswerbung hält da wirksamere Mittel bereit. Ähnlich wie Bucher geht auch Haslinger sehr rasch und ohne nähere Diskussion zur Feststellung über: „Diese ‚Gemeindekirche'-Konzeption hat sich überlebt" (68). Die dahinter stehende Gemeinde-Idee wird allerdings ohne empirische Überprüfung vorgetragen, so dass man vermuten kann, dass die Gemeindepraktiker in der Regel keine so realitätsfernen Ideen als ihre Überzeugungen vertreten; vielfach dürfte eher ein pragmatischer Eklektizismus vorherrschen, der gar nicht auf eine einzige Leitidee zurückzuführen ist, sondern der Vorstellungen wie „den Menschen nahe sein", „zu einem Leben in Fülle beitragen", „den Glauben verlebendigen", „schöne Gottesdienste feiern", „Streit vermeiden und gut miteinander auskommen" und „immer mal wieder im Lokalteil der Zeitung abgelichtet sein" im bunten Reigen miteinander verbindet – eine Buntheit, die mir gerade in ihrer Lebensnähe und Menschlichkeit durchaus sympathisch ist. Sein eigentliches Anliegen entwickelt Haslinger aber in seiner Krisendiagnose, der „(fehlende[n]) Passung zwischen den Praktiken und Plausibilitäten der Sozialform ‚Gemeinde' einerseits und den Lebensformen und Lebensanforderungen der Menschen unter den Bedingungen einer individualisierten bzw. pluralisierten Gesellschaft andererseits" (71). Auch darin kommt seine Analyse der Buchers im Wesentlichen gleich, insofern die Gemeinde-Idee kein wirkliches Verhältnis zur Freiheit und dem Subjekt-Sein des Einzelnen gewonnen habe. Bei ihm ist zutreffenderweise noch mehr Wert gelegt auf die Tatsache, dass die Lebensrealität der Menschen sich zumeist weitab von allem entwickelt, was für Gemeinden wichtig ist. An diese Lebenswirklichkeit anzuknüpfen, sie zum eigentlichen Thema der Gemeindearbeit zu machen und in diesem Sinn diakonische Kirche zu werden, ist das letzte Anliegen Haslingers.

Während sich also die ersten beiden Beiträge weithin berühren, stellt der Norbert Mettes einen gewissen Kontrapunkt dar. Denn er wirbt in sympathischer Weise für das, was nach dem Konzil in den Gemeinden (und nicht primär in der Theologie der Gemeinden!) aufgebrochen ist: eine neue Erfahrung des Kircheseins. All das liest sich gut, und es kann gerade jüngeren Generationen Anschauungsunterricht gegen manche Klischees von Kirche und Gemeinde in der Zeit der Würzburger Synode bieten. Am deutlichsten trägt aber auch Mette die genannte Vision der 70er Jahre weiter, Gesellschaft und Kirche aus erneuerten, nicht-autoritären Beziehungen im Nahbereich neu zu gestalten: „Ein nachhaltiger Aufbau der Gemeinde im Kleinen nach Maßgabe der verantwortlichen Teilhabe aller Gläubigen am Leben und an der Sendung der Kirche kann nur gelingen, wenn dieses Prinzip auch auf den anderen Ebenen der Kirche zum Zuge kommt. Wenn das nicht beherzigt wird, steht sich die Kirche strukturell selbst im Wege, weil das strikthierarchische Prinzip, das dem Klerus die maßgebliche Verantwortung für das kirchliche Wirken vorbehält, und das gemeindliche Prinzip sich widersprechen. Viele Probleme und Konflikte, mit denen es die katholische Kirche nach dem Konzil zu tun bekommen hat und auch gegenwärtig zu tun hat, haben in dieser Unvereinbarkeit der beiden Prinzipien ihre Wurzel" (94). Genau mit dieser behaupteten Unvereinbarkeit aber bringt sich Mette in eine Position, die sich kaum auf das II. Vatikanum berufen kann, das doch die volle Anerkennung der amtlichen Autorität mit einer breiten Beteiligung und Verantwortung aller zu verbinden suchte. Im Letzten dürfte auch bei Mette im Hintergrund dieser „Unvereinbarkeit" ein Verständnis von Freiheit des Einzelnen bzw. der Gemeinde-„Basis" stehen, das diese bloß als Autonomie und Souveränität versteht. Genau darin berührt sich sein ansonsten so eigenständiger Beitrag wieder mit dem der beiden anderen Kollegen.

Nach dieser Vorstellung der jeweiligen Anliegen sollen im Folgenden nun zunächst und hauptsächlich einige methodische Details problematisiert werden, die sich bei allen dreien wiederfinden. Denn die ungesicherte Identität der Pastoraltheologie spiegelt sich am deutlichsten in methodischen Schwächen und Inkonsistenzen. Ohne ihre Überwindung steht das Fach in der Gefahr, bei der bloßen Formulierung von Positionen und Postulaten zu verharren. Sodann soll jeder der drei Beiträge in seiner tatsächlichen Bedeutung knapp und zusammenfassend gewürdigt werden. Dabei wird sich herausstellen, dass die Frage von Freiheit und Bindung die Kernfrage des Ganzen darstellt. Sie stellt gemeindetheologisch die zentrale Aufgabe dar.

2. Kritik einiger methodischer Details

1. *Definitionen*: Eines der großen Versäumnisse nicht weniger theologischer Veröffentlichungen ist ihre mangelnde Begriffsschärfe. Tragende Begriffe werden in der Regel überhaupt nicht definiert, sondern nur wortreich umschrieben, oder die Definitionen bleiben unklarer oder unbestimm-

ter als das zu Definierende selbst. Das gilt leider auch für so wichtige Begriffe der praktischen Theologie wie „diakonisch“, „Subjekt“ und „Praxis“, ganz zu schweigen von aus Soziologie und Psychologie entlehnten Begriffe wie „Individualisierung“, „Exklusion“, „Milieu“ und „angstbesetzt“. So stellt H. J. Sanders Vorstellung von den „loci theologici“ bereits deren recht eigenwillige Interpretation dar und sollte nicht unbesehen verwendet werden (*Bucher*, 23); die Gefahr einer Verwechslung dieses „loci“-Begriffs aber mit der „Verörtlichung des Glaubens“ besteht schon aufgrund ihrer Äquivozität ebenso wie aufgrund des völlig anderen Kontextes nicht. „[P]aternalistisch“ (*Bucher*, 21; ähnlich *Haslinger*, 66 mit „patriarchalistisch“) ist nicht jedes nach Art einer Familie funktionierende soziale Gebilde mit einem Vorsteher – selbst die Familie selbst ist in diesem Sinn ja keineswegs immer paternalistisch. Wenn das Wort nicht jede genaue Bedeutung verlieren will, schließt es die Haltung der Fürsorge für angeblich Unmündige ein – genau das aber ist in der Gemeindetheologie niemals angestrebt worden; man findet sie allenfalls in einigen katechetischen Materialien für Kinder in den 1950er Jahren.

Auch bei H. Haslinger, dessen Beitrag sich durchaus durch Klarheit und Lesbarkeit auszeichnet, vermisst man etwa eine Definition der beiden zentralen Begriffe „Volkskirche“ und „Gemeindekirche“; der Katalog von Eigenschaften (65ff.) genügt dafür nicht, insbesondere weil alle genannten Eigenschaften wie die flächendeckende Territorialgliederung auch weiterhin für Pfarreien gelten, die sich als Gemeinden verstehen.[1] Noch folgenschwerer ist es in seinem Beitrag, dass die Charakterisierung der „Gemeindekirche“ ausschließlich aus der Literatur erhoben wird; die Gemeindeideale der pfarrlich Tätigen selbst sehen sehr viel differenzierter aus und integrieren in der Regel nicht wenige in seinem Sinn volkskirchliche Elemente. Das macht diese Ideale zwar ein wenig eklektisch oder gelegentlich sogar widersprüchlich, hilft ihnen aber, mit der komplexen Wirklichkeit des Phänomens Pfarrei und seinem Wandel sehr viel wirklichkeitsnäher und erfolgreicher umzugehen, als dies aus der einschlägigen Fachliteratur denkbar wäre. Insofern trifft die Kritik an ihrem Selbstverständnis (68) auch hauptsächlich die Theoretiker. Ebenso bleibt Haslingers Begriff der Macht durchgängig schillernd, und so gelingt es ihm nicht zu unterscheiden, legitime Macht, die rechtsgebunden und sachgerichtet ausgeübt wird, von korruptiver Willkür und rechtloser *tyrannis* oder auch nur einfach ihrem Gebrauch für das eigene Geltungs- und Bindungsbedürfnis zu unterscheiden. Organisationen wie der Kirche oder einer Einzelgemeinde den Gebrauch von Macht im ersten Sinn vorzuhalten, wäre realitätsfern. Hilfreicher wäre es, Kriterien der Unterscheidung beider Formen anzugeben und in diesem Sinn Prozesse der Kultivierung der Macht zu entwickeln. So krankt die doch immerhin bedenkenswerte Folgerung, man erlebe heute eine „Fortsetzung des Patriarchalismus mit anderen Mitteln" (78), an ihren eigenen ungenauen begrifflichen Voraussetzungen. Besonders erstaunlich ist bei *Haslinger* (84–86), dass ausgerechnet er, der sich so intensiv mit der Diakonie auseinandergesetzt hat, in seinem Beitrag die diakonische Kirche gar nicht genauer begrifflich bestimmt. Dadurch wird der Auftrag zur Evangelisierung und zur Sammlung in der einen Kirche offensichtlich unterschlagen. Bezeichnenderweise lässt Haslinger im Zitat von GS 3 die eigentliche Beschreibung der evangelisierenden Aufgabe der Kirche aus, nämlich „unter der Führung des Geistes, des Trösters, das Werk Christi selbst weiterzuführen, der in die Welt kam, um der Wahrheit Zeugnis zu geben". Diese Aufgabe nämlich schließt die Verkündigung der Wahrheit und die Einladung zu einem Leben aus den Sakramenten in Verbindung mit der Kirche notwendigerweise ein. Ebenso versteht das von Haslinger angeführte Wort aus LG 1 die Kirche nicht nur einfach als „Sakrament" und als „Werkzeug", wie er sagt, sondern genauer als „Sakrament, das heißt Zeichen und Werkzeug für die innigste Vereinigung mit Gott wie für die Einheit der ganzen Menschheit", und auch die Leitidee von „Volk Gottes" in LG 9–17 hat die Sammlung der Menschheit in der einen Kirche vor Augen. Dass dies die Gemeinde nicht zwangsläufig zum Selbstzweck werden lässt, beweist deutlich das Zitat aus dem Schlüsselwerk der Gemeindetheologie „Die Gemeinde" von 1970, das *Mette* (93) wiedergibt und wonach die Gemeinde sich „verpflichtet [weiß] zum Dienst an der Gesellschaft"[2].

2. *Schlagworte und Modeargumente*: Was ist von einem Pauschalverdacht gegen die „Selbstbezüglichkeit eines großkirchlich-triumphalistischen oder gemeindekirchlich-familiaristischen Milieus" (*Bucher*, 38) zu halten? Was bedeutet die „Auflösung der sanktionsgestützten ‚Konstantinischen Formation' der Kirche" (*Bucher*, 21)? 1700 Jahre Kirchengeschichte in einer Gestalt zusammenfassen zu wollen, grenzt ans Unmögliche. Insbesondere macht es innerhalb dieser Geschichte einen gewaltigen Unterschied, ob Sanktionen wie teilweise bis 1789 vom weltlichen Arm ausgeführt oder gar eingeleitet werden oder durch innerkirchliche Autoritäten, ob sie hypothetischen oder kategorischen Charakter besitzen und ob sie von einem gesellschaftlichen Ethos getragen sind oder nicht. Im Übrigen sind inzwischen im kirchlichen Leben durchaus neue Formen machtgestützter Sanktionen zu beobachten, etwa bei der Auswahl und Zulassung von Kandidaten zur Weihe oder zu pastoralen Laienberufen, bei der ästhetischen Uniformierung z. B. im Rahmen einer Erstkommunion, bei einem Verriss des ideologischen Gegners in Rezensionszeitschriften oder bei der Stigmatisierung einzelner Gruppierungen und Bewegun-

gen. Die „Pianische Epoche“ zwischen Papst Pius IX. und Pius XII.1 kannte entgegen dem Klischee nicht „die Gemeinschaft des Kirchlichen [als] die Selbstverständlichkeit“ (*Bucher*, 22); ganz im Gegenteil bestand etwa die katholische Standardfamilie in Frankreich aus einem laizistischen Vater, einer frommen Mutter und Kindern, deren religiöser Weg weitgehend offen stand und dementsprechend umkämpft war. Dass sich darin ein „tendenziell repressive[s] Katholizismuskonzept der pianischen Epoche“ (*Bucher*, 26) findet, erinnert ein wenig an den Jargon der Repressivität der 68er Jahre, nach dem alle Ge- und Verbote als Unterdrückung gebrandmarkt wurden. Es erzeugt mehr Begriffsnebel als Klarheit und erweckt den Eindruck, als solle an dieser Stelle selbst ein bestimmter Stil des Katholizismus unterdrückt werden. Dasselbe gilt vom Prinzip Buchers zu den Charismen: „Was der Gemeinde geschenkt ist, soll sie verwirklichen und auch verwirklichen dürfen“ (40). Schon bei Paulus sind die Charismen stets amtlich zu prüfen und in die Ordnung der Gemeinde einzufügen, und insofern stellen Charismen an sich niemals einen Rechtsanspruch dar.

Dass „die Kirche in der Auseinandersetzung mit Faschismus und Nationalsozialismus“ (22) gescheitert sei, lässt sich so pauschal kaum sagen. Wer genau mit „alles rechts vom konziliaren Verfassungsbogen“ (was ist das?, das „Kleine Konzilskompendium“ ist ja nicht die „lex fundamentalis ecclesiae“) gemeint ist, bleibt schleierhaft; umso heftiger trifft die sich angeblich dort Befindlichen das Verdikt, sie „beweisen es aufs Unschönste“, dass eine bestimmte vorkonziliare Realität nicht mehr „geht“. Man kann etwa über die Piusbruderschaft vieles sagen, aber sicher nicht, dass sie keinen Erfolg hätte. „Freiheitsbedingte Erosionsprozesse kirchlicher Konstitution“ (32) treffen die kirchengeschichtliche Wirklichkeit nicht genau: Der Wegfall der staatlichen Sanktionierung religiös-kirchlicher Pluralität hatte in der in diesem Zusammenhang angesprochenen Pianischen Epoche gerade einen enormen Schub an evangelisierenden Kräften ausgelöst, etwa in der Sozial- und Erziehungsbewegung der aufkommenden weiblichen Kongregationen des 19. Jahrhunderts und im Verbandskatholizismus. Und die religiöse Geschichte der USA belegt eindrucksvoll gerade das Gegenteil, nämlich freiheitsbedingte Intensivierungsprozesse kirchlichen Lebens.

Haslingers Krisendiagnose 2 setzt voraus, dass die aktive Bildung sozialer Netze durch eine Gemeinde am Menschen von heute vorbeigehe (78ff.). Keiner bestreitet, dass Gemeinden ihre Kommunikation stets noch verbessern könnten. Dass andererseits nach wie vor gerade dort auch viele „positive Erfahrungen" mit der Kirche gemacht werden, hebt *Mette* (100) ganz richtig hervor. Netzwerksbildung, Motivation, Interesse und wenn möglich auch Bindung und Identifikation aufzubauen wird bei Haslinger dagegen grundsätzlich in Frage gestellt, weil die Gemeinde „an der Lebenswirklichkeit der Menschen heute vorbei" gehe (80). Damit übersieht er aber eine charakteristische Bindungsform der Gegenwart, nämlich die Mezzodistanz einer auswählenden, gebrauchenden, kundenartigen Beziehung zu einer Organisation. Dadurch ist diese in oft sehr präziser Form Teil der Lebenswirklichkeit von Menschen, allerdings eben nur ein oft kleiner oder marginaler Teil. Das ist nicht nichts. Dass dies andererseits der Pfarrei, also der Kirche vor Ort, nicht genügen kann, wenn sie daran mitwirken soll, alle Menschen zu Jüngern Jesu zu machen (vgl. Mt 28,19), ist aber doch auch nachvollziehbar. Dies mit bloßer „Gemeindebetriebsamkeit" (79) – also einer Art kirchlicher Vereinsmeierei – gleichzusetzen, kommt einer Unterstellung gleich. Überhaupt hat das Zerrbild von Vereinsaktivitäten (83f.) wenig mit der Realität vieler Ortsvereine zu tun, die weit über den Vereinszweck hinaus soziale Beziehungen ermöglichen und vielfältige Stützungsleistungen für ihre Mitglieder vollbringen.

3. *Petitio principii*: Mit dem genannten rhetorischen Charakter der Pastoraltheologie hängt es zusammen, dass gewichtige Positionen bereits vorausgesetzt und zur Grundlage einer Argumentation gemacht werden, die erst noch nachgewiesen werden müssten. So sagt Bucher: „Ohne Zweifel sind die gegenwärtigen Zulassungsbedingungen zum katholischen Amtspriestertum ausgesprochen problematisch, vor allem unter Gerechtigkeits-, Qualitäts- und amtstheologischen Gesichtspunkten." (20). Man mag ja dieser Meinung sein, wenn auch m. E. ohne hinreichende Begründung, diese Meinung aber mit „ohne Zweifel" einzuleiten zeigt an, dass sie zur Voraussetzung der weiteren Gedankenfolge gemacht wird. Etwas Strittiges aber als Axiom zu verstehen ist unzulässig, den strittigen Charakter selbst aber mit „ohne Zweifel" zu ignorieren ist ideologisch. Insofern wirkt die moralisierende Kritik an der „institutionelle[n] Macht und Raffinesse" (21), mit der „[d]er einzuklagende pastoraltheologische Diskurs" verhindert werde, wenig überzeugend.

Haslingers Krisendiagnose 1 setzt bereits fälschlich die „Aufhebung der Machtförmigkeit" in der Gemeindetheologie voraus, um diesen Anspruch dann zu widerlegen (71–78, hier 72). Gewiss wirkte das Programm eigenverantwortlichen Christseins in der Gemeindetheologie bisweilen etwas wolkig und neigte dazu, Macht- und Strukturfragen konsensuell zu entschärfen. Dennoch findet sich etwa bei F. Klostermann und bei vielen anderen ihrer Vertreter immer auch ein klares Bekenntnis zur Leitungsverantwortung des Pfarrers (so ja auch bei *Bucher*, 21 belegt). Darum kann von einer reinen Aufhebung der Machtförmigkeit kaum die Rede sein. Vielmehr war es die Vision, dass Macht, mit F.

Tönnies gesprochen, hauptsächlich gemeinschaftlich-personal und nicht gesellschaftlich-rechtlich ausgeübt werden soll – ein Ideal, das den Anliegen aller drei Autoren ebenso wie des Autors selbst sicher sehr entgegenkommt.

Schließlich setzt auch Mette eine Reihe von Reformideen voraus, deren Unterlassung er beklagt (z. B. 101), ohne ihre Notwendigkeit und Berechtigung aber nachzuweisen. Damit verbindet sich ein Bild von Kirche und Gemeinde aus der Zeit vor dem II. Vatikanum, das *a priori* defizitär ist – ein kurzer Blick in die Kirchengeschichte würde dieses Bild rasch aufhellen können.

4. Überhaupt kommt es in rhetorischen Zusammenhängen rasch zu einer *Moralisierung der Analyse*, d. h. die Feststellung von Fakten wird geleitet von einer Gut-Böse-Differenz. Wo aber das Seiende vom Gesollten, also das, was ist, von dem, was (nicht) sein soll, bestimmt wird, liegen ideologische Wirklichkeitsverdrängung und -veränderung nahe. Römische Interventionen wie die „Instruktion zu einigen Fragen über die Mitarbeit der Laien am Dienst der Priester" vom 15.8.1997 und das Motu Proprio „Summorum Pontificum" vom 7.7.2007 einfach nur als „Versuche, diese klerikal-heilsinstitutionalistische Seite der Kirche wieder stark zu machen", abzutun (*Bucher*, 30), werden der sehr differenzierten Problemlage, die den beiden Dokumenten zugrunde liegt, kaum gerecht; die vorsichtige Zulassung der Messfeier nach dem Messbuch von 1962 etwa geht zu größeren Teilen auf die langjährige Bitte von Laienvereinigungen zurück, die unter Klerikalismen in der Willkür heutiger liturgischer Praxis zu leiden haben. Die „Höherplazierung des Priesters im kirchlichen Personalkegel" (*Bucher*, 30) suggeriert dessen Höherwertigkeit, während sie in Wirklichkeit nur in der Bindung der Leitung einer Pfarrei an einen Pfarrer besteht. Gerade gegenüber dem kirchlichen Amt neigt auch Mette zu Schwarz-Weiß-Schemata, etwa wenn er im Gegensatz zur

Gemeindewelt „von jeglicher klerikalen Herrschafts- und Bevormundungsattitüde" spricht (95) oder wenn er einen restriktiven Kurs der Bistumsleitungen mit ihrem „Setzen auf Kontrolle" „aus vermeintlicher Sorge um die Einheit" kritisiert (96).

Auch Haslinger moralisiert gerne in kraftvollen Begriffen, die dadurch aber nicht selten einen Sachverhalt mehr karikieren als wirklich beschreiben, so wenn er von einem „unmenschlichen Binnendruck der Engagementverpflichtung, des Bindungszwangs und der Gesinnungskonformität" in der Gemeindekirche spricht, deren Konzeption sich bei kirchlichen Funktionsträgern „eingenistet" habe (69), wenn er das Programm mündigen Gemeindechristseins pauschal als „eine der größten Augenwischereien der jüngeren Pastoralgeschichte" apostrophiert (72) oder wenn er auf heutige Gemeinden die Begriffe „Pluralitätsuntauglichkeit", „Milieuverengung" und „Verdoppelung der sozialen Spaltung" anwendet. Man muss nur einmal einen katholischen Kindergarten besuchen, sich einen Kommunionkurs anschauen oder sich die Teilnehmer an einer Beerdigung vor Augen führen, um diese Vorwürfe nicht ganz so ungebrochen zu erheben. Besonders folgenschwer ist die Unterstellung insbesondere an die Amtsträger, sie gebrauchten ihre Macht, um „andere Personen *an sich* zu binden": „Protagonisten der Gemeinde-Idee brauchen zur Befriedigung ihres Machtbedürfnisses eine immer höhere Dosis des Erfolgserlebnisses, andere zur Gefolgschaft zu animieren, und sie wehren Veränderungsanforderungen an die eigene Adresse ab […]" (75f.). Im gleichen Ton setzen sich die Invektiven über Seiten hinweg fort – Gemeindeverantwortliche „diskreditieren" andere und „unterstellen ihre konstruierte Gemeindewelt als normale Welt" (83) –, und man fragt sich, woher er all das so genau weiß, dass er den Stab so krachend über sie brechen kann.

5. *Mangelnde empirische Absicherung von Behauptungen*: Zuzustimmen ist Bucher, wenn er den „bisweilen arg unklare[n] Status zwischen Normativität und Analytik" (49) konstatiert. Inwiefern es sich dann aber laut Bucher beim Priestermangel um eine „relativ regionale Situation" (20) innerhalb der Weltkirche und auch Europas handeln soll, bleibt angesichts der Zahlen schleierhaft. Auch das mehrfach konstatierte Scheitern der Gemeindetheologie bei ihrem Wunsch, eine „quasi-familiäre gemeindliche Lebensgemeinschaft" zu bilden (30), müsste mit Zahlen belegt werden; der beliebte Verweis auf die Kirchgangshäufigkeit (32) ist für ein so komplexes Gebilde wie eine Pfarrei zu wenig aussagekräftig. Wenn *Haslinger*, 72 und 75 etwa zu Recht auf die hohe Zahl ehrenamtlich Engagierter hinweist, wird man die Kraft der Gemeinden, soziale Verbindungen zu schaffen, doch nicht einfach gleich null setzen, was *Bucher*, 33 ja indirekt auch mit „25 % KatholikInnen mit relativ regelmäßigem Gemeindekontakt" bestätigt. Doch auch Haslinger schließt sich der Feststellung einer „Krise der Gemeinde" vorbehaltlos an (70) und deutet diese aus der fehlenden „Passung" zwischen der Gemeinde und den Lebensformen und -forderungen der Menschen (71), ohne freilich genau zu untersuchen, wie es auch heute noch nicht wenigen Gemeinden gelingt, in erstaunlicher Breite in den Lebenswelten von Menschen präsent zu sein – und zwar durchaus sehr plural sowie Milieus und soziale Unterschiede überbrückend, anders als es die aus der Literatur angeführten Behauptungen vorgeben.

Überhaupt der Bezug zur Empirie: Nicht selten überzieht die praktische Theologie die erhobenen Daten und gebraucht sie eher als Illustrationen für an Begriffen konstruierte Argumente denn als wirkliche Induktionen. Das gilt etwa für das Klischee einer „vormodernen christentümlichen Gesellschaft" (*Haslinger*, 73), die, wie ein beliebiger

Blick bereits in die Lokalgeschichte belegt, keineswegs so normkonform war, wie hier vorausgesetzt wird. Auch die Interpretation der Milieubildung als gegenmodernisierende Sozialform (ebd.) lässt sich wohl kaum halten; Milieus sind vielmehr in vielerlei Hinsicht Triebkraft und Voraussetzung der Modernisierung. Dass im katholischen Milieu Kirchenbindung „gleichsam auf ‚Automatik' gestellt" wurde (ebd.), ist eine historische Legende, die die enormen Anstrengungen und Konflikte bereits innerhalb der katholischen Familien verkennt. Ebenso hat das 19. Jahrhundert, z. B. durch das infolge der Eisenbahn erleichterte Wallfahrtswesen, durch die mit unzähligen Druckerzeugnissen enorm erfolgreichen Devotionen wie die Herz-Jesu-Verehrung und den damit verbundenen Einfluss der Orden und natürlich durch das Verbandswesen u. v. a. für viele Gläubige die eigene Pfarrei und den Einfluss des Pfarrers doch deutlich relativiert. Zur „unhinterfragten, totalen Bindung an die Kirche" (*Haslinger*, 74) ist es nie gekommen, und die Minderheit der rundum praktizierenden Gläubigen wurde bereits vor 1900 viel wählerischer und kritischer, als bestimmte Etikettierungen dies vermuten lassen. Dass Menschen heute sich gegen das Angebot von „Waren, Dienstleistungen, Freizeitgestaltungen usw." als eine „belastende Vereinnahmung der alltäglichen Lebensführung" (*Haslinger*, 80) zur Wehr setzen, hat viel mit Resten neomarxistischer Kapitalismuskritik, wenig dagegen mit der Analyse heutigen Kundenverhaltens zu tun. Pflegebedürftige und pflegende Angehörige spielen in vielen Pfarreien anlässlich von Hauskommunionen, Besuchsdiensten, Hausbesuchen und nicht zuletzt den vielen Gespräche mit älteren Gottesdienstteilnehmern sehr wohl eine große Rolle (gegen *Haslinger*, 83f.).

6. *Ungenaue oder fehlende Belege*: Generell besteht die Gefahr, sich diejenigen Autoren auszusuchen, die zu den eigenen Thesen passen, und kritische Stimmen zu ver-

schweigen. Dadurch wird der eigene Gedankengang aber ideologisch. Interessanterweise erlebt in der ansonsten so herrschaftskritischen praktischen Theologie dadurch das Autoritätsargument – nach Thomas von Aquin bekanntlich das schwächste – eine Renaissance. *Pars pro toto:* Mettes Verweis auf K. Rahners fünf Merkmale der Kirche der Zukunft, nämlich offen, ökumenisch, basisorientiert, demokratisch und gesellschaftskritisch, sollten zumindest vor Augen führen, dass Rahner selbst 1972 Partei war und sein wollte und er damit kaum zu einer objektiven Prognostik taugt (98ff.). Auch das Referat von Rahners Forderung nach der relativen Ordination eines Gemeindeleiters aus der Mitte einer Basisgemeinde – gleich ob Mann oder Frau, ob verheiratet oder nicht – müsste zumindest die seitdem erfolgten lehramtlichen Klärungen berücksichtigen, um nicht einem blinden Autoritätsglauben gegenüber Rahners Ideen zu verfallen.

Die etwas erstaunliche und inhaltlich rätselhafte Vorstellung, bei der Pfarrei nach dem CIC 1983 handele es sich um „ein höchst flexibles Instrumentarium bischöflicher Raumplanung" (*Bucher,* 20), wird ohne nähere Seitenangabe mit H. Hallermanns bemerkenswerter Gesamtdarstellung des kirchlichen Rechtes für die Pfarrei belegt, „Pfarrei und pfarrliche Seelsorge", deren Thema als Ganzes aber nicht die genannte Flexibilität ist. Beim Priesterbild F. Klostermanns folgen nach einigen Belegen die eigentlich zentralen Angriffspunkte gegen das „paternalistische Amtskonzept" der Gemeindetheologie (*Bucher,* 21), sie sei „quasi-familiaristisch" und der Priester „ohne Zweifel vor allem der ‚Vater' der berühmten ‚Pfarrfamilie'"[3]; dafür wird aber kein Beleg gegeben, sodass man nicht Klostermanns eigenes Verständnis des priesterlichen Vorsteherdienstes nachprüfen kann. Übrigens ist die Vorstellung von der Kirche als „familia Dei" schon sehr alt[4] und wurde auch vom II. Vatikanum aufgegriffen[5], sodass sich eine Kritik nicht auf pejorative Insinuationen ihrer Bedeutung beschränken sollte. Ohnehin ist Familie in diesen Zusammenhängen eine Metapher, sodass sich die Kritik daran, ein Gebilde von Tausenden von Menschen eben niemals zu einer solchen formen zu können, schon daran bricht, dass sie die Metapher für eine Realität hält. Ebenso ist die Vorstellung, Events schüfen erst die Gemeinschaft, die sich auf ihnen versammelt (*Bucher*, 47), fragwürdig; denn die Teilnahme etwa an einem *public viewing* oder an einem *open-air*-Konzert ist äußerst voraussetzungsvoll und setzt lange Prozesse der Konsummilieubildung und der sozialen Vernetzung voraus. Der bloße Hinweis auf einen Sammelband ohne genaueren Bezug und ohne Diskussion der Argumente reicht dafür nicht. Ähnlich führt Haslinger für seine detailreiche Skizze der „Gemeindekirchen"-Konzeption ebenso wie für das Programm des Wechsels zu ihr als zeitgemäßer Form von Pfarreien keine eigentlichen Belege an, an denen man die einzelnen Aussagen überprüfen könnte, die dann im Folgenden ja auch ausführlich kritisiert werden (*Haslinger*, 65–67; dasselbe Fehlen jeglichen Beleges gilt vom sehr karikierenden „Konglomerat von Überzeugungen" ebd., 69f.).

Eine andere Art von Belegfehlern stellt die seltsame Autoritätsgläubigkeit dar, die das geschriebene Wort schon für ein Argument hält. Buchers Verweis auf die Invektiven von R. Zerfaß und K. Roos gegen die Gemeinde als Orte, „an denen man den Glauben erlernen kann" (26), sollten doch zumindest einmal gegen die hunderttausendfachen Bemühungen der Pfarreien, wenigstens die Anfangsgründe des Glaubens an alle Generationen zu vermitteln, gehalten werden. Dann würde man rasch die „erschreckende Selbstherrlichkeit" solcher pauschaler Thesen selbst erkennen, die die Autoren den Gemeinden vorwerfen.

Und schließlich muss ich bei einem eigenen Werk, meinem „Handbuch der Gemeindepastoral", feststellen, dass auf etwas verwiesen wird, was darin überhaupt nicht steht: die „radikal[e] Leugnung des diakonischen Elements" (*Bucher,* 52). In diesem Werk wurde ausdrücklich unterstrichen, dass Leitung – im Sinn des dritten der Ämter Christi, dem Hirtenamt – „die radikalste Diakonie" darstellt, „in der Kraft der Seligpreisungen eine Gemeinschaft aufzubauen, die dafür eintritt: ‚Selig die Armen im Geist, denn ihnen gehört das Himmelreich' (Mt 5,3)"[6]. Dies wurde im direkten wissenschaftlichen Gespräch gegenüber Bucher noch einmal ausdrücklich unterstrichen[7], und es muss befremden, dass dieser die Klarstellung nicht einmal diskutiert oder sie womöglich gar nicht erst zur Kenntnis genommen hat.

7. *Stilbrüche*: Wissenschaftliche – zumal theologische – Prosa soll und kann sicher nicht werturteilsfrei sein, wohl aber soll sie sich vor unbegründeten Unterstellungen und Abwertungen von Personen und Personengruppen hüten. Dies gilt vor allem da, wo Wertungen nicht das Ergebnis einer Argumentation darstellen, sondern ihr nur schlicht im Wege stehen.

Wissenschaft ist Klarheit, und darum ist auch für ihre Sprache die „perspicuitas" höchstes Gebot. Sie sollte journalistische Floskeln und Neologismen vermeiden und ein gewisses Sprachniveau halten, das einem geistigen Erzeugnis angemessen ist. Die „Lizenz zu bindungsfreier religiöser Praxis" (*Bucher,* 31) erinnert allzu sehr an die „Lizenz zum Töten" des britischen Geheimdienstes und seines Agenten James Bond, um religiöse Freiheit angemessen zu beschreiben. Bei Bucher schließlich findet sich ein Wissenschaftsjargon, der häufig eigene Begriffe (und Wortungetüme) schafft oder reproduziert, die weder klar noch eindeutig sind. Ein solcher Sprachstil soll offensichtlich Wissensvorsprünge und wissenschaftliche Autorität für sich beanspruchen, trägt aber letztlich wenig zum wichtigsten Ziel jeder Wissenschaft bei, nämlich der Klarheit.

Die ausführliche Kritik von Details in den drei Beiträgen bedeutet nicht, ihr jeweiliges Anliegen zu ignorieren. R. Buchers Überlegungen decken Widersprüche und Einseitigkeiten der Gemeindetheologie auf, wenn auch selbst wieder in der Gefahr von Einseitigkeit und Verzerrung. Dennoch können tatsächlich von der durchaus legitimen „communio"-Idee Wirkungen ausgehen, die einem Schwarzen Loch gleichkommen und alles andere aufsaugen – sei es die Einbettung in die Gesamtkirche oder sei es die Prägnanz des Glaubens selbst. Es wäre allerdings empirisch zu untersuchen, welche Leitbilder die pfarrlich Tätigen faktisch haben und mit welchen Mitteln sie diese umzusetzen versuchen. Dabei könnte sich zeigen, dass einzelne Elemente der Gemeindetheologie durchaus weiterhin Relevanz besitzen, sich aber (nicht immer bruchlos) inzwischen häufig mit anderen Leitbildern verbinden, z. B. evangelisierenden Ansätzen.

H. Haslingers engagierter Beitrag erkennt m. E. zu Recht die schwindende Relevanz von Gemeinden für einen Großteil der Menschen. Den Grund dafür sieht er in der Entfernung der Gemeindeverantwortlichen von der Lebenswirklichkeit. Für diesen Prozess wären die Gründe allerdings noch genauer und differenzierter zu analysieren. Ein Grund dafür ist freilich der, dass öffentliches und privates Leben weithin gestaltet wird, „etsi Deus non daretur". Zugleich zeigt sich in dieser Entfernung m. E. aber auch eine kirchliche Identitätskrise. Die Botschaften, die Pfarreien und kirchliche Einrichtungen verbreiten, sind oft auffällig inhaltsarm und angepasst, als wäre die Kirche ein Höfling der Welt. Wer also ist die Kirche und wozu ist sie da? In ihr sammelt Gott Juden und Heiden im Bekenntnis des wahren Glaubens zu einem Leben in jener Liebe, die er selbst ist, und zu einer Hoffnung, die die Grenzen dieser Welt übersteigt. Kurz, die

Kirche soll zeigen und sichtbar machen, was es heißt zu leben, „etsi Deus daretur". Darum wird das Verhältnis der Kirche (und damit auch der einzelnen Gemeinde) zu den Menschen immer spannungshaft sein, gerade weil sie sich nicht mit Lebensentwürfen zufriedengeben kann, die dahinter zurückbleiben. In den Diakonie-Begriff den tiefsten Dienst am Menschen, nämlich die Öffnung für den christlichen Lebenssinn und ein Leben „nach der Weisung des Herrn" (Ps 119,1), zu integrieren, das würde ich mir von dem Paderborner Kollegen wünschen.

N. Mettes eher narrative und um Sympathie für die Gemeinden auf ihrem Weg der letzten Jahrzehnte werbenden Ausführungen habe ich durchaus mit Freude gelesen. Das ist vielleicht ein Anzeichen dafür, dass Verständigung innerhalb der praktischen Theologie am ehesten dort gelingt, wo Sachen geklärt und Geschichten erzählt werden. Mette gibt der Gemeinde ganz gegen den derzeitigen pastoraltheologischen Trend durchaus Zukunft, und auch dem kann ich mich vorbehaltlos anschließen, auch wenn sie dabei vielleicht wieder mehr Pfarrei als Gemeinde wird. Allerdings verbindet der Beitrag auf m. E. unglückliche Art und Weise die Ideale der Gemeindetheologie mit einer Amts- und Strukturkritik, die von der „Unvereinbarkeit der beiden Prinzipien" des Hierarchischen und des Gemeindlichen ausgeht (94). Darin spiegelt sich eine Hermeneutik des Bruchs in der Konzilsinterpretation, etwa wenn Mette die „vorkonziliar geprägte Sichtweise" einer „vom Konzil beförderte[n]" entgegenstellt (96; der Gegensatz von Kirche als Institution und als Gemeinschaft, den *Mette*, 96 voraussetzt, ist wie erwähnt in LG 8 gerade überwunden). Konsequent gedacht, führt diese Voraussetzung der Unvereinbarkeit von Hierarchie und Gemeinde aber weit weg vom II. Vatikanum, als dessen Verwirklichung sich die Gemeindetheologie verstand. Die Erfahrungen der letzten Jahrzehnte legen es vielmehr nahe, dass ein kraftvolles Amt und eine klare Identität gerade die Voraussetzung für gemeindebildende Prozesse darstellen.

Zentral für alle drei Beiträge ist, wie eingangs gezeigt, ein bestimmtes Vorverständnis von Freiheit des Einzelnen, Selbstbestimmung, Subjektsein und Autonomie der Basis, das von allen zur unbedingten Grundlage jeder zukünftigen Gemeindetheologie und -praxis gemacht wird. Genau an diesem Vorverständnis wäre aber weiter zu arbeiten. Dazu abschließend in nur grober Gedankenskizze drei Punkte:

1. Zunächst ist der Theologe wie kein zweiter dazu berufen, die Kontingenz alles Geschaffenen zu ergründen. Und tatsächlich ist kaum etwas so kontingent wie die menschliche Freiheit. Erziehung, kulturelle Prägung, öffentliche Meinung, signifikante Personen in der Umgebung, aber auch eigene Bedürfnisse und Triebe und nicht zuletzt die Zufälle des Lebens bestimmen in einer geradezu erschreckenden Zufälligkeit, was Menschen denken und was sie wollen. Theologisch gesehen kommt dazu noch die Macht der Sünde, die den Menschen über sich und sein Geschick zu verblenden droht. „Unser Wissen und Verstand ist mit Finsternis umhüllet, wo nicht deines Geistes Hand uns mit hellem Licht erfüllet“, heißt es darum im Kirchenlied (Gotteslob Nr. 520). Doch genau diese so kontingente Freiheit hat nach „Dignitatis humanae“ die unglaubliche Berufung eines Ebenbildes Gottes, nämlich nach der Wahrheit zu suchen und sich an sie zu binden. Damit zeigt sie ihre kostbarste Eigenschaft, nämlich das „hörende Herz“ (1 Kön 3,9). Sie setzt sich nicht selbst absolut, sondern sie öffnet sich auf den hin, der die Wahrheit selbst ist, und erweist sich darin als „capax Dei“: „Wenn euch also der Sohn befreit, dann seid ihr wirklich frei“ (Joh 8,36). Diese Selbstrelativierung und diese Offenheit für das Andere Gottes

ist die ethische Grundhaltung der Demut. Wo sie gegeben ist, wird der Einzelne auch nicht jeden Anspruch von Offenbarung und Kirche („Wer euch hört, der hört mich" [Lk 10,16]) von vornherein als Entfremdung ablehnen, sondern er wird die Kirche als den Ort der Wahrheit Gottes grundsätzlich bejahen können.

2. Zweifellos ist Selbstbestimmung ein Leitwert heutiger Zeit. Dennoch gehört für die meisten Menschen dazu auch der Aufbau von Beziehungen. Anthropologisch sollte darum die Autonomie nicht gegen die Sozialnatur des Menschen ausgespielt werden. Familiäre Bindungen etwa spielen für die Mehrzahl weiterhin eine große Rolle. Ebenso streben nicht wenige nach sozialer Vernetzung im lokalen Nahraum. Grad, Art und Weise und Formen ihrer Verwirklichung sind gewiss sehr unterschiedlich. Doch auch religiös bestimmte Beziehungen, insbesondere wenn sie sich mit sozialräumlichen verbinden (z. B. denen eines Kindergartens, einer Grundschule oder des öffentlichen Lebens eines Ortes), finden weiterhin eine unverkennbare Akzeptanz, die weit höher ist als die der Kirche als einer Großinstitution. Ein Vorteil der Pfarrei besteht dementsprechend darin, eine Vielzahl von Formen und Intensitäten von Interaktionen anzubieten, die hier punktuell bleiben, dort aber auch ein ganzes Leben begleiten können und die darum recht flexibel auf verschiedene Erwartungen eingehen können. Nicht zu unterschätzen sind auch die enormen Unterschiede in der Lebendigkeit und Bindefähigkeit der einzelnen Gemeinden; diese zu erheben und deren Ursachen zu erforschen wäre ein wichtiges Anliegen einer empirischen Gemeindepastoral. Allzu grundsätzliche Erörterungen werden leicht blind für die tatsächlichen Unterschiede in der Praxis und darum auch gezielte, realitätsgerechte Wege zur Erneuerung der Gemeindepastoral.

3. Schließlich – und das wäre insbesondere im Gespräch

mit Herbert Haslinger weiter zu entwickeln – ist die Lebensrealität der Menschen im Tiefsten von ihrem Stand gegenüber Gott bestimmt: Es geht um ihr Heil, und das ist das Thema aller Pastoral. Gewiss ist das Heil in vielfacher Weise mit materiellen, sozialen, familiären, beruflichen, gesundheitlichen und anderen innerweltlichen Aspekten verknüpft. Es geht aber nicht darin auf. Ebenso sind die Mittel zum Heil durchaus eigene, insbesondere der Glaube an das Wort des Heils, die Sakramente und die entsprechende Ordnung des Lebens. Darin spielt auch der eigene Platz in der Kirche eine wesentliche Rolle, und insofern wird auch weiterhin Gemeindetheologie und -praxis Mittel und Wege finden, die Menschen zur Kirche zu führen und sie darin zu beheimaten.[8]

Literatur

Fischer, H./Greinacher, N./Klostermann, F.: Die Gemeinde, Mainz 1970.

Schäffer, S.: Namensfest Schlicks, in: Der Gesellenfreund. Beilage zu den „Rheinischen Volksblättern" 42 [1985], Nr. 19 vom 12.5., 29f., zit. nach: Kolping Köln-Zentral. Ausgewählte Dokumente über den Katholischen Gesellenverein/die Kolpingsfamilie KölnZentral aus den Jahren 1866 bis 1999. Hg. von E. Lilischkies und F. Lüttgen, Köln 1999, 134f.

Welker, M.: Der Mythos „Volkskirche", in: EvTh 54 (1994) 180–193.

Wollbold, A.: Die Pfarrei ist ein Markenartikel. Die Antwort von Andreas Wollbold auf „Wider den sanften Institutionalismus der Gemeinde", in: Lebendige Seelsorge 57 (2006) 71f.

ders.: Grundvollzüge oder dreifaches Amt? Auf der Suche nach einer praktikablen Einteilung der Pastoral, in: Lebendige Seelsorge 57 (2006) 58–63.

ders.: Handbuch der Gemeindepastoral, Regensburg 2004.

ders.: Kirche als Wahlheimat. Beitrag zu einer Antwort auf die Zeichen der Zeit (=Studien zur Theologie und Praxis der Seelsorge 32), Würzburg 1998.

1 Vgl. dagegen den Hinweis auf die sehr unterschiedliche Verwendung des Begriffs „Volkskirche“ bei *Welker*, Mythos (1994), 180–193.

2 *Fischer/Greinacher/Klostermann*, Gemeinde (1970), 14.

3 In der neueren Pfarrgeschichte wurde der Familiengedanke offensichtlich vor allem aus dem Verbandskatholizismus – näherhin der Kolpingfamilie – in das Selbstverständnis der Pfarrei getragen. Aufschlussreich dafür ist ein Dokument aus der Hochblüte dieses Verbandes. Dort sprach der Generalpräses auf einer Kölner Versammlung 1895, „daß der Gesellenverein den Charakter einer großen Familie besitze, in welcher der Präses der Vater, der Vorstand der Familienrat und die Mitglieder die Kinder seien. Dieser Familiencharakter unterscheide nicht nur den Gesellenverein von allen anderen Vereinen, sondern es liege auch darin das große Geheimnis seines nachhaltigen Wirkens und seines Einflusses auf das Volk“ (*Schäffer*, Namensfest Schlicks, (1985).)

4 „familia Dei“ findet sich bereits bei *Tertullian* (Gnost. Scorpicae [CSEL 20] 6; De Patientia 3 [CCL 1]), bei *Hilarius* (In euangelium Matthaei 11,7; 27,1 [PL 9]; De trinitate 5,15 [PL 10]) und bei *Gregor dem Großen* (Epistulae 1,42 [MGH Ep. I,2; PL 77) ebenso wie in der liturgischen Sprache als „familia tua“ (Sacramentarium Leononianum S. 29,15, S. 125, 14 [Hg. von *Feltoe*, Cambridge 1896]; Sacramentarium Gregorianum 3, c. 27 A [The Gregorian Sacramentary under Charles the Great edited from three mss. of the ninth century. Hg. von H. *A. Wilson*, London 1915]).

5 Die „Familie Gottes“ wird als die Kirche verstanden in LG 6 (unter Verweis auf das „Haus Gottes“ in 1 Tim 3,15). 32 (die geweihten Amtsträger als Brüder, „die in Christi Autorität die Familie Gottes durch Lehre, Heiligung und Leitung [...] weiden“); GS 32. 40. 42 (die Familie Gottes entsteht durch die Mission in der ganzen Menschheit und bestärkt die Einheit der Menschheitsfamilie); GS 24 (die Einheit der Familie der Menschheit entspricht dem Ratschluss Gottes).

6 *Wollbold*, Handbuch (2004), 91.

7 *Wollbold*, Grundvollzüge (2006), 58–63; *ders.*, Pfarrei (2006) 71f.

8 Vgl. dazu meinen Versuch, Freiheit und kirchliche Bindung pastoraltheologisch aufeinander zu beziehen: *Wollbold*, Kirche (1998).

Kommentar zu den Beiträgen von R. Bucher, A. Wollbold und N. Mette

von Herbert Haslinger

1. Eine allgemeine Wahrnehmung

Angesichts der hier dokumentierten Kontroverse um die Gemeinde stellt sich eine Wahrnehmung ein, die mir zu denken gibt: Da formulieren Vertreter der Pastoraltheologie ihre konzeptionellen Vorstellungen zu dem Feld pastoraler Praxis, das über die vergangenen fünf Jahrzehnte hinweg den dominanten Inhalt, den geradezu paradigmatischen Traktat dieses Faches bildete, nämlich zur Gemeinde – und die diesbezüglichen Analysen, Bewertungen, normativen Orientierungen und konzeptionellen Richtungsanzeigen könnten unterschiedlicher nicht sein. Was bedeutet es hinsichtlich der inhaltlichen Arbeit in der Pastoraltheologie, wenn nicht einmal die Reflexionen zu jenem Gegenstand, der in den vergangenen Jahrzehnten im Zentrum ihrer theoretischen Bemühungen stand, einen breiteren Bestand an gemeinsam geteilten Maßgaben und Überzeugungen aufweisen?

Um nicht falsch verstanden zu werden: Die Anzeige dieser Disparität der theoretischen Bearbeitung des Themas „Gemeinde“ bedeutet in keiner Weise ein Urteil über die inhaltliche Qualität der Beiträge meiner drei Diskurspartner. Diese weisen vielmehr mit gleichem Recht und mit dem gleichen Maß an sachlicher Virulenz den jeweils gewählten inhaltlichen Zuschnitt auf. Dass das aber so ist, dass man also über das pastoraltheologische Zentralthema „Gemeinde“ nach zeitlich so langer und inhaltlich so intensiver Bearbeitung immer noch so unterschiedlich denken kann, sagt durchaus etwas über die inhaltliche Konsistenz des pastoraltheologischen Traktats „Gemeinde“ aus. Wir müssen nüchtern eingestehen, dass die Theoriebildung der Pastoraltheologie zur Gemeinde längst nicht jene inhaltliche Konsistenz, konzeptionelle Tragfähigkeit und verständigungstaugliche Gültigkeit aufweist, die ihre so selbstverständliche wie extensive Rede von „Gemeinde“ vermuten lässt. Bei der Gemeinde handelt es sich mitnichten um das Pilotthema, an dem sich auch die Konzeption anderer Sozialformen oder Praxisfelder der Kirche ausrichten könnte. „Gemeinde“ steht vielmehr exemplarisch für ein paradoxes Phänomen, das man leider für die Pastoraltheologie des Öfteren einräumen muss, dass sie nämlich gerade ihre „Haupt- und Staatsbegriffe“ – z. B. „Seelsorge“, „Pastoral“, „Praxis“, „Kirche“, „Glaube“ usw. – auf eigentümliche Weise wenig geklärt hat. Wenn wir Pastoraltheologen ehrlich sind, dann müssen wir eingestehen, dass man uns ganz schön in Verlegenheit bringen kann mit der Frage, was „Seelsorge“, „Pastoral“, „Religion“ oder eben auch „Gemeinde“ eigentlich bedeutet; dass zumindest unsere Antworten darauf in frappierender Weise unterschiedlich, oft genug auch gegensätzlich ausfallen. Diese Ungenauigkeit bricht sich Bahn, wenn etwa erklärt wird, dass in der Kirche alles „irgendwie Seelsorge“ und jede Sozialform „irgendwie communio“ sei.

Die hier dokumentierte Kontroverse gibt also zu erkennen, dass die Pastoraltheologie das Thema „Gemeinde“ weniger „auf der Reihe hat“, als man gemeinhin meint. Daraus ergibt sich für mich als Konsequenz, dass wir die „voll gesetzten Segel“ des pastoraltheologischen Gemeindediskurses der vergangenen Jahrzehnte streichen und Fahrt aus der mit voller Kraft vorangetriebenen Gemeindeemphase nehmen müssen, um uns erst einmal zu vergewissern, welchen Weg wir heute zu nehmen haben und ob das „Schiff, das sich Gemeinde nennt“ dafür brauchbar ist.

Den Analysen und Richtungsanzeigen Rainer Buchers fühle ich mich mit meinem gemeindetheologischen Denken sehr verbunden. Entsprechend stimmen unser beider Beiträge in ihrer Aussageintention über weite Strecken überein, können sogar als zwei Formulierungsvarianten einer Position gelesen werden, die sich sowohl nach der einen Richtung von Andreas Wollbolds Position als auch nach der anderen Richtung von der Position Norbert Mettes deutlich abhebt. Ich stimme mit Bucher zunächst und vor allem in der grundlegenden, generellen Aussage überein: Die Gemeinde-Programmatik, die in den vergangenen Jahrzehnten den pastoraltheologischen wie pastoralpraktischen Gemeindediskurs geleitet hat – von Bucher in den Begriff „Gemeindetheologie", von mir in den Begriff „Gemeinde-Idee" gefasst –, ist grundlegend gescheitert. Sie hat sich überlebt. Sie erweist sich als untauglich sowohl für die der Kirche obliegende Anstrengung, die Problemstellungen und Entwicklungen einer pluralisierten, individualisierten, freiheitlich strukturierten Gesellschaft konstruktiv aufzugreifen und den Menschen bei der Bewältigung der daraus erwachsenden Lebensanforderungen förderlich beizustehen, als auch für die unausweichlich notwendige Reform der inneren programmatischen wie strukturellen Verfasstheit der Kirche, mit der diese sich für ihr hilfreiches, menschendienliches Handeln inmitten dieser heutigen Lebenswirklichkeit disponieren würde. Im Rahmen dieser grundlegenden inhaltlichen Konvergenz kann ich den Bucherschen Ausführungen auch in verschiedenen einzelnen Aspekten nur nachdrücklich zustimmen, als da sind:

- der Zweifel, ob die Problematisierung der Zulassungsbedingungen zum Priesteramt ein geeigneter Ansatzpunkt ist, um den heutigen Herausforderungen in der Gemeindepastoral zu begegnen, wie auch umgekehrt, ob das Argumentieren mit den Notständen in der Gemeindepastoral der richtige Ansatzpunkt ist, um die Zulassungsbedingungen zum Priesteramt einer stimmigen Lösung zuzuführen (20f.);

- die Überzeugung, dass es sich bei der Individualisierung und bei der damit verbundenen Freisetzung der Menschen zu Selbstbestimmung auch in Sachen ihrer religiösen Praxis um eine prinzipiell begrüßenswerte, ja sogar offensiv zu fördernde Entwicklung handelt und dass folglich Formen der religiösen Vergemeinschaftung, d.h. auch kirchliche Sozialformen, nur noch auf der Grundlage der bewussten Anerkennung der religiösen Individualisierung, nicht mehr jedoch, z.B. über autoritative Normierungen, gegen die individualisierte Religiosität der Menschen konstituiert werden können (22f.);
- das nachdrückliche Plädoyer für die Aufrechterhaltung des Territorialprinzips, also des prinzipiellen Anspruchs, dass eine Gemeinde einen territorial definierten Raum umfasst und so die Gemeinden in ihrer Gesamtheit eine flächendeckende Struktur in unserer Gesellschaft bilden, weil nur durch diese Hinordnung auf alle Lebensorte und Gesellschaftssegmente die Gemeinden vor der Versuchung bewahrt werden, sich nur für die angenehmen Lebenswirklichkeiten oder nur für die „unproblematischen" Menschen zu öffnen; und weil so das Territorialprinzip ein heilsamer Selbstzwang der Kirche bzw. der einzelnen Gemeinden ist, sich gemäß ihrem theologischen Wesen den Nöten wie Hoffnungen der Menschen, besonders der Benachteiligten und bedeutungslos Gemachten, auszusetzen, und sich wirklich im Dienst für alle Menschen zu verausgaben (23f./39f.);
- die Analyse, dass die gemeindekirchliche Konzeption mit ihrem Ideal der „Gemeinde" auf das Auseinanderbrechen

des volkskirchlichen Konnexes von kirchlicher Sozialform, religiösem Sinnsystem und gesellschaftlicher Wirklichkeit reagierte und zwar dergestalt, dass sie einerseits kirchliche Sozialform und religiöses Deutungssystem in der „Gemeinde" zu einer neuen Einheit zusammenzufügen versuchte, sich andererseits aber zur Festigung dieser binnenkirchlichen Einheit umso pointierter von der gesellschaftlichen Wirklichkeit abgrenzte; dass diese Konzeption dabei in einem Kurzschluss Kirchlichkeit bzw. Religiosität mit Gemeindebindung in eins setzte und so in theologisch unzulässiger Weise die Gemeinde zum Selbstzweck kirchlicher Existenz erhob; und dass sie zum Zwecke der Profilierung dieser in und für sich stehenden Gemeinde die Ablösung der gemeindlichen Wirklichkeit von der gesellschaftlichen Wirklichkeit bereitwillig forcierte, z. B. anhand des Selbstanspruchs des „Kontrastes" (28); dass sie damit freilich – das füge ich jetzt der Analyse Buchers hinzu – bei einem großen Teil der Gesellschaftsmitglieder das Erleben verstärkte, dass die Gemeinde etwas ist, was mit ihrer alltäglichen Lebenswirklichkeit in den diversen Feldern der Gesellschaft eher nichts zu tun hat und nichts zu tun haben will. (Es sei mir erlaubt, diese Analyse mit einer real erlebten Begebenheit zu veranschaulichen: Anfang November 1995 musste ich einen Ausbildungskurs für Moderatorinnen und Moderatoren von Pfarrgemeinderatsseminaren halten. In der Nacht hörte ich die Nachricht von der Ermordung des israelischen Ministerpräsidenten Izhak Rabin und informierte am Morgen die Kursgruppe darüber. Meine Kollegen in der Kursleitung, beide bis zum Anschlag gemeindekirchlich ambitioniert, bedauerten, dass ich das getan habe, weil dadurch die gute Stimmung in der Gemeinschaft des Kurses sowie das unbeschwerte Arbeiten am Thema „Gemeinde" gestört worden sei.);

- die Einschätzung, dass die Gemeinde-Programmatik der letzten Jahrzehnte weniger die binnenkirchliche Variante der Freisetzung der Menschen zu einem selbst bestimmten Leben, hier: zu einem selbst bestimmten Glaubensleben bildet; dass sie vielmehr zu deuten ist als binnenkirchliche Gegenmaßnahme zu den gesellschaftlichen Prozessen, die über die Individualisierung und Pluralisierung der Lebensformen zu entsprechenden Freiheiten in der Lebenskonzeption, damit aber auch zur Freisetzung des Einzelnen aus kirchlichen Bindungen und Normierungen führten; dass sie als Krisenabwehrprogramm durch das Versprechen einer positiv konnotierten Gemeinschaftlichkeit die verloren gehende Bindung der Menschen an die Kirche bewahren bzw. wiederherstellen soll; dass deshalb die Gemeinde-Programmatik mitsamt ihrem Gemeinschaftsversprechen selbst zu dechiffrieren ist als Mechanismus der herrschaftsförmigen, Freiheit verneinenden Einbindung von Menschen in kirchliche Normierungs- und Handlungszusammenhänge (31f.);
- der Einspruch gegen die theologisch unangemessene Übergewichtung der Gemeinde als „Ernstfall von Kirche"[1] oder als „Ernst-Fall sich ereignender Kommunikation des Evangeliums"[2]; die gegensteuernde Besinnung darauf, dass gemäß der vom Zweiten Vatikanischen Konzil festgehaltenen pastoralen Identität der Kirche der „Ernstfall" der Kirche in deren dienender und helfender Zuwendung zu den Menschen inmitten ihrer Alltagswelt besteht; und die entsprechende Entmythologisierung der Gemeinde, die deutlich macht, dass der Gemeinde bei dieser pastoralen Zuwendung zu den Menschen eine gewiss wichtige Funktion, aber eben nur eine Funktion, der Charakter eines dienstbaren Instruments zukommt (38f.).

An einigen Punkten geht allerdings unsere Sicht der Dinge auseinander. Auf zwei davon möchte ich genauer eingehen.

Zum einen: Gleich zu Beginn seines Beitrags deklariert Bucher unter anderem die Verknüpfung der Gemeindeproblematik mit der Frage nach dem Verhältnis von Individuum und Gemeinschaft als „eher hinderlich“ (20). Ich hingegen sehe in der Frage nach der rechten Zuordnung von Individuum und Kollektiv, von Individualität und Gemeinschaftlichkeit ein Kernproblem des gegenwärtigen Gemeindeverständnisses gegeben. Die kollektivistische Emphase, mit der gerade in Zusammenhang mit der Plausibilisierung der Sozialform „Gemeinde“ der Gedanke der Gemeinschaft vielfach zum unhinterfragbaren Megaideal aufgeladen wird, und andererseits der antiindividuelle Affekt, mit dem im Interesse der Stabilisierung der Gemeinde der Wert der Individualität einfachhin mit Individualismus konnotiert und zur Dekadenzsignatur einer vermeintlich egoistischen Lebenseinstellung heutiger Menschen verrissen wird, zeugen von einer tief eingenisteten Unkultiviertheit im Umgang mit diesen beiden Polen der Konstitution menschlicher Existenz. Und mit der Feststellung, dass „das Christentum in der Spannung von Individualität und Gemeinschaftlichkeit situiert ist – und nicht an einem dieser Pole“ (23), ist die Frage nach der richtigen Zuordnung beider eben noch nicht beantwortet.

Zum andern: Bucher charakterisiert die gemeindekirchliche Konzeption bzw. die Gemeinde-Idee als eine Programmatik, die ein in sich widersprüchliches Doppelziel verfolge, nämlich die Intensivierung der Gemeindebindung der Gläubigen durch die Vermittlung des Bewusstseins, als Gemeindeglieder zu einer quasi-familiären, möglichst viele Lebensdimensionen erfassenden Gemeinschaft verbunden zu sein, und zugleich die Extensivierung der Reichweite der Gemeinde durch die Gestaltung von Gemeindeprozessen, die möglichst vielen Menschen und Gruppen eine Einbindung in diese familiäre Gemeinde-Gemeinschaft ermöglichen soll. Er beruft sich dabei auf einschlägige Formulierungen Ferdinand Klostermanns, so z. B. auf dessen Ruf nach einer „menschlichen, brüderlichen, offenen und pluralen Pfarrei". (25) Je länger ich mich mit Konzepten der Gemeindetheologie beschäftige, umso deutlicher wird mir, dass genau mit diesem Punkt die Schnittstelle markiert ist, an der zwischen der Theologie Ferdinand Klostermanns und der „Gemeindekirche"-Konzeption unterschieden werden muss. Die Protagonisten der letzteren berufen sich zwar anhaltend auf ersteren, weil sie in dessen „Prinzip Gemeinde"[3] die inhaltliche Kurzformel ihrer Gemeinde-Programmatik sehen. Meinem Eindruck nach driftete jedoch die „Gemeindekirche"-Konzeption relativ schnell von der theologischen Vorarbeit Ferdinand Klostermanns weg und kristallisierte sich zu einem ideologischen Konstrukt aus, das seiner offiziellen Deklaration nach unter dem Leitbegriff „Gemeinde" eine neue, ansprechendere Form des Kirche-Seins versprach, unter der Decke jedoch seinen Verfechtern dazu diente, die eigenen Vorstellungen definitionsmächtig durchzusetzen und sich die Gemeindemitglieder für diese eigenen Vorstellungen dienstbar zu machen. Ich bin mir sicher, dass Ferdinand Klostermann mit vielem, was in der gemeindekirchlichen Szene mit Berufung auf sein „Prinzip Gemeinde" gemacht worden ist, nicht einverstanden gewesen wäre. Die von ihm offensichtlich geforderte Offenheit der Gemeinden für möglichst viele Menschen gehört jedenfalls gewiss nicht zum Selbstverständnisrepertoire gemeindekirchlicher Konzepte. Deshalb geht Bucher meines Erachtens fehl, wenn er dieses Klostermannsche Anliegen auch für die hier zur Diskussion stehende Programmatik der Gemeindetheologie bzw. Gemeinde-Idee unterstellt. Deren Verfechter artikulieren ihr Selbstverständnis mit Formeln, die in eine ganz andere Richtung als die der Offenheit für möglichst viele Menschen und des dienenden Daseins für alle weisen: „Sammlung der Treuen“, „Reduzierung auf die bewusst Entschiedenen“, „kleine Herde“, „Gesundschrumpfung“, „Kerngemeinde“, „Gemeinschaft der Engagierten“, „heiliger Rest“. Es war niemand anderer als Paul Weß, mit der eifrigste Vorkämpfer dieser Gemeinde-Programmatik, der diejenigen, „die das eigene Leben für sich behalten wollen“, die sich „nicht ganz einbringen“, die „sich von den anderen mittragen lassen“, die „sich in den eigenen Bereich nicht hineinschauen lassen“, die nicht „grundsätzlich dasselbe wollen wie alle in der Gruppe“ – welch schauderlicher Habitus der totalitaristischen Abschließung spricht allein schon aus solchen Vorhaltungen –, unter Berufung auf 1 Kor 5,13 als „Übeltäter“ beschimpfte, die aus der Gemeinde „weggeschafft“ gehören.[4] Die Programmatik verfolgt also keine Extensivierung, sondern eine Exklusivierung. Weil nun aber Bucher das Anliegen der Extensivierung, d. h. der Offenheit für möglichst viele Menschen, auch für die Gemeinde-Idee unterstellt, kann er sich diese Offenheit – in diesem Zusammenhang – nur als Spielart der für die Gemeinde-Idee kennzeichnenden „Intensivierung“, d. h. als verstärkte Einbindung in die enger erlebte Gemeinde-Gemeinschaft vorstellen. Ich finde es befremdlich, dass er just mit Bezug auf diese Einbindungsintention den Titel meines Gemeinde-Buches[5] als „mindestens missverständlich“ bezeichnet und so suggeriert, ich befände mich im Fahrwasser all jener, die die vielen Menschen „gleichzeitig wieder in der ‚Pfarrfamilie‘ einfangen“ wollen. (30) Das ist nicht mehr nur eine „lectio pessima“, sondern eine hanebüchene Verdrehung meiner Aussagen in ihr Gegenteil.

Neben Übereinstimmung und Divergenz gibt es noch einen dritten Modus meiner Position zu Passagen in Buchers Beitrag: den Modus gleichzeitiger Übereinstimmung *und* Divergenz. Im dritten Teil rezipiert Bucher Wortmeldungen aus „pastoraltheologischen Referenzdiskursen“, d. h. aus anderen wissenschaftlichen Disziplinen. Um die Bedenklichkeit der „Selbstverwechslung“ kirchlicher Sozialformen „mit ihrem Existenzzweck“ aufzuzeigen, hält er es für nötig, „systematisch-theologisch an die ‚pastorale Wende‘ des II. Vatikanums zu erinnern“. Hierzu greift er Ausführungen des Systematischen Theologen Hans-Joachim Sander auf, wonach der der Kirche zugesprochene Charakter der Sakramentalität keineswegs eine Selbsterhebung der Kirche anzeigt, vielmehr die Kirche aus ihrer Selbstbezogenheit herausreißt und für den selbstlosen Dienst an allen Menschen und deren Beziehung zu Gott in die Pflicht nimmt. (34.) Vom Soziologen Alfred Dubach werden Analysen zur Problematik binnenkirchlicher Reaktionsmuster auf die Individualisierung zitiert, wonach es unergiebig und wirklichkeitsfremd ist, sich mit einer forcierten Propagierung des Gemeinschaft-Ideals gegen Individualisierung und Freiheitsbewusstsein der Menschen zu stellen, sondern Individualität und Freiheit des einzelnen Menschen heute in die kirchliche Praxis selbst als deren unausweichliche Konstitutionsbedingungen eingehen müssen (36–38.). Diese Rückgriffe Buchers auf Systematische Theologie und Soziologie sollen „helfen, gewisse Korrekturen anzubringen, die Lage zu klären und weiterführende Perspektiven zu entwickeln“ (33). Ich stimme den Analysen, Bewertungen und Richtungsanzeigen inhaltlich ohne jede Einschränkung zu. Womit ich allerdings erhebliche Schwierigkeiten habe ist der dabei entstehende Eindruck, die Pastoraltheologie müsse sich erst von der Systematischen Theologie, der Soziologie oder anderen wissenschaftlichen Disziplinen solche Einsichten vermitteln lassen, um sie in ihrer Virulenz zu erkennen und um auf diesem Weg die Fähigkeit zu erlangen, Situationen zu analysieren und pastorale Perspektiven zu entwickeln. Nicht nur ein Systematischer Theologe kann Konzilstexte lesen, interpretieren und daraus pastorale Optionen ableiten, wiewohl Hans-Joachim Sander mit seinem wahrlich lehrreichen Kommentar zur Pastoralkonstitution[6] dafür ein beeindruckendes Beispiel gegeben hat. Die referierten Inhalte sind der Sache nach auch schon von Vertreterinnen und Vertretern der Pastoraltheologie reflektiert und formuliert worden. Pastoraltheologinnen und Pastoraltheologen müssen sich nicht „systematisch-theologisch an die pastorale Wende erinnern lassen"; und wo der Pastoraltheologie das Wissen darum fehlt, muss sie es sich selber *als Pastoraltheologie* erarbeiten. Freilich ist jene Pastoraltheologie, die derartige Einsichten formuliert, keine, mit der sich Staat machen lässt. Von vielen Bischöfen wird sie als zu kritisch beargwöhnt, weshalb ihre Vertreter kaum in den höheren Chargen und Instanzen der Kirche reüssieren können. Als nacheilende, stützende Plausibilisierungstheorie für vorgefertigte pastorale Konzepte eignet sie sich nicht, weshalb die pastoralen Planer in den diözesanen Ordinariaten sie ignorieren. In Gemeindebegeisterungskongressen kommt sie nicht vor, weil sie für die Gemeinde nicht begeistert ist und auch nicht begeistern will. Doch ihre systembedingte Unsichtbarkeit bedeutet nicht, dass es sie nicht gibt. Deshalb denke ich: Man sollte die Pastoraltheologie nicht unreflektierter machen, als sie ist. Nicht zuletzt Bucher selbst liefert mit seinen instruktiven Beiträgen ja immer wieder den Beweis für die eigenständige Reflektiertheit der Pastoraltheologie.

3. Zu dem Beitrag von Andreas Wollbold

Zunächst muss ich einräumen, dass eine Stellungnahme zum Beitrag von Andreas Wollbold als einem Diskussionspart in der Kontroverse um die Gemeinde nicht leicht fällt. Es handelt sich nämlich, genau betrachtet, nicht um einen Beitrag zum Thema „Gemeinde", sondern um einen zum

Problem der theologisch begründbaren Systematisierung pastoraler Praxis. Wenn ich nichts übersehen habe, kommt in dem Text der Begriff „Gemeinde" nur drei Mal vor, zumal jeweils nur beiläufig. Läge eine ausdrücklich und unmittelbar auf die Sozialform Gemeinde bezogene Abhandlung vor, ließen sich Bezüge, Übereinstimmungen und Abgrenzungen deutlicher markieren. Es stellt sich die Frage: Sind vom Autor eines „Handbuchs der Gemeindepastoral"[7] keine dezidierten, konzeptionellen Darlegungen zum Thema „Gemeinde" verfügbar?

In einem Anliegen kann ich Wollbold nur Recht geben: in der kritischen Hinterfragung des in Theologie und Kirche allzu selbstverständlich gehandhabten „Grundvollzüge"-Theorems. Und ich finde es verdienstvoll, dass er sich, gegen den Strich der glatten pastoraltheologischen Rede von den „Grundvollzügen" bürstend und somit ohne viel Aussicht auf Beifall aus der Zunft, der Mühe unterzieht, die durchaus erheblichen Schlagseiten dieses Theorems aufzuzeigen. So manche Aspekte dieser Hinterfragung sehe ich ähnlich. Die Berufung auf die „Grundvollzüge" stützt sich auf eine „Scheinplausibilität" (55) des Theorems. Der Umstand, dass es vielfach wie ein gleich nach der Trinitätsformel rangierender Offenbarungsinhalt ins Feld geführt wird, darf nicht darüber hinwegtäuschen, dass die „Grundvollzüge" eher wie das Blaue vom theologischen Himmel gefallen sind. Niemand weiß wirklich um ihre theologiegeschichtliche Herkunft; zu keinem Augenblick in der Entwicklung der kirchlichen Lehre wurden sie in irgendeiner Weise offiziös geklärt oder gar definiert. Über weite Strecken werden sie als Kompromissformel (55) gebraucht, die dazu dient, dass sich jeder mit seinen theologisch-kirchlichen Präferenzen ästimiert bzw. legitimiert sehen kann – der Liturgiebegeisterte mit seiner Gewichtung richtig gefeierter Riten ebenso wie die Diakone mit ihrem Interesse an der Profilierung ihres Standes als eigenständiger Ausfaltung des Weiheamtes. Die Klärung der Wechselwirkungen zwischen den einzelnen Grundvollzügen wie auch ihrer systematischen Zuordnung wird dadurch eher verhindert. Bei dieser Verwendung der „Grundvollzüge" als Plausibilisierungs- bzw. Profilierungsformel kommt es folglich selten dazu, dass anhand des Theorems problematische Erscheinungsformen, z. B. die Assoziation der „koinonia" mit harmonistischen, idyllischen Gemeinschaftsphantasien oder der Missbrauch von Predigten zur Selbstthematisierung der Kirche und die dabei stattfindende Deformation der Verkündigung zur Werbung, aufgedeckt und bearbeitet werden. Die Grundvollzüge – Diakonie, Verkündigung, Liturgie und ggf. Gemeinschaft („koinonia") – werden gerade in Gemeinden vielfach wie ein Aufgabenkatalog, wie eine „pastorale Checkliste" gehandhabt, sodass unter dieser schablonenhaften Schematik viele wichtige Wirklichkeitssegmente und Praxisformen im Gesamtgeschehen der Pastoral, gerade auch in veränderten Situationen neu auftretende Herausforderungen, ausgeblendet bleiben – mitunter sogar bewusst ausgeblendet werden.

Nicht mehr zustimmen kann ich Wollbold bei den Folgerungen, die er aus der Aufdeckung von Unklarheiten und Schiefheiten des „Grundvollzüge"-Theorems zieht. Ich bin nicht der Meinung, dass es „für die Bewältigung von Fragen der Praxis nicht taugt" (55) oder dass es „keine pastorale Orientierung" (59) biete. Nicht nur das vollständig Geklärte hat praktische Relevanz. Oft genug erweisen sich Denkmodelle, die inhaltliche Grauzonen, noch nicht eindeutig definierte Sinngehalte oder flexible Geltungsbereiche aufweisen, für die pastorale Orientierung als geeigneter, weil sie auch die Schattenbereiche, Unwägbarkeiten und nicht gänzlich definierbaren Bedeutungen menschlicher Wirklichkeit zu erfassen vermögen oder zumindest dafür disponieren, sie nicht einfach restriktiv als „nicht vorgesehen“ auszuschließen. Dass das Theorem eine derart breite Rezeption erfahren hat, dass es in Theologie und Kirche beinahe flächendeckend gebraucht wird und dass sich anhand seiner – was ja selten genug ist – Angehörige ganz unterschiedlicher theologischer Disziplinen und kirchlicher Metiers über Sachverhalte verständigen können, ist ja – bei aller Problematik der damit einhergehenden Überplausibilisierung – in sich ein Beleg dafür, dass es inhaltliche Aussagekraft und praktische Virulenz besitzt. Vor allem die Tatsache, dass die Rede von den Grundvollzügen weit über den Bereich der wissenschaftlichen Theologie und den Kreis der professionellen kirchlichen Funktionsträger hinaus Eingang gefunden hat in die alltägliche kirchliche Praxis vor Ort, dass viele ehrenamtlich tätige Menschen in den Gemeinden, Verbänden, Institutionen und sonstigen Sozialformen der Kirche das Theorem sich angeeignet haben, um anhand seiner eigenständig über pastorale Praxis zu reflektieren und zu kommunizieren, bildet an sich einen inhaltlichen Wert. All das sollte meines Erachtens davon abhalten, das Theorem der Grundvollzüge in Bausch und Bogen zu verwerfen.

Wollbold setzt den „Grundvollzügen“ das Theorem des „dreifachen Amtes Christi“ als seiner Meinung nach geeignetere, weil inhaltlich vollständigere, theologisch fundiertere und gegen Fehlentwicklungen besser feiende Systematisierung pastoraler Praxis entgegen. Mich kann der Vorschlag nicht überzeugen.[8] Insbesondere folgende Punkte hindern mich an einem Einverständnis.

Erstens: Wollbolds theologisches Argument, dass mit den Grundvollzügen nur „Handlungsformen voneinander unterschieden“ würden, das Konzept des „dreifachen Amtes Christi“ hingegen für das jeweilige Handeln dessen „Beziehung zum Ursprung in Christus“ kenntlich machen und danach suchen würde, „wie das heiligende, verkündigende und lenkende Tun Christi am besten vergegenwärtigt wird" (59), erweist sich in meinen Augen als nicht tragfähig. Zum einen lassen sich die Grundvollzüge in mindestens gleichem Maße auf einen Ursprung in Christus zurückführen sowie als Vergegenwärtigung des Handelns Jesu deuten.[9] Zum andern erscheint es fragwürdig, das Denkmodell des „dreifachen Amtes Christi" als unmittelbaren Ausfluss der „ipsissima intentio" Jesu Christi darzustellen. Schon die explizite christologische Signatur lässt darin eher eine nachträgliche kirchliche Motivbildung sehen. Man stellt die grundlegende Lehre von der Verwurzelung des kirchlichen Amtes in der Person Jesu Christi und vom darin begründeten sakramentalen Charakter dieses Amtes in keiner Weise in Frage, wenn man Zweifel daran hat, dass der irdische Jesus oder der auferstandene Christus selber ausdrücklich von dem der Kirche übergebenen dreifachen Amt des Priesters, Propheten und Königs gesprochen habe (59f.). Vielmehr muss man mit Rolf Zerfaß den Verdacht hegen, dass die Lehre von den drei Ämtern „gar nicht aus der Betrachtung der Praxis Jesu gewonnen und auf die Kirche angewendet worden ist, sondern umgekehrt, dass sie von der Praxis der Kirche (die sich in ein Lehramt, Hirtenamt und Priesteramt organisiert hat) abgelesen und von dort auf die Praxis Jesu projiziert wurde, um von ihm her die Ämterstruktur der Kirche zu legitimieren."[10]

Zweitens: Mit der Berufung auf das „dreifache Amt Christi" ist unumgehbar die Logik der katholischen Amtstheologie aktiviert, die in den Vollzügen des Weiheamtes die Repräsentation Christi erkennt, die deshalb diesem Weiheamt die Qualität eines Sakraments zuschreibt und die folglich im Handeln des Weiheamtsträgers die primäre, signifikante Form der Weiterführung des Wirkens Jesu Christi gegeben sieht. Ich gehe davon aus, dass Wollbold diese amtstheologische Vorgabe, auch wenn er sie in seinem Beitrag nicht in solcher Ausdrücklichkeit formuliert, nicht in Abrede stellt. Das bedeutet aber: Wenn man die pastorale Praxis auf das „dreifache Amt Christi" als ihren Ursprung zurückführt, zumal wenn man, wie es Wollbold tut, diese drei Ämter als Raster anlegt, in dem sich „das Gesamt der Pastoral erschöpft" (60) und anhand dessen im Gegenzug das darin nicht integrierbare Handeln als nicht genuin kirchliches bzw. christliches Handeln ausselektiert werden könne, dann firmieren per definitionem die Träger des sakramentalen Weiheamtes als die vornehmlichen, „eigentlichen" Subjekte der pastoralen Praxis, und dann eignet dem Handeln der anderen Christen nur insofern theologische Dignität bzw. pastorale Relevanz, als es dem Handeln der Weiheamtsträger in irgendeiner Weise sekundär und affirmativ zugeordnet werden kann. Tatsächlich ist unübersehund unüberhörbar, wie sehr Wollbold seine Reflexionen zu den pastoralen Vollzügen bzw. Inhalten aus der Perspektive des kirchlichen Amtes und auf die Träger des Weiheamtes hin fokussiert vornimmt. Das wird vor allem spürbar an der überaus rigoristischen Diktion der „Kriterien für das Tun und Lassen der Pastoral" am Schluss des Beitrags (62). Hier bekommen Praktiken, Einstellungen und religiöse Bedürfnisse der Menschen nur in dem Maß ekklesiologische Gültigkeit bzw. Akzeptanz zugesprochen, in dem sich damit die betroffenen Menschen den von den Amtsträgern vorgegebenen Verhaltenserwartungen unterstellen. Dass dabei das Ideal in einer pastoralen Praxis gesehen wird, die „nicht nörgelt" (61), spricht für sich. Und dass in Bezug auf die Gläubigen von „Kirchenschafen" (61) gesprochen wird, ist nach meinem Empfinden unerträglich; ein solcher Begriff kann in einer heutigen Pastoraltheologie nicht mehr allen Ernstes, selbst wenn er ironisch gemeint sein sollte, verwendet werden.

Drittens: Meine schwerwiegendsten Bedenken richten sich

gegen die massive Verdrängung und Abwertung der Diakonie, die mit dem Konzept des „dreifachen Amtes Christi" – zumindest in der Wollboldschen Spielart – einhergeht. Was Wollbold als „angemessene Bestimmung der Stellung der diakonia" (56) erachtet, erhellt aus folgenden Aussagen: Diakonische Initiativen zählt er zu dem „Vielerlei, in dem sich Seelsorge verliert" bzw. das als „bedrohliche Ausdünnung erfahren wird" und von dem sich das dreifache Amt dadurch unterscheide, dass es „Gelegenheiten sucht, die Nähe zum Herrn zu vermitteln" (60f.); unter der Maxime, dass „Seelsorge spirituell bleibt" und „Sammlung vor Sendung steht", hält er es für richtig, dass „manche Trägerschaft einer caritativen Einrichtung in nichtkirchliche Hände abgegeben wird" (61); der eigentliche Sinn der Diakonie besteht für ihn nicht in der konkreten heilend-befreienden Praxis, sondern in der „geistlichen Qualifikation des Leitungsdienstes" (61); das Wort „diakonisch" beargwöhnt er als Chiffre, die dazu diene, „in Religionsunterricht und Katechese den Glauben nicht in wenigstens elementarer Weise vorzustellen" (62); in seinen Augen „überschreitet Diakonie die Pastoral der Kirche", ist also nicht kirchlich und nicht pastoral, wenn sie als Hilfehandeln „nicht auf Verkündigung und Liturgie verweist" (58). Kurzum: Für Wollbold ist die Diakonie das, was *an sich*, d. h. wenn sie *Diakonie* und nichts anderes ist, dem eigentlichen Wesen der Kirche entgegensteht und was deshalb in der pastoralen Praxis vorrangig dispensabel ist. Damit schlägt er die gesamte jüngere Diakonietheologie in den Wind (oder verweigert sich ihrer Inkenntnisnahme). Als jemand, der seit mehr als zwanzig Jahren Diakonietheologie betreibt, sich um die theologische Begründung der Diakonie bemüht und dabei die der Diakonie eigene theologische Dignität bzw. christliche Qualität aufzuzeigen versucht, möchte ich dagegen nicht mehr anargumentieren.

4. Zu dem Beitrag von Norbert Mette

Wie schon bei der Stellungnahme zu Rainer Bucher bildet auch im Folgenden das, was ich in meinem Beitrag „Gemeinde-Idee“ nenne, den argumentativen Bezugspunkt, die Programmatik also, welche die Gemeinde überhöht zum umfassenden Prinzip kirchlicher Praxis, zur einzig angestrebten Form des Existierens von Kirche, zum Sinn und Zweck pastoralen Handelns, dem die Kirchenmitglieder durch ihre aktive Teilnahme zu dienen hätten, und zur gemeinschaftlichen Sozialform, als deren „richtig“ integrierte Mitglieder sich die Gläubigen erst durch ihre engagierte Mitarbeit erweisen würden. Bereits meiner ersten kritischen Wortmeldung gegenüber der Gemeinde-Idee sowie gegenüber der von dieser Idee getragenen „Gemeindekirche“-Konzeption[11] trat Norbert Mette mit einem diametral entgegengesetzten Plädoyer für diese Gemeinde-Programmatik und mit dem widersprechenden Bescheid entgegen, dass die „Gemeindekirche“ keineswegs passé sei[12]. Seither liegt offen zutage, dass zwischen unser beider Gemeinde-Denken eine denkbar große Divergenz besteht. Gerade weil mich ansonsten vieles mit der pastoraltheologischen Arbeit Norbert Mettes verbindet und ich ihr einiges an wertvollen Inhalten zu verdanken habe, halte ich es für besser, weil ehrlicher, diese markante Kluft in ihrer Deutlichkeit kenntlich zu machen, als sie mit harmonisierenden Vermittlungsversuchen zu kaschieren.

Mette gebraucht den Begriff „Gemeinde“ als Chiffre für eine Gesamtprogrammatik der Kirche, als „erstrebenswerte Vision von Kirche“ (98). Er betrachtet die Gemeinde als „konstitutives Prinzip für die gesamte Kirche auf allen ihren Ebenen und in ihren verschiedenen Ausformungen“ (97). So erscheint es ihm folgerichtig, auch alle anderen Sozialformen der Kirche als Gemeinde zu konzipieren bzw.

für sie einen „gemeindlichen Charakter“ zu fordern (97). Er führt den gemeindekirchlichen „Glaubenssatz“, wonach „aus einer Gemeinde, die sich nur versorgen lässt, eine Gemeinde werden muss, die ihr Leben verantwortlich selbst mitgestaltet“ (97), als eine auch für heute tragfähige gemeindepastorale Maßgabe ins Feld und stellt die gemeindekirchlichen „Modellgemeinden“ aus den 1970er Jahren als auch für heute gültige gemeindepastorale Vorbilder vor Augen (95). In der „streng hierarchischen Struktur der Pfarrei mit dem Pfarrer an der Spitze“ (92) findet er den Widerpart, zu dem kontrastierend er sein Bild von Gemeinde zeichnet. Das „vom Zusammenwirken vieler getragene und gestaltete kirchliche Leben“ (95), das „aktive Engagement“ der Gläubigen, die sich „als tätige und verantwortliche Subjekte der Kirche begreifen“ (92), die „Mitarbeit von ehrenamtlich sich engagierenden Gläubigen“ (95) gelten ihm als Leitpostulate der Konzeption gemeindlicher Praxis. Mit Verve postuliert er immer noch das von Ferdinand Klostermann aufgestellte „Prinzip Gemeinde“, wonach die „Kirche als ganze wesentlich als Gemeinde lebt“ (94), die Kirche „nur entstehen und leben, … sich überhaupt nur realisieren kann als Gemeinde und in Gemeinde“[13].

In all dem gibt sich Mette als Verfechter der „Gemeindekirche“-Konzeption zu erkennen; die „Gemeinde-Idee“ bildet den cantus firmus seines Gemeindeverständnisses. Er propagiert damit just jene Gemeinde-Programmatik, die nach meinem Dafürhalten in sich viele und erhebliche Bedenklichkeiten aufweist, die zumindest in heutiger Zeit an der Lebenswirklichkeit, an den Bedürfnissen wie auch am Selbstverständnis der Menschen in eklatanter Weise vorbeizielt, ja diese sogar in unverantwortbarer Weise missachtet, und in der deshalb nicht die Lösung, sondern die Ursache der viel zitierten „Krise der Gemeinde“ zu sehen ist. Darin besteht unser fundamentaler Dissens. Insofern können die

Krisendiagnosen in meinem Beitrag zur Gänze als Stellungnahme zur Metteschen Position gelesen werden.

Natürlich betrachte auch ich es als richtiges und wichtiges Anliegen der Gemeindepastoral, dass sie sich von der Struktur der obrigkeitlich gesteuerten, auf den Pfarrer als dem alleinigen Handlungsträger zentrierten und die Gläubigen zu bloßen Pastorationsobjekten entmündigenden Pfarrei gelöst hat bzw. Rückfälle in diese Struktur tunlichst vermeidet. Und mir ist auch bewusst, dass es, um sich von dieser überkommenen, über Jahrhunderte hinweg zementierten Struktur lösen zu können, einer richtungweisenden, antreibenden Idee von einer neuen Art des Kirche-Seins der Gläubigen bedurfte. Eine solche motivierende Idee an der kirchlichen Epochenschwelle des Zweiten Vatikanischen Konzils bereitgestellt zu haben, ist sicher das Verdienst der damaligen Pioniere eines neuen Gemeindebildes. Meine Anerkennung der damaligen Leistung schließt sogar das Wissen darum ein, dass auch ich meine Vorstellung von Gemeinde und Kirche heute wohl nicht so formulieren könnte, wenn es nicht diesen Schritt des Umdenkens gegeben hätte. Aber die Tragik dieses Impulses zum gemeindepastoralen Umdenken besteht darin, dass er seinerseits allzu schnell zu den neuen ideologischen Konstrukten der „Gemeindekirche"-Konzeption und der bis heute anhaltenden Gemeinde-Idee gerann. Deshalb kann und darf die gebotene Reverenz gegenüber den damaligen Impulsgebern nicht dazu führen, dass man die daraus entstandene Gemeinde-Programmatik einfachhin als eine immer noch gültige Maßgabe der Gemeindepastoral unterstellt, dass man sie heute immer noch mit der Aura der zukunftsweisend-reformerischen Avantgarde und der kirchenamtskritischen, aber menschenfreundlichen Basisbewegung umkleidet und dass man deswegen ihr gegenüber jegliches kritische Bewusstsein außer Kraft setzt.

Über diesen Grunddissens hinaus gibt es noch spezifische Aspekte, in denen ich Mette nicht zustimmen kann. *Zunächst* ist da die bereits im Titel des Beitrags annoncierte Zurückführung der Gemeinde-Programmatik auf das Zweite Vatikanische Konzil. Dem muss ich deutlich widersprechen: Es stimmt einfach nicht, dass das Thema „Gemeinde“ vom Konzil „wieder entdeckt“ worden sei. Das Konzil erwähnt den Sachverhalt der Gemeinde nur an wenigen Stellen; dabei gebraucht es mehrere Begriffe gleichzeitig – Gemeinde, örtliche Gemeinschaft der Gläubigen, Ortsgemeinde, Einzelkirche, Kirche am Ort, Altargemeinschaft usw. – und diese zudem diffus wechselnd auch für andere Sachverhalte.[14] Der Text, in dem das Thema seinen systematischen Platz hätte, nämlich in der Kirchenkonstitution „Lumen gentium“, enthält alles andere als eine systematische Klärung eines Gemeindeverständnisses. In den zentralen Belegstellen zur Gemeinde (LG 26 und 28) spricht zwar das Konzil – darin sehe ich durchaus mit Mette seinen entscheidend innovativen und bewahrenswerten gemeindetheologischen Impuls – der Gemeinde als dem „je an ihrem Ort ... von Gott gerufenen neuen Volk“ den Charakter der authentischen „Kirche Gottes“ zu. Aber es macht darin zugleich deutlich, dass es nicht in der „Gemeinde“, sondern in der „Ortskirche“ im Sinne der Diözese als der dem Bischof zugeordneten Gemeinschaft der Gläubigen die primäre teilkirchliche Gliederung und – einer altkirchlichen Struktur folgend – im Bischof den eigentlichen Leiter einer jeden Gemeinde sieht. Deshalb finden sich diese zentralen Belegstellen zur Gemeinde auch nicht im „Volk Gottes“-Kapitel, sondern im dritten Kapitel zur hierarchischen Verfassung der Kirche. Gemessen an der theologischen Virulenz, die das Thema „Gemeinde“ in den Jahren des Konzils bereits erlangt hatte, und am pastoralen Stellenwert, der der Gemeinde im Bewusstsein der Gläubigen als primärem Ort ihres kirchlichen Lebens zukam, mussten diese mageren und gegenüber den damaligen „Gemeindeaufbrüchen" domestizierenden Aussagen des Konzils zur Gemeinde geradezu enttäuschend wirken. Die epochal bedeutsame Neubestimmung des Wesens der Kirche durch das Konzil sehe ich, neben der Deklaration der sakramentalen und pastoralen Identität der Kirche, in deren Definition als „Volk Gottes" gegeben. Auch Mette beruft sich mit der von ihm vertretenen Gemeinde-Programmatik auf das konziliare Motiv „Volk Gottes" (98). Und er fordert mit Bezug auf die Pastoralkonstitution „Gaudium et spes" von der Kirche „ihr uneigennütziges Dasein und ihren Dienst für die Menschen" (101). Nichts läge mir ferner, als dem nicht zuzustimmen. Aber darum geht es der „Gemeindekirche"-Konzeption bzw. der Gemeinde-Idee eben *nicht*. Ihnen geht es um die „bewusst Entschiedenen", die „Aktiven", die „kleine Herde der Bereitwilligen" – oder mit Paul Weß: um die „Engagiert-Kirchlichen", die eine „totale Lebensentscheidung" für die Gemeinde treffen und die nicht aufgrund einer „Distanz" zur Gemeinde in „Klein- oder Unglauben" leben.[15] Diese Programmatik bildet mit ihrer rigoristischen Einforderung von Integrationsbedingungen und mit ihrer Überhöhung der Gemeinde zum Selbstzweck eine denkbar scharfe Konterkarierung des „Volk Gottes"-Gedankens wie auch der pastoralen Identität der Kirche. Sie setzt das Kirchenverständnis des Konzils nicht um, sondern dementiert es, indem es den Anspruch der universalen Ausrichtung der Kirche auf alle Menschen wie auch ihrer diakonischen Verausgabung für alle Menschen negiert.

Weiterhin überzeugt mich Mettes Gemeinde-Emphase aus mehreren Gründen nicht. Mir erschließt sich erstens nicht, wieso eine Ausweitung des Gemeindebegriffs auf potentiell alle kirchlichen Sozialformen, Vollzüge und Institutionen, die in der Gemeinde „theologisch eher etwas Ereignishaftes als etwas bereits fest Gegebenes", „vor allem eine Praxisform und nicht bloß eine Sozialform" sieht, „terminologische Klärungen" (98) beinhalten soll. Im Grunde läuft diese hypertrophe Überhöhung des Gemeindebegriffs zur ekklesiologischen Totalsignatur auf die Aussage hinaus, dass alles in der Kirche „irgendwie Gemeinde sei" bzw. sein müsse. Sie folgt dem in Kirche und Theologie leider verbreiteten Schema, Begriffe so umfassend zu bestimmen, dass alle möglichen Sachverhalte und Phänomene darunter subsumiert werden können. Begriffe werden dadurch aber nicht klarer, sondern nur unscharf und aussageleer. Zweitens muss man mit Blick nicht nur auf die gegenwärtigen kirchlichen Strukturen, sondern auf die Geschichte der Kirche feststellen, dass die Insinuation, mit der Identifizierung aller kirchlichen Sozialformen als Gemeinde bzw. mit der Einforderung des „gemeindlichen Charakters" für alle kirchlichen Sozialformen würde die Kirche wieder zu einer ursprünglicheren, christlich authentischeren Gestalt zurückkehren, sachlich der Grundlage entbehrt. Durch die gesamte Kirchengeschichte hindurch zieht sich – durchaus als ein die Entwicklung der Kirche antreibender Vorgang – das Phänomen, dass sich neben dem sozialen Gebilde, das in unserer Zeit als „Pfarrei" oder „Gemeinde" firmiert, immer wieder auch andere Sozialformen christlichen Lebens ausgebildet haben: das Anachoretentum, das Mönchtum, die Bettelorden, die Spitäler, die Vereine, die Verbände usw. Und ebenso offenkundig zeigt sich beim Blick in die Geschichte, dass die Ausbildung dieser anderen kirchlichen Sozialformen meist erfolgte, weil die Sozialform der kirchlichen Gemeinde sich jeweils in einer bestimmten Hinsicht als ungenügend oder fehlentwickelt erwies. Die Entwicklung der Kirche ist also in sich ein Beleg dafür, dass die Sozialform „Gemeinde" nicht das Wesen der Kirche in all seinen Dimensionen zu realisieren vermag und dass folglich auch die Kirche in ihrer Gänze nicht allein unter die Leitidee des „Gemeinde-Seins“ gestellt werden darf.[16] Drittens trifft auf Mettes Gemeinde-Emphase nicht minder jene Hinterfragung zu, die Rainer Bucher an Petro Müller adressiert, dass nämlich mit dem Ansinnen, „die diachron äußerst divergente Basiswirklichkeit der Kirche unter die nur scheinbar einheitsstiftende Kategorie der ‚Gemeinde' zu subsumieren, ... ein vorgeprägtes Normierungsinteresse historisch rekonstruiert“ und der „Gemeindebegriff ... in den Offenbarungsrang“ erhoben wird, was gefährlich ist, „denn man gerät in die Versuchung, den garstig breiten Graben zwischen Normativität und Faktizität zu überspielen, was bekanntlich zu erhöhter Ideologieanfälligkeit, also zur interessensgeleiteten Legitimation des Faktischen durch seine verifikations-enthobene Identifikation mit etwas unbestritten Normativem führt.“[17]

Schließlich teile ich – in diesem Fall – die ins Feld geführte Kirchenamtskritik nicht. Mette suggeriert, die von ihm vertretene Gemeinde-Programmatik sei vor allem aufgrund des „eher restriktiven“, kontrollierenden Agierens kirchenamtlicher Instanzen, aufgrund des Widerstands von Bistumsleitungen und vorkonziliar eingestellten, reformfeindlichen Kräften in den Pfarreien nicht zum Durchbruch gekommen, und viele reformwillige Gläubige hätten sich resigniert ob des Agierens dieser Kräfte aus den Gemeinden zurückgezogen. (96) Dem ist einiges entgegenzuhalten. Zunächst: Es waren gerade die von der Gemeinde-Programmatik vielfach so geschmähten und zur negativen Gegenfolie verzeichneten Pfarrer der konventionellen Pfarreienstruktur, die ihr Amt in lebensweltlicher Nähe zu den Menschen ausübten; die den Menschen in ihren Gemeinden tagtäglich begegneten und folglich um deren alltägliche Lebenswirklichkeiten wussten; die noch selber als Pfarrer mit den Menschen sprachen, auf Sakramente vorbereiteten, Sterbende und

Trauernde begleiteten; und die ihre Messen, Predigten und Religionsstunden hielten, um – in ihrer Sprache – „die Menschen auf den rechten Weg zu führen". Natürlich würde man sich aus heutiger Warte wünschen, dass sie das alles ohne die obrigkeitliche Attitüde der „pfarrherrlichen Erhabenheit" und vor allem ohne die inakzeptablen Formen des sanktionenbewährten Zwangs getan hätten. Aber sie leisteten mit ihrer pastoralen Praxis zumindest etwas, was von der vermaledeiten gemeindekirchlichen Ideologie des Aktivseins und der engagierten Mitarbeit der Gemeindemitglieder verpönt und zurückgedrängt worden ist, nämlich unmittelbare Seelsorgetätigkeit der Seelsorger; und sie bewahrten zumindest im Prinzip etwas, was unter der irreleitenden Gemeinde-Idee in das pervertierte Postulat des „Dienstes an der Gemeinde" umgekippt ist, nämlich die theologisch fundamentale Zuordnung, dass die Gemeinde für den Menschen da ist, nicht der Mensch für die Gemeinde. Sodann: Es gibt gewiss viele Gemeindemitglieder, die durch das restriktive Verhalten kirchenamtlicher Instanzen in ihrem reformerischen Impetus frustriert und zur Distanzierung von der Gemeinde veranlasst worden sind. Wenn man den Finger in diese Wunde legt, muss man aber auch daran erinnern, wie viele Menschen durch das penetrante bis totalitäre Agieren der Gemeindekirche-Protagonisten in ihrem Status als Gemeindemitglieder desavouiert, in ihren religiösen Bedürfnissen ignoriert und ihrer kirchlichen Beheimatung beraubt worden sind, nur weil sie die Vorstellung der Gemeindekirchlichen von einem „richtigen, guten, aktiven" Gemeindemitglied nicht erfüllen wollten oder konnten. Ich habe im Laufe meiner theologischen und pastoralen Tätigkeit die von Mette vertretene Gemeinde-Programmatik in ihrer real existierenden Gestalt zuhauf erlebt. Ich habe erlebt, dass gerade Vertreter gemeindekirchlicher Konzepte und Vorzeige-Gemeinden einerseits ganz selbstheroisch

Motive wie „Basisgemeinde", „Solidarität", „Vielfalt" und „Subjektsein" an ihre Fahnen hefteten, andererseits aber in erschreckend selbstherrlicher und diktatorischer Weise dagegen angingen, wenn die Menschen in den Gemeinden einmal wirklich als Subjekte handelten und ihr kirchliches Leben eigenständig gestalteten, d.h. anders, als in den Vorstellungen dieser gemeindekirchlichen „Leitwölfe" vorgegeben. Anhänger dieses „Gemeinde-Ideals" nahmen – um nur einige meiner Praxiswahrnehmungen zu nennen – in Kauf, dass nur 10 Prozent der Kinder in ihrer Gemeinde an der Erstkommunion teilnahmen, weil die anderen 90 Prozent die rigorosen Anforderungen der Katechese nicht erfüllen konnten; verweigerten einer Mutter-Kind-Gruppe den Zugang zum Pfarrheim, weil die betreffenden Frauen keine „Gemeinde-Gruppe" werden wollten; gaben für eine Pfarrgemeinderatswahl die Maxime aus, als Kandidaten solche Personen zu gewinnen, „die wir für unsere Konzepte brauchen können"; gerierten sich so, dass Gemeindemitglieder klagten: „der fährt wie ein Panzer über uns hinweg"; formulierten Passagen aus Paulusbriefen auf ihre gemeindekirchlichen Vorstellungen hin um und vermittelten, indem sie die Stellenangabe (z.B. Eph 4,7–16) darunter einfach stehen ließen, den Lesern ihren so entstandenen Erguss als „biblischen Text"; lehnten die Aufnahme von Kindern Kirchendistanzierter in den gemeindlichen Kindergarten ab mit der Begründung, dass sie als Gemeindeverantwortliche zwischen Gott näher und Gott ferner stehenden Eltern unterscheiden müssten.

Eine solche Gemeinde und eine solche „Pastoral" brauchen die Menschen heute *nicht* – und haben sie noch nie gebraucht. Deshalb nochmals: Die „Gemeindekirche" ist nicht an einem „Bollwerk der überkommenen klerikalen Mentalität … auf den höheren kirchlichen Ebenen"[18], sondern an ihrem eigenen unmenschlichen Binnendruck der Engagementforderung, des Bindungszwangs und der Gesinnungsdiktatur zerbrochen. Das Pferd, das hier geritten wird, ist tot.

Literatur

Haslinger, H./Bundschuh-Schramm, Ch.: Lebensraum und Organisation, in: *Haslinger, Herbert u. a. (Hg.):* Handbuch Praktische Theologie. Band 2: Durchführungen, Mainz 2000, 287–307.

Haslinger, H.: Lebensort für alle. Gemeinde neu verstehen, Düsseldorf 2005.

ders.: Wie grundlegend sind die Grundvollzüge? Zur Notwendigkeit einer pastoraltheologischen Formel, in: Lebendige Seelsorge 57 (2006) 76–82.

Klostermann, F.: Prinzip Gemeinde. Gemeinde als Prinzip des kirchlichen Lebens und der Pastoraltheologie als der Theologie dieses Lebens, Wien 1965.

Mette, N.: Einführung in die katholische Praktische Theologie, Darmstadt 2005.

ders.: Gemeindekirche passé? Für Norbert Greinacher zum 70. Geburtstag, in: Diakonia 32 (2001) 124–131.

Müller, P.: Gemeinde: Ernstfall von Kirche. Annäherungen an eine historisch und systematisch verkannte Wirklichkeit, Innsbruck/Wien 2004.

Sander, H.-J.: Theologischer Kommentar zur Pastoralkonstitution über die Kirche in der Welt von heute *Gaudium et spes*, in: Hünermann, P./Hilberath, B.J. (Hg.): Herders Theologischer Kommentar zum Zweiten Vatikanischen Konzil. Band 4, Freiburg/Br. 2005, 581–886.

Weß, P.: Ihr alle seid Geschwister. Gemeinde und Priester, Mainz 1983, 132–134.

ders.: Unser Leitbild: die Gemeindekirche, in: Diakonia 6 (1975) 202f.

Wieh, H.: Konzil und Gemeinde. Eine systematisch-theologische Untersuchung zum Gemeindeverständnis des Zweiten Vatikanischen Konzils in pastoraler Absicht, Frankfurt/M. 1978.

Wollbold, A.: Handbuch der Gemeindepastoral, Regensburg 2004.

Zerfaß, R.: Lebensnerv Caritas. Helfer brauchen Rückhalt, Freiburg/Br. 1992.

Anmerkungen

[1] Vgl. *Müller,* Gemeinde (2004).
[2] *Mette,* Einführung (2005), 100.
[3] Vgl. *Klostermann,* Prinzip Gemeinde (1965).
[4] Für alle Zitate: *Weß,* Geschwister (1983), 132–134.
[5] Vgl. *Haslinger,* Lebensort (2005).
[6] Vgl. *Sander,* Theologischer Kommentar (2005).
[7] Vgl. *Wollbold,* Handbuch (2004).
[8] Vgl. *Haslinger,* Grundvollzüge (2006).
[9] Vgl. ebd.
[10] *Zerfaß,* Lebensnerv Caritas (1992), 212.
[11] Vgl. *Haslinger/Bundschuh-Schramm,* Lebensraum (2000).
[12] Vgl. *Mette,* Gemeindekirche (2001).
[13] *Klostermann,* Prinzip Gemeinde (1965), 69.
[14] Vgl. *Wieh,* Konzil (1978), 137–140.
[15] *Weß,* Leitbild (1975), 202.
[16] Vgl. *Haslinger,* Lebensort (2005), 117–158.
[17] *Rainer Buchers* Beitrag in diesem Band, I.1, Anm. 27.
[18] *Mette,* Gemeindekirche (2001), 130.

Die vom Zweiten Vatikanischen Konzil angestoßene Debatte über die christliche Gemeinde – ein nicht eingelöstes Vermächtnis

Gemeindetheologischer Kommentar zu Bucher, Haslinger und Wollbold

von Norbert Mette

1. Zur Diagnose der Krise bzw. des Scheiterns der sogenannten Gemeindetheologie

Den Großteil in den Beiträgen von Rainer Bucher und Herbert Haslinger nimmt deren Auseinandersetzung mit der von ihnen so genannten Gemeindetheologie ein, die darauf hinausläuft, dass sie ihr – mit unterschiedlicher Tiefenschärfe – eine Krise bzw. ein Scheitern attestieren. Nachdem Herbert Haslinger prägnant die „Gemeindekirche"-Konzeption, wie sie in den sechziger- und siebziger Jahren des letzten Jahrhunderts aufgekommen ist, und die Kritik, die an ihr erhoben wurde, umrissen hat, kommt er zu dem Schluss, dass diese Konzeption sich überlebt hat. Als Gründe dafür führt er an, dass sie „an ihrem eigenen unmenschlichen Binnendruck der Engagementsverpflichtung, des Bindungszwangs und der Gesinnungskonformität zerbrochen" sei und zudem sowieso nicht in den breiten Schichten der Gläubigen Fuß gefasst habe. Dennoch, so führt er weiter aus, habe sie als „Gemeinde-Idee" überdauert und sei als solche weitgehend für Vorstellungen insbesondere kirchlicher Funktionsträger über die Zielrichtung ihres pastoralen Handelns bestimmend geworden: das Leitbild der lebendigen Gemeinde, an deren Auferbauung zu beteiligen alle Gläubigen verpflichtet seien. Genau diese Idee sei in hohem Maße verantwortlich für die Krise, in der seit einiger Zeit die Pastoral stecke. Die Gemeinde-Idee passe nicht mehr zu „den Lebensbedingungen und Lebensanforderungen der Menschen unter den Bedingungen einer individualisierten bzw. pluralisierten Gesellschaft“; sie sei pluralitätsuntauglich, milieuverengt und verdopple soziale Spaltungen. Darüber hinaus meint Haslinger, zwei Tendenzen ausmachen zu können, die mit verhängnisvollen Auswirkungen der Gemeinde-Idee zugrunde liegen: Zum einen verheiße sie die Freiheit und Mündigkeit der Christenmenschen gegenüber den ehedem sie bevormunden wollenden kirchlichen Amtsträgern, erwarte aber die sich im aktiven Engagement äußernde Bindungsbereitschaft der Gemeindemitglieder an *ihre* Gemeinde und deren Leitung. Das Problem sei nur, dass immer weniger Christen und Christinnen bereit seien, diesen Erwartungen zu entsprechen und sich der nunmehr sublimer als früher ausgeübten „Pastoralmacht“ zu unterwerfen. Zum anderen würden in den Gemeinden eine Mentalität und eine Praxis vorherrschen, die so gut wie nichts mehr mit der Lebenswirklichkeit und deren Anforderungen, denen die Menschen heute in ihrem Alltag ausgesetzt seien, zu tun habe. Von daher sei es nicht verwunderlich, dass die Mehrheit der Bevölkerung keine Motivation verspüre, engeren Kontakt zu den Kirchengemeinden zu suchen, und diese infolgedessen immer mehr in eine reine Vereinsmeierei für den Rest der Getreuen abdriften würden.

Rainer Bucher arbeitet mit „Gemeindetheologie“ als einem analytischen Begriff und versteht darunter jenen in der Pastoraltheologie und Pastoral seit Mitte der sechziger Jahre des letzten Jahrhunderts geführten und intensiv theologisch begründeten Transformationsdiskurs, der es auf eine „Umformatierung der kirchlichen Basisstruktur hin zu ‚überschaubaren Gemeinschaften mündiger Christen'" abgesehen habe. „Gemeinde", gedacht als ein überschaubarer, kommunikativ verdichteter, „letztlich nach dem Modell einer schicksalhaft verbundenen Großfamilie" gestalteter kirchlicher Nahraum sei „zum Hoffnungsträger einer sich erneuernden Kirche" geworden – als „Kontrastgesellschaft gegen die zweckrationale Außenwelt" sowie eine nur wenig Menschlichkeit verspüren lassende Kirche. Das Scheitern dieser Gemeindetheologie führt Bucher auf verschiedene Faktoren zurück: Es sei bereits in ihrer Genese angelegt. Als Reaktion auf die Säkularisierungserfahrung des sich auflösenden katholischen Milieus, für das „das als selbstverständlich empfundene Miteinander dreier Größen: kirchliche Sozialform, religiöses Sinnsystem und gesellschaftliche Wirklichkeit" charakteristisch gewesen sei, habe die Gemeindetheologie die beiden ersten dieser drei Parameter in ein erneuertes, subjekt- und (klein-)gruppenartiges Nahverhältnis gebracht und dabei die dritte Größe, den Wandel der gesellschaftlichen Realität, als Befreiung vom Ballast eines allzu engen Bündnisses von Kirche, Staat und Gesellschaft zugunsten einer größeren Unabhängigkeit begrüßt. Dieses in die Praxis umzusetzen, sei trotz erheblicher theoretischer Anstrengungen von marginalen Ausnahmen abgesehen nicht gelungen. Im Gegenteil, durch Professionalisierungsprozesse in der Pastoral mit der Auswirkung, dass Handlungsfelder wie die Diakonie, die Schule oder die Erwachsenenbildung aus der Gemeinde ausgewandert seien, habe die Gemeinde faktisch an Funktionen verloren. Letztlich sei – und dieser Funktionsverlust sei dafür ein Indiz – der gemeindetheologisch inspirierte Versuch, „die katholische Kirche von einer amtszentrierten Heilsinstitution zur quasi-familiären gemeindlichen Lebensgemeinschaft umzuformatieren, … an seinem Charakter als halbierte, ja selbstwidersprüchliche Modernisierung“ gescheitert. Die gemeindetheologische Modernisierung habe – Bucher argumentiert hier ähnlich wie Haslinger – den einzelnen Gläubigen mit der Betonung des mündigen Christen freigeben und ihn wieder in die „Pfarrfamilie“ einfangen wollen. Sie habe ein Verhältnis zwischen Priester und Laien auf gleicher Augenhöhe eingefordert, das Leitungsmonopol des priesterlichen Vorstehers aber unbefragt gelten lassen. Sie habe die Gemeinde für alle offen halten wollen, faktisch sich aber anderen gegenüber, die nicht der gleichen Gesinnung wie die, die der aktive Kern waren, verschlossen. Diese Selbstwidersprüchlichkeit des gemeindetheologischen Konzepts sei letztlich auf sein ambivalentes Verhältnis zur Freiheit zurückzuführen und dieses wiederum rühre aus seinem Status als kriseninduziertes Rettungsprogramm. Als innerkirchliches sozialtechnologisches Projekt verspreche es „Vergemeinschaftung jenseits der Repression einer unverlassbaren Schicksalsgemeinschaft und doch diesseits der unheimlichen und ungebändigten Freiheit des Einzelnen“. Über eine institutionelle Struktur, sprich: Gemeinde, habe man sichern wollen, was als gefährdet erschien: die Tradierung des Christlichen. Das Problem sei nur – wie schon allein statistische Daten schonungslos ausweisen würden –, dass nicht nur die Mehrheit der Bevölkerung, sondern auch nicht die Mehrheit der Kirchenmitglieder sich auf das Projekt einer lebenslangen Schicksalsgemeinschaft verpflichten lassen wolle.

Soweit seien die von Haslinger und Bucher vertretenen Positionen und Argumente in aller Kürze zusammengefasst. In der aktuellen Diskussion darüber, wie es mit der Pastoral weitergehen soll, finden sie viel Zustimmung. Aus verschiedensten Gründen zeigt man sich sogar nicht selten froh darüber, dass endlich der lange Zeit in der Pastoraltheologie dominante und wirkmächtige gemeindetheologische Diskurs durchbrochen und die Gemeinde in ihrer programmatischen Aufladung als *der* kirchlichen Sozialform für heute und morgen relativiert worden ist. Verstärkt wird das noch durch die Befunde der Sinus-Milieustudien, die die verhängnisvolle Milieuverengung der real existierenden Kirchengemeinden aufgewiesen haben, sodass, wer meint, auf sie die Zukunft der Kirche setzen zu können, diese schon längst verspielt hat.

Klar ist, dass der (pastoral-)theologische Diskurs über die christliche Gemeinde, wie er in den sechziger Jahren des letzten Jahrhunderts begonnen und in den siebziger Jahren seinen Höhepunkt hatte, stark mit den Zügen der damaligen gesellschaftlichen und kirchlichen Umbruchphase behaftet und es von daher nicht möglich ist, ihn ungebrochen weiterführen zu wollen. Aber dass man ihn nunmehr gewissermaßen als hauptverantwortlich für die Krise namhaft macht, in der sich die Pastoral seit einiger Zeit befindet, erscheint mir zu einseitig und überzogen.[1] Während Bucher sich immerhin hauptsächlich auf das Œuvre von Ferdinand Klostermann als Protagonisten der von ihm gemeinten Gemeindetheologie bezieht und er es so möglich macht, seine Kritik zu überprüfen, nimmt sich Haslinger eine nach seinem Dafürhalten in der pastoralen Praxis wirksam gewordene „Gemeinde-Idee“ vor, die seines Erachtens Ausfluss der Gemeindekirchen-Konzeption sei. Dieser Zusammenhang lässt sich allerdings nur schwer belegen. Damit soll keineswegs abgestritten werden, dass die Phänomene, die er benennt und analysiert, in der pastoralen Praxis vorkommen. Im Gegenteil, Haslinger fördert durchaus hilfreiche Einsichten sowohl in theoretischer als auch in praktischer Einsicht zutage. Aber das damit verbundene Verdikt über diese Gemeinde-Idee und ihren Ursprung, die Gemeindekirchen-Konzeption, fällt zu pauschal aus.

2. Hinweise zu einer differenzierten Sichtweise und Würdigung der nachkonziliaren (pastoral-)theologischen Gemeindedebatte

In meinem eigenen Beitrag habe ich in groben Zügen den Ursprung und den Gang, den die pastoraltheologische Diskussion über die Theologie und Pastoral der Gemeinde seit dem Zweiten Vatikanischen Konzil genommen hat, nachzuzeichnen versucht. Dabei kam es mir darauf an, das aus diesem Diskurs bis heute noch nicht Eingelöste herauszustellen. Weiterhin wollte ich aufzeigen, dass dieser Diskurs keineswegs so einlinig und konsensartig verlaufen ist, wie es eine Sammelbezeichnung wie Gemeindetheologie suggeriert, sondern sehr viel differenzierter und auch kontroverser.[2] Dabei sind für den (pastoral-)theologischen Diskurs über Gemeinde Merkmale charakteristisch geworden, die für die heutige Pastoraltheologie weithin selbstverständlich sind, die aber damals in zähem Ringen durchgesetzt werden mussten. Das soll im Folgenden thesenartig aufzuzeigen versucht werden.[3] Es geht mir dabei nicht um eine bloße Reminiszenz einer mittlerweile abgeschlossen praktisch-theologischen und pastoralen Zeitgeschichte, sondern um eine angemessene Würdigung dessen, was von der damaligen Pastoraltheologengeneration mit Blick auf die weitere Entwicklung ihres Faches und damit eng verbunden der kirchlichen Praxis geleistet wurde und – wie vermerkt – zu einem erheblichen Teil bis heute nicht eingelöst worden ist.

(1) Der Anfang des pastoraltheologischen Diskurses über Gemeinde wird gewöhnlich und durchaus zutreffend auf das Jahr 1965 datiert, also auf das Jahr, als zeitgleich mit dem zu Ende gehenden Zweiten Vatikanischen Konzil Ferdinand Klostermann seine bahnbrechende Untersuchung „Prinzip Gemeinde“ veröffentlicht hat.[4] Das darf allerdings nicht übersehen lassen, dass schon vorher in der Theologie

über die Notwendigkeit einer Aufwertung der Pfarrei und ihrer Erneuerung im Sinne einer Gemeinschaft nachgedacht worden ist und auch verschiedentlich praktische Schritte dahin gehend unternommen worden sind (auf die Klostermann sich auch bezieht)[5]. Aber mit Einführung des Begriffs „Gemeinde" bekam dieses Anliegen nochmals einen enormen und stark in die Breite wirkenden Drall.

(2) Aus der vorkonziliaren Zeit rührt der Gebrauch der Metapher „Familie" für die Pfarrei.[6] Angesichts der Wiederbelebung der Verbände nach dem Ende der Nazi-Diktatur sollte mit der Rede von der „Pfarrfamilie" jene harmonische Eintracht beschworen und fortgeführt werden, zu der die verbliebenen Gläubigen vor Ort unter der Diktatur hatten zusammenrücken müssen. Offensichtlich hat sich diese Vorstellung von Pfarrei als Familie in der kirchlichen Praxis mit der nachkonziliaren Idee der Gemeinde verbündet. Innerhalb der theologischen Debatte über die Gemeinde stand man dieser Rede äußerst reserviert gegenüber. Es ist der Nachprüfung wert, ob sie überhaupt gebraucht wurde. Allerdings hat sich offensichtlich in der kirchlichen Praxis die Vorstellung der Pfarrei als Familie mit der neueren Theologie der Gemeinde vermischt – etwas, was sich bis heute noch großer Beliebtheit zu erfreuen scheint, und zwar nicht nur im katholischen Raum.[7]

(3) Einen wichtigen und folgenreichen Neuansatz für die pastoraltheologische Reflexion überhaupt brachte ihr Nachdenken über die Gemeinde insofern mit sich, dass sie zu den neutestamentlichen Anfängen der christlichen Gemeinde zurückging und entdeckte, dass sich die Kirche in ihrer Frühzeit wesentlich in Form von Gemeinde in vielfältigen Ausformungen realisierte. Die hier vorfindbaren Merkmale von Gemeinde-Sein wurden verstärkt als grundlegend und normativ für die Gemeindebildung auch heute rezipiert. Dadurch wurde wesentlich jener reformerische

Impuls in Gang gebracht, auf den mein erster Beitrag stark abgehoben hat. Denn die real vorfindliche Kirche mit ihrer hierarchischen Struktur, der Aufteilung der Mitglieder in Kleriker und Laien und der starken Reglementierung des gesamten kirchlichen Lebens vonseiten der obersten Kirchenleitung, empfanden viele Gläubige nicht als jene Gemeinschaft, wie sie das Konzil vor Augen geführt und in den neutestamentlichen Gemeinden ihr Vorbild hat.

Übrigens hat wohl die pastoraltheologische Beschäftigung mit der Gemeinde dazu geführt, dass sich auch die biblische Exegese verstärkt dieses Themas angenommen hat. Dadurch sind viele neue und detaillierte Erkenntnisse zum Leben der Gemeinden in der damaligen Zeit gewonnen worden,[8] die auch für heute höchst aufschlussreich sind, weil sie zeigen, dass an ihren Anfängen die Kirche eine viel größere Vielfalt bis in ihre Strukturen hinein aufweist und sich von daher auch über diese Zeit hinaus ein viel größerer Spielraum zu ihrer Gestaltung ergibt, als er etwa durch das bestehende Kirchenrecht zugestanden wird[9].

(4) Wie elektrisierend damals das Stichwort „Gemeinde“ gewirkt hat, lässt sich exemplarisch an einer Reihe von Publikationen und Vorgängen um das Jahr 1970 herum festmachen. Zugleich zeigen sie, wie facettenreich die damalige Diskussion gewesen ist, und zwar sowohl hinsichtlich der in Anschlag gebrachten Perspektiven als auch der eingenommenen theologischen und pastoralen Positionen. Unter dem Titel „Gemeindereform – Prozeß an der Basis“ wurden Thesen des niederländischen Religions- und Pastoralsoziologen Osmund Schreuder zur Gemeindereform zur Diskussion gestellt, die von Eugen Walter und Winfried Kramny kommentiert wurden.[10] Welche Position Schreuder vertrat, geht etwa aus folgenden Thesen hervor: „Gemeindereform fordert Kirchenreform“ – „Gemeindereform verlangt Mut zu Pluralismus“ – „Gemeindereform ist ein möglichst de-

mokratischer Basisprozeß" – „Gemeindereform zielt auf soziale und konfessionelle Offenheit". Von Otto Betz wurde ein Sammelband herausgegeben mit Beiträgen von Hubertus Halbfas, Osmund Schreuder, Gotthold Hasenhüttl u.a. unter dem Titel „Gemeinde von morgen".[11] Halbfas prangert die Dysfunktionalität der Theologie und überkommenen Kirchenstruktur zur modernen Gesellschaft an und fordert entsprechende Reformen. Schreuder nimmt eine aufschlussreiche Typologie der existierenden unterschiedlichsten Ausprägungen von dem vor, was unter dem Oberbegriff „Pfarrei" firmiert, und plädiert für eine dem jeweiligen Kontext gerecht werdende kirchliche Präsenz. Hasenhüttl ermutigt, sich auf die Tatsache, dass die Kirche zur kleinen Herde wird, einzustellen und dabei die Offenheit für alle Menschen aufrecht zu erhalten. Betz lädt ein, die innerkirchliche Pluralität mit den ihr innewohnenden Möglichkeiten, den Menschen von heute zu begegnen, auszugestalten. „Kirche – Kader – Konsumenten" mit dem Untertitel „Zur Neuorientierung der Gemeinde" ist ein Sammelband getitelt, den Manfred Enkrich und Adolf Exeler herausgegeben haben.[12] Der Artikel von Otto Betz über die „Pathologie der Gemeinde" analysiert schonungslos die desaströse Situation, wie sie in vielen Kirchengemeinden antreffbar ist. Ebenfalls im Jahr 1970 erschien nach einem längeren Diskussionsprozess die von Henry Fischer, Norbert Greinacher und Ferdinand Klostermann verfasste Schrift „Die Gemeinde" innerhalb der Reihe „Pastorale", die von der Konferenz der deutschsprachigen Pastoraltheologen – damals noch im Auftrag der Deutschen Bischofskonferenz – herausgegeben worden ist und in der in überschaubarer Kürze die Grundlage der neuen Theologie der Gemeinde und die sich daraus ergebenden Konsequenzen für ihre Praxis dargelegt worden sind.[13] Darin findet sich der viel zitierte Slogan: „Unsere Pfarreien müssen zu Gemeinden werden."[14]

„Gemeinde des Herrn" lautete schließlich das Motto, unter dem in demselben Jahr der 83. Deutsche Katholikentag in Trier stattfand. Der umfangreiche Dokumentationsband[15] ist zu einem gehaltvollen Kompendium der Theologie und Praxis der Gemeinde geworden. Dieser exemplarische Bericht für das Jahr 1970 sollte einen kleinen Einblick vermitteln, wie vielfältig sich damals die Debatte zur Theologie der Gemeinde gestaltete.[16]

Ein Merkmal, das in den hier beispielhaft aufgeführten Diskussionsbeiträgen auffällt, aber für die gesamte Gemeindedebatte charakteristisch ist, ist die Tatsache, dass sie „geerdet" war, weil Theorie und Praxis eng miteinander verzahnt waren. Viele Impulse für die theologische Reflexion erwuchsen aus Erfahrungen, wie sie in der pfarrlichen bzw. gemeindlichen Seelsorge gemacht wurden. Und nicht zuletzt waren es aktiv in der Pastoral Tätige, die wichtige Beiträge zur theologischen Gemeindedebatte beisteuerten.[17] Theologie und Pastoral lernten voneinander. Und der Diskurs entwickelte sich gerade durch diese gemeinsamen Lernerfahrungen ständig weiter.[18]

In diesem Zusammenhang wurden damals bereits alle „heißen Eisen" angepackt und einer weiterführenden Lösung zuzuführen versucht: allen voran das Recht der Gemeinde auf Eucharistie, damit verbunden die Amtsfrage inklusive die nach der Ordination von Frauen, damit wiederum zusammenhängend die Frage nach dem Status von Laien generell und der von Laien im pastoralen Dienst speziell, die Dringlichkeit einer Demokratisierung der Kirche u. a. m.

(5) Theologischerseits ist die Gemeindedebatte, wie vermerkt, wesentlich durch das Zweite Vatikanische Konzil in Gang gesetzt worden. Aber wie das Konzil ist sie im Zusammenhang mit einem besonderen soziohistorischen Kontext zu sehen. Es mehrten sich die Anzeichen dafür, dass

die Kirche nachhaltig von einem epochalen Veränderungsprozess betroffen sein würde, so wie er sich in ihrem gesellschaftlichen Kontext abzeichnete bzw. bereits im Gange war.[19] Für die beiden Großkirchen in Deutschland zeichnete es sich ab, dass ihre Existenzform als „Volkskirche" dem Ende entgegenging. Die vormalige selbstverständliche Verankerung der Kirche in der Bevölkerung in Form der sozialwüchsigen Einheit von Bürgersein und Getauftsein begann sich mehr und mehr aufzulösen. Kirchenmitgliedschaft wurde immer weniger zu einem Erfordernis, um einen bestimmten gesellschaftlichen Status zu erreichen. Karl Rahner sprach angesichts dieser Entwicklung von einer „Diasporasituation", auf die die christlichen Kirchen zugingen, und appellierte, sich dem offen mit einem entsprechenden Bewusstseins- und Strukturwandel zu stellen. Die Tatsache, dass das Christsein zur Sache der bewussten freien Entscheidung werde, sei als Chance, dem, was Christsein ausmache, zu einem deutlicheren Profil zu verhelfen, zu begreifen. Dieses Plädoyer für eine Entscheidungs- bzw. Gemeindekirche stieß – Haslinger weist darauf hin – auf heftigen Widerspruch.

Auch wenn sich die Kirchenzugehörigkeit trotz des Wegfalls eines gesellschaftlichen Stützkorsetts zunächst als stabiler erwies, als es Rahner u. a. damals erwarteten, erweist sich die Prognose von der Diasporakirche mittel- und langfristig als zutreffender als die Einschätzung derer, die sie nicht wahr haben wollten. Mittlerweile lässt es sich einfach nicht mehr abstreiten, dass es – aufgrund von hier nicht im Einzelnen namhaft zu machenden Faktoren – immer weniger gelingt, den christlichen Glauben motivträchtig an die nächste Generation weiterzuvermitteln, sodass mit Blick auf die weitere Generationenfolge realistisch zu erwarten ist, dass die Zahl derer, die sich der Kirche zugehörig fühlen, immer mehr abnehmen wird.

Über die inhaltliche Seite hinaus ist dieser Punkt für die weitere Entwicklung der Praktischen Theologie insofern bedeutsam, als es wesentlich die Gemeindedebatte war, die zu Bewusstsein gebracht hatte, dass diese theologische Disziplin auf eine enge Kooperation mit den Sozial- und Humanwissenschaften angewiesen ist.

(6) In Absetzung von innerkirchlichen Reaktionen auf den gesellschaftlichen Wandel, die dafür plädierten, sich dem Modernisierungsprozess gegenüber abzuschließen, wurde im Rahmen der Gemeindedebatte energisch dafür plädiert, sich der veränderten Situation zu stellen und sie als Chance gerade zu einer deutlicheren Profilierung des Christlichen zu begreifen – eben nicht in Absetzung von seinen Verächtern, sondern in offener Auseinandersetzung mit ihnen. Deshalb wurde für ein mündiges Christ-Sein geworben, das es gemeinsam in der Gemeinde zu erlernen galt. Begriffe wie Individualisierung und Pluralisierung als Kennzeichen des gesellschaftlichen Trends begegnen bereits in den damaligen Schriften zur Gemeinde, und zwar so, dass sich daraus auch positive Möglichkeiten für die Weiterentwicklung des kirchlichen Lebens ergäben, wenn es seinerseits stärker individualisiert und pluralisiert würde. Nicht Geschlossenheit, sondern Offenheit wurde als Einstellung einer zukunftsfähigen Kirche und Gemeinde gefordert. Das implizierte auch, dass keineswegs die örtliche Pfarrei als ausschließlicher Ort der Gemeindebildung galt, sondern diesbezüglich eine größere Differenzierung für notwendig gehalten und empfohlen wurde.

Ein Ausdruck dieser Offenheit bestand auch in der zunehmenden ökumenischen Aufgeschlossenheit zwischen den katholischen und evangelischen Kirchengemeinden. Ökumenische Gemeindezentren wurden errichtet.[20] Die Gemeindedebatte wurde zunehmend ökumenisch geführt, weil man erkannte, dass die Herausforderungen, vor denen die Kirchen stehen, und die Aufgaben, die sich ihnen stellen, weitestgehend gleich sind.[21] Diese ökumenische Offenheit ist inzwischen in der Praxis weitgehend verloren gegangen.[22] Im aktuellen theologischen Nachdenken begegnet sie ebenfalls nur ausnahmsweise.[23]

(7) Zugegebenermaßen war die anfängliche Debatte um die Theologie der Gemeinde stark innerkirchlich ausgerichtet gewesen. Das ist insofern nachvollziehbar, als das Bewusstsein von der Kirche als Gemeinschaft, für deren Heilssendung alle getauften und gefirmten Gläubigen Verantwortung tragen und an der sie mit ihrem Charisma gleichwertig partizipieren, im katholischen Raum so neu war, dass es erst einmal in die Köpfe und Herzen sacken und Schritt für Schritt erprobt werden musste, was das denn praktisch bedeutet. Mit Blick auf die Weise der Rezeption der Konzilsbeschlüsse kann man sagen, dass hierzulande zunächst fast ausschließlich die Kirchenkonstitution im Fokus der Aufmerksamkeit stand und die Pastoralkonstitution kaum Beachtung fand. Der Gemeinschaftscharakter der Kirche wurde mit Leben zu füllen versucht. Von der Kirche als Volk Gottes war seltener die Rede und wenn, dann unter dem Aspekt der ständigen Reformbedürftigkeit der Kirche (ecclesia semper reformanda). Dass Kirche bzw. Gemeinde sich nicht als – um ein Bild von Rahner zu gebrauchen – einen Ofen, der sich nur selbst wärmt, verstehen darf, kam erst später stärker zu Bewusstsein, angestoßen von der damals aufkommenden neuen Politischen Theologie sowie von den kirchlichen Basisgemeinden vorab in Lateinamerika mit ihrer praktizierten Einheit von Mystik und Politik. Die Einsicht gewann auch hierzulande vermehrt Resonanz, dass Kirche nach Dietrich Bonhoeffer nur Kirche ist, wenn sie „Kirche für andere“ ist.

(8) Allerdings entzündeten sich gerade an diesem Punkt heftige Kontroversen. Die Auseinandersetzung um die Stu-

denten- bzw. Hochschulgemeinden, die zu den Protagonisten einer sich als offen verstehenden und gesellschaftskritisch-politisch engagierenden christlichen Gemeinde zählten, mit dem Ausgang, dass die Bischöfe das Ende ihres Dachverbandes verordneten, ist wohl das krasseste Fallbeispiel dafür. Aber auch in vielen anderen Pfarreien machten sozial engagierte Gruppen die Erfahrung, dass sie, sobald sie es etwa nicht bei der Linderung von Not im Sinne einer mildtätigen Caritas beließen, sondern darüber hinaus sich die strukturellen Ursachen dieser Not mitsamt des eignen Verwickeltseins bewusst machten und diese anprangerten, an den Rand gedrängt wurden.

(9) Spätestens in diesem Zusammenhang wurde deutlich, dass es mit Blick auf die hiesige pastorale Landschaft eine erhebliche „Gleichzeitigkeit des Ungleichzeitigen" (Karl Rahner) gibt, wie sie Hermann Steinkamp mit seiner viel beachteten Gemeindetypologie in erhellender Weise aufwies[24]: Vielerorts feierte die möglicherweise ein wenig aufgepäppelte Volks- und Versorgungskirche fröhliche Urstände. Mancherorts war es unter dem Motto „lebendige Gemeinde" zu innerkirchlichen Aufbrüchen gekommen. Der von Steinkamp als (basisbezogenes) Gemeinwesen bezeichnete Typ von Gemeinde bildete sich am ehesten außerhalb der hierarchischen kirchlichen Organisation aus. Die anders akzentuierte Typologie von Johann Baptist Metz[25] der vorfindlichen kirchlichen Praxis in einen volkskirchlichen Anteil, einen bürgerkirchlichen Anteil sowie in basiskirchliche Aufbrüche kam insofern mit Steinkamps Typologie überein, als beide davon ausgingen, dass die katholische Landschaft in Deutschland überwiegend bürgerkirchlich geprägt ist und Gruppen, die konsequent den Weg der Nachfolge Jesu im Sinne des Evangeliums zu gehen versuchen, es schwer haben, innerhalb der faktisch gegebenen Kirche ihren Ort zu finden.

(10) Nicht zuletzt die Tatsache, dass die vom Konzil ausgehenden Reformimpulse, bedingt durch verschiedene, teils gesellschaftlich, teils innerkirchlich bedingte Faktoren ins Stagnieren gerieten bzw. zum Erliegen kamen, führte dazu, dass viele, die sich im Sinne der neueren Theologie der Gemeinde für eine Erneuerung des kirchlichen Lebens vor allem an der Basis eingesetzt hatten, resignierten und manche von ihnen sich gänzlich zurückzogen bzw. sich anderswo, wo es für sie sinnvoller zu sein schien, engagierten. Damit haben sich die kirchlichen Reihen erheblich gelichtet; engagierte Kräfte, die nach Möglichkeiten des Christseins auf der Höhe der Zeit, also angesichts der epochal veränderten geistes- und gesellschaftsgeschichtlichen Situation suchten, gingen der Kirche verloren.[26]

(11) Dennoch stellt sich meiner Einschätzung nach aufs Ganze gesehen das Bild der Wirklichkeit auch in den landläufigen Pfarr- bzw. Ortsgemeinden erheblich anders dar als die vorkonziliare Pfarreiwirklichkeit, sodass man sagen kann, dass, hätte es den von der Gemeindedebatte ausgehenden Veränderungsimpuls nicht gegeben, die Kirche vor Ort noch verlorener da stünde, als es für ihren heutigen Zustand vielfach beklagt wird. Und hätten Kirchenleitungen nicht immer wieder aus Angst vor zu großer Eigenständigkeit und Mündigkeit reglementierend-restriktiv in Gemeindeerneuerungsprozesse eingegriffen und wäre man vor Ort ohne Angst davor den Weg der Erneuerung konsequent gegangen, wäre es um den Zustand vieler Ortsgemeinden nochmals um einiges besser bestellt, weil neue Wege, die sich aus der Praxis heraus aufdrängten, hätten erkundet und erprobt werden können. In jüngster Zeit gibt es allerdings höchst bedenkliche Anzeichen für eine sich ausbreitende Resignation nicht nur unter bislang in ihrer Gemeinde aktiv tätigen Laien, sondern auch unter Priestern, weil sie sich mit der „von oben“ verordneten Schaffung von pasto-

ralen Großräumen wesentlichen Gehalten dessen, was ihre gläubige und kirchliche Identität ausmacht, beraubt sehen.

Als Fazit aus all dem bleibt festzuhalten: Sowohl in theoretischer als auch in praktischer Hinsicht sind der – teilweise sehr kontrovers geführten – pastoraltheologischen Gemeindedebatte viele wichtige Anregungen zu verdanken. Dass sie angesichts nochmals veränderter Verhältnisse nicht einfach repristiniert werden kann, versteht sich ebenso wie die Tatsache, dass man im Nachhinein manche Schwächen dieser Debatte klarer sieht. Dennoch ist kein Bruch mit dieser Debatte angezeigt, sondern ihre konsequente, die nochmals veränderte Lage berücksichtigende Weiterführung. Dabei ergibt sich: Die meisten der damals als dringlich angesehenen Maßnahmen zur Reform der Kirche und ihrer Gemeinden stehen immer noch auf der Tagesordnung und sind aktueller denn je.

Vergegenwärtigt man sich diesen Befund, bleibt das, was Bucher und Haslinger am Schluss ihrer Beiträge jeweils an Perspektiven aufbieten, recht allgemein und beschränkt sich auf Grundsätze, die der weiteren Gemeindedebatte zwar gewisse Anstöße zu geben vermögen, aber nicht gänzlich neu sind. Nach meinem Dafürhalten erfordert die Krise, in der die Pastoral aktuell steckt, eine noch radikalere theologische Rückbesinnung darauf, worauf sich die Sendung der Kirche und ihrer Gemeinden in der Welt richtet.[27]

Ein Punkt, auf den Haslinger und Bucher zu Recht kritisch aufmerksam machen, ist, dass von der Gemeindetheologie, so wie sie teilweise in der Praxis rezipiert worden ist, ein Druck ausgegangen ist, der sich nicht selten in einem hektischen und introvertierten Aktivismus entlud. Hier mahnen sie zu Recht eine gnadentheologische Revision der Gemeindepraxis an.[28]

Und ein weiterer Punkt: Manche Unklarheiten im Gemeindediskurs sind nicht zuletzt durch eine mangelnde

Präzision in der Begrifflichkeit bedingt: „Gemeinde“ fungiert überwiegend als Begriff für die kleinste kirchliche Sozialform vor Ort, weitgehend identisch mit dem kirchenrechtlichen Terminus „Pfarrei“. „Gemeinde“ wird aber auch gebraucht im qualitativen Sinne zur Bezeichnung einer Praxisform, wie Gläubige gemeinsam die Nachfolge Jesu zu praktizieren versuchen. Als solche Praxisform kann sich „Gemeinde“ überall in der Kirche ereignen. Für die Verständigung wäre es hilfreich, wenn Sozialform „Gemeinde“ und Praxisform „Gemeinde“ deutlicher voneinander unterschieden würden.

3. Auf der Suche nach einer praktikablen Einteilung der Pastoral

Abschließend sei noch kurz auf das Plädoyer von Andreas Wollbold eingegangen, der Strukturierung der Pastoral mithilfe des dreifachen Amtes Christi den Vorzug zu geben vor ihrer Einteilung gemäß den Grundvollzügen. Generell verhält es sich so, dass alle Systematisierungsversuche ihre Grenze und Schwäche darin haben, dass sie die lebendige Vielfalt der Praxis nicht hinreichend wiederzugeben vermögen, sondern sie in ein Schema pressen, das ihr mehr oder weniger gerecht wird.[29] Die Stärke der Einteilung der Pastoral in Grundfunktionen besteht meines Erachtens darin, dass sie dynamischer angelegt ist als die demgegenüber eher statisch ausgerichtete Drei-Ämter-Lehre, und zwar dynamischer insofern, als die Grundfunktionen nicht additiv Handlungsbereiche angeben, die in der Kirche und ihren Gemeinden vorkommen, sondern darauf angelegt sind, dass sich durch ihre Ausübung und Verschränkung untereinander Gemeinde im Sinne eines Prozesses, eines Auf-dem-Weg-Seins[30] bildet.[31] Kurzformelartig lässt sich das wie folgt auf den Punkt bringen: Christliche Gemeinde (Koinonia) bildet sich aus dem Hören der befreienden und frohen Botschaft von der Liebe Gottes zu allen Menschen und von der in Jesus Christus angebrochenen Herrschaft Gottes (Martyria), das Dank und Lob sowie Bitte und Klage als Ausfluss der Erfahrungen, die mit der frohen Botschaft im Leben gemacht werden, an Gott richten lässt (Leitourgia) und das weiterhin impliziert, die Liebe Gottes und das anbrechende Reich Gottes nicht nur auf sich zu beziehen und für sich zu behalten, sondern in solidarischem Miteinander allen Menschen zuteil werden zu lassen, vorzugsweise den Armen und Bedrängten aller Art (Diakonia).[32]

Mit diesen Bemerkungen soll nicht abgestritten werden, dass die Rückführung des kirchlichen und gemeindlichen Wirkens auf die drei Ämter Jesu Christi – das prophetische, priesterliche und königliche Amt – auch eine kriteriologische Funktion hat, insofern sie daran erinnert, dass in der Tat, und das führt Wollbold auch aus, Jesus Christus mit seiner Botschaft und seinem Leben inklusive Tod und Auferweckung der Ausgangs- und Bezugspunkt dieses Wirkens ist und bleibt und es sich daran immer wieder neu zu orientieren hat. Lässt man sich auf die neuere exegetische Forschung zu Jesus von Nazaret ein, eröffnen sich weit reichende Perspektiven für die heutige Pastoral.[33] U. a. ist es dann nicht länger möglich, die Drei-Ämter-Lehre allein auf das kirchliche Amt und seine Vollmacht zu beziehen, wie es in der Vergangenheit geschehen ist. Sondern es gilt, den im Zweiten Vatikanischen Konzil (vgl. vor allem LG 10–13) grundgelegten Ansatz ernst zu nehmen und in seine praktischen Konsequenzen zu bedenken, dass das ganze Volk Gottes zur praktischen Wahrnehmung der drei Ämter Jesu Christi im Sinne seiner Nachfolge berufen ist.

Bäumler, Ch./Mette, N. (Hg.): Gemeindepraxis in Grundbegriffen. Ökumenische Orientierungen und Perspektiven, München-Düsseldorf 1987.

Bensberger Kreis: Offene Gemeinde, in: Concilium 11 (1975), 289–295.

Betz, O. (Hg.): Gemeinde von morgen, München 1969.

Blöchlinger, Alex: Die heutige Pfarrei als Gemeinschaft, Einsiedeln u.a. 1962.

Damberg, W.: „Jedem Bergarbeiter seine Kirche neben's Bett". Katholiken, Kirchen und Stadtentwicklung in der Geschichte des Ruhrgebiets, in: Brüggerhoff, S./Farrenkopf, M./Geerlings, W. (Hg.), Montan- und Industriegeschichte (FS R. Slotta, Paderborn u.a. 2006, 261–273.

Demel, S.: Die Pfarrei als Angebot von Lebenstäumen zum Glauben und Glaubensräumen zum Leben. Kirchenrechtliche Aspekte, in: PThI 28 (2008), H.1., 38–56.

Enkrich, M./Exeler, A. (Hg.): Kirche – Kader – Konsumenten. Zur Neuorientierung der Gemeinde, Mainz 1971.

Evangelische Theologie 70 (2010), H. 6: Kirche als Gemeinde.

Fischer, H./Greinacher, N./Klostermann, F.: Die Gemeinde, Mainz 1970.

Geller, H. (Hg.): Ökumene in Gemeinden. Struktur und Prozesse ökumenischer Beziehungen, Frankfurt/M. 1985.

Geller, H./Pankoke, E./Gabriel, K.: Ökumene und Gemeinde. Untersuchungen zum Alltag in Kirchengemeinden, Opladen 2002.

Görges, P./Kellerhoff, R./Weber, C./Wessel, W.: Wer mitmacht, erlebt Gemeinde, Limburg 1972.

Greinacher, N./Mette, N./Möhler, W. (Hg.): Gemeindepraxis. Analysen und Aufgaben, München-Mainz 1979.

Hallermann, H.: Pfarrei und pfarrliche Seelsorge, Paderborn 2004.

Honsel, B.: Der rote Punkt. Eine Gemeinde unterwegs, Düsseldorf 1983.

Karrer, L. (Hg.): Handbuch der praktischen Gemeindearbeit, Freiburg/Br. 1990.

Kasper, W.: Zur Theologie der Gemeinde, in: Enkrich/Exeler 1971, 121–131.

Kirchschläger, W.: Die Anfänge der Kirche. Eine biblische Rückbesinnung, Graz–Wien–Köln 1990.

Klauck, H.J.: Gemeinde zwischen Haus und Stadt. Kirche bei Paulus, Freiburg/Br. 1992.

Kleymann, S.: O Seligkeit, getauft zu sein? Vom Glaubenszeugnis einer Ortsgemeinde, Münster 2005.

Klostermann, F.: Prinzip Gemeinde. Gemeinde als Prinzip des kirchli-

chen Lebens und der Pastoraltheologie als der Theologie dieses Lebens, Wien 1965.
Lehmann, K.: Gemeinde, in: CGG 29(1982), 5–65.
Lehner, M.: Das Bett des Prokrustes. Systematisierungsversuche in der Pastoraltheologie, in: Orientierung 58 (1994), 41–45.
Lohfink, G.: Wie hat Jesus Gemeinde gewollt?, Freiburg/Br. 1982.
Mette, N. (Hg.): Wie wir Gemeinde wurden. Lernerfahrungen und Erneuerungsprozesse in der Volkskirche, München-Mainz 1982.
Mette, N.: Gemeinde in der Sackgasse? Die aktuelle Diskussion in der Gemeindetheologie, in: Henkelmann, A./Sellman, M. (Hg.), Gemeinde unter Druck – Suchbewegungen im weltlichen Vergleich: Deutschland und die USA, Münster 2013, 97–117.
ders.: „Pastorale Strategien" und Organisation des Gemeindlebens seit 1960, in: Damberg, W./Liedhegener, A. (Hg.), Katholiken in den USA und Deutschland. Kirche, Gesellschaft und Politik, Münster 2006, 98–114.
ders.: Einführung in die katholische Praktische Theologie, Darmstadt 2005.
ders.: Gemeinde – wozu? Zielvorstellungen im Widerstreit, in: Greinacher/Mette/Möhler 1979, 91–107.
ders.: Gemeindekirche – passé?, in: Diakonia 32 (2001), 124–131.
ders.: Kirchlich distanzierte Christlichkeit. Eine Herausforderung für die praktische Kirchentheorie, München 1982.
Metz, J.B.: Suchbewegungen nach einem neuen Gemeindebild, in: Kaufmann, F.-X./ders., Zukunftsfähigkeit. Suchbewegungen im Christentum, Freiburg/Br. 1987.
Meurer, F./Otten, P.: Wenn nicht hier, wo sonst? Kirche gründlich anders, Gütersloh 2010.
Müller, P.: Gemeinde: Ernstfall von Kirche. Annäherungen an eine historisch und systematisch verkannte Wirklichkeit, Innsbruck 2004.
Rahner, H. (Hg.): Die Pfarre. Von der Theologie zur Praxis, Freiburg/Br. 1956.
Rebell, W.: Zum neuen Leben berufen. Kommunikative Gemeindepraxis im frühen Christentum, München 1990.
Schrott, A.: Seelsorge im Wandel der Zeiten. Formen und Organisation seit der Begründung des Pfarrinstituts bis zur Gegenwart, Graz–Wien 1949.
Schulz, H.-M.: Damit Kirche lebt. Eine Pfarrei wird zur Gemeinde, Mainz 1975.
Serger, B./Mennekes, F./Nagel, A. (Hg.): Wenn sich die Kirchentüren öffnen. Beispiele aus einer Vorortgemeinde, Mainz 1982.
Söding, Th.: Blick zurück nach vorn. Bilder lebendiger Gemeinden im Neuen Testament, Freiburg/Br. 1997.
Steinkamp, H.: Gemeindestruktur und Gemeindeprozeß. Versuch einer Typologie, in: Greinacher/Mette/Möhler 1979, 77–89.

Walter, E./Kramny, W.: Gemeindereform – Prozess an der Basis, Freiburg/Br. 1970.
Werbick, J.: Warum Kirche vor Ort bleiben muss, Donauwörth 2002.
Weß, P.: Gemeindekirche – Zukunft der Volkskirche. Der Lernweg einer Pfarrgemeinde, Wien 1976.
Wessel, W./Kellerhoff, P.: Faszination Gemeinde. Erfahrung, Besinnung, neue Impulse, Freiburg/Br. 1979.
Zentralkomitee der deutschen Katholiken (Hg.): Gemeinde des Herrn. 83. Deutscher Katholikentag Trier 1970, Paderborn 1970.
Zerfass, R.: Verkündigung, in: Bäumler/Mette 1987, 354–368.

Anmerkungen

[1] Vgl. auch *Mette,* Gemeindekirche (2001); *Mette,* Gemeinde (i. E.)

[2] Vgl. *Mette,* Gemeinde (1979).

[3] Aufgrund der dieser Replik vorgegebenen Begrenzung müssen die Ausführungen dazu notgedrungen mehr oder weniger summarisch gehalten und können nicht im Einzelnen belegt werden. Es wäre reizvoll, das in einer eigenen Forschungsarbeit zu leisten.

[4] Vgl. *Klostermann,* Prinzip Gemeinde (1965).

[5] Vgl. u. a. *Blöchlinger,* Pfarrei (1962); *Rahner,* Pfarre (1956); *Schrott,* Seelsorge (1949).

[6] Vgl. *Damberg,* Bergarbeiter (2006).

[7] Das belegt eindrucksvoll eine entsprechende Recherche im Internet.

[8] Vgl. z. B. *Kirchschläger,* Anfänge (1990); *Klauck,* Gemeinde (1992); *Lohfink,* Jesus (1982); *Rebell,* Leben (1990); *Söding,* Blick (1997).

[9] Wobei nach fachkundiger Auskunft auch dieses mehr Möglichkeiten zulässt, als landläufig gemeint wird (vgl. *Hallermann,* Pfarrei (2004); *Demel,* Pfarrei (2008)). – Auch die systematischen Theologie hat wichtige Beiträge zur Gemeindedebatte beigesteuert (vgl. z. B. *Kasper,* Theologie (1971); *Lehmann,* Gemeinde (1982); *Werbick,* Kirche (2002); *Müller,* Gemeinde (2004)). Erhellende Beiträge liefert zusätzlich die Kirchengeschichte mit ihren sozialgeschichtlichen Beiträgen zur den verschiedenen Ausprägungen der kirchlichen Sozialformen im Verlauf der Zeit. Insgesamt lässt sich sagen, dass „Gemeinde“ zu so etwas wie einem Querschnittthema der Theologie geworden ist.

[10] Vgl. Gemeindereform (1970).

[11] Vgl. *Betz,* Gemeinde (1969).

[12] Vgl. *Enkrich/Exeler,* Kirche (1971).

[13] Vgl. *Fischer/Greinacher/Klostermann*, Gemeinde (1970).

[14] Ebd., 15.

[15] *Zentralkomitee der Deutschen Katholiken*, Gemeinde (1970).

[16] Vgl. auch *Mette,* Pastorale Strategien (2006).

[17] Vgl. z.B. *Honsel*, Punkt (1983); *Schulz*, Kirche (1975); *Serger/Mennekes/Nagel*, Kirchentüren (1982); *Weß*, Gemeindekirche (1976); *Wessel/Kellerhoff*, Faszination (1979); aus neuerer Zeit: *Kleymann*, Seligkeit (2005); *Meurer/Otten*, Wenn nicht hier (2010).

[18] Vgl. dazu *Mette*, Christlichkeit (1982) und die vor allem die über Jahre hinweg in der Zeitschrift „Diakonia" veröffentlichten Artikel. Einen instruktiven Überblick über die Schwerpunkte der Debatte sowohl im katholischen als auch im evangelischen Raum gibt *Greinacher/Mette/Möhler*, Gemeindepraxis (1979). Kompendienartig angelegt sind *Bäumler/Mette*, Gemeindepraxis (1987) sowie *Karrer*, Handbuch (1990).

[19] Vgl. als Versuch einer kommentierenden Zusammenfassung der damaligen Debatte über „Volkskirche" *Mette*, Christlichkeit (1982).

[20] Vgl. *Geller*, Ökumene (1985).

[21] Vgl. *Bäumler/Mette*, Gemeindepraxis (1987).

[22] Vgl. *Geller/Pankoke/Gabriel*, Ökumene (2002).

[23] Dabei zeigt etwa das Heft „Kirche als Gemeinde" (Evangelische Theologie 2010), wie vieles auch heute noch bzw. gerade heute voneinander gelernt werden könnte.

[24] Vgl. *Steinkamp*, Gemeindestruktur (1979).

[25] *Metz*, Suchbewegungen (1987).

[26] Das Memorandum des Bensberger Kreises „Offene Gemeinde" aus dem Jahre 1974 kann mit seinem Versuch, Alternativen zum immer restaurativer werdenden Kurs der Kirchenleitung aufzuzeigen und dafür zu werben, als Reaktion auf diese Entwicklung gelesen werden (vgl. *Bensberger Kreis*, Gemeinde (1975)).

[27] Vgl. dazu meine zweite Replik: Christliche Gemeinde im Horizont des Reiches Gottes.

[28] In diesem Zusammenhang wird gern das Motto „Wer mitmacht, erlebt Gemeinde" als Beleg für eine leistungsorientierte Gemeinde-Ideologie angeführt. Geprägt wurde dieses Motto in der Franziskus-Gemeinde in Dortmund-Scharnhorst und war mit einer für viele Gläubige befreienden Intention verbunden, nämlich als Einladung an alle, ihre Charismen in die Gemeinde und in ihre Sendung vor Ort einzubringen und so mit dem herkömmlichen Amtsmonopol zu brechen (vgl. *Görges/Kellerhoff/Weber/Wessel*, Wer mitmacht (1972)).

[29] Vgl. *Lehner*, Bett (1994).

[30] In der Apostelgeschichte wird die Gemeinschaft der Christen und Christinnen wiederholt „der neue Weg" genannt (vgl. Apg 9,2; 19,9; 19,23; 22,4; 24,14 und 24,22).

[31] Das macht sehr schön die Zuordnung der Grundfunktionen in einem dreidimensionalen Modell deutlich, wodurch ein Würfel/Raum entsteht; Vgl. *Zerfass*, Verkündigung (1987), 363.

[32] Vgl. *Mette*, Einführung (2005) 109–113.

[33] Vgl. dazu ausführlicher meine zweite Replik.

3. Nach dem Dialog: Bedenkenswertes und weiter Kontroverses

Worüber zu diskutieren wäre und was nachdenklich macht

von Rainer Bucher

I.

Es wäre ohne Zweifel reizvoll, im Detail auf die Einwände der Kollegen einzugehen. Dann wäre etwa darzulegen, inwiefern Andreas Wollbolds Identifikation des Hirtenamtes mit dem kirchlichen Grundvollzug der Diakonie die konzeptionelle Unterbewertung der Diakonie in seinem Modell eher bestätigt denn widerlegt[1] oder auch, inwiefern der CIC tatsächlich für die konkrete territoriale Organisation einer Diözese einen enormen Spielraum lässt, was sich gegenwärtig nicht zuletzt in den diversen diözesanen Reformprozessen zeigt. Man hätte auch zu erläutern, warum die vier „Konstitutionen" des letzten Konzils inklusive der ihnen beigeordneten Texte vielleicht doch so etwas wie einen verbindlichen Referenzrahmen katholischer Existenz darstellen, und auch, was es mit dem von mir nicht zuallererst moralisch-individuell, sondern konzeptionell-intellektuell gefassten Scheitern der katholischen Kirche im Nationalsozialismus im Einzelnen auf sich hat.[2]

Auch wäre es sicher spannend, das in Andreas Wollbolds Replik explizit und implizit zum Ausdruck kommende Verständnis des Faches zu diskutieren. Man müsste dann etwa fragen, woher etwa Wollbolds Wunsch nach einem in seinen Axiomen, Definitionen, Gliederungen, Voraussetzungen, Grundsätzen, Methodiken, argumentativen Mustern, anerkannten Autoritäten und in seinem Theorie-Praxis-Verhältnis eindeutig geklärten Fach kommt, und warum Wollbold den pastoralen Akteuren die Freiheit nehmen will, sich ihre pastoraltheologischen ReferenzpartnerInnen selbst auszusuchen. Da zeichnen sich die Umrisse eines in Theoriedesign wie intendierter Praxisrelevanz doch einigermaßen überdeterminierten Faches ab. Ich vermute, Wollbold will eine andere Pastoraltheologie.[3]

Mit Herbert Haslinger würde ich – voraussichtlich weniger kontrovers und mit größeren Chancen auf produktive Ergebnisse – gerne über das Verhältnis der theologischen Disziplinen diskutieren und hier für mehr selbstbewusste Gelassenheit plädieren: Die Pastoraltheologie muss nicht alles selber machen. Auch ob nicht doch schon in Klostermanns Entwurf der Kern von all dem steckt, was Haslinger „Gemeinde-Idee" nennt – wofür nicht zuletzt die Genese des Klostermannschen Ansatzes spricht[4] – wäre zu diskutieren. Vor allem würde ich Herbert Haslinger gerne versichern, dass ich ihn nie und nimmer zu jenen gerechnet habe, welche die in die religiöse Freiheit entlaufenen Menschen wieder in die Pfarrfamilie einfangen wollen.

Auch wäre es sicherlich weiterführend, das von Haslinger aufgeworfene Problem des Verhältnisses von Individualität und Gemeinschaftlichkeit in gegenwärtiger und künftiger Kirchenbildung grundsätzlich und en détail durchzubuchstabieren: Mein Diskussionseinstieg liefe da auf den Vorschlag hinaus, dass die Kirche ein breites Spektrum von Orten zur Verfügung stellen sollte, die dieses Verhältnis in je unterschiedlicher Gewichtung gestalten, alle aber unter dem Horizont grundsätzlicher Freiheit und unter dem Primat pastoraler Aufgabenbezogenheit. Genau besehen, tut sie das auch schon.

Mit Norbert Mette würde ich, hier der Position Herbert Haslingers sehr nahe, gerne darüber diskutieren, ob man den Gemeindebegriff tatsächlich derart basal ansetzen muss, dass zuletzt so ziemlich alle kirchlichen Sozialformen darunter fallen können und können sollen. Dabei wäre auch zu besprechen, ob solch ein Ansatz in seiner Sozialformorientierung nicht doch näher an herkömmlichen katholischen Kirchenbildungsstrategien und ihren typischen Folgen steht, als es Mette selbst recht sein kann.

Doch muss solch eine ausführliche Diskussion aus Gründen des für diese letzte Replik zugestandenen Platzes auf einen anderen Tag, einen anderen Ort verschoben werden. Ich würde mich freuen, wenn wir unsere disputatio face to face weiterführen könnten. Hier aber möchte ich notieren, was an den Rückmeldungen der Kollegen mich über die übliche wissenschaftliche Kontroversdiskussion hinaus nachdenklich gemacht hat.

II.

Norbert Mettes Replik rekapituliert noch einmal eindringlich die Verzweigungen, Hintergründe und Ansätze des gemeindetheologischen Diskussionszusammenhangs der Jahre nach 1965. Man kann seinen Text als Appell lesen, die in diesem Diskussionszusammenhang gespeicherten Einsichten und Ansätze in der Kritik der heutigen Gemeinderealität nicht zu schnell als historisch überholt beiseite zu schieben.

Dieser Appell ist berechtigt. Denn er gilt ohne jeden Zweifel personal im Sinne des Respekts vor den damaligen Akteuren und deren spezifischer kirchlicher und menschlicher Leistung. Er gilt tatsächlich auch hinsichtlich der unbestreitbaren Differenzen und Fortschritte zwischen vor- und nachkonziliarer pastoraler Realität, auf die Mette verweist, im Sinne von gesteigerter Partizipation, weniger hierarchischen Kommunikationsstrukturen, liturgischer Kreativität und ökumenischer Offenheit.

Überhaupt hat jede Analyse kirchlicher Realitäten das

Problem, in der Kritik herrschender Konzeptionen personal und sachlich fair gegenüber jenen zu bleiben, die sie kritisiert. Denn es steht tatsächlich niemandem ein Urteil über den religiösen oder gar christlichen Status unserer Väter und Mütter im Glauben zu. Andererseits leben wir in solch neuen Zeiten, dass offenbar vieles nicht mehr funktioniert wie früher. Die Tiefe dieses kulturellen und damit auch kirchlichen Bruches, der viele alte Muster, Sozialformen, Codierungen und Normen dysfunktional gemacht hat, dringt erst langsam ins Bewusstsein.

Der Appell, die im gemeindetheologischen Diskurs gespeicherten Ansätze nicht zu schnell abzuschreiben, gilt aber auch grundsätzlich: Die emanzipatorischen und egalitären Potentiale des gemeindetheologischen Diskurses bleiben wichtig. Mettes Rekonstruktionen machten deutlich: Die Kritik an der – zudem in sich ja durchaus differenzierten – Gemeindetheologie kann an viele ihrer Intentionen und Einsichten anschließen und sich *auch* als ihre kritische Fortsetzung verstehen. Denn viele der Ziele der Gemeindetheologie sind zutiefst in der christlichen Semantik und Praktik verwurzelt.

III.

Herbert Haslinger protestiert trotz großer Übereinstimmung in vielen Punkten heftig gegen meine Kategorisierung seines Buchtitels „Lebensort für alle. Gemeinde neu verstehen“ als „mindestens missverständlich“. Das „mindestens“ nehme ich gerne zurück, denn mehr als missverständlich gerade gegenüber seiner eigenen Position ist dieser Titel tatsächlich nicht. Freilich: Herbert Haslinger setzt, wenn ich recht sehe, schon noch weit mehr Hoffnungen auf die – grundlegend reformierte – Pfarrei, als ich es tue. Ob es zum Beispiel wirklich möglich ist, „damit Schluss zu machen, das Gemeindegeschehen als einen sozialen Inklusions- und Exklusionsmechanismus zu konstruieren“[5], und diese Forderung aus grundsätzlich systemtheoretischen wie kontingent historischen Gründen der bundesrepublikanischen Gesellschaft nicht eben doch eine veritable Utopie darstellt, wäre zumindest zu erörtern.

Mehr noch aber hat mich die Heftigkeit von Herbert Haslingers Reaktion auf meine – zugegeben im Ganzen des gemeindetheologischen Diskurses eher marginale – Kritik seines Buchtitels beschäftigt. Denn hier lauert ein wirkliches Problem: das Katholizitätsproblem, verstanden als Problem der unaufhebbaren Polarität von universalem Heilsanspruch der Kirche und historisch immer nur partikularer Realisation dieses Anspruchs.

Dass Exklusion und Inklusion, Ausschluss und Einschluss auf das engste und komplexeste miteinander verwoben sind, ist alltägliche Erfahrung.[6] Katholisch steht gerade das Adjektiv „katholisch“ für diesen komplexen Zusammenhang, meint es doch einerseits die universale Inklusion aller in das Volk Gottes durch die in Jesus Christus erfolgte Berufung aller Menschen zu Gott und gleichzeitig jene konfessionelle Teilinstitution der Christenheit, deren Partikularität schon innerhalb des Christentums, geschweige denn innerhalb der ganzen Menschheit unübersehbar ist. Bei jedem Beten des Glaubensbekenntnisses changiert denn auch das Verständnis von „katholisch“ zwischen diesen beiden Semantiken, so sehr, dass die evangelischen Brüder und Schwestern, für die dieses Changieren nicht interne Spannung sondern potentiellen Ausschluss bedeutet, das „katholisch“ durch „allgemein“ ersetzt haben.

Die Polarität von Universalität und Partikularität zeigt sich aber natürlich auch bei einer Sozialform der Kirche, die, wie die Gemeinde, grundsätzlich tatsächlich ein „Lebensort für alle“ zu sein hätte – und natürlich nie ist. Zeigt sich in meiner Kritik des Titels „Lebensort für alle" und in Haslingers Protest gegen diese Kritik sachlich das Problem, dass dieser Anspruch permanent zwischen Selbst- und Fremdüberforderung einerseits und Resignation andererseits changiert? Und dass uns dieses Changieren gehörig an die Nerven geht?

Dass wir in der Kirche, diesem „universalen Sakrament des Heils", Lebensorte für alle bereitstellen wollen und auch sollen und dass wir das unter den Bedingungen der spätmodernen Individualisierung aber nicht können, in der Gemeinde nicht und generell nicht, ist es diese Einsicht, die so schmerzt?

Hilft hier vielleicht wirklich nur jene gnadentheologische Balance von Anspruchsabrüstung und zuletzt Gott zu überlassender Universalität des Heils, die Ottmar Fuchs seit längerem auf ihre Praxis- und Existenzrelevanz hin virtuos durchbuchstabiert?[7]

Zeigt sich die Gemeindedebatte auch als eine in Sozialformdiskurse verschobene Auseinandersetzung darüber, wie es mit der Balance von Gnade und Freiheit, von Leistung und Geschenk, von Gottes Gnadenmacht und der Kirche Beitrag dazu steht?

IV.

An Andreas Wollbolds Replik hat mich seine Kritik meiner Sprache nachdenklich gestimmt.

Natürlich ist diese Kritik einerseits ungerecht. Zum einen, weil Wollbold selbst extensiv mit klassisch wissenschaftlichen Kritikstrategien arbeitet und genauere Definitionen, historische Differenzierungen, weitere Belege fordert. Das ist im akademischen Kontext immer möglich, aber eben auch ein wenig wohlfeil. Dieser forcierte Wissenschaftlichkeitsgestus ist selbst eine Variante des von Wollbold an meinem Text kritisierten typischen Wissenschaftlerhabitus.[8] Diesem – grundsätzlich zumindest – immer auch selbstkritischen Habitus entspricht es dann schon weniger, die eigenen Verstehensbedingungen umstandslos als Maßstab von Klarheit anzusetzen, wie Wollbold das tut.[9]

Aber natürlich gilt andererseits tatsächlich: Die Grenzen meiner Sprache sind die Grenzen meiner Welt. Wollbolds Kritik trifft ein wirkliches Problem der Theologie: die Bandbreite der in ihr gesprochenen Sprachen. Dorothee Sölle hat einmal geschrieben: „Ich denke, dass Theologie zwar Anteile der Wissenschaft braucht, aber eigentlich näher an Praxis, Poesie und Kunst ist als an der Wissenschaft."[10] Auch wenn man den wissenschaftskritischen Duktus dieser Aussage relativiert und sie nur auf die wissenschaftsinterne Sprachvarianz bezieht, so bleibt, dass gerade die Pastoraltheologie als gegenwarts- und zukunftsorientierte Wissenschaft einen vielfältigen Reichtum an Sprachformen braucht und den Zugang zu noch weit mehr Sprachformen, Sprachspielen und Sprachstilen suchen muss, um ihr schwieriges Geschäft, die Möglichkeitsbedingungen, die Prinzipien und die Orte einer kreativen Konfrontation von Evangelium und konkreter Existenz heute zu analysieren, in Angriff nehmen zu können.

Es stellt sich auch die Frage, wie soziale Räume ausschauen müssten, in denen die Pastoraltheologie solch einen Reichtum an Sprachen entwickeln und vorher überhaupt schon antreffen kann. Die letzte größere Bereicherung der katholischen Theologie in diesem Feld stellte die Rezeption moderner Wissenschaftsmethodiken dar, die in ihr bekanntlich erst nach der Auflösung der anti-modernistischen Blockade möglich wurde, die letzte tiefere und wirksamere Reflexion der Gebundenheit der theologischen Produktion an ihren sozialen Ort aber leistete die Theologie der Befreiung.

Ein erster Schritt wäre es ja schon, andere Sprachgesten in der Theologie nicht abzuwerten, sondern ihre unbestrittenen Begrenzungen durch eine eigene Sprache perspektivisch zu bereichern, sie also nicht bei ihren Schwächen, sondern Stärken zu nehmen. Das würde freilich voraussetzen, die eigene Sprache nicht als Zentralperspektive normativ zu setzen. Der autoritative Gestus von Wollbolds Texten wie auch die Tatsache, dass Wollbold die repressiven Elemente der vorkonziliaren katholischen Kirchenrealität, in der solch eine klerikale Zentralperspektive im Leben vieler Menschen tiefe und oft auch furchtbare Spuren hinterlassen hat,[11] minimalisiert, stimmt skeptisch, ob Wollbold solch einer Pluralisierung (pastoral-)theologischer Sprachen zustimmen könnte.

V.

Ich schlage vor, den gemeindetheologischen Diskurs als Diskurs zu den Möglichkeitsbedingungen, den Prinzipien, der Situierung und der konkreten Gestaltung heute möglicher pastoraler Orte als Orte der kreativen Konfrontation von Evangelium und Existenz weiterzuführen.

Literatur

Bucher, R.: 1935–1970–2009. Ursprünge, Aufstieg und Scheitern der „Gemeindetheologie" als Basiskonzept pastoraler Organisation der katholischen Kirche, in: Scherzberg, L. (Hg.), Gemeinschaftskonzepte im 20. Jahrhundert zwischen Wissenschaft und Ideologie, Münster 2010, 289–316.

ders.: Hitlers Theologie, Würzburg 2008.

ders.: Theologie im Risiko der Gegenwart, Stuttgart 2010.

Fuchs, O.: Wer's glaubt, wird selig. Wer's nicht glaubt, kommt auch in den Himmel, Würzburg 2012.

Heller, A./Weber, Th./Wiebel-Fander, O. (Hg.): Religion und Alltag. Interdisziplinäre Beiträge zu einer Sozialgeschichte des Katholizismus in lebensgeschichtlichen Aufzeichnungen, Wien–Köln 1990.

Kreuztragen. Drei Frauenleben, 2., unveränd. Auflage, Wien u. a. 1997.
Pock, J./Hoyer, B./Schüßler, M. (Hg.): Ausgesetzt. Exklusionsdynamiken und Exposureprozesse in der Praktischen Theologie, Wien-Berlin 2012.
Scheule, R. M.: Beichte und Selbstreflexion. Eine Sozialgeschichte katholischer Bußpraxis im 20. Jahrhundert, Frankfurt/M.-New York 2002.
Sölle, D.: Gegenwind. Erinnerungen (Gesammelte Werke, Bd. 12), hg. v. Baltz-Otto, U./Steffensky, F., Freiburg/Br. 2010, 62.

Anmerkungen

1 Siehe auch die entsprechenden Ausführungen in Herbert Haslingers erster Replik.
2 Meine Position hierzu ist knapp zusammengefasst zu finden in: *Bucher*, Hitlers Theologie (2008), 21–24.
3 Den Entwurf eines in vielfacher Hinsicht offeneren Fachdesigns habe ich vorgelegt in: *Bucher*, Theologie (2010).
4 Vgl.: *Bucher*, 1935–1970–2009 (2010).
5 *Haslinger*, 86.
6 Vgl. *Pock/Hoyer/Schüßler (Hg.)*, Ausgesetzt (2012).
7 Siehe etwa: *Fuchs*, Wer's glaubt (2012).
8 Der Text war ursprünglich ein Referat auf einem wissenschaftlichen Fachkongress.
9 Wie nur kommt Wollbold bei meiner Fügung „Lizenz zu bindungsfreier religiöser Praxis“ auf James Bond und seine „Lizenz zum Töten“?
10 *Sölle*, Gegenwind (2010), 62.
11 Vgl. dazu etwa: *Scheule*, Beichte (2002); Kreuztragen (1997); *Heller/Weber/Wiebel-Fander (Hg.)*, Religion (1990).

Abschließendes Statement

von Andreas Wollbold

In einem Feld wie der Gemeindepastoral, worin „Analysen, Bewertungen, normative Orientierungen und konzeptionelle Richtungsanzeigen unterschiedlicher nicht sein" könnten (Haslinger), eine Debatte zu wagen ist riskant. Dennoch ist der Ertrag für mich nicht gering. Zunächst danke ich den Kollegen schlicht für die Mühe und Sorgfalt, mit der sie sich auf die Beiträge der anderen eingelassen haben. In der Pastoraltheologie, sicher eine der streitbarsten theologischen Disziplinen überhaupt, zu einem differenzierten und detailgenauen Diskurs zu kommen stellt eine bemerkenswerte Leistung dar. Ich bekenne, dass es mir auch persönlich Freude gemacht hat, zu genauen und nicht bloß klischeehaften Stellungnahmen zu kommen. Darüber hinaus trägt die Debatte zweifellos dazu bei, dass die derzeit in der deutschsprachigen Pastoraltheologie vorgetragenen Konzeptionen zur Gemeindetheologie prägnant und mit klaren Konturen zu Tage getreten sind. Wer ein wenig die Pfarreienlandschaft kennt, wird zu jeder von ihnen auch Beispiele anführen können. Mehr noch: In jeder Pfarrei gibt es Menschen, die mit ihr sehr Unterschiedliches verbinden – von überhaupt nichts bis Heimat, von Stein des Anstoßes bis Trost und Lebensinhalt. Sollte es nicht gerade zur Größe der Pfarrei gehören, dass sie ein institutionelles Gerüst bietet, in dem ein solches Vielerlei möglich ist? Insofern muss diese Pluralität nicht unbefriedigend bleiben, wenn nur ein *common ground* gewahrt bleibt. Falls ich bei der Wortwahl vielleicht gelegentlich mehr Leidenschaft als

Differenziertheit gezeigt haben sollte, bitte ich dies zu entschuldigen; das derzeitige kirchliche Klima ist sicher nicht durch ein Zuviel an Leidenschaft geprägt ... Ein *movens* für meinen Ansatz beim dreifachen Amt war übrigens, dass ich dadurch die Checklisten-Pastoral zu vermeiden suchte, die den Bistümern und Gemeinden in Form von drei oder vier Tabellenspalten eine meist unerfüllbare *to-do*-Liste vorschreibt.

Im Sinn des *common ground* halte ich allerdings weiterhin daran fest, dass das Schema der Grundvollzüge mehr verunklärt als klärt. Es ist mir unverständlich, aus welchen Gründen man Kategorien, die, wie Haslinger ganz treffend bemerkt, „eher wie das Blaue vom theologischen Himmel gefallen sind", dem vom II. Vatikanischen Konzil vielfach vorgetragenen und biblisch-, systematisch- und praktisch-theologisch gut begründbaren Axiom des dreifachen Amtes Christi und davon abgeleitet der Kirche vorziehen will (vgl. etwa PO 4–6 und LG 28). Nicht zuletzt scheint mir die konsequente Ausrichtung des priesterlichen Amtes an der Seelsorge in diesem Axiom sehr hilfreich, um Klerikalismus ebenso wie eine Auflösung der priesterlichen Identität zu vermeiden. Denn wer weiß, wozu er da ist, weiß auch, wer er ist: Die Priester sind also nach LG 28 „zur Verkündigung der Frohbotschaft, zum Hirtendienst an den Gläubigen und zur Feier des Gottesdienstes geweiht und so wirkliche Priester des Neuen Bundes." Nicht zuletzt macht diese Ausrichtung den Priestern auch klar, wie sehr sie auf das Mitwirken aller Gläubigen in diesen drei Ämtern angewiesen sind; so wird das Verbindende betont, ohne doch den Priester in seiner unverzichtbaren Sendung zu relativieren. Will man dagegen jeden Versuch, den Ort des Priesters in der Seelsorge deutlich zu bestimmen, als vorkonziliar und priesterzentriert brandmarken, wirkt dies nur wie ein Totschlagargument. Wie gut würde dagegen auch beim

Verhältnis von Priestern und Laien eine genaue Lektüre der Konzilstexte tun!

Eine abschließende Erklärung schulde ich der Stellung der Diakonie im Gesamt der Pastoral. Offensichtlich sind von den Kollegen nur meine Abgrenzungen wahrgenommen worden, sozusagen vom halbvollen Glas nur die leere Hälfte. Ich halte die Abgrenzung für notwendig. Häufig nämlich wird unter Berufung auf die Diakonie die Verkündigung abgeschwächt oder sogar irrelevant gemacht – man schaue sich daraufhin einmal manche sogenannten diakonischen Firmmodelle an. Auch kann die Behauptung der Diakonie als einem eigenständigen Grundvollzug eine verhängnisvolle Abschottung der caritativen Einrichtungen vom Gesamt der Pastoral bewirken, was sicher den Intentionen aller drei Kollegen ebenso wie meiner selbst gänzlich zuwiderläuft. Faktisch wird die Kirche bei diesen Einrichtungen von Nutzern wie Angestellten hauptsächlich als Träger und Arbeitgeber erlebt; die Verbindung mit einem gelebten Ethos christlicher Barmherzigkeit im gesamten Volk Gottes tritt dagegen meist deutlich zurück. So bewirkt die Betonung der Diakonie paradoxerweise häufig gerade die Entdiakonisierung nicht nur der Gemeinden, sondern auch des gesamten christlichen Lebens. Wahrnehmung von Not, Einsatz für Benachteiligte und Hilfsbedürftige, Bemühen um Integration und Würde der Armen, kurz Dienst am Nächsten ist eine Signatur allen christlichen Lebens, ähnlich wie etwa Gebet oder Mission. Erst sekundär und subsidiär wird sie auch kirchlich institutionalisiert. So wie man nicht nur im Gottesdienst betet, steht man dem Nächsten nicht nur in kirchlichen Einrichtungen bei. Im Anschluss an F.X. Kaufmann darf man vielleicht auch von einer Verkirchlichung der Diakonie sprechen, die kompensatorisch und dadurch letztlich entdiakonisierend wirkt. In diesem Sinn sind aber gerade Gemeinden häufig Orte gelebter informeller oder wenig organisierter Nächstenliebe, nicht zuletzt in Familie und Nachbarschaftshilfe. Und schließlich: Selbstverständlich müssen gerade Liturgie, Verkündigung und Leitungstätigkeit vom Ethos des Dienstes geprägt sein; in ihm besteht ja vorrangig die Gleichförmigkeit mit Christus (vgl. LG 10). Doch das macht sie nicht weniger zu echter und unverkürzter Liturgie, Verkündigung und Leitung. Denn der tiefste Sinn allen christlichen Dienstes besteht ja darin, einem Menschen den Weg zu einem Leben in Christus zu eröffnen. Um es noch einmal unmissverständlich zu sagen: Ich halte die Einführung eines Grundvollzuges Diakonie für verunklärend, die Wirklichkeit diakonischen Handelns dagegen für die Gläubigen und die Kirche für unverzichtbar.

Was die Zukunft der Gemeinden angeht, so wird vielleicht das 50-jährige Jubiläum des II. Vatikanischen Konzils dazu beitragen, die keineswegs inhaltsarme Lehre seiner Dokumente neu zu rezipieren – Norbert Mette hat diesen Weg dankenswerterweise bereits angedeutet. Dabei wird sich m. E. zeigen, dass Pfarreien auch weiterhin eine privilegierte und unverzichtbare Aufgabe im Gesamt der Kirche haben. Sie stellen die Kirche als Gemeinschaft des Wortes und der Sakramente dar, in ihnen vor allem wachsen neue Christen heran und sie sind für viele der erste (gewiss oft nur ansatzhafte) Lernort des Glaubens, der Hoffnung und der Liebe. Pfarreien sollen nicht überlastet werden mit Erwartungen und Aufgaben, sie sollen auch nicht – das war der eigentliche Fehler der Gemeindetheologie der 70er Jahre – zum Vehikel von Kirchenträumen gemacht werden. Aber sie sollen und können das sein, was das II. Vatikanum so prägnant bekennt: „Der einzige Sinn des pfarrlichen Dienstes besteht im Heil der Seelen" (CD 31).

Reaktion auf die Repliken von R. Bucher, N. Mette und A. Wollbold

von Herbert Haslinger

Die Regie der hier geführten Gemeinde-Kontroverse sieht für den „dritten Akt" vor, dass in der abschließenden Replik auf die drei Diskurspartner keine detaillierte Diskussion mehr erfolgt, sondern resümierend der „Lernwert" festgehalten wird, sei es in Form der Korrektur, sei es in Form der Bekräftigung der eigenen Position. Das ist gut so. Denn gerade die Repliken aufeinander zeigen meines Erachtens, in welch unterschiedlichen Welten wir uns mit den Reflexionen zur Gemeinde bewegen. Die erkennbar gewordenen Dissense sind in vielen Fällen kein Problem des unzureichenden Austausches von Argumenten, sondern ein Ausdruck weit voneinander entfernter Denk-Systeme, innerhalb derer die jeweils vertretene Position von hintergründigeren, für die anderen Gesprächspartner nur schwer nachvollziehbaren Plausibilitäten bzw. Motiven getragen ist, sodass diese Dissense – wenn es denn darum ginge – wohl auch nicht durch eine noch so lange Weiterführung der Diskussion einzelner Aspekte ausgeräumt werden könnten.

Dennoch oder gerade deswegen erscheint mir eine generelle Bemerkung angebracht. Ich danke meinen drei Kollegen dafür, dass sie Arbeitszeit und Arbeitskraft in die sorgsame Lektüre der Beiträge investiert und sich intensiv mit meiner Position auseinandergesetzt haben. Das ist keine „Bauchpinselei", sondern durchaus ehrlich gemeint. Ich habe den Eindruck, dass die sorgfältige Lektüre der Arbeiten „der anderen" und die nüchterne Auseinandersetzung damit in unserer Pastoraltheologen-Zunft vielfach zu wünschen übrig lässt. Oft verbleiben Diskurse in Rezeptionskartellen verfangen, in denen man die Fachkolleginnen und Fachkollegen zitiert, die einen selber zitieren, genauer gesagt: die einen selber zustimmend zitieren, und andere nur insofern, als man sich von ihnen „weg schreiben" kann. So geraten die pastoraltheologischen Diskurse oft in die Watzlawicksche Falle des immer „mehr desselben"[1].

1. Zu Rainer Bucher

Der Replik Rainer Buchers entnehme ich für meine Position den wichtigen Hinweis, dass ich in meinem hier dokumentierten Beitrag bei der Kritik der Gemeinde-Idee bzw. der real existierenden Gemeinden zu wenig darauf abgehoben habe, dass es neben der Sozialform Gemeinde viele andere, gleichwertige pastorale Orte geben muss bzw. schon längst gibt und dass in Blick auf diese Pluralität pastoraler Orte ohnehin eine Entmonopolisierung der Gemeinde ansteht. Ich lasse mich gerne dahingehend korrigieren, dass ich meine gewiss deutliche Kritik der Gemeinde-Idee und der daran orientierten Gemeindepraxis ergänzen muss – im Sinne einer positiven, konstruktiven Gegenperspektive – um den Blick auf die Möglichkeit, in dieser Kirche vielfältige pastorale Orte aufzusuchen oder neu zu schaffen und gerade in der Unterschiedlichkeit dieser Orte gleichermaßen authentisches Kirche-Sein zu (er-)leben. Diesen Lernimpuls nehme ich umso bereitwilliger an, als es in ihm darum geht, gerade solchen Personen bzw. Menschengruppen einen ihren Bedürfnissen und Lebensbedingungen entsprechenden Ort in der Kirche zu schaffen, denen in der konventionellen Gemeinde-Welt bislang ein Ort verwehrt bleibt. Buchers zutreffende kritische Anmerkung ist mir also Ansporn, Markierungen eines Weges, den die pastorale

Praxis in Richtung Pluralität pastoraler Orte einschlagen könnte und wie ich sie im Gemeinde-Buch unter anderem mit den Ausführungen zur „gemeindepastoralen Paradoxie", zur „Wertschätzung distanzierter Kirchlichkeit" und zum „Leben jenseits der Gemeinde"[2] angedeutet habe, deutlicher zu zeichnen.

Woran ich gleichwohl festhalte – ich muss es an dieser Stelle wiederholen, weil Bucher die Vorhaltung in seiner Replik unvermindert wiederholt (107f.) – ist die Zurückweisung der Bewertung, ich würde mit der unter dem Titel „Lebensort für alle" vorgelegten Konzeption von Gemeinde eine Einfügung aller Menschen in die Gemeinde bzw. eine Allzuständigkeit der Gemeinde propagieren und so immer noch der Logik der „Gemeindetheologie" bzw. „Gemeinde-Idee" anhangen. Ich weiß nicht, was ich in dem besagten Buch noch alles hätte sagen müssen, damit diese Vorhaltung nicht möglich ist. An keiner Stelle fröne ich darin auch nur annähernd der Vorstellung, alle Menschen müssten im strukturellen Rahmen der Gemeinde leben bzw. die Gemeinden müssten sich alle Menschen als Mitglieder einverleiben. Das gesamte Buch hindurch, über 267 Seiten hinweg, rede ich an gegen jegliche Muster einer Gemeindetotalität, d.h. gegen eine Vereinnahmung aller Menschen und aller Lebensdimensionen eines Menschen für die Gemeinde, und spreche ich mich aus für die Emanzipation der Menschen von der vermeintlichen Glaubensdoktrin einer Alleingültigkeit der Gemeinde als Ort des Kirche-Seins sowie für die Anerkennung bzw. Kultivierung einer Vielfalt pastoraler Orte, an denen Menschen je nach ihrem Bedarf ihren christlichen Glauben oder einfach ihr menschenwürdiges Menschsein leben können. Sogar der Durchgang durch die zweitausendjährige Geschichte der Gemeinde mündet in die Quintessenz, dass die Sozialform Gemeinde nicht die Fülle des christlichen Glaubens und nicht die

Gänze kirchlicher Aufgaben zu erfassen vermag und auch noch nie erfasst hat, sondern dass es einer Vielfalt an pastoralen Sozialformen, Vollzügen, Orten usw. bedarf und dass Menschen sich in keiner Weise der Unkirchlichkeit oder der individualistischen Glaubensferne bezichtigen lassen müssen, wenn sie sich nicht in eine Gemeinde einbinden lassen.[3] Was ich sage ist: Gemeinden müssen in dem Sinn „Lebensort für alle" sein, dass sie mit ihren Funktionsträgern, Strukturen, Orten und Praxisformen für alle Menschen, und zwar für unterschiedslos *alle* Menschen, die im Territorium der Gemeinde auftauchen (oder versteckt sind), zur Verfügung stehen, wenn jemand von diesen „allen" den Raum der Gemeinde für längere oder kürzere Zeit, in bestimmten Lebenssituationen oder für bestimmte Bedürfnisse als Lebensort braucht bzw. in Anspruch nehmen will. Und ich spreche bewusst von einem *Lebens*ort und nicht von einem Ort des Mitmachens, der Einfügung, der Integration, des Dazugehörens, der Mitarbeit, der Gemeinschaft oder wie sonst die Leitbegriffe der Gemeindeideologie lauten. Spätestens das Bild der „Berghütte"[4], mit dem ich u. a. die Bedenklichkeit des „familiären" Sich-Einnistens in Gemeinden und die Notwendigkeit des Weggehens ausdrücklich anzeige, macht eine solche Deutung unmöglich. Deshalb würde ich Bucher gerne fragen, warum er die gemeindepastorale Position, die wir oft sogar – wie das Plädoyer für das Territorialprinzip oder das Motiv der „Verausgabung"[5] zeigt – bis in den Wortlaut hinein übereinstimmend vertreten, für sich selbst (unzweifelhaft mit Recht) als innovative, zukunftsweisende und tragfähige Richtungsanzeige der Gemeindepastoral in Anspruch nimmt, während er sie mir im Munde ins Gegenteil umdreht und mir die unsägliche Intention eines „Einfangens aller Menschen in die Pfarrfamilie" unterstellt.

Gegenüber der ersten Replik ändere ich die Reihenfolge meiner Stellungnahmen gegenüber den Kollegen Norbert Mette und Andreas Wollbold, womit durchaus eine Revision in der Feststellung der inhaltlichen Nähe angezeigt sein soll. Die Stellungnahme Norbert Mettes gibt mir zu erkennen, dass ich eine grundlegende Übereinstimmung zwischen uns nicht hinreichend wahrgenommen bzw. nicht genügend zur Geltung gebracht habe, nämlich das uns verbindende Anliegen, die hierarchistische Struktur der Kirche zu überwinden, in der sich Weiheamtsträger einerseits und sogenannte „Laien" andererseits als zwei ungleichstufige Ebenen der Kirche gegenüberstehen und in der die Letzteren nur als Objekte firmieren, welche in nachgeordneter Position die Vorgaben und Vorstellungen der Ersteren zu erfüllen hätten. Diese Gemeinsamkeit im Anliegen ist mindestens so grundlegend wie der – freilich weiter bestehende – Dissens in der Bewertung der „Gemeindekirche"-Konzeption bzw. der „Gemeinde"-Programmatik. Diese Gemeinsamkeit ist auch grund-legend in dem Sinn, dass sie vielleicht das Fundament für weitere Verständigungen bilden könnte. Und es gilt, diese Gemeinsamkeit umso nachdrücklicher zu betonen, als heutzutage wieder vermehrt hierarchistische Vorstellungen von Kirche Platz greifen. Mettes Replik nehme ich also gerne zum Anlass, meine Stellungnahme zu seinen Positionen dahingehend zu korrigieren, dass unser beider Gemeinde-Denken nicht einfach divergiert, sondern in diesem gemeinsamen Anliegen einen gleichgerichteten Impetus aufweist.

Auch stimme ich Mette uneingeschränkt in der Würdigung der Leistung zu, die Pastoraltheologen wie Ferdinand Klostermann damals mit der Entwicklung eines neuen Bildes von Gemeinde erbracht haben. Sie haben damit ein ideelles Potential geschaffen, das notwendig war, um die verfestigte Struktur einer patriarchalistisch verfassten Kirche zu überwinden. Und wir Heutige sollten, wie Mette zu Recht sagt, nicht vergessen, dass vieles, was wir heute als selbstverständlich plausibel übernehmen oder als selbstverständlich machbar vollziehen können, damals erst von Grund auf neu entwickelt sowie mühsam plausibilisiert und legitimiert werden musste. Wir dürfen also auch hier nicht den Fehler machen, dass wir mittels der von unseren Vorgängern aufgestellten „Leitern" auf die Bäume unserer heutigen Pastoraltheologie steigen, dort die Früchte ernten und dann die „Leitern" hinter uns als vermeintlich unnützes Zeug umstoßen.

Den Ausführungen Mettes entnehme ich schließlich einen weiteren wertvollen Gedanken, den ich bislang nicht so im Blick hatte, den ich aber fortan gerne aufnehme: Gerade dadurch, dass die in den 1960er Jahren aufkommende Gemeindetheologie viele der herkömmlichen Strukturen und Denkmuster in der Kirche und in den Pfarreien aufsprengte, war der Impuls dazu gesetzt, dass über die gängigen fürsorglichen Tätigkeiten hinaus auch sozial bzw. politisch ambitionierte Initiativen entstanden und sich überhaupt ein Bewusstsein für die politische Virulenz, aber auch Verantwortung pastoralen Handelns entwickelte. Dadurch konnte sich ein für unseren Glauben konstitutives Praxisfeld entwickeln, für das sich die alte Pfarreistruktur in der Tat als wenig disponiert erwies.

Gleichwohl, in vielen Punkten kommen Mette und ich auch weiterhin nicht zusammen. Das zeigen nicht zuletzt manche Bewertungen, mit denen er meine Positionen versieht. Seiner Vorhaltung, dass der Zusammenhang zwischen „Gemeindekirche"-Konzeption und der von mir problematisierten „Gemeinde-Idee" sich nur schwer belegen lasse – ein Argument, mit dem meinem Eindruck nach die

„Gemeindekirche" aus der Schusslinie der Kritik an den diversen Formen der Gemeinde-Ideologie gezogen werden soll –, widerspreche ich deutlich. Der Zusammenhang ist mehr als evident. Tragende Motive und Postulate der sich bis heute durchhaltenden „Gemeinde-Idee" – das Mitmachen als Integrationskriterium, die bewusste Entscheidung für die Gemeinde, die Erhebung der Gemeinde zum Zweck pastoralen Handelns, die monopolartige Reduzierung von Kirchlichkeit und christlichem Lebensvollzug auf die Sozialform Gemeinde, die Absage an Volkskirche- und Territorialstruktur u. v. a. m. – sind zuerst und an vorderster Stelle von den Vertretern der „Gemeindekirche"-Konzeption inauguriert und propagiert worden. Die einschlägigen Zitate in meinem Beitrag bzw. meiner Replik belegen, dass gerade erstrangige Protagonisten der „Gemeindekirche" bzw. Leiter diesbezüglicher „Modellgemeinden" für extreme Formen gemeindeideologischen Denkens stehen. „Gemeindekirchliche" Maximen – „wer mitmacht, erlebt Gemeinde", „aus Pfarreien müssen Gemeinden werden", „von der versorgten Pfarrei zur selbst sorgenden Gemeinde" u. ä. – dienen bis heute als Parolen der „Gemeinde-Idee".

Zurückweisen muss ich auch Mettes Vorwurf, meine Kritik an der „Gemeindekirche"-Konzeption und an der „Gemeinde-Idee" falle „zu pauschal" aus. Pauschalisierend wäre sie, würde ich meine kritischen Bewertungen von einzelnen, zufälligen Beobachtungen herleiten und dann behaupten, die inkriminierten Sachverhalte seien in allen Gemeinden oder in vielen Gemeinden in gleichem Ausmaß anzutreffen. Dass die Gesamtheit der angezeigten Kritikpunkte pauschal für alle Gemeinden gelten würde, behaupte ich keineswegs. Allerdings handelt es sich bei den beschriebenen Phänomenen eben nicht um Einzelfälle. Von der „Gemeinde-Idee" geleitete Denkmuster und Mechanismen begegnen mir, vor allem in der Fortbildung für pastorale Berufsgruppen und Ehrenamtliche, durchgängig seit vielen Jahren und in allen Diözesen Deutschlands. Es handelt sich bei der „Gemeinde-Idee" nach meiner Erfahrung um eine gewiss in unterschiedlichen Ausprägungen und Intensitäten, aber eben durchgängig anzutreffende Logik der Konzeption gemeindepastoraler Praxis.

Schließlich: Mette versucht, die von Bucher und mir formulierten Perspektiven – in meinem Fall ist es die Darlegung der Wegscheide zwischen Sekte und diakonischer Kirche – als „nicht gänzlich neu" abzutun, mithin zu insinuieren, die darin enthaltene Problemanzeige gegenüber „Gemeindetheologie" bzw. „Gemeinde-Idee" sei schon vorher von ihm selbst und womöglich auch von anderen „Gemeindekirche"-Protagonisten so gesehen oder so formuliert worden. Diese Darstellung überrascht mich dann doch. Handelt es sich hier nicht um den Versuch, Infragestellungen abzuwehren, indem man das In-Frage-Stellen für sich selbst oder andere in Anspruch nimmt?

3. Zu Andreas Wollbold

Die Replik Andreas Wollbolds lässt mich ratlos zurück. Doch bevor ich dies näher erläutere, sei ein für mich durchaus wichtiger und meinerseits dankbar angenommener Lernimpuls vermerkt. Ich sehe in den ersten sechs (von sieben) methodischen Kriterien, anhand derer Wollbold die drei anderen Beiträge einer Kritik unterzieht – ungenaue Definitionen, Modeargumente, Argumentation nach vorausgesetzten Positionen, Moralisierung, mangelnde empirische Absicherung und ungenaue Belege – in der Tat Problemanzeigen, die sich die Pastoraltheologie zu Herzen nehmen sollte und deren reziproke Fassung als wissenschaftliche Anforderungen sie bei ihrer Arbeit tunlichst zu erfüllen trachten sollte.

Die grundsätzliche Richtigkeit dieser Problemanzeigen bzw. Anforderungen ist aber nur eines. Etwas anderes ist, inwiefern die Bewertungen, die Wollbold anhand ihrer gegenüber den drei anderen Beiträgen vornimmt, zutreffend bzw. akzeptabel sind. Und hier beginnt meine Ratlosigkeit. Für meinen Anteil – und wenn mir das erlaubt ist: auch für den Part Rainer Buchers – muss ich feststellen: Die inhaltliche Diktion der Bewertungen Wollbolds ist mir so fremd, dass mir eine Reaktion schwer fällt. Um nur einige Beispiele zu nennen: Ich habe Zweifel, ob es richtig ist, mich gegen den Vorwurf zu verteidigen, ich würde die Freiheit des individuellen Menschen „bloß als Autonomie und Souveränität verstehen"; mich gegen die Vorhaltung zu wehren, meine „Charakterisierung der ‚Gemeindekirche' [sei] ausschließlich aus der Literatur erhoben"; oder den Nachweis zu führen, dass ich sehr wohl zwischen legitimen, notwendigen und unsachgemäßen, destruktiven Formen der Macht unterscheiden kann.

Aus meiner Sicht stehen einer argumentativen Auseinandersetzung mit den Einlassungen in Wollbolds Replik zwei tief greifende Schwierigkeiten entgegen. Zum einen verschärft sich hier das schon oben angedeutete Problem, dass wir uns in unterschiedlichen Denk-Systemen bewegen, ins Extreme. Ich habe den Eindruck, dass zwischen meiner Denkwelt und derjenigen Wollbolds eine Entfernung klafft, die mit den Mitteln der sprachlichen Argumentation nur schwer zu überwinden ist. Exemplarisch ablesen lässt sich das an Wollbolds Zurückweisung der Bucherschen (und von mir geteilten) Kritik, in seiner Vorstellung von Gemeinde komme es zu einer Eliminierung der Diakonie. Er kontert mit dem Argument, der Leitungsdienst des geweihten Amtsträgers sei die „radikalste Diakonie" und insofern habe er der Diakonie gerade in ihrer biblischen Sinnrichtung der „Seligpreisung der Armen" den ihr angemessenen Platz eingeräumt. Nun kann man natürlich Begriffe so weit und so essentiell umdefinieren, dass mit ihnen auch das Gegenteil ursprünglicher Sinngehalte vertreten werden kann. Ich kann für mich definieren, dass Schnee schwarz ist, und dann die Redewendung „weiße Weihnacht“ als unsinnig deklarieren. Dieses Vorgehen funktioniert jedoch nur, wenn man sich mit solcherart anders definierten Begriffen in einer eigenen, von den Denkwelten der anderen abgetrennten Welt bewegt. Für einen wissenschaftlichen Dialog ist es untauglich. Der setzt die Bereitschaft voraus, sich in die bestehenden Bedeutungsfelder unserer (Fach-) Sprache hineinzubegeben, mit den allgemein anerkannten Begriffsbedeutungen zu operieren und dort, wo man bestehende Begriffsbedeutungen als veränderungsbedürftig erachtet – was ja durchaus vorkommt und prinzipiell legitim ist –, dem Gesprächspartner zunächst auf der Ebene der von ihm unterstellten Begriffsbedeutung zu antworten und nicht einfach den eigenen, gänzlich anders definierten Begriff entgegenzuhalten. In der Pastoraltheologie hat der Begriff „Diakonie“ nun aber vorerst noch und für die allermeisten Fachangehörigen die Bedeutung der helfenden Zuwendung zu Notleidenden – und nicht die Bedeutung der Leitungstätigkeit des geweihten Amtsträgers.

Zum andern bringt die Replik Wollbolds nach meinem Eindruck eine Schieflage in der Rollenkonstellation unseres „Dialogs“ mit sich, die dazu führt, dass es sich eben nicht mehr um einen wirklichen Dialog handelt. Bereits in Hinblick auf die Erstbeiträge habe ich das Problem vermerkt, dass es sich bei Wollbolds Beitrag eigentlich nicht um eine dezidierte Darlegung konzeptioneller Positionen zur Gemeinde handelt. Auch in seiner Replik deklariert nun Wollbold weniger solche eigenen konzeptionellen Vorstellungen, die dadurch dem kontroversen Abgleich mit den Stellungnahmen der anderen ausgesetzt würden; vielmehr hievt er sich – so mein Empfinden – in die Metaposition dessen, der die Beiträge seiner drei Diskurspartner hinsichtlich deren wissenschaftstheoretisch-methodischer Konsistenz bewertet (wobei über das Verständnis von Wissenschaftstheorie und Methodik eigens zu diskutieren wäre). Damit verlässt er jedoch die Rollenkonstellation gleichgeordneter Diskurspartner und begibt sich in die Rolle des Zensors. Das macht es schwer, im vorgesehenen Modus des Dialogs zwischen Kollegen zu reagieren.

Diese Zensor-Rolle gipfelt – zumindest was mich betrifft – darin, dass Wollbold in Hinblick auf die beiden Krisendiagnosen in meinem Beitrag süffisant bemerkt: „man fragt sich, woher er all das so genau weiß". Für mich eignet dieser Frage auf zwei Ebenen Virulenz – freilich eine gänzlich unterschiedliche. Auf der Ebene des Gesprächs zwischen Fachkollegen erachte ich sie schlichtweg als inakzeptabel. Ein gedeihlicher wissenschaftlicher Diskurs setzt die Bereitschaft voraus, für den Gesprächspartner in gleichem Maße wie für sich selbst zu unterstellen, dass er sich mit seinen Aussagen auf eine fachliche Beschäftigung mit dem anstehenden Sachverhalt stützt – sei es durch eigene Erfahrungen und deren Verarbeitung, empirische Beobachtung, theoretische Reflexion, Lektüre anderer Positionen oder in welcher Form auch immer. Wird hingegen versucht, bei Dritten, hier: bei den Lesenden dieser Kontroverse, durch eine derartige suggestive Bemerkung Zweifel daran zu wecken, dass der Gesprächspartner sich mit seinen Aussagen überhaupt auf evidentes Wissen stützen kann, dann ist meines Erachtens die Basis eines gedeihlichen Diskurses verlassen. Die andere Ebene ist dort gegeben, wo Menschen, die – wie auch immer – in die von mir kritisch beurteilten Phänomene der Gemeinderealität involviert sind, diese meine Positionen wahrnehmen. Insofern sie von den Sachverhalten, die ich kritisch bewerte, betroffen sind, sei es als deren Verursacher, sei es als deren Erleider, fühle ich mich ihnen gegenüber durchaus verpflichtet zur Rechenschaft darüber, inwiefern sich meine Aussagen aus der beschriebenen Realität verifizieren lassen. Deshalb lese ich die Frage Wollbolds auch als wichtige und ernstzunehmende Erinnerung an meine Verantwortung vor den Menschen, die persönlich von dem betroffen sind, was ich aus der Distanz des Pastoraltheologen kritisch analysiere und bewerte. Auf dieser Ebene bin ich dann – an gegebenem Ort – gerne bereit, Rechenschaft darüber zu geben, „woher ich etwas weiß".

Literatur

Bucher, R.: Theologie im Risiko der Gegenwart. Studien zur kenotischen Existenz der Pastoraltheologie zwischen Universität, Kirche und Gesellschaft, Stuttgart 2010.

Haslinger, H.: Lebensort für alle. Gemeinde neu verstehen, Düsseldorf 2005.

Watzlawick, P.: Anleitung zum Unglücklichsein, München 1988 (1983).

Anmerkungen

1 Vgl. *Watzlawick*, Anleitung (1988), 27.
2 Vgl. *Haslinger*, Lebensort (2005), 192–213.
3 Vgl. ebd. 157f.
4 Vgl. ebd. 213–216.
5 Vgl. *Bucher*, Theologie (2010); *Haslinger*, Lebensort (2005), z.B. 83, 176, 180, 193; vgl. auch Titel und Schlusssatz meines hier dokumentierten Beitrags.

Christliche Gemeinde im Horizont des Reiches Gottes

von Norbert Mette

Krisenzeiten tragen die Chance in sich, aus einer grundsätzlichen Rückbesinnung auf das, worum es eigentlich geht, heraus Orientierungen für weiterführende Lösungen zu gewinnen. Das gilt auch für die derzeitige Krise, in der sich die katholische Kirche und Pastoral befinden. Ihre Lage hat sich im Vergleich zu der vor vier oder fünf Jahrzehnten zuvor erheblich verändert. Gesellschaftlich gesehen wird ihr Diasporastatus immer augenscheinlicher. Verschärft wird das nochmals durch eine von der Kirche selbst betriebene „Exkulturation"[1]. Es ist darum höchste Zeit und dringend geboten, sich erneut dessen zu vergewissern, was die Sendung der Kirche und ihrer Gläubigen in ihrem Kern ausmacht. Genau auf diese Weise bewegt man sich in der Tradition der nachkonziliaren Debatte um die Theologie und Pastoral der Gemeinde.

Von daher möchte ich im Folgenden nicht eine weitere Replik zu den Repliken meiner Kollegen hinzufügen. Insgesamt finde ich es gut, dass so intensiv wie hier eine Kontroverse innerhalb der Pastoraltheologie geführt worden ist; das geschieht ansonsten in diesem Fach viel zu wenig. Was aber m. E. auch auffällt, ist, wie schwer es offensichtlich ist, die jeweils andere Position wirklich in aller Differenziertheit anzuhören und sie nicht bereits durch die eigene Brille hindurch zu lesen und entsprechend zu interpretieren. So wird leicht aneinander vorbeigeredet. Wie ich in meiner Replik deutlich zu machen versucht habe, bedürfte es zu einer angemessenen Einschätzung der Leistung und der Grenzen der sogenannten „Gemeindetheologie“ einer differenzierten Aufarbeitung des gesamten nachkonziliaren Diskurses über Gemeinde. Man bliebe damit allerdings in der Vergangenheit stecken und kommt nicht zu der grundsätzlichen Vergewisserung, die fällig ist. Zur Letzteren sollen die folgenden Überlegungen beitragen. Das Eine und Andere, was innerhalb der hier geführten Kontroverse strittig angesprochen worden ist, wird dabei in anderer Version wieder aufgegriffen werden.

Die These, die im Folgenden dargelegt werden soll, lautet: Die Kirche ist zu nichts anderem berufen, als dem Reich Gottes im Sinne der Verkündigung Jesu von Nazareth, den die Gläubigen nachösterlich als Christus bekennen, zu dienen. In der Erfüllung dieses Auftrags relativiert sich manches, was derzeit innerkirchlich beschäftigt, angesichts der Heraus- und Anforderungen, die das Sich-Einlassen auf die Reich-Gottes-Botschaft für die kirchliche Theorie und Praxis mit sich bringt. „Suchet zuerst das Reich Gottes und seine Gerechtigkeit; und alles andere wird euch dazu gegeben werden.“ (Mt 6,33)

1. Die Reich-Gottes-Botschaft als Zentrum Jesu Redens und Wirkens

Von seiner Rezeption her, die der Reich-Gottes-Begriff im Laufe seiner Wirkungsgeschichte erfahren hat, ist er alles andere als unbelastet und war nicht selten verhängnisvoll sich auswirkenden Missverständnissen ausgesetzt.[2] Das muss in Erinnerung behalten werden, wenn im Folgenden versucht wird, das, worum es der Kirche wesentlich geht, mit dem Reich Gottes in Verbindung zu bringen. Von vornherein ist dabei jegliche Identifikation der bestehenden Kirche mit dem Reich Gottes zu vermeiden – eine Versuchung, der bekanntlich die katholische Kirche lange Zeit erlegen ist. Dennoch hat die Tatsache, dass es zur Ausbildung der Kirche nach Ostern gekommen ist, grundlegend etwas mit der Reich-Gottes-Botschaft zu tun. Sie stand im Zentrum der Botschaft und des Wirkens des vorösterlichen Jesu, wobei sich diese nicht auf die Gründung einer neuen Religionsgemeinschaft richtete, sondern auf die Sammlung und Erneuerung seines eigenen Volkes Israel im Sinne des Bundes, den Gott mit ihm eingegangen ist.[3]

In gewisser Weise lässt sich die für die heutige Zeit gern als charakteristisch angeführte Spannung zwischen Individualität und Vergemeinschaftung schon für die Jesusbewegung anführen, die ihrerseits für die Geschichte Gottes mit seinem auserwählten Volk insgesamt typisch ist: Ge- bzw. berufen werden jeweils Menschen als einzelne. Zugleich führt dieser Ruf in eine Gemeinschaft hinein.[4] So ist es den neutestamentlichen Berufungsgeschichten zufolge auch bei Jesus der Fall. Wenn das zentrale Anliegen Jesu, wie erwähnt, die Reich-Gottes-Botschaft gewesen ist, legt sich die Frage nahe, was diese Botschaft mit Gemeinschaft zu tun hat.

So sehr auch die Verkündigung des anbrechenden Reiches Gottes bei Jesus mit der Aufforderung des oder der Einzelnen zur Umkehr verbunden ist, ist es zu kurz gegriffen, wenn man meint, dass es sich dabei um einen allein im Inneren des Menschen sich vollziehenden Vorgang handelt. Dass das Sich-Einlassen auf das Reich Gottes nicht bloß die Menschen innerlich verwandelt, sondern eine ganzheitliche Heilung mit sich bringt, macht Jesus anschaulich, wenn er Johannes den Täufer auf seine Frage, wer er sei, die Antwort übermitteln ließ: „Blinde sehen und Lahme gehen, Aussätzige werden rein und Taube hören und Tote werden auferweckt und den Armen wird das Evangelium verkündigt." (Mt 11,5) Heilwerden hat hier nicht nur eine individuelle, sondern in der Folge eine soziale Dimension, insofern aus dem Geheiltwerden der verschiedenen Einzelnen die Möglichkeit eines neuen Zusammenlebens mit allen, gerade auch mit den ehedem davon Ausgeschlossenen erwächst. In den Heilungserzählungen stellt dieses ein wesentliches Moment dar, nämlich dass die wegen ihres Unreinseins o. ä. Ausgeschlossenen vollgültig wieder in die Gemeinschaft integriert werden. Treffend charakterisiert Hermann-Josef Venetz, was sich bei der Predigt Jesu von der anbrechenden Gottesherrschaft ereignet und wodurch diese ihre Glaubwürdigkeit erlangt: „Wo Jesus auftritt, können Menschen wieder atmen, können Menschen wieder aufstehen, der Blinde kann wieder sehen, der an die Wand Gedrückte wird in die Mitte gestellt, dem Ausgestoßenen wird Gemeinschaft angeboten. Königsherrschaft Gottes zielt auf das Leben des Menschen: auf das ganze Leben des Menschen und auf das Leben des ganzen Menschen“[5] – und zwar, so ist zu ergänzen, in Gemeinschaft mit anderen. Eine neue Weise des Zusammenlebens auf der Basis gegenseitiger Wertschätzung wird eröffnet. Es ist eine Weise des Miteinander-Umgehens, die sich völlig anders gestaltet als die Abläufe des Zusammenlebens, wie sie nach den üblich gewordenen sozialen Mustern erfolgen: Die Rangunterschiede greifen nicht mehr bzw. wenn doch, dann sind sie auf den Kopf gestellt, wie es sich etwa in der Wertschätzung der Kinder, der Vorzugstellung der Armen gegenüber den Reichen, der gleichberechtigten Stellung von Frauen und Männern, der empathischen Zuwendung zu den Sündern und Sünderinnen, der besonderen Aufmerksamkeit für die, die geläufiger Meinung nach als verloren abgeschrieben sind, u. ä. m. dokumentiert. Nicht die Konkurrenz um den ersten Platz und die damit verbundene Macht geben den Ton an, sondern gegenseitiger Dienst und Solidarität bilden die leitenden Maximen für das Zusammenleben. Eine Praxis der Gerechtigkeit setzt sich durch, die sich von der Sorge leiten lässt, dass allen das Lebensnotwendige für sie selbst und die ihnen Anvertrauten zur Verfügung steht (vgl. das Gleichnis von den Arbeiten im Weinberg Mt 20,1–16). In diesem Zusammenhang beharrte Jesus auch darauf, dass „alle noch so religiösen Einrichtungen, heißen sie nun Gesetz oder Tempel oder Sabbat oder Staat oder was auch immer, … sich am Kommen des Reiches zu messen“[6] haben, und das bedeutet an der Frage, ob sie letztlich dem Wohl und Heil der Menschen sowohl individuell als auch kollektiv zugute kommen oder nicht.

Folgt man den Ausführungen zum Reich-Gottes-Verständnis von Urs Eigenmann, ist das umfassendste und dichteste Bild dafür in den „Mahlgleichnissen“ Jesu zu finden (vgl. Mt 22, 1–10; Lk 14, 15–25).[7] Sie führen eine offene, für alle zugängliche Tischgemeinschaft vor Augen – so wie sie Jesus im übrigen selbst praktiziert hat –, woraus sich nach Eigenmann für das Verständnis des Reiches Gottes ergibt: „Es ist ein Reich des Lebens, weil auf einem gelungenen Fest all das für alle vorhanden ist, was es für ein erfülltes Leben an Nahrungsmitteln, Gemeinschaft und Sinnorientierung braucht. Als Fest offener Kommensalität[8] ist das Reich Gottes nicht die religiöse Überhöhung und Legitimierung der bestehenden Tisch- und Gesellschaftsordnung, sondern deren fundamentale Kritik und Infragestellung, wenn vor allem Randständige der Gesellschaft ungehinderten Zugang zu ihm haben. Als Fest offener Kommensalität im Sine einer anderen als herrschenden Vision vom Leben meint das Reich Gottes die Umkehrung der Verhältnisse.“[9]

Zwei ergänzende Bemerkungen seien noch hinzugefügt: Zum einen zeigen die Mahlgleichnisse, dass Jesu Botschaft vom Reich Gottes in der Kontinuität des jüdischen Glaubens steht.[10] Im Kern drückt sie die gläubige Überzeugung von der unwiderruflichen Liebe und Barmherzigkeit Gottes zu allen Menschen aus und seine in der Schöpfung grundgelegte Vorstellung davon, wie die Menschen im Umgang miteinander dieser seiner Liebe und Barmherzigkeit auf für alle guttuende Weise entsprechen. Zum anderen berichten sie aber auch darüber, wie Menschen immer wieder sich nicht auf diese Liebe und Barmherzigkeit einlassen, ihr sogar ausdrücklich widersprechen und sich dadurch gegenseitig Unheil bereiten. Die Rede vom Reich Gottes verspricht darum keine eitle Harmonie, sondern muss mit Widerspruch rechnen von denen, die es sich im „Anti-Reich" (Jon Sobrino) eingerichtet haben und die damit verbundenen Privilegien mit aller Macht verteidigen – bis hin zur Ausrottung ihrer Störenfriede, wie es Jesus am eigenen Leibe hat erleben müssen. Auch wenn Jesu Einsatz für die Herrschaft seines Vaters von diesem durch seine Auferweckung als end-gültig rehabilitiert worden ist, bleibt bis zu seiner Vollendung die Verkündigung des Reiches Gottes mit Konflikten und Verfolgungen verbunden.

2. Gemeinschaft unter dem Vorzeichen des Reiches Gottes

Jesus verkündigte nicht nur das Reich Gottes in Worten, sondern lebte es konsequent und entsprechend radikal aus der ihm zuteilgewordenen Erfahrung der Güte und Liebe des Gottes heraus, den er vertrauensvoll seinen Vater nannte, im Bestreben, diese Güte und Liebe auch anderen Menschen zuzusprechen und erfahrbar werden zu lassen. Teils auf seine ausdrückliche Initiative hin, Menschen in seine Nachfolge zu rufen, teils aufgrund der von ihm ausgehenden Ausstrahlung scharte sich um ihn eine Gruppe bzw. Bewegung, die sich seinem Lebensstil anschloss – alle Geborgenheit und Sicherheit hinter sich lassend und mit ihm umherziehend, „ohne Familie, ohne Besitz, ohne gesicherte Unterkunft."[11] Daneben gab es einen Kreis von „‚Sympathisanten', die der Verkündigung Jesu Glauben schenkten, ohne ihre Bindungen aufzugeben"[12], aber doch in dem Bemühen, sie von der Botschaft Jesu her einer Revision zu unterziehen. Und schließlich noch ist die weitere Hörerschaft zu nennen, die Jesus bei seinem öffentlichen Auftreten an sich zog und aus der er dem einen oder der anderen näher in Berührung kam.[13]

Vor allem in der erstgenannten radikalen Version, der sogenannten Jesusbewegung, kam plastisch zur Darstellung, was es mit der Reich-Gottes-Botschaft auf sich hat, wenn man sie für das eigene Leben und das Zusammenleben mit Gleichgesinnten ernst nimmt.[14] Es wird geleitet von einer Wertehierachie, die herrschende Vorstellungen schlicht und einfach umkehrt: Reichtum und Akkumulation werden ersetzt durch Armut, Uneigennützigkeit und Teilen; Rache und Hass durch Verzeihung und Versöhnung; Eigennutz durch Gratuität; Machtambitionen durch Dienstbereitschaft; Konkurrenz durch solidarischen Beistand; Gewalt durch Frieden; ungerechtes Tun durch Einsatz für Gerechtigkeit; sicheres Leben durch Verfolgung; Falschheit durch Reinheit des Herzens. In der Gruppe der Jesusjünger und -jüngerinnen soll es Jesus zufolge nicht so zugehen, wie es ansonsten in der Welt der Fall ist, nämlich dass Herrscher schalten und walten, wie sie wollen, und ihre Untergebenen unterdrücken. Das Zusammenleben der Jesusbewegung basiert genau auf jener der Umkehrung der Wertehierarchie korrespondierenden Umkehrung der Sozialbeziehungen, wie sie Jesu Reich-Gottes-Botschaft vor Augen stand: auf den Prinzipien der Geschwisterlichkeit und Gleichheit – in Absage an jeglichen Paternalismus. Frauen werden nicht länger diskriminiert, sondern sind als gleichberechtigte Partnerinnen anerkannt und integriert.[15] Was man hat, wird miteinander geteilt. Dabei ist die interessante Erfahrung zu machen, dass, wo bereitwillig geteilt wird, genug für alle da ist (vgl. Mt 14,13–20 parr). Die Jüngerinnen und Jünger Jesu blieben nicht unter sich, sondern wurden von Jesus ausgesandt, mit der von ihnen praktisch erfahrenen und gelebten Botschaft vom Nahen des Reiches Gottes über Land zu ziehen, sie zu verbreiten und denen, die sie, die völlig Mittellosen, in ihre Häuser aufnahmen, umfassendes Wohl und Heil (Schalom) zuzusprechen (vgl. Mt 10,1–15; Lk 10,1–12).

Doch bliebe das Bild der Jesusbewegung zu ideal gezeichnet, wenn nicht auch die menschlichen Irrungen und Wirrungen genannt würden, die sich in ihr abspielten, angefangen von Rangstreitigkeiten untereinander über ihr Unvermögen, Jesus in seinem Anliegen wirklich zu verstehen, bis hin zu seinem Verrat durch einige, als sie im Zusammenhang mit seiner Verurteilung selbst in Bedrängnis gerieten. Hier wird beispielhaft sichtbar, wie sehr selbst in enger Beziehung zu Jesus Stehende Schwierigkeiten mit dem Reich Gottes haben und es letztlich Sache Gottes ist und bleibt, aber so, dass er seine Einladung offen hält, dass Menschen in es eintreten.

3. Kirche in der Kontinuität der Reich-Gottes-Botschaft

Mit seinem viel zitierten Satz „Jesus hatte das Reich Gottes angekündigt; gekommen ist dafür die Kirche"[16] hat der französische Exeget Alfred Loisy nicht, wie es ihm vielfach in den Mund gelegt wird, auf eine Abfallsgeschichte von der ursprünglichen Intention Jesu und der nachösterlichen Wirkungsgeschichte in Form der sich bildenden und mehr und mehr sich institutionalisierenden Kirche abgehoben. Sondern er wollte die Kontinuität zwischen beiden unterstreichen: [17] Die Kirche ist die Gemeinschaft, in der und durch die Jesu Ansage der anbrechenden Gottesherrschaft kraft des ihr verheißenen Beistands des Heiligen Geistes weitergetragen wird.[18] Das bedeutet nicht, dass die Kirche nach der Bestätigung seiner Botschaft und seines Lebens durch seine Auferweckung für sich in Anspruch nehmen darf, das Reich

Gottes zu sein. Seine Schaffung und Vollendung ist, um es nochmals einzuschärfen, allein Gott vorbehalten. Aber die Sendung der Kirche besteht wesentlich darin, dass das Reich Gottes weiterhin als Heil für die Menschen und die Welt von Gott her bezeugt und, soweit es aus dem Glauben daran möglich ist, vor aller Öffentlichkeit zur Darstellung gebracht wird. Edward Schillebeeckx hat diese Zusammengehörigkeit von und diesen Unterschied zwischen Reich Gottes und Kirche treffend wie folgt dargelegt: „Die Entstehung der Kirche war ein sehr komplizierter Vorgang, jedoch so, dass dieser vom Gläubigen als das Werk Gottes, der sich in Jesus durch den Geist sein eschatologisches Volk erwirbt, angesehen werden darf. Die Kirche *ist* nicht das Reich Gottes, doch zeugt sie symbolisch von diesem Reich durch ihr Wort und Sakrament, und sie greift in ihrer Praxis effektiv diesem Reich vor, sie antizipiert es: indem sie hier und jetzt in neuen Situationen (anders als zur Zeit Jesu) tut, was Jesus für die Menschen zu seiner Zeit getan hat: den Menschen aufschließen für das Kommen des Reiches Gottes, Kommunikation unter den Menschen stiften, sich um arme und an den Rand gedrängte Menschen kümmern, Gemeinschaftsbande unter den Hausgenossen des Glaubens schaffen und solidarisch allen Menschen dienen.“[19]

Für das Selbstverständnis und die Praxis der Kirche ergibt sich nach Urs Eigenmann daraus, dass die Kirche sich immer selbstkritisch prüfen muss, ob sie wirklich dem Reich Gottes dient und in seiner Nachfolge steht und ob sie das bis in ihre institutionelle Verfassung hinein sich glaubwürdig bemerkbar macht.[20] Die positive Verbindung zwischen Reich Gottes und Kirche zeigt sich in dem Maße, wie in der Kirche aus der Beziehung zum die Menschen vorbehaltlos annehmenden Gottes ein zwischenmenschliches Miteinander zum Zuge kommt, wie es in der Jesusbewegung zu praktizieren versucht worden ist. Programmatisch bringt das die frühkirchliche Taufformel zum Ausdruck, die Paulus in seinem Brief an die Galater (3,28) zitiert: „Da ist nicht jüdisch noch griechisch, da ist nicht versklavt noch frei, da ist nicht männlich und weiblich: denn alle seid ihr einzigeinig im Messias Jesus." (nach Bibel in gerechter Sprache) Damit wird zugleich auf den Grund und auf die sich daraus ergebende Praxis der Kirche abgehoben: So wie Gottes Heilshandeln sich an alle Menschen richtet und ihnen allen Freiheit und Würde als seinen Töchtern und Söhnen zusagt, so findet das seinen Niederschlag im geschwisterlichen Umgang miteinander, der alle gesellschaftlich errichteten Barrieren und Exkommunikationen durchbricht. Die Zuwendung Gottes zu allen Menschen verbietet es den Christen und Christinnen, sich gewissermaßen als „Club von Gleichgesinnten" von der übrigen Welt abzukapseln. Sondern die Gemeinschaft der Jesus Nachfolgenden soll mit ihrem Einsatz für Gottes Gerechtigkeit und Frieden als Ferment in der Welt wirken (vgl. Mt 5,13–16). Sie steht mit dem ihr aufgetragenen „Regierungsprogramm des Himmelreiches" (Klaus Wengst) im diametralen Gegensatz zum damaligen Regierungsprogramm des Imperium Romanum und bekommt das auf doppelte Weise zu spüren: zum einen im Zulauf derer, die unter den bestehenden Machtverhältnissen besonders zu leiden hatten; zum anderen im Widerspruch derer – bis hin zu Verfolgungen, die sich durch das neue „Regierungsprogramm" und seine praktische Umsetzung in ihren Machtambitionen bedroht sahen.[21]

Auch wenn Paulus sich nicht unmittelbar auf die Reich-Gottes-Botschaft Jesu bezogen hat, hat er offensichtlich durch seine Begegnung mit dem nachösterlichen Christus eine Ahnung davon bekommen, dass es in den Gemeinden von Christen und Christinnen anders zugehen soll, als es normalerweise im menschlichen Miteinander der Fall ist, dass durch sie ein neuer Lebensstil in die Welt einbrechen

soll. Wie das für ihn aussah, sei beispielhaft anhand einiger seiner Paränesen an die Gemeinden aufgezeigt:
„Tragt einer des andern Last, so werdet ihr das Gesetz Christi erfüllen." (Gal 6,2)
„Darum nehmt einander an, wie auch Christus euch angenommen hat, zur Ehre Gottes." (Röm 15,7)
„Fügt euch nicht ins Schema dieser Welt, sondern verwandelt euch durch die Erneuerung eures Sinnes, dass ihr zu prüfen vermögt, was der Wille Gottes ist: das Gute und Wohlgefällige und Vollkommene." (Röm 12,2)
„In geschwisterlicher Liebe sind wir einander zugetan, in gegenseitiger Achtung kommen wir einander zuvor." (Röm 12, 10)
„Seid allen gegenüber gleich gesinnt; richtet euren Sinn nicht auf Hohes, seid vielmehr den Geringen zugetan." (Röm 12,16)
„Vergeltet niemandem Böses mit Bösem, seid allen Menschen gegenüber auf Gutes bedacht! Wenn möglich, soweit es in eurer Macht steht: Haltet Frieden mit allen Menschen." (Röm 12,17f).

Die Liste ließe sich um viele weitere Statements ergänzen.

„Mitten in der alten Welt *Signale einer neuen Welt* setzen"[22], das ist der Impuls, der von der Reich-Gottes-Botschaft auf die nachösterliche Kirchen- bzw. Gemeindebildung übergesprungen ist. Dabei gilt, dass das Reich Gottes zwar den einzelnen betrifft und ihn zur Umkehr ruft, aber gemeinschaftlich antizipierend zur Darstellung gebracht werden will. Wann immer im Verlauf der weiteren Christentumsgeschichte auf diesen Impuls rekurriert und er in die gemeinsame Praxis soweit wie möglich umzusetzen versucht wurde, kam es in einer zwischendurch ihrem Auftrag untreu gewordenen Kirche zu einem Erwachen und Neuaufbruch.

4. Reich Gottes als Impuls zur Kirchen- und Gemeindewerdung[23]

„Das Reich Christi anzukündigen und in allen Völkern zu begründen" (LG 5), macht die Sendung der Kirche aus. „Während sie selbst der Welt hilft oder von dieser vieles empfängt, strebt die Kirche nach dem einen Ziel, nach der Ankunft des Reiches Gottes und der Verwirklichung des Heiles der ganzen Menschheit." (GS 45) Dies sind Sätze, die das Zweite Vatikanische Konzil der Kirche ins Stammbuch geschrieben hat. Nicht zuletzt diese waren es, die der damals weithin petrifizierten katholischen Kirche vor aller Welt eine neue Frische und ungeahnte Ausstrahlung gaben. Zu den Neuaufbrüchen, die die kritische Selbstbesinnung der Kirche auf ihren eigentlichen Zweck hin auslösten, gehören neben anderen auch die Wiederentdeckung der Gemeinde als genuiner Form von Kirche (in einem überschaubaren Rahmen) und das, was dadurch an der kirchlichen Basis ausgelöst wurde.[24]

Das Beispiel der kirchlichen Basisgemeinden in Lateinamerika und – davon inspiriert – in anderen Teilen vor allem der sogenannten Dritten Welt, aber auch der von der feministischen Theologie ausgelösten christlichen Frauenbewegung belegt eindrucksvoll, wie radikal es zu einer Kehrtwendung in der Kirche kommt, wenn sie sich in das Reich-Gottes-Projekt Jesu hineinbegibt und sich dafür verausgabt.[25] Zugleich zeigt es aber auch, wie riskant ein solcher Einsatz für eine andere Welt, für ein Zusammenleben in Gerechtigkeit, Frieden und Nachhaltigkeit im Kleinen und im Großen – eine Vision, in der sich die Sehnsucht vieler Menschen, insbesondere der Armen und Bedrängten aller Art, und die Verheißungen Jesu miteinander verbünden – ist; mischt er doch die herrschenden Kreise in Gesellschaft und Kirche auf, die sich ihrerseits mit allen Mitteln dagegen zur Wehr setzen – bis hin zum Mord.

Im Vergleich gerade mit der Theologie und Praxis der Basisgemeinden fällt als gravierender Unterschied auf, dass die hiesige Debatte über Theologie und Praxis der Gemeinde sich hauptsächlich auf die Frage nach der kirchlichen Sozialform richtet.[26] Hermann Steinkamp hat schon vor Jahren darauf hingewiesen, dass die Provokation der Basisgemeinden für die hiesige Pastoral darin besteht, dass in ihnen kirchliches und gesellschaftliches Handeln Hand in Hand gehen. Sie werden nur adäquat verstanden, wenn sie in „ihrem je konkreten politischen (Kampf-)Zusammenhang"[27] wahrgenommen werden.[28] Be-geist-ert (im theologischen Verständnis) von der Reich-Gottes-Botschaft sind sie engagiert, etwas von der von Gott gewollten Weise eines Miteinanders in Freiheit und Gerechtigkeit, wie es in den vorigen Abschnitten skizziert worden ist, in ihren eigenen Reihen und darüber hinaus zur Darstellung kommen zu lassen. Indem die Beteiligten sich in ihren Freuden und Hoffnungen untereinander bestärken sowie in ihrer Trauer und in ihren Ängsten beistehen und über ihren Binnenraum hinaus Anteil nehmen an allem, was die Menschen von heute bewegt (vgl. GS 1–3), vollziehen sie genuine christliche Praxis im Sinne des Reich-Gottes-Projekts.[29] Das zum Ausdruck zu bringen, ist Hermann Steinkamps Anliegen, wenn er Gemeinde als „Praxisform" bestimmt, deren Fokus Solidarität ist.[30] Die Sozialformen, in denen diese Praxis zum Zuge kommt, können unterschiedlich ausfallen – je nach den jeweiligen Umständen, unter denen die konkrete Solidarität praktiziert wird. Entscheidend ist die Nähe zu und mit den Menschen, um die es jeweils geht.[31] Alle kirchlichen Sozialformen haben ausschließlich den Zweck, im Dienst solcher Reich-Gottes-Projekte an der kirchlichen Basis zu stehen, sie zu schützen, zu fördern und ihnen die dafür notwendige Unterstützung zu geben.

Es ist keineswegs so, dass nur in den Regionen der sogenannten Dritten Welt eine christliche und kirchliche Praxis vorzufinden wäre, die die Reich-Gottes-Botschaft zur Grundlage ihrer Orientierung und Ausrichtung nimmt. Unbestritten ist die Weise, wie dort ernst genommen wird, dass die Herrschaft Gottes auf der Seite der von Jesus glücklich gepriesenen Armen ist (vgl. Lk 6,20), vorbildlich. Nicht zuletzt davon inspiriert, gibt es auch in unseren Breiten Gruppen, Initiativen, Bewegungen, Verbände und Gemeinden, die sich auf eine Umkehr im Sinne der Reich-Gottes-Botschaft einlassen und sich auf verschiedene Weise im Nah- und Fernbereich für eine Transformation der bestehenden Welt im Sinne dieser Botschaft engagieren.[32] Neben anderen stoßen sie dabei nicht selten auf das Problem, dass sie im Raum der etablierten Kirche(n) dafür kaum Platz und Resonanz finden, eher Argwohn und Abwehr.

Es tut eine grundlegende Reflexion darüber Not, was es heißt, wenn Jesus zu beten lehrt: „Dein Reich komme …“ (Mt 6,10; Lk 11,2)

Literatur

Arntz, N./Fornet-Betancourt, R./Wolter, G. (Hg.): Werkstatt „Reich Gottes“. Befreiungstheologische Impulse in der Praxis, Frankfurt/M. 2002.

Beschluss der Gemeinsamen Synode der Bistümer in der Bundesrepublik Deutschland „Unsere Hoffnung“ (GSyn 1, 95–97).

Blasberg-Kuhnke, M./Kuhnke, U.: Milieu- oder evangeliumsgemäß? Zukunft der Kirche im Horizont des Reiches Gottes, in: Diakonia 39 (2008) 197–204.

Bucher, R.: Die Lage ist ernst. Und eine Lösung ist nicht in Sicht, in: Die Furche vom 17.11.2011, 19.

Bußmann, M.: Reich Gottes. B. Historisch, in: Eicher, P. (Hg.), Neues Handbuch theologischer Grundbegriffe. Neuausgabe 2005. Bd. 4, München 2005, 15–26.

Codina, V.: Uma Iglesia nazarena. Teología desde los insignificantes, Santander 2010.

Die Bedeutung der Reich-Gottes-Erwartung für das Zeugnis der christ-

lichen Gemeinde. Votum des Theologischen Ausschusses der Evangelischen Kirche der Union, Neukirchen-Vluyn 1986.
Ebner, M.: Jesus von Nazaret in seiner Zeit. Sozialgeschichtliche Zugänge, Stuttgart ²2004.
Eigenmann, U.: „Das Reich Gottes und seine Gerechtigkeit für die Erde". Die andere Vision vom Leben, Luzern 1998.
ders.: Kirche in der Welt dieser Zeit, Zürich 2010.
Freyne, S.: Jesus, a Jewish Galilean, London-New York 2004.
Geyer, C.-F.: Wahrheit des Evangeliums – Wahrheit der Kirche – Loisy im Kontext, in: ders., Wahrheit und Absolutheit des Christentums – Geschichte und Utopie. „L'Évangile et l'Église" von Alfred F. Loisy in Text und Kontext, Göttingen 2010, 9–95.
González Faus, J. I.: Otro mundo es posible ... desde Jesús, Santander 2010.
Hoffmann, P.: Das Erbe Jesu und die Macht der Kirche. Rückbesinnung auf das Neue Testament, Mainz 1991.
ders.: Jesus von Nazaret und die Kirche. Spurensicherung im Neuen Testament, Stuttgart 2009.
Huber, W.: Kirche, Stuttgart 1979.
Junker-Kenny, M.: Der Gipfel des Schöpferischen. Das Jesuszeugnis als Quelle öffentlicher Vernunft, in: John, O. / Striet, M. (Hg.), „... und nichts Menschliches ist mir fremd". Theologische Grenzgänge, Regensburg 2010, 59–73.
Kirchschläger, W.: Die Anfänge der Kirche. Eine biblische Rückbesinnung, Graz–Wien–Köln 1990.
Lohfink, G.: Wie hat Jesus Gemeinde gewollt?, Freiburg / Br. 1982.
Loisy, A. F.: Evangelium und Kirche, in: Geyer, C.-F., Wahrheit und Absolutheit des Christentums – Geschichte und Utopie. „L'Évangile et l'Église" von Alfred F. Loisy in Text und Kontext, Göttingen 2010, 97–219.
Memorandum des Bensberger Kreises „Offene Gemeinde" aus dem Jahre 1974, dokumentiert in Concilium 11 (1975) 289–295.
Mette, N. / Weckel, L. / Wintels, A (Hg.): Brücken und Gräben. Sozialpastorale Impulse und Initiativen im Spannungsfeld von Gemeinde und Politik, Münster 1999.
Mette, N.: Dein Reich komme. Anbruch einer „anderen Welt", in: Bischöfliche Aktion Adveniat (Hg.), Dein Reich komme. 50 Jahre Adveniat (Kontinent der Hoffnung), Essen 2011, 48–3.
ders.: Nähe zu den Menschen, in: Felder, M. / Schwaratzki, J. (Hg.), Glaubwürdigkeit der Kirche – Würde der Glaubenden. Pastoraltheologische Inventionen, Freiburg / Br. 2012, 27–34.
ders.: Umkehr zur Gerechtigkeit. Gemeinde-werden in tätiger Reich-Gottes-Erwartung, in: KatBl 113 (1988) 622–628.

Meurer, F./Otten, P.: Wenn nicht hier, wo sonst? Kirche gründlich anders, Gütersloh 2010.

Pagola, J. A.: Jesús. Approximación historica, Madrid 2007.

Schillebeeckx, E.: Menschen. Die Geschichte von Gott, Freiburg/Br. 1990.

Schüssler-Fiorenza, E.: Discipleship of Equals. A Critical Feminist Ekklesia-logy of Liberation, New York 1993.

dies.: Zu ihrem Gedächtnis ... Eine feministisch-theologische Rekonstruktion der christlichen Ursprünge, München-Mainz 1988.

Sobrino, J.: Christologie der Befreiung. Bd. 1, Mainz 1998.

Steinkamp, H.: Diakonie statt Pastoral. Ein überfälliger Perspektivenwechsel, Berlin 2012.

ders.: Selbst „wenn die Betreuten sich ändern", in: Schillebeeckx, E., Mystik und Politik. Theologie im Ringen um Geschichte und Gesellschaft, Mainz 1988, 354–363.

Tamayo-Acosta, J. J.: Hacia la comunidad. 2. Iglesia profética, Iglesia de los pobres, Madrid 1994.

ders.: Hacia la comunidad. 2. Iglesia profética, Iglesia de los pobres, Madrid 1994, 129–154.

Theißen, G./Merz, A.: Der historisch Jesus. Ein Lehrbuch, Göttingen [4]2001.

Theißen, G.: Die Jesusbewegung. Sozialgeschichte einer Revolution der Werte, Gütersloh 2004.

Theobald, Ch.: Evangelium und Kirche in der Postmoderne. Eine fundamentaltheologische Ortsbestimmung, in: ZKTh 130 (2008) 153–167.

ders.: Heute ist der günstige Augenblick. Eine theologische Diagnose der Gegenwart, in: Feiter, R./Müller, H. (Hg.), Frei geben. Pastoraltheologische Impulse aus Frankreich, Ostfildern 2012, 81–109.

Venetz, H.-J.: Die Bergpredigt. Biblische Anstöße, Düsseldorf/Freiburg (Schweiz) 1987.

ders.: Er geht euch voraus nach Galiläa. Mit dem Markusevangelium auf dem Weg, Freiburg (Schw.) 2005.

Wacker, M.-Th.: Reich Gottes. A. Biblisch, in: in: Eicher, P. (Hg.), Neues Handbuch theologischer Grundbegriffe. Neuausgabe 2005. Bd. 4, München 2005, 9–15.

Weber, F./Fuchs, O.: Gemeindetheologie interkulturell. Lateinamerika – Afrika – Asien, Ostfildern 2007.

Weber, F.: Eine neue Art Kirche zu sein. Was sich von den lateinamerikanischen Basisgemeinden lernen lässt, in: HK 66 (2012) 128–132.

ders.: Gewagte Inkulturation. Die Basisgemeinden in Brasilien: eine pastoralgeschichtliche Zwischenbilanz, Mainz 1996.

Weiser, A.: Miteinander Gemeinde werden, Stuttgart 1987.

Weiße, W.: Reich Gottes, Göttingen 1997.

[1] Vgl. zu dieser Diagnose *Theobald,* Heute (2012), bes. 87–89. 98–100.

[2] Vgl. überblicksartig *Bußmann,* Reich Gottes (2005), 15–26; *Weiße,* Reich Gottes (1997).

[3] Aus der reichhaltigen neueren Literatur zur Reich-Gottes-Thematik sei insbesondere verwiesen auf: *Eigenmann,* Reich Gottes (1998); *ders.,* (2010); *Sobrino,* Christologie (1998), bes. 101–151; Die Bedeutung der Reich-Gottes-Erwartung für das Zeugnis der christlichen Gemeinde. Votum des *Theologischen Ausschusses der Evangelischen Kirche der Union,* Neukirchen-Vluyn 1986; *González Faus,* Otro mundo (2010). Vgl. auch den eindrucksvollen Versuch, die Bedeutung des Reiches Gottes für unsere Zeit zu aktualisieren, im Beschluss der *Gemeinsamen Synode der Bistümer in der Bundesrepublik Deutschland* „Unsere Hoffnung" (GSyn 1, 95–97).

[4] Vgl. *Weiser,* Miteinander (1987), bes. 19–23.

[5] *Venetz,* Bergpredigt (1987), 124f.

[6] *Venetz,* Er geht euch voraus (2005), 81.

[7] Vgl. *Eigenmann,* Reich Gottes, bes. 37–41; *ders.,* Kirche, bes. 177–182.

[8] Von lat. con = mit und mensa = Tisch: Tischgemeinschaft.

[9] *Eigenmann,* Reich Gottes, 40f.

[10] Vgl. *Wacker,* Reich Gottes (2005), 9–15; sehr prägnant (im Anschluss an Seán Freyne) *Junker-Kenny,* Gipfel (2010), bes. 60–69.

[11] *Huber,* Kirche (1979), 63.

[12] Ebd.

[13] Zu ergänzen ist: … nicht nur in Berührung kam, sondern in der Begegnung auf seinen bzw. ihren eigenen Glauben gestoßen wurde, ohne sich unbedingt der Gruppe der Jünger und Jüngerinnen anzuschließen. Christoph Theobald gibt diesem Kreis der Sympathisanten ein besonderes theologisches Gewicht, wenn er feststellt, dass damit „in den Evangelien selbst ein Platz für den Anderen und die Andere offen gehalten" (157) sei, ein Moment, dem eine konstitutive Bedeutung für den Glaubensakt zukomme und woraus sich Konsequenzen für das Verhältnis der Kirche zu den Anderen ergäben: „wie Jesus selbst, so steht auch seine Kirche in einem Lernprozess, in dem der Andere, sein in welcher Form auch immer lebensnotwendiger Glaube, der christlichen Gemeinde etwas über ihre eigene Identität zu sagen hat" (162). Vgl. *Theobald,* Evangelium (2008); vgl. auch *Theobald,* Heute (2012). – Wie im Schlussabschnitt ausgeführt wird, kommen auch heute Anstöße zum Engagement christlicher Gruppen und Gemeinden immer wieder von Anderen her und führen zum Einsatz für eine gemeinsame Sache zusammen.

[14] Vgl. zum Folgenden *Tamayo-Acosta,* comunidad (1994), 20–31. Zur Einordnung der Jesusbewegung neben anderen religiösen Gruppierungen besonders im damaligen Galiläa und somit zu ihrem besse-

ren Verständnis verhelfen die neueren sozialgeschichtlichen Studien wie z. B. *Theißen*, Jesusbewegung (2004); *ders./Merz*, Jesus (2001); *Ebner*, Jesus (2004); *Freyne*, Jesus (2004); *Pagola*, Jesús (2007). Ein besonderen Akzent auf die Prägung Jesu durch seine dreißigjährige Zeit in Nazaret, einem armen Dorf mit primitiven Lebensverhältnissen neben der prunkvollen hellenistischen Stadt Sepphoris setzt *Codina*, Iglesia (2010).

[15] Vgl. dazu insbesondere die Studien von *Schüssler-Fiorenza*, Gedächtnis (1988); *dies.*, Discipleship (1993).

[16] *Loisy*, Evangelium (2010), hier: 169.

[17] In seiner Auseinandersetzung mit Adolf von Harnacks Verinnerlichung des christlichen Glaubens entwickelte Loisy allerdings eine Tendenz, die Kontinuität von Jesu Botschaft in der römischen Kirche allzu positiv zu rekonstruieren. Vgl. auch den Kommentar von *Geyer*, Wahrheit (2010) 9–95.

[18] Zur Bedeutung von Ostern als Stiftungsgeschehen für die Kirche im Zusammenhang mit dem vorösterlichen Leben und Wirken Jesu vgl. *Kirchschläger*, Anfänge (1990), 23–43.

[19] *Schillebeeckx*, Menschen (1990), 203.

[20] Vgl. *Eigenmann*, Kirche (2010), 222–224.

[21] Vgl. detaillierter dazu *Hoffmann*, Erbe (1991); *ders.*, Jesus (2009); *Lohfink*, Jesus (1982).

[22] Die Bedeutung der Reich-Gottes-Erwartung, 25.

[23] Vgl. zu diesem Abschnitt auch *Blasberg-Kuhnke/Kuhnke*, Milieu- oder evangeliumsgemäß (2008); *Mette*, Umkehr (1988); *ders.*, Dein Reich (2011).

[24] Vgl. meine vorhergehenden Beiträge.

[25] Vgl. *Tamayo-Acosta*, comunidad (1994), 129–154; *Weber*, Inkulturation (1996); *Weber/Fuchs*, Gemeindetheologie (2007); *Weber*, neue Art (2012), 128–132.

[26] Drauf weist auch *Rainer Bucher* in seinem Beitrag zu Recht hin.

[27] *Steinkamp*, Betreuten (1988), hier: 355.

[28] Damit ergibt sich, wie bereits in meiner ersten Replik vermerkt, eine gewisse terminologische Schwierigkeit insofern, als „Gemeinde" nicht länger ohne Weiteres mit der kleinsten rechtsförmigen kirchlichen Einheit, der Pfarrei, gleichgesetzt werden kann. Hat sich doch die gesamte Kirche in ihrer Praxis nach der Reich-Gottes-Botschaft auszurichten. Ich folge einem Vorschlag von Rainer Bucher, von Gemeinde dann zu sprechen, wenn Kirche als Gemeinschaft in besonderer Weise erkennbar, erreichbar und zugänglich ist, d. h. einen Ortsbezug hat, wo sie sich aussetzt und anbietet, um für die Menschen in der Umgebung da zu sein (vgl. *Bucher*, Lage (2011).)

[29] Vgl. hierzu nochmals Anm. 13.

[30] Vgl. dazu ausführlicher *Steinkamp*, Diakonie (2012), passim.

[31] Vgl. *Mette*, Nähe (2012).

[32] Entsprechende Erfahrungsberichte sind gesammelt in: *Arntz/For-*

net-Betancourt/Wolter (Hg.), Werkstatt (2002); *Mette/Weckel/Wintels (Hg.),* Brücken (1999). Aus der Erfahrung vor Ort erwachsen ist das Buch von *Meurer/Otten,* Wenn nicht hier (2010). Bemerkenswert sind auch die Initiativen die von der Aktion „Leben in Fülle für alle! Aufruf für eine prophetische Kirche" (www.leben-in-fuelle-für-alle.de) ausgehen, sowie die Gruppen und Bewegungen, die sich dem Aufruf „Zeichen der Zeit – Hoffnung und Widerstand" (www.pro-konzil.de) angeschlossen haben. – Als zeitgeschichtliches Zeugnis eines ähnlichen Aufbruchs in der hiesigen Kirche sei verwiesen auf das Memorandum des *Bensberger Kreises* „Offene Gemeinde" aus dem Jahre 1974, dokumentiert in Concilium 11 (1975) 289–295.

II. Die Zukunft der Gemeinde – Stellschrauben möglicher Veränderungen

Ehrenamt neu sehen lernen

von Dorothea Steinebach

1. Problemaufriss

Das Interesse am Ehrenamt in der Gemeindepastoral kreist für gewöhnlich um die Sorge der Hauptamtlichen, wie sie eine möglichst große Zahl geeigneter Frauen und Männer gewinnen können, die sich von ihnen als ‚Multiplikatorinnen' und ‚Multiplikatoren' für das Mitmachen in den Gemeinden anleiten lassen. Ein verständliches Interesse, möchte man meinen. Wozu sollte man daran etwas ändern?

Genaueres Hinsehen ist angesagt. Denn es ist nichts mehr so selbstverständlich an der Zuordnung der Ehrenamtlichen zu den Hauptamtlichen, und es zeigen sich sehr deutlich Brüche und echte Fragwürdigkeiten, die viele Hauptamtliche nachdenklich stimmen und irritieren. Sich den Abbrüchen zu stellen und das Miteinander mit den Menschen vor Ort neu zu gestalten, das erweist sich als eine ihrer vordringlichen Aufgaben.

1.1 Das „alte" Ehrenamt

Schauen wir also genauer hin. Die gewöhnliche Assoziation verbindet mit dem Stichwort der Ehrenamtlichen Gemeindemitglieder eines ganz bestimmten Zuschnitts: unermüdliche, pflichtbewusste, kirchen- und pfarrertreue, für den Verwaltungsbereich meistens männliche, für die pastoralen Anliegen vor allem weibliche Mitarbeiter und Mitarbeiterinnen im Gemeindealltag. Gut und gerne und oft über Jahre hinweg ließen sie sich einbinden in ein Ehrenamt oder auch in mehrere Ehrenämter: in der Vorbereitung der Kinder auf die Erstkommunion, im Besuchsdienst in Krankenhaus und Altenheim, als Mitglieder in der Caritaskonferenz und in den Gremien, in den stillen Diensten „hinter den Kulissen" – und vieles mehr. Die Ehrenamtlichen waren ein instruktionistisches Leitungshandeln gewohnt und forderten es zumeist auch ein: ein Leitungshandeln, das unentgeltlich tätige Helferinnen und Helfer in die unverzichtbaren Gemeindeaufgaben einführte, um sie dadurch auf möglichst viele Schultern verteilen zu können.

Wie steht es heute um dieses sogenannte „alte" Ehrenamt? Überall ist zu beobachten, dass es im Schwinden begriffen ist, weil die in den 1960er Jahren noch so erfolgreichen Einbindungs- und Gestaltungsstrategien in Form der Zuordnung Ehrenamtlicher zu den Hauptamtlichen nur noch selten greifen. Und so herrscht zwar bei den Verantwortungsträgern in der territorialen Gemeindepastoral eine theoretisch geteilte Einigkeit darüber, dass man Ehrenamtliche nicht für hauptamtlich nicht mehr leistbare Aufgaben rekrutieren dürfe. Das überkommene Leitungsverständnis der „Hauptberuflichenkirche", der „Versorgungs- und Mitmachkirche", ist aber so tief verankert in der Denkwelt vieler Verantwortlicher, dass man das aus der Not des immer größeren Hauptamtlichenmangels erwachsene Postulat, verstärkter noch auf das Ehrenamt zu setzen, in der Praxis kaum anders einlösen zu können glaubt als durch die Suche nach eben diesem die Hauptberuflichen so entlastenden Typ „alter" Ehrenamtlichkeit.

1.2 Irritation durch das „neue" Ehrenamt

Das sogenannte „neue" Ehrenamt irritiert nämlich. Finden sich in ihm doch Menschen, die ein selbstorganisiertes, in hohem Maß flexibles, biographisch passgenaues, persönlich sinn- und gewinnbringendes, zeitlich und thematisch fest umgrenztes Engagement suchen. Ehrenamtliche diesen Typs werden in der eingefahrenen Gemeindepastoral oft als anstrengend oder störend erlebt. Und so finden sie auch seltener Engagementmöglichkeiten innerhalb, wohl aber außerhalb des kirchlichen Kontextes, im bürgerschaftlichen, gesellschaftlichen oder politischen Raum – in der ganzen Bandbreite der Selbsthilfe- und Betroffenengruppen, der Bürgerinitiativen, Kooperationsringe und Tauschbörsen, bei der Bewältigung eigener Problemsituationen und in Projekten mit großen Gestaltungsspielräumen.

Wenn aber sowohl das „alte", selbstverständliche kirchliche Ehrenamt im Schwinden begriffen ist, weil sich viele Menschen heute nicht mehr in funktionale Interessen und vordefinierte Konzepte der kirchlichen Organisation einbinden lassen wollen, als auch das „neue" Ehrenamt im Kontext traditioneller Gemeindepastoral nicht so richtig Fuß fassen kann, was bedeutet das dann für jene Verantwortlichen, die um die Zukunft von Gemeinde[1] ringen? Vor allem dies: dass ein Paradigmenwechsel in ihrem Verständnis von Leitung angesagt ist, um auf die neuen Herausforderungen neu zu reagieren.

So kann das beschriebene Szenario von verantwortlichen pastoralen Akteuren als starker Impuls verstanden werden, den Wechsel zu einem Leitungsverständnis zu vollziehen, das sich der Realität des soziokulturellen Kontextes stellt: der radikalen Individualisierung und Pluralisierung in der sogenannten Postmoderne mit ihrer entschiedenen Vorordnung des individuellen Subjekts und seiner Lebenswelt vor irgendwelchen normativen Allgemeinverbindlichkeiten, in der es jedem, der sich engagieren möchte, marktmäßig zur Wahl steht, ob und wofür er sich entscheidet oder auch nicht, ob und wo er sich engagiert und wo nicht, und ob und welche Religiosität er dabei pflegt. Den durch diesen Kontext geprägten Menschen gilt es um ihrer selbst und ihrer Würde als Mitglieder des Volkes Gottes willen, pastorales Interesse zu zeigen und mit ihnen gilt es, die pastoralen Aufgaben neu zu sehen, zu beurteilen und anzugehen. So banal das auch klingt, so schwierig ist es, dies in der Praxis umzusetzen.

1.3 Die Verantwortung der Verantwortlichen

Denn dieser Anspruch verunsichert viele pastorale Akteure. Wo sie sich ihm aber stellen, da wird sichtbar und für sie selbst auch spürbar, welchen Gewinn das Denken und Handeln von den Menschen her in sich birgt. Und zwar nicht nur von den *Getauften* unter ihnen. Dies griffe in der Linie des Zweiten Vatikanischen Konzils auch zu kurz. Denn es darf der Kirche ja nicht mehr nur um die bereits Getauften gehen. Auch die nicht Getauften gehören zum Volk Gottes. Als Volk Gottes trägt die Kirche in ihrer Verwiesenheit auf Gott und auf seinen universalen Heilswillen Verantwortung für ihre Sendung als „universales Heilssakrament" (LG 10–12 und 48). Sie hat die pastorale Aufgabe, das Evangelium vom Reich Gottes allen Menschen in Wort und Tat zu verkünden und dabei die „Zeichen der Zeit" zu achten. Erfahrungen aus der Praxis innovativer pastoraler Akteure zeigen diese Offenheit und Weitsicht. Sie begegnen den Menschen nach der Maßgabe eines mentalen Modells, das es hier eingehender zu erläutern lohnt.

Nähern wir uns ihm zunächst über den Begriff der „Kompetenz" an. Dieser Begriff bildet eine wesentliche Grundlage zur Beschreibung der besonderen Verantwortung der Verantwortlichen im Umgang mit den Menschen. Zunächst verweist der Begriff der „Kompetenz" ganz allgemein auf die Disposition eines Menschen, in bestimmten Kontexten und Situationen mittels erlernten Wissens und Könnens (Fähigkeiten und Fertigkeiten) die sich stellenden Probleme lösen zu können und dies auch tun zu wollen. Mit der Aufmerksamkeit auf die Kompetenzen der Menschen steht damit jeweils sehr grundsätzlich die einzelne, originelle Person im Mittelpunkt des Interesses der Verantwortlichen und ihre „Disposition zur Selbstorganisation". Pastorale Verantwortungsträger, die sich entschieden haben, auf die Kompetenzen der Menschen professionell einzugehen, reagieren auf ihre Vielfalt und Unterschiedlichkeit mit einer Vielfalt von Verantwortungsrollen, die sie situations- und persönlichkeitsorientiert einzusetzen verstehen. So vorzugehen rät und erklärt z. B. das sogenannte *Reifegrad-Modell2* von Hersey & Blanchard. Es legt Verantwortlichen nahe, vier Grundtypen von Verantwortungsrollen auszuprägen und ihr Rollenverhalten und ihren Führungsstil sensibel an den Menschen auszurichten, mit denen sie es im pastoralen Feld zu tun haben. Sie begegnen daher denjenigen, die auf Vorgaben, Unterweisung und Strukturierung des Arbeitsfeldes angewiesenen sind (‚Reifegrad' 1), wie Lehrer; denjenigen, die an Überzeugung und Verstehen von Abläufen interessiert sind (‚Reifegrad' 2), in der Rolle eines Coach (im engeren Sinn)[3]; denen, die Partizipation und Ermutigung zu eigener Verantwortungsübernahme wünschen (‚Reifegrad' 3), als Moderator und denen, die von sich aus weitgehend selbstständig, flexibel und initiativ tätig sein können und wollen (‚Reifegrad' 4), als Beobachter. „Autorität, die stets nur eine Form kennt", so der Kommentar von Karl Berkel zu diesem Modell, „stellt ihren dienenden Charakter selbst in Frage."[4] Und: Autorität sollte in der Begegnung mit anderen Menschen ihnen stets einen höheren Reifegrad unterstellen und: *entwicklungsorientiert* vorgehen mit dem Ziel der Moderation von Selbstorganisation.

Ein derart kompetenz- und entwicklungsorientiertes Verständnis von Verantwortlichkeit, Führung und Leitung – und zwar grundsätzlich aller Leitungsverantwortlichkeit, und damit auch von ehrenamtlich übernommener Leitungsverantwortung – erweist sich in der Praxis als geeignet, sich vom Versorgungs- und Mitmach-Modell in der Pastoral zu verabschieden. Dieses Modell liegt ja auch heute noch jedweder Suche nach „Laien" zur Entlastung der Priester und zur „Versorgung" der Gemeinden zugrunde – oft selbst dort noch, wo man anerkennend „auf das Ehrenamt setzt". Dieses Modell, das über viele Jahrzehnte seinen Sinn und seine Funktion hatte, gilt es aber zu verabschieden, um neu dem Auftrag der Kirche und den Menschen von heute gerecht werden zu können.

2. Das Paradigma der Ermöglichungspastoral

So ist das kompetenz- und entwicklungsorientierte Verständnis von Leitungsverantwortung denn auch Teil eines neuen mentalen Modells: des Paradigmas der *Ermöglichungspastoral*[5], das von Erkenntnissen systemischer Konzepte für die Seelsorge profitiert. Das Paradigma der Ermöglichungspastoral greift das paulinische Gemeindemodell vom „Leib Christi" auf, ein charismatisches Gemeindeverständnis „im Sinne eines partnerschaftlichen Kooperationsmodells mit seinen wechselseitigen Beziehungen, Aufgaben und Funktionen, die füreinander bestimmt sind. Nach dem paulinischen Verständnis erhält das Leitungsamt seine Daseinsberechtigung dadurch, dass es die Mündigkeit, Lebendigkeit und Freiheit der Gemeinde fördert."[6] Paulus meint dabei *alle* Mitglieder der christlichen Gemeinde; ihm geht es um ihr „Mit-Wirken am ‚Werk des Herrn', also an der Gewinnung einer Christusanhängerschaft unter den Völkern und am Aufbau der Gemeinde (vgl. 1 Kor 3,9–17)."[7] Durch dieses Gemeindeverständnis bewegt sich das Leitungsmodell des Paulus außerhalb der traditional überkommenen patriarchalischen Herrschaftsformen.

In systemischer Perspektive gelesen plädiert Paulus mit seinem Gemeindeverständnis für das Modell einer „kompetenten Selbstorganisation“[8] und kann darin richtungsweisend sein für das Paradigma der Ermöglichungspastoral. „Kompetente Selbstorganisation“ baut auf die Selbstmotivation lernbereiter, lernwilliger und lernfähiger Menschen und steht für die Überzeugung, dass „Selber-Tun“ bildet[9]. Ermöglichungspastoral verknüpft diese Überzeugung allerdings mit „dem Grundparadigma, dass die Gnade Gottes unserem Handeln stets zuvorkommt“[10]. Nicht nur gelten die pastoralen „Profis“, „sondern alle als Fachleute, die sich ihrer je eigenen Charismen und Geist-Begabungen bewusst werden, indem sie in der Begegnung mit anderen das heilsame Handeln Gottes an den Menschen ganz konkret in ihrem Leben erfahren.“[11] Jeder Einzelne, z. B. im „System“ einer Gemeinde, beeinflusst das System und ist mit Träger seiner Veränderungsprozesse. Wer sich einbringt, trägt nicht mehr zu seiner Veränderung bei als derjenige, der sich nicht einbringt. Denn wer sich mit seinen Begabungen und Fähigkeiten nicht einbringt, der entzieht dem System wesentliche, weil unverwechselbar einmalige Chancen der Weiterentwicklung. Jedem einzelnen Menschen in seiner unverwechselbaren Einmaligkeit muss daher das Interesse der Leitungsverantwortlichen gelten, nicht der *Funktion* der Menschen und dem, was sie zur Bewältigung eines (woher auch immer) vorgegebenen pastoralen Programms einbringen könnten. Es interessiert, wer die Menschen sind, was sie bewegt und was sie bereits in sich tragen. In der Linie systemischen Denkens heißt das: es interessieren ihre Deutungsmuster und Wirklichkeitskonstruktionen, die ihre „Lebenslandkarten“ darstellen, in denen sie sich beheimaten.[12] In ihren Lebenslandkarten geht es um ihre Muster, Zuschreibungen und Bilder von der Wirklichkeit, die in Kindheit, Jugend und Erwachsenenalter nach und nach gelernt und verfestigt oder auch wieder verworfen werden. Es geht um die Konstruktionen des Miteinanders, die Regeln und Abläufe im zwischenmenschlichen Verhalten; die Rollenzuschreibungen und Erklärungsmuster, an wem es z. B. liegt, wenn etwas im Leben gelingt, und wenn es misslingt; die Lebensmöglichkeiten, die man sich und anderen eröffnet; die Muster auch davon, „was ins Zentrum des Glaubens gehört und was eher eine Randerscheinung darstellt."[13] All das kann von Mensch zu Mensch recht unterschiedlich sein. Die Lebenslandkarten zeigen an, was in einem bestimmten Lebensabschnitt von besonderer Bedeutung für sie ist und was als peripher unberücksichtigt bleiben kann – und sei es nur für eine begrenzte Zeit. Dies zu unterscheiden ist für jeden Menschen lebensnotwendig, denn es reduziert die Komplexität der angebotenen Wahlmöglichkeiten. Mit der lebensnotwendigen Reduzierung von Komplexität reduzieren Lebenslandkarten aber auch Lebens*möglichkeiten*. Sie stehen nur für ein bestimmtes, vorübergehendes Lebenskonzept, das der Fortschreibung bedarf. Systemische Konzepte helfen, die Muster zu identifizieren und sie fortzuschreiben. Sie zielen darauf ab, „Selbstverantwortung und Selbstwirksamkeit von Frauen und Männern, deren Vernetztheit und die Bedeutungszuschreibung zu Wechselwirkungen in den Fokus zu stellen, um sie als Ansatzpunkt für Entwicklungen fruchtbar werden zu lassen."[14] Um dies zu erreichen, versucht systemische Seelsorge, die Menschen ganz in die *Gegenwart* ihrer Lebensgeschichten zu holen, denn nur in der Gegenwart sind sie handlungsfähig. „Systemische Seelsorge will mit ihren Methoden dazu beitragen, dass sich Frauen und Männer bewusst darüber werden, unter welchen Koordinaten sie in dieser Gegenwart leben und ihre Beziehungen gestalten. Sie entspricht der biblisch fundierten Option für das ‚Leben in Fülle' (Joh 10,10), damit selbstgemachte wie auch von anderen zugemutete Lebensarmut überwunden wird."[15] Als ressourcenorientierte Ermöglichung zur Selbstsorge[16] versteht sich systemische Seelsorge darauf, die Eintragungen in den Lebenslandkarten der Menschen – so verborgen ihre Ausdrucksformen gelebten Glaubens darin auch sein mögen – in den Dialog zu bringen mit den überlieferten Sinnperspektiven christlicher Gemeinden. Als kleine, überschaubare Verortung von Kirche hat auch jede von ihnen ihre „Lebenslandkarte": ihre Deutungsmuster und ihre biblischen Inspirationen und „Lieblingsbilder", die durch die Orientierung ganz bestimmter die Gemeinde repräsentierender Menschen am Evangelium geprägt sind. Ihre christlichen Landkarten gilt es einzubringen in ein ebenbürtiges, entdeckendes Lernen mit und an den Lebenslandkarten der Menschen, auch der „Kirchenfremden". „Es geht um den Dialog mit neuen Typen und Talenten. Es geht um die Antizipation möglicher Benefits für Leute, die man erst noch finden will. [...] Es geht um die Selbstveränderung auf die hin, die Kirche neu biographisch interpretieren wollen und werden."[17]

Mit diesem Anliegen spitzt die *Ermöglichungspastoral* die Idee der *Berufungspastoral* auf die Perspektive der Verantwortlichen in der Begegnung mit den Menschen hin zu. Denn wo Berufungspastoral, verstanden in einem weiten Sinne als Pastoral der Berufung, jene „konstitutive und wesentliche Dimension"[18] allen seelsorglichen pastoralen Wirkens ist, der es um die Förderung christlicher Berufung geht, da steht – wie deutlich geworden sein dürfte – das Paradigma der Ermöglichungspastoral für das ihr gemäße Leitungshandeln der Seelsorgerinnen und Seelsorger.

Das Paradigma der Ermöglichungspastoral erscheint im Folgenden daher stets in Verknüpfung mit dem Paradigma der Berufungspastoral.

3. Entwicklungsrichtungen im Rahmen einer Berufungs- und Ermöglichungspastoral

Überall dort, wo verantwortliche pastorale Akteure die Berufungs- und Ermöglichungspastoral zu einem zentralen Anliegen machen, sind drei Entwicklungsrichtungen in ihrer kommunikativen und kooperativen Praxis mit den Menschen vor Ort zu beobachten. Vermittels eines ermöglichungspastoralen Umgangsstils (Leitung) gelingt es pastoralen Akteuren auf beeindruckende Weise[19], (3.1) die Taufberufung mit Erwachsenen ins Gespräch zu bringen, (3.2.) christlich-religiös interessierten Menschen professionell ressourcenorientiert und entwicklungsförderlich ehrenamtliches Engagement zu ermöglichen und (3.3.) freitätig engagierte Menschen in den von ihnen selbst initiierten Engagementbereichen individuell zu unterstützen.

3.1 Die Taufberufung ins Gespräch bringen

Die *Taufberufung* mit Erwachsenen ins Gespräch zu bringen, ist ein seelsorgliches Anliegen der Verantwortungsträger, das ihrem veränderten Blickwinkel auf die Menschen und ihren Gewinn geschuldet ist. Gerade so gehört es in den Kontext der Ehrenamtsthematik hinein und macht wie kein anderes pastorales Entwicklungsfeld den Perspektivenwechsel deutlich. Die Taufberufung ins Gespräch zu bringen ist ein Anliegen, das sich in sehr grundlegendem Sinn als *diakonisch* versteht: als Verantwortung für die Anderen. Diese Grundhaltung der Verantwortung für die Anderen und der Aufmerksamkeit und Achtung vor ihnen bewahrt vor der Verzweckung der Anderen für eigennützige Ziele – in Anerkenntnis ihrer Ressourcen, Talente und Charismen.

In jeder Berufung geht es letztlich um die Gestaltung der Beziehung zu Jesus Christus, um die Begegnung mit ihm und um das Ihm-Angehören, das sich – wie die Geschichte der Spiritualität zeigt – in vielfältigen individuellen und gemeinschaftlichen Ausgestaltungen und Lebensformen konkretisiert. Jede dieser Ausgestaltungen lässt sich als individuelle Berufung *in* der (allgemeinen) Berufung begreifen – so auch die Berufung zu und in einem Beruf oder die Berufung zu und in einem frei gewählten Engagement, insofern sie Ausdruck der zugrunde liegenden Entscheidung ist und sein will, gerade so die persönliche Beziehung zu Jesus Christus zu gestalten und zu leben.

Die Voraussetzungen, eine solche Entscheidung aber überhaupt treffen und eine christliche Berufung persönlich ausgestalten zu wollen, erweisen sich im heutigen soziokulturellen Kontext als ambivalent. Wo der Mensch als mündiges Subjekt die Freiheit hat, sein Denken und Handeln selbst zu verantworten, erlebt er sich auch frei in der Wahl seiner Religiosität, in seiner Entscheidung für oder gegen eine bestimmte Glaubensgestalt und für oder gegen ein Handeln aus diesem Glauben.[20] Soll in diesem Wahlvorgang der Ruf des dreieinen, christlichen Gottes Berücksichtigung finden, so bedarf dies heute mehr denn je des Zeugnisses anderer glaubender Menschen, die die Verantwortung für die Bewusstmachung dieses Rufes übernehmen. Ein wahrhaftiges, selbstbewusstes und alltagssprachlich kommuniziertes Glaubenszeugnis[21] ist dazu unerlässlich und von unersetzbarer Bedeutung; ein Glaubenszeugnis von Seelsorgerinnen und Seelsorgern, die allerdings nicht Wahrheit dozierend *vermitteln*, sondern zuallererst interessiert und wach dafür sind, von und mit den Anderen die Bedeutsamkeit des Evangeliums für heutige Lebensvollzüge zu lernen. So stellt ein ehrlicher und verbindlicher Dialog, oder stimmiger noch: „Trialog“ mit den Menschen und der Tradition – jenseits von „Belehrungsdidaktik“ – das Denken und dann auch: das Handeln von und mit ihnen fragend und herausfordernd neu in Beziehung zu dem, was in der Pastoral zu tun ist.

Insgesamt ist dies ein Vorhaben, das zum Ausbremsen und zur Verlangsamung eines allzu hektischen Alltags mahnt[22], um den Menschen an ihrem jeweiligen religiösen Standort auf ihrer Lebenslandkarte die gebührende Aufmerksamkeit schenken zu können. Immer bedarf es in solchen Begegnungen der Schlüsselpraxis des Sich-Zeit-Nehmens und des Zeit-für-die-Anderen-Verschenkens. „Berufungspastoral vor Ort braucht sehr große Zeitressourcen. Willkommen wäre eine Berufungspastoral, die in den neuen pastoralen Konzepten jene Zeitkontingente strukturell verankert, die dafür notwendig sind. Wer Ansprechpartner sein soll, dem muss man begegnen können, der muss viel Zeit mitbringen können: vor allem auch jene Art von freier Energie, die für die Anbahnung und Begleitung von Berufungswegen nötig ist."[23] Nicht zuerst als (potentielle) „Ehrenamtliche" begegnen die Anderen den pastoralen Akteuren, sondern als individuell lebenserfahrene und talentierte Menschen, die im Kontakt mit den Seelsorgerinnen und Seelsorgern einen Gewinn verspüren können sollten: den Gewinn der Taufberufung, die sie wie kein anderes Sinnangebot frei macht oder machen könnte.

3.2 Ehrenamt jenseits der Rekrutierungsfalle

Wer nach einem Perspektivenwechsel konsequent bei den Menschen und ihren Potentialen ansetzt, der tut sich plötzlich schwer mit dem Auftrag, Ehrenamt zu gewinnen. Kritisch wird er jede „Personalbedarfsplanung" oder gar „Personalbedarfsdeckung" mit Ehrenamtlichen zurückweisen und jegliche Konnotation Ehrenamtlicher mit „billigem Personal" verurteilen, die dem überkommenen Blickwinkel der Organisation und dem Bemühen um ihre Existenzsicherung entstammt. Stattdessen wird er auf den Bedarf und das Interesse der christlichen Gemeinde an ihrer Berufung und Sendung verweisen, die Menschen um ihrer Würde als Mitglieder des Volkes Gottes willen achten. Dieser Blickwinkel ist entscheidend. Die Menschen spüren ihn.

Da es ihnen heute aber marktmäßig zur Wahl steht, ob und wo sie sich engagieren und wo nicht, und ob und welche Religiosität sie dabei pflegen, steht es ihnen natürlich auch frei, sich ansprechen und einbinden zu lassen in ein seelsorgliches Handeln – bis hin zur Übernahme eines Ehrenamtes. Nur ob dies tatsächlich geschieht, hängt davon ab, ob und wie es den Verantwortlichen gelingt, sich *gemeinsam* mit den Menschen der pastoralen Aufgabe zu stellen und mit ihnen und für sie solche Bereiche zu entdecken, die in *Passung* stehen mit ihren individuellen *Motiven und Motivationen* für ein Engagement.

Die Schwierigkeit dieser Aufgabe ist nicht zu unterschätzen. Denn das Stichwort der Motive und Motivationen berührt den sensiblen Punkt der sehr unterschiedlich ausgeprägten „Bindung“ der Menschen an die kirchliche Organisation. Geht es in der Begegnung von „Haupt- und Ehrenamt“ doch um die Begegnung sehr unterschiedlicher (Lebens-)Welten mit ihren sehr unterschiedlichen Lebenslandkarten: der kirchlichen Organisation einerseits und der Menschen vor Ort andererseits. Die in die Organisation der katholischen Kirche mit ihren Aufgaben und Zielen eingebundenen und von ihren nomozentrischen Werten eingeforderten Hauptamtlichen bekommen die Differenz zu den plural wertorientierten Engagierten ständig zu spüren, die für die Übernahme eines Engagements mit einem ganzen Bündel an Motiven aufwarten, egoistischen wie altruistischen. So muss ein Engagementangebot im kirchlichen Kontext Raum lassen für Selbst- *und* Fremdhilfe[24], Verlässlichkeit *und* Spaß, altruistische *und* egoistische Motive. Es muss attraktiv sein und das Angebot professioneller Begleitung mitliefern: mal reziprok, mal ein-, an- und unterweisend, mal komplementär, mal dosiert unterstützend, im

Kern mäeutisch und assistierend; immer vermittels eines Glaubenszeugnisses, das den kraft- und lustvoll gelebten christlichen Standpunkt (auch konfrontativ) ins Gespräch bringt, ohne „mit Gott ins Haus zu fallen“: nicht belehrend, aber auch nicht unverbindlich, nicht hierarchisch normativ, aber auch nicht beliebig, im Interesse an den Menschen und ihren möglichen „Benefits“. Dann bestehen echte Chancen, dass Frauen und Männer aus ganz unterschiedlichen lebensweltlichen Milieus einen Gewinn darin entdecken können, sich im kirchlich organisatonalen Raum für Dritte zu engagieren und dafür in ein Ehrenamt einzusteigen, das sie selbst mitprägen.[25] Ein im Dialog mit den Menschen im pastoralen Raum erwachsener Aufbau von Informationszentren über bewährte und neue Engagementangebote könnte sich in dieser Linie lohnen, um Menschen mit Interesse an einem Engagement freilassend Angebote zu machen für ein kirchliches Ehrenamt mit „biographischer Passung“. Gerade im Grunddienst der Diakonie gibt es unerschöpflich viele interessante Engagementmöglichkeiten[26], aber auch im Bereich der Verkündigung – wenn nur mutig neue Wege in der Art eines freilassend ermöglichenden Ehrenamtes z. B. in der Sakramentenvorbereitung beschritten werden. An ersten beispielhaften Praxiserfahrungen mangelt es nicht. [27]

Eine gewisse Vorsicht bleibt aktuell aber geboten. Denn unter den drei genannten Entwicklungsfeldern – rund um Taufberufung, Ehrenamt und Freitätigkeit – scheint es in der pastoralen Praxis nirgends so schwer zu sein, den Impulsen der Ermöglichungs- und Berufungspastoral konsequent treu zu bleiben, wie in der Aufgabe, das Ehrenamt im engeren Sinn neu sehen zu lernen. Läuft man doch angesichts des Beharrungsvermögens alter Denk- und Handlungsmuster allzu leicht Gefahr, völlig unbeabsichtigt in die „Rekrutierungsfalle“ zu geraten. Dies geschieht etwa dort, wo man an der Rede von der *Ehrenamtsförderung* festhält, denn nicht „das Ehrenamt“ als solches haben Verantwortliche zu fördern, sondern die Aufmerksamkeit für die Menschen vor Ort in ihrer Berufung und Sendung, die die Kirche zur Erfüllung ihrer pastoralen Aufgabe so notwendig braucht.

3.3 Freitätigkeit stärken

Die Aufmerksamkeit für die Anderen öffnet Seelsorgerinnen und Seelsorgern den Blick auch für jene Bereiche, in denen sie bei näherer Betrachtung bereits engagiert sind: in Familie, Nachbarschaft, Gesellschaft und Politik, oft im Schatten und unbeachtet vom Geschehen der „Kerngemeinde“.

Die Initiative zu diesem Engagement liegt bei den Menschen selbst, nicht bei den Hauptamtlichen. Sie verdient als solche Beachtung. Denn es ist ein Engagement in dem sich auf ganz vielfältige Weise ausdrückt, wo und wie Menschen ihre Berufung und Sendung leben – ob getauft oder nicht. Dieses Engagement lässt sich begrifflich nicht einfach vereinnahmen in das, was klassisch mit *Ehrenamt* gemeint ist. Denn *Ehrenamt* ist ja das freiwillige, unentgeltliche, kompetente Engagement für Dritte im Auftrag einer Organisation – und der Begriff sollte um seiner Aussagekraft und Referenz willen auch genau dafür vorbehalten bleiben. Viele der genannten Engagementtypen sind im Sinne dieser Begriffsfassung aber kein Ehrenamt und sind gleichwohl ein *Engagement aus Berufung*. Zur besseren Abgrenzung zum Begriff des Ehrenamtes bietet es sich für diese Engagementtypen an, von *freitätigem Engagement* zu sprechen, oder kürzer von *Freitätigkeit* im Unterschied zu Berufstätigkeit[28]. Freitätig Engagierte wissen sich frei *von* beruflicher Einbindung und Verpflichtung (und entsprechender finanzieller Vergütung) und frei *für* ein selbstorganisiertes Handeln an einem von ihnen selbst gewählten Ort: flexibel, biographisch passgenau, persönlich sinn- und gewinnbringend.[29] *Freitätigkeit* kann dabei aber auch das aus der berufungspastoralen Begegnung neu entdeckte und ermöglichte Engagement im je eigenen Nahbereich der Menschen sein, oder sich in der „ermächtigten" Leitung eines selbst gewählten, Gewinn versprechenden Projektes ausdrücken.

So oder so: die Menschen mit ihren unterschiedlichen Talenten sind der Reichtum der Kirche, an welchem Ort sie diese auch leben und als *Charismen* – das heißt: zur Ehre Gottes, zum Wohl der Menschen (‚Welt') und zum Aufbau christlicher Gemeinde – einbringen. Sie zu stärken und zu unterstützen, das wird gerade auf der Suche nach neuen pastoralen Orten und Gelegenheiten in den pastoralen Räumen ein Gewinn für das Weiterleben des Glaubens „in neuen Schläuchen" (Mk 2,22) sein.

Die drei aufgewiesenen Entwicklungsfelder mögen in der Praxis eng ineinander verwoben sein; sie im theoretischen Diskurs aber zu unterscheiden, ist hier nicht zuletzt den unterschiedlichen Kompetenzen der pastoralen Akteure und der Sorge um ihre Rollenklarheit bei schwerpunktmäßiger Übernahme von Verantwortung in dem ein oder anderen Feld geschuldet. Je nach den persönlichen Kompetenzen und Charismen der Mitglieder eines Pastoralteams wären die Arbeitsschwerpunkt und Akzente in den Entwicklungsfeldern unterschiedlich zu setzen. Der „geborene Lehrer"[30] z. B. versteht es mit religionspädagogisch-theologischer Kompetenz vielleicht in besonderer Weise, die Taufberufung mit Erwachsenen ins Gespräch zu bringen, wer ein besonderes Organisationstalent besitzt und gerne in die Rolle des Coach oder des Moderators schlüpft, der wird sich mit Erfolg der aufmerksamen Wahrnehmung der Menschen in der gemeinsamen Bewältigung der pastoralen Aufgabe in einem neu gestalteten Miteinander von „Haupt- und Ehrenamt" widmen, und wessen bevorzugte Rolle die eines kommunikationsstarken Koordinators ist, der wird bevorzugt Netzwerke bilden zwischen den vielfältigen Formen von Freitätigkeit. Konkret kann dies für ein Pastoralteam heißen: die einen konzentrieren sich auf den Aspekt, die Taufberufung mit Erwachsenen ins Gespräch zu bringen, andere investieren ihre Energie als Ansprechpartner für Ehrenamtliche und in den Aufbau einer Organisation, die der freien Ermöglichung von kirchlichem Ehrenamt entspricht und wieder andere stehen für die Stärkung der Freitätigkeit an den Engagementorten der Menschen, an neuen pastoralen Orten der Weltverantwortung.

Allen gemeinsam ginge es dabei um den Aufbau von Gemeinden und Gemeinschaften, um die pastorale Aufgabe der Verkündigung des Evangeliums in Wort und Tat, zu deren Bewältigung die Kirche alle braucht, die zu ihr gehören.

4. Eine Anfrage an das kirchliche Organisationslernen

Auf allen Ebenen, auch auf der Ebene der kirchlichen Organisation, ist ein Umdenken vonnöten, damit Menschen darauf aufmerksam werden können, was Gott in sie hineingelegt und ihnen zugesprochen hat. Verantwortliche – und dies gilt insbesondere für die „Laien" unter den pastoralen Akteuren – müssen organisational auch mit der *Zuständigkeitskompetenz* ausgestattet sein, der Ebenbürtigkeit der Menschen Rechnung tragen und sie bei der Entdeckung und Entfaltung ihrer Ressourcen begleiten zu können: prozessorientiert, subjektsensibel, entwicklungsförderlich, dialogisch und partizipativ.

Für die Praxis stellt sich das *Empowerment* der Menschen im heutigen soziokulturellen Kontext aber nicht nur deshalb als ein hoch gestecktes Ziel dar, weil es Kommunikationsstrukturen auf Augenhöhe voraussetzt, sondern auch, weil es den Abschied vom „pastoralen Autonomismus" einer

Vielzahl organisationaler pastoraler Orte verlangt. Wenn viele Menschen auch ganz ungesehen und verborgen in der Familie, im Beruf oder im gesellschafts-politischen Bereich ihren Glauben leben und wenn es auf den unterschiedlichen Ebenen voneinander unabhängige und untereinander kaum bekannte pastorale Orte gibt, die sich auf je eigene Weise für die Präsenz des Evangeliums in heutiger Gesellschaft einsetzen, dann heißt es „endlich an den unterschiedlichen pastoralen Orten füreinander Interesse zu zeigen. Dazu aber ist es notwendig, alles abzubauen, was gleichstufige, wertschätzende Kommunikation zwischen pastoralen Orten und übrigens auch den unterschiedlichen kirchlichen Hierarchieebenen verhindert."[31] Dies stellt Anfragen an die eigene *Neugierde* auf Anderes und Fremdes und Anfragen an die Leitung bzw. Steuerung kommunikativer Prozesse – auch an den nicht-kirchlichen Orten, in denen Andere auf ganz fremde Weise ihren Glauben leben.

So erfordert ein charismen- und entwicklungsorientierter Umgang mit den Menschen und eine respektvolle Haltung ihnen, ihrer Berufung und ihren Kompetenzen gegenüber noch so manches Experimentieren, in dem Fehler nicht auszuschließen sind, oder kurz: er erfordert den Aufbau einer Fehlerkultur und die Bereitschaft aller, auch der Verantwortungsträger, sich vom Anderen her in Frage stellen zu lassen, um miteinander und voneinander zu lernen („Organisationslernen").

Literatur

Berkel, K.: Leitung – Führung – Management. Moderne Managementtheorien und Spiritualität, in: Garhammer, E./Zelinka, U. (Hg.), Gemeindeleitung heute – und morgen? Reflexionen, Erfahrungen und Modelle für die Zukunft, Paderborn 1998.

Bock, T./Lowy, L./Pankoke, M. u.a.: Kooperation freitätiger und beruflicher Mitarbeiter in Sozialen Diensten, Freiburg i. Br. 1979.

Bredeck, M.: Berufung als pastorales Strukturprinzip? Zur theologischen Prägung kirchlicher Veränderungsprozesse am Beispiel des Erzbistums Paderborn, Theologie und Glaube 102 (2012) 114–139.

Bucher, R.: Neuer Wein in alte Schläuche? Zum Innovationsbedarf einer missionarischen Kirche, in: Sellmann, M. (Hg.), Deutschland – Missionsland. Zur Überwindung eines pastoralen Tabus, Freiburg/Br. 2004, 249–282.

Eckart, A.: Systemische Seelsorge – „Gesegnet sei, wer da nichts erwartet", in: Götzelmann, A. (Hg.), Seelsorge systemisch gestalten. Konstruktivistische Konzepte für die Beratungspraxis in Kirche, Diakonie und Caritas, Norderstedt 2008, 15–28.

Eckart, J.: „Ich sehe was, ..." Zu den Perturbationen einer systemisch-konstruktivistischen Seelsorge, in: Götzelmann, A. (Hg.), Seelsorge systemisch gestalten. Konstruktivistische Konzepte für die Beratungspraxis in Kirche, Diakonie und Caritas, Norderstedt 2008, 29–57.

ders.: Ermöglichungspastoral. Ein neues Paradigma in der Seelsorge, Norderstedt 2004.

Fischer, M./Graf, P.: Coaching. Ein Fernworkshop, Augsburg ²2000.

Herder, M.: Ehrenamtlich tätig: Warum tue ich das? in: Lebendige Seelsorge 50 (1999) 169–171.

Jacobs, Ch.: Berufungspastoral nach innen, Borchen-Dörenhagen 2009 (als Manuskript gedruckt).

Klages, H.: Individualisierung als Triebkraft bürgerschaftlichen Engagements. Empirische Fakten und Folgerungen, in: Kistler, E. u. a. (Hg.), Perspektiven gesellschaftlichen Zusammenhalts. Empirische Befunde, Praxiserfahrungen, Meßkonzepte, Berlin ²2002, 101–112.

Leuninger, E.: Die Entwicklung der Gemeindeleitung. Von den biblischen Ursprüngen bis zum Ausgang des Mittelalters mit Perspektiven für heute, St. Ottilien 1996.

Neubrand, M.: Im Dienst lebendiger christlicher Gemeinden: Paulus und seine Mit-Wirkenden, in: dies. (Hg.), „Lebendige Gemeinde". Beiträge aus biblischer, historischer, systematischer und praktischer Theologie, Regensburg 2005, 47–68.

Sekretariat der Deutschen Bischofskonferenz (Hg.): Neue Berufungen für ein neues Europa (In verbo tuo ...). Schlußdokument des Europäischen Kongresses über die Berufungen zum Priestertum und Ordensleben in Europa, Veröffentlichung des Päpstlichen Werks für geistliche Berufe (Verlautbarungen des Apostolischen Stuhls 131), Bonn 1998.

Sellmann, M.: Graue Mäuse, komische Käuze? Anmerkungen zum fälligen Imagewandel kirchlicher Berufe, in: Herder Korrespondenz *Spezial* – Arbeiten in der Kirche. Ämter und Dienste in der Diskussion (2009) 44–48.

Spenn, M.: Selber Tun bildet. In: Praxis Gemeindepädagogik o.J. (2009) 2, 15–17.

Spielberg, B.: Kann Kirche noch Gemeinde sein? Praxis, Probleme und Perspektiven der Kirche vor Ort, Würzburg 2008.
Steinebach, D.: Den Anderen begegnen. Zur Zukunft von Haupt- und Ehrenamt in der katholischen Kirche, Würzburg 2010, 194–197.
dies.: Getauft und engagiert. Zum innovativen Umgang mit alten und neuen Formen des kirchlichen Ehrenamtes, Würzburg 2011.
Striet, M.: Zu sehr autonomieverliebt? Eine andere Gotteshypothese, in: Herder Korrespondenz Spezial – Streitfall Gott. Zugänge und Perspektiven 2 (2012) 28–33.
van der Ven, J. A.: Kontextuelle Ekklesiologie, Düsseldorf 1995.

Anmerkungen

1 Mit Bernhard Spielberg wird im Folgenden die semantische wie inhaltliche Unterscheidung zugrunde gelegt zwischen „Pfarrei“ als der territorialen Basisstruktur und rechtlichen Organisationsform einer bestimmten Anzahl von Gläubigen und „Gemeinde“ als der Lebens- und Praxisform einer durch Wort und Sakrament begründeten und Kirche erfahrbar machenden Gemeinschaft. Vgl. *Spielberg*, Kirche (2008), 388–416.

2 Der *Reifegrad*-Begriff erscheint unglücklich gewählt, da er einen elitären Beigeschmack transportiert. Das Modell selbst überzeugt aber durch sein Anliegen der Sensibilisierung von Führungskräften für die Voraussetzungen einer Mitwirkung anderer Menschen.

3 Hier greift ein enger Begriff von ‚Coaching‘ als „eine spezielle, zeitlich begrenzte, intensivere Kooperation zwischen einer Führungskraft und einzelnen MitarbeiterInnen“ (*Fischer/Graf*, Coaching (2000), 106.).

4 *Berkel*, Leitung (1998), 128.

5 Grundlegend dazu: *Eckart*, Ermöglichungspastoral (2004). Eckart hat das von Rolf Arnold für die Erwachsenenbildung entwickelte pädagogische Konzept der „Ermöglichungsdidaktik“ in den Bereich der Pastoraltheologie übertragen und als neues Paradigma für die Seelsorge angeboten.

6 *Eckart*, Ermöglichungspastoral (2004), 253.

7 *Neubrand*, Dienst (2005), 60.

8 *Leuninger*, Entwicklung (1996), 72. Leuninger versteht Gemeindeleitung als kybernetischen Prozess (vgl. 319) und als zielförderliches Handeln, das die Leitungsaufgabe von allen Beteiligten des Systems resp. von allen Gemeindemitgliedern mitgetragen sieht.

9 Siehe dazu *Spenn*, Selber Tun (2009).

10 *Eckart*, Ermöglichungspastoral (2004), 255. Ein Grundgedanke, der Ermöglichungspastoral mit dem Konzept mystagogischer Seelsorge verbindet.

[11] Ebd., 256.
[12] *Eckart*, Seelsorge (2008), hier 21f.
[13] Ebd., 24.
[14] Ebd., 23.
[15] Ebd., 27f.
[16] Vgl. *Eckart*, „Ich sehe was, ..." (2008), 29.
[17] *Sellmann*, Graue Mäuse (2009), 48.
[18] *Sekretariat der Deutschen Bischofskonferenz (Hg.)*, Neue Berufungen (1998), 57. Der Text schlussfolgert, „daß man geradezu behaupten kann, daß die Berufungspastoral die Berufung der Pastoral ist: sie ist wohl deren erstes Ziel und ist wie eine Herausforderung der Kirchen Europas" (hier 58). Vgl. *Bredeck*, Berufung (2012).
[19] Vgl. die Beispiele aus der pastoralen Praxis von Gemeindereferentinnen und Gemeindereferenten in *Steinebach*, Getauft (2011).
[20] Gleichwohl gilt, „dass eine Freiheit, die als individuelle Selbstbestimmungsmöglichkeit durch sich selbst gedacht ist, keineswegs rücksichtslos gegenüber einer Bindung an Normen ist" (*Striet*, autonomieverliebt (2012), 28.). Nur wollen solche Normen „autonom akzeptiert" und – wo sie einer lebensermöglichenden Ordnung abträglich sind – in der Nachfolge Jesu hinterfragt sein. „Mündigkeit fordert Jesus deshalb, auch und gerade in Sachen der überkommenen Religion, die als kulturelles Deutungssystem des Lebens insgesamt Observanz nur allzu rasch in ein menschenverachtendes System umschlagen lässt" (hier 30).
[21] Vgl. dazu den nachdenklich stimmenden Erfahrungsbericht von Rainer Bucher, der die *Peinlichkeit* eines missionarischen Glaubenszeugnisses reflektiert; *Bucher*, Neuer Wein (2004), 251–254.
[22] Siehe dazu die Anmerkung von van der Ven, der als das „drückendste Problem" des katholischen pastoralen Personals den individuellen und kollegialen Zeitdruck empirisch belegt und ihn als „strukturell-pastorales Problem" und nicht als rein technisches Terminplanungsproblem ausmacht. Es geht – so van der Ven – „um das Fehlen einer deutlichen Einsicht in die pastoralen Prioritäten im Verhältnis zu der faktisch zur Verfügung stehenden Menge an Zeit." (*van der Ven*, Ekklesiologie (1995), 497).
[23] *Jacobs*, Berufungspastoral (2009), 8.
[24] Ein schönes Beispiel für eine gemischte Motivlage aus altruistischen und egoistischen Motiven bietet Mechthild Herder als Gründungsmitglied einer Initiative „Helferkreis für werdende Mütter in Bedrängnis"; siehe *Herder*, Ehrenamtlich (1999). Für Modernisierungsskeptiker mag es immer noch überraschend sein, dass gerade der „‚individualistische' Wertewandeltrend [...] angesichts eines zunehmenden *Bedarfs* an individualistischen Fähigkeiten in den im Modernisierungsprozeß stehenden Gesellschaften substantiell als ‚eufunktional' anzusehen" ist; siehe *Klages*, Individualisierung (2002), 103.

[25] Empirischen Studien zufolge sind Defizite in der kirchlichen Organisation der gewichtigste Grund für das in ihrem Kontext rückläufige Engagement und für „schlafendes" Potential. Um aktiv zu werden, bedarf es der motivationalen Unterstützung durch Behebung der Engagementhemmnisse, die insbesondere in den strukturellen Bedingungen und Ressourcen für die Übernahme eines kirchlichen Ehrenamtes liegen. Vgl. *Steinebach*, Anderen (2010), 194–197.

[26] Die innovativen Ideen der kirchlichen Verbände, z. B. von kfd, Kolping, des BDKJ oder des Caritasverbandes belegen dies. Verantwortliche pastorale Akteure, die eng mit den Verbänden kooperieren, entlasten sich selbst davon, „das Rad neu erfinden" zu müssen.

[27] Vgl. dazu ein Praxisbeispiel in: *Steinebach*, Getauft (2011), 60–64.

[28] Vgl. Ebd., 254f. Der Begriff der *Freitätigkeit* fand bereits 1979 in einer Studie zur „Kooperation freitätiger und beruflicher Mitarbeiter in Sozialen Diensten" Verwendung, wurde damals aber nicht weiter rezipiert; vgl. *Bock/Lowy/Pankoke u. a.*, Kooperation (1979).

[29] Ich sehe Freitätigkeit als theologische Kategorie gegründet in der Freiheit aus Gnade, die von Gott her jeden Menschen meint; auch den, der sich vielleicht erst noch danach sehnt, sie auch bewusst als solche annehmen zu können.

[30] Der Begriff des „Lehrers" setzt hier das konstruktivistische – nicht instruktionistische – Verständnis von Lehren und Lernen voraus.

[31] *Bucher*, Neuer Wein (2004), 278.

Neue Gemeindeformen und -ideen etablieren

von Christian Hennecke

Gemeindeformen etablieren? Neue Ideen etablieren? Geht das überhaupt? Es könnte ja scheinen, als läge dies in der Möglichkeit von Pastoraltheologen und Pastoralplanern. Ich habe den Eindruck, dass es so nicht funktioniert. Vielmehr befinden wir uns in einem Prozess des Entdeckens, des Begleitens, des Ermöglichens und Unterscheidens von Erfahrungen, die dann auch zu einem tieferen und damit auch „neuen" Verständnis des Kircheseins führen.

Worum es eigentlich geht

„Denkt nicht mehr an das, was früher war; auf das, was vergangen ist, sollt ihr nicht achten. Seht her, nun mache ich etwas Neues. Schon kommt es zum Vorschein, merkt ihr es nicht?" (Jes 43, 18f). Nicht Einzelne, und nicht nur Theologen, werden herausgefordert – das ganze Volk ist zu einer Umkehr gerufen: sich auf das einzulassen, was schon am Wachsen ist, und was dem „Heute" des Handelns Gottes in unserer Zeit entspricht.

Dabei geht es überhaupt nicht zuerst um die Kirche und ihre Gestalt – es geht vielmehr um eine Gegenwart. Es geht um reale Vorerfahrungen des Reiches Gottes, dessen Zeichen und Werkzeug die Kirche sein soll.

Wie erfahren wir heute die Gegenwart Christi? Wie kann das Wort Gottes auch heute wirken, Heilung schenken, Gemeinschaft stiften und Sendung provozieren? Wie können wir andere Menschen in ihrer Suche begleiten und wie können wir Zeitgenossen der Vielen sein, die auf der Suche nach einem sinnvollen Leben sind? Diese existenzielle Dimension macht die Frage nach dem „Neuen“ spannend. Dort, wo dies geschieht, wächst neues Leben – und dort wächst auch Kirche.

Ja, es ist dieser Entdeckungszusammenhang, und damit geht es gewissermaßen um eine „induktive Ekklesiologie“[1]: von den sich abzeichnenden Erfahrungen des Volkes Gottes, die ja Ausdruck des Weges Gottes mit seinem Volk sind, können wir einen neuen Horizont und neue Gestaltwerdungen des Christentums, neue Sozialformen entdecken.

Und dann, dann erst, kann man sich fragen, ob die neuen Entwicklungen auf diesem Weg unterstützt werden können. Das in der Tat ist die Quintessenz der prophetischen Ansage, der wir im Buch Jesaja begegnen.

1. Kirche im Evolutionsprozess

Im Field-Museum in Chicago, einem großen Naturkundemuseum, ist eine beeindruckende Sonderausstellung zur Geschichte der Evolution zu entdecken: es ist beeindruckend, welche langen Zeiträume Entwicklungen brauchten – und noch beeindruckender ist es, die Entwicklungssprünge zu deuten: sie sind durch „Katastrophen“ welcher Art auch immer, aber immer von außen, ausgelöst worden. Jedesmal sind dabei 70% der bestehenden Species ausgestorben, und neue Entwicklungswege, vorher ungeahnt, taten sich auf.

Bei aller Vorsicht und aller Nichtübertragbarkeit: mich hat diese Ausstellung natürlich an die Entwicklungsprozesse und Umbruchsgeschehen in der Kirche erinnert. Lässt sich in dieser Perspektive nicht auch das heilsgeschichtliche Wirken Gottes fassen? Ganz deutlich wurde das für mich im Blick auf die Ordensgemeinschaften und charismatischen

Aufbrüche, die ja immer pneumatische Entwicklungen in der Kirche als Antwort auf Zeichen der Zeit darstellen. Es ist doch mehr als überraschend, wie viele Aufbrüche, Gemeinschaften, Ordensgemeinschaften in jedem Jahrhundert werden und vergehen. Dieser charismatische Überschuss der Kirche führt zu einer Vielfalt neuer Gestalten, aber nur wenige „überleben" mehr als 150 Jahre. Es scheint also so etwas zu geben, wie einen pneumatischen Such- und Gestaltungsprozess hin zu einer Lebensform und Sozialgestalt, die den Herausforderungen der Zeit entspricht. Gerade wie in einem Labor und in einer Testreihe gibt es den Versuch, Kirche zu gestalten.

Was in den Ordensgemeinschaften und in den neuen Aufbrüchen der Kirche geschieht, ereignet sich nun aber für die Kirche als ganze: Offensichtlich geht es in diesem geistgewirkten Entwicklungsprozess nicht darum, eine bestimmte Kirchengestalt zu erhalten, sondern immer wieder kann der Geist Gottes antworten auf die Zeichen der Zeit – und wachsen so neue Formen christlichen Lebens in Gemeinschaft – neue Formen und Gestalten des Kircheseins.

Eine Dynamik des Werdens und Vergehens

Und vergehen: Das Sterben von Sozialformen gehört auch dazu. Und es ist nicht unnatürlich, sondern folgt einer österlichen Logik, die in der Mitte jeder eucharistischen Theologie steht: „Deinen Tod o Herr, verkünden wir, und deine Auferstehung preisen wir – bis du kommst in Herrlichkeit". Was wir nach den anamnetischen Wandlungsworten bekennen, bleibt gerade weil es im Kontext eucharistischer Hingabe dem Volk Gottes teilgegeben wird, auch die innere Wirklichkeit des Leibes Christi, der die Kirche ist. Die konkreten Sozialformen sind nicht für die Ewigkeit, sondern vergehen und werden und vergehen im Rhythmus der österlichen Wirklichkeit.

Damit klären sich in unserem Nachdenken zwei weitere Grundkoordinaten: zum einen ist das „Zuendegehen" einer Sozialform Teil eines Entwicklungsprozesses der Kirche, die auf dem Weg zur Fülle der Zeiten ist. Keine Sozialform ist also zwingend notwendig, wir sind in einem ständigen Sterbe- und Wachstumsprozess, und das ist die Normalität einer „ecclesia semper reformanda", aber auch ihr Ernstfall. Denn dort, wo Erneuerung und Veränderung immer nur auf dem Hintergrund einer harmlosen Entwicklungslogik gesehen werden, wird die Ernsthaftigkeit und theologische Tiefe dessen, was „Reform" meint, unterschritten. Und zugleich kann dann keine überzeugende Antwort auf die Frage gegeben werden, wie das Sterben einer Kirchengestalt zu begleiten ist.

Es geht eben um mehr als den Ersatz eines Modells kirchlichen Zusammenlebens durch ein anderes. Es geht eben um mehr als um die Notwendigkeit eines heftigen Erhaltungskampfes, weil jenseits der gewachsenen und prägenden Kirchengestalt nur noch das Nichts des Zusammenbruchs wartet.

Eben ganz anders: jede Kirchengestalt prägt zutiefst die Glaubenspraxis des Volkes Gottes, und doch gilt eben, dass jede Kirchengestalt sich selbst übersteigen muss. Dieser Selbstüberstieg im Rhythmus des Sterbens und Auferstehens hängt wesentlich mit der eschatologischen Zukunftsausrichtung des Kircheseins zusammen. Das Volk Gottes ist auf dem Weg nicht zu sich selbst, sondern zum Reich Gottes, zum Himmlischen Jerusalem – und jede Gestaltwerdung ist immer nur relativ, bezogen auf eine Vorerfahrung und Anwesenheit des Reiches Gottes in einer bestimmten Zeit. Eigentlich geht es immer wieder um die Frage, wie das Evangelium neu gehört und gelebt werden kann, wie es die Kultur durchdringt und von innen erhellt – die Gestalt der Kirche, die sich daraus ergibt, ist vorläufig und darauf ausgerichtet, eben jene Verkündigung der frohen Botschaft zu ermöglichen und zu bezeugen. Für jedes Nachdenken über die Kirchengestalt gilt also, was schon der Hebräerbrief deutlich formuliert:

> *„Aufgrund des Glaubens gehorchte Abraham dem Ruf, wegzuziehen in ein Land, das zu Erbe erhalten sollte; und er zog weg, ohne zu wissen, wohin er kommen würde. Aufgrund des Glaubens hielt er sich als Fremder im verheißenen Land wie in einem fremden Land auf und wohnte mit Isaak und Jakob, den Miterben derselben Verheißung, in Zelten; denn er erwartete die Stadt mit den festen Grundmauern, die Gott selbst geplant und gebaut hat"* (Hebr 11, 8–10).

Die Tradition und die Traditionen unterscheiden

In die Gegenwart: Kirchen werden geschlossen, Pfarreien werden zusammengeführt oder neugegründet zu größeren Gebilden – von „größeren pastoralen Räumen", „XXL-Pfarreien", Pfarrverbünden, Pfarreiengemeinschaften und anderen Neologismen ist die Rede.

Und diese neuen Formen wecken viele Ängste: gibt es noch „Kirche vor Ort", wenn die Kirche vor Ort geschlossen und profaniert wird, wenn kein Pfarrer oder Hauptberuflicher vor Ort ist, wenn die Eucharistiefeier nicht mehr „bei uns" gefeiert wird, sondern alle an einen zentralen Ort eingeladen sind, die Eucharistiefeier mitzufeiern? Stirbt nicht unsere Ortsidentität und Selbstständigkeit im Glaubensleben, wenn nun die Groß-Pfarrei alles einsaugt und – so die Befürchtung – alles anonymer wird?

Der Konzilstheologe Y. Congar lädt zu einer wichtigen theologischen Unterscheidung ein, die auch für unseren Kontext bedeutsam ist: er unterscheidet zwischen der kirchlichen Tradition und den gewachsenen Traditionen, die ihrerseits Gestaltwerdungen der Tradition sind[2].

Während die kirchliche Tradition wesentlich und substanziell war, ist und bleibt, wachsen im Laufe der Zeiten „Ausdrucksformen" und „Gestaltwerdungen" der konstitutiven kirchlichen Tradition, die sie in einer bestimmten Zeit am besten zum Ausdruck bringen können. Aber sie werden immer wieder überholt durch Gestalten und Formen, die in der jeweiligen Kultur und der jeweiligen Zeit eine größere Glaubwürdigkeit und Stringenz haben, um die eigentliche Tradition zum Ausdruck zu bringen.

Gilt das nicht gerade auch für die Kirche und ihre Sozialgestalten? Es gilt eben zu unterscheiden zwischen den gewachsenen Sozialformen, die Gefäß und damit Ausdrucksgestalt des großen Geheimnisses sind, das die Kirche ist. Im Grunde gilt es zu unterscheiden zwischen den Wesenselementen des Kircheseins schlechthin, ihrer sakramentalen Grundgestalt, ihrem konstitutiven Amt, ihren Grundvollzügen, ihrer Sendung – und den gewachsenen und damit überholbaren Gestaltwerdungen, die ja jeweils konkretisieren und „Fleisch werden lassen", worum es beim Weg des Volkes Gottes durch die Zeiten geht: um jene Gegenwart Christi, dem Licht der Völker, das in der Kirche widerstrahlen soll und die Kirche zum Zeichen und Werkzeug der Einheit Gottes mit der Menschheit und der Menschen untereinander macht (vgl. LG 1).

Kein Zweifel: die traditionellen Sozialgestalten sind in einem Umbruch, in einem großen Prozess der Transformation. Es gilt neu zu unterscheiden und zu fragen: Wenn die eucharistische Grundgestalt der Kirche heute – unter den Bedingungen einer postmodernen Kultur – neu wächst, wie wächst sie heute? Welches sind die Zeichen der Zeit, die schon einen solchen Umbruch nahelegen? Welche neuen Aufbrüche lassen sich erkennen? Und wie entwickeln sich die gewachsenen Gemeinden, die ja weithin über die letzten 40 Jahre als das Grundmodell des Kircheseins galten?

Die Strukturmaßnahmen der deutschen Kirche bringen dabei diesen Umbruchsprozess nur zum Ausdruck: Angesichts geringer Priesterzahlen und angesichts des erwarteten und erfahrenen Rückgangs finanzieller Ressourcen ist es Aufgabe der Verantwortlichen, eine neue Struktur zu ermöglichen, die gerade den sakramentalen Wesensmerkmalen der Kirche gerecht wird.

Mit den Maßnahmen, die seit etwas mehr als einem Jahrzehnt das Volk Gottes in Atem halten, es zu starken Widerstand herausfordern, lassen sich einige weitere interessante Phänomene beobachten

Auf der einen Seite verstärkte sich ein depressives und teilweise auch polarisierendes Murren: das Ende und der Zusammenbruch der Kirche scheinen in nächster Nähe. Ob diese Kritik von rechts oder links, von vorne oder von hinten kam und kommt – immer ist sie Hinweis auf eine tiefe Ungläubigkeit: Es scheint so, dass nur eine bestimmte Form der Kirche ihr Wesen widerspiegeln könnte. Es scheint so, dass die Tradition der Kirche identifiziert wäre mit einer bestimmten volkskirchlichen Milieugestalt. Und es scheint so, dass das Geheimnis der Kirche nur in seiner solchen Milieugestalt, die zweifellos eine der gelungensten Gestaltwerdungen der jüngeren Vergangenheit darstellt, zum Audruck kommen könnte. Dann aber wäre die Kirche in der Tat Machwerk von Menschen – und nicht Weggestalt des Weges Gottes mit den Menschen. Dann wäre der an seinem Volk gnädig handelnde Gott gar nicht selbst mit seinem Volk unterwegs, wäre er nicht mehr der Handelnde und Gestaltende – sondern, je nach Couleur, altliberale Funktionäre oder stockkonservative Ewiggestrige. Was für ein Missverständnis, das auch, wenn es so plausibel klingt, nichts Sinnvolles beitragen kann zur inneren, sakramentalen Paschalogik der Kirchenentwicklung.

Auf der anderen Seite bewirken die notwendigen Strukturmaßnahmen einen doppelten Ermöglichungsraum: Größere Pfarreien machen zum einen ansichtig, dass die Kirche ihre im deutschsprachigen Raum hoch ausdifferenzierte Institutionalisierung und Professionalisierung überwindet bzw. reduziert: Das könnte Freiräume schaffen, vor allem aber ermöglicht und ernötigt es ein neues Nachdenken über das Selbstverständnis des Kircheseins, und damit über die zugrunde liegende Kultur des Christseins und vor allem des Christwerdens.

Aber offensichtlich gibt es dafür hier in unseren Breitengraden zu wenig „Bilder" und „Erfahrungen" einer Art von Kirche, die diesen Blick ermöglichen könnte. Ja, denn das braucht es: lebendige Erfahrungen einer neuen Art des Kircheseins. Andernfalls bleibt die Rede von einer neuen Art des Kircheseins unglaubwürdig – und es passiert ein merkwürdiges Phänomen: Auf dem Gefüge einer geprägten Sozialgestalt wirkt es dann so, als solle das Ganze so weitergeführt werden. Und genau dieses Muster überfordert einerseits alle Beteiligten und führt zum Grundwort der „Überlastung" selbst der sogenannten Ehrenamtlichen – und bewirkt zum Anderen ein depressives Downsizing unter dem Stichwort: Wir machen weiter und wir tun das noch, was gerade noch geht.

Und genau dieser Zusammenhang führt zu einer konstitutiven Blindheit, die die kirchliche Krise gerade erst erzeugt: Wir können nicht sehen, was doch schon da ist; wir können nicht merken, was Gott schon aufsprießen lässt (vgl. Jesaja 43, 18f).

Deswegen: Eigentlich liegt der Umbruch und die Krise hinter uns – wenn wir sehen könnten. Und das braucht den Mut, das gewohnte kirchliche Betriebssystem zu verlassen, neu hinzuschauen – und zu einer Umkehr des Denkens zu kommen: Diese metanoia verlangt den Abschied von einem „Paradigma" – und ist schwierig. Wie in jedem Evolutionsprozess braucht es auch hier Zeit, Erfahrungen, Aufbrüche, Regressionen und Katastrophen, kurz: ein österliches Vergehen und Werden, um das Wachsen der Kirche heute und ihrer neuen Sozialgestalt zu begrüßen. Wandlung, das zentrale Wort unseres christlichen Glaubens, will begrüßt werden.

2. Auf dem Weg zu einer neuen Kultur des Kircheseins

Papst Benedikt hat es bei seinem Besuch in Deutschland im Herbst 2011 selbst angedeutet, in welche Richtung eine Kirchengestalt der Zukunft sich entwickeln könnte. Es waren vor allem zwei Hinweise: auf der einen Seite verwies er in seiner Rede vor den Vertretern des ZdK darauf, dass es neue Formen des Kircheseins geben müsse, die es ermöglichen, für die vielen Suchenden eine Gemeinschaft im Glauben zu finden:

> *„In Deutschland ist die Kirche bestens organisiert. Aber steht hinter den Strukturen auch die entsprechende geistige Kraft – Kraft des Glaubens an den lebendigen Gott? Ich denke, ehrlicherweise müssen wir doch sagen, daß es bei uns einen Überhang an Strukturen gegenüber dem Geist gibt. Und ich füge hinzu: Die eigentliche Krise der Kirche in der westlichen Welt ist eine Krise des Glaubens. Wenn wir nicht zu einer wirklichen Erneuerung des Glaubens finden, wird alle strukturellen Reformen wirkungslos bleiben. Aber kommen wir zurück zu den Menschen, denen die Erfahrung der Güte Gottes fehlt. Sie brauchen Orte, wo sie ihr inneres Heimweh zur Sprache bringen können. Und hier sind wir gerufen, neue Wege der Evangelisierung zu finden. Ein solcher Weg können kleine Gemeinschaften sein, wo Freundschaften gelebt und in der regelmäßigen gemeinsamen Anbetung vor Gott vertieft werden. Da sind Menschen, die an ihrem Arbeitsplatz und im Verbund von Familie und Bekanntenkreis von diesen kleinen Glaubenserfahrungen erzählen und so eine neue Nähe der Kirche zur Gesellschaft bezeugen. Ihnen zeigt sich dann auch immer deutlicher, daß alle dieser Nahrung der Liebe bedürfen, der konkreten Freundschaft untereinander und mit dem Herrn. Wichtig bleibt die Rückbindung an den Kraftstrom der Eucharistie, denn getrennt von Christus können wir nichts vollbringen (vgl. Joh 15,5)“*[3].

Einen Tag später, im Konzerthaus in Freiburg, formuliert er:

> *„Seit Jahrzehnten erleben wir einen Rückgang der religiösen Praxis, stellen wir eine zunehmende Distanzierung beträchtlicher Teile der Getauften vom kirchlichen Leben fest. Es kommt die Frage auf: Muß die Kirche sich nicht ändern? Muß sie sich nicht in ihren Ämtern und Strukturen der Gegenwart anpassen, um die suchenden und zweifelnden Menschen von heute zu erreichen? Die selige Mutter Teresa wurde einmal gefragt, was sich ihrer Meinung nach als erstes in der Kirche ändern müsse. Ihre Antwort war: Sie und ich! An dieser kleinen Episode wird uns zweierlei deutlich. Einmal will die Ordensfrau dem Gesprächspartner sagen: Kirche sind nicht nur die anderen, nicht nur die Hierarchie, der Papst und die Bischöfe; Kirche sind wir alle, wir, die Getauften. Zum anderen geht sie tatsächlich davon aus: ja, es gibt Anlaß zur Änderung. Es ist Änderungsbedarf vorhanden. Jeder Christ und die Gemeinschaft der Gläubigen als Ganzes sind zur stetigen Änderung aufgerufen“.*[4]

Es geht hier nicht um eine polemische Relecture und auch nicht um eine kämpferische Verteidigung, wie sie in polarisierenden Zeiten des Umbruchs nicht ungewöhnlich, wenn auch nicht fruchtbar ist. Es geht vielmehr um eine Wahrnehmung, die uns orientieren kann in der Frage nach neuen Gemeindeformen: Der Papst benennt zwei Merkmale einer Kultur des Kircheseins, die hier noch weiter bedacht werden wollen. Auf der einen Seite unterscheidet er zwischen den Strukturen des Kircheseins, die noch keine Sozialform meinen und der konstitutiven existenziellen Grundgestalt des Kircheseins, die der Ausgangspunkt auch einer evangelisierenden Kirche sein wird: Es geht darum, Orte und Räume zu gestalten in den Beziehungsfeldern und Lebensräumen der Menschen der heutigen Zeit. Kirche der Zukunft wird sich immer in gelebten Beziehungsräumen abbilden, die eingebunden sind in die sakramentale Grundgestalt der Kirche. Das vertieft Benedikt XVI. in seiner Rede im Konzerthaus: Es geht ihm ganz offensichtlich nicht um bestimmte Gemeindeformen, sondern um eine Grundfreiheit, die sich in Sachen Gemeindeformen einstellt. So wie einerseits die Frage nach den Gemeindeformen letztlich eine Frage nach der Erfahrbarkeit der Gottesgegenwart in der Mitte der Getauften ist, die in ihrem Lebens- und Beziehungsraum den auferstandenen Herrn und seine Sendung gewinnend bezeugen können, so ist andererseits Kirche in ihrer Grundform die Wirklichkeit gemeinschaftlich gelebter Taufgnade, die in einem fortlaufenden Prozess der existenziellen Erneuerung steht. Benedikt XVI. äußert sich dabei eben nicht zu der Frage, welche konkreten Gemeindeformen sich dabei zeigen, sondern er profiliert gewissermaßen die zugrunde liegende Kultur einer neuen Kirchengestalt: Sie ist spirituell, sendungsorientiert, lebensraumnah und eingebunden in das größere der sakramentalen Grundstruktur des Kircheseins.

Damit sind Horizonte eröffnet, die eine reduktive Strukturorientierung überwinden. Zu fragen aber ist, welche Formen der Gemeinde auf diesem Horizont aufleuchten.

3. Merkmale einer neuen Kultur

Proximité

Eine der interessantesten Begegnungen auf dem Weg zu neuen Gemeindeformen ist die Erfahrung mit der Erzdiözese Poitiers[5]. Die Pointe des Ansatzes ist nicht die Frage, ob und wie man vor Ort kirchliche Gemeinden erhalten oder neu wachsen lassen kann, sondern eine theologische Grundüberlegung, die hier relevant wird: Der Ausgangspunkt ist die Frage nach der Nähe. Sie ist nicht zuerst soziologisch, sondern theologisch. Deutlich wurde sie bei einer Tagung im Herbst 2011 auf der Huysburg im Bistum Magdeburg. Hier stellte sich im Gespräch deutlich heraus, dass der Ausgangspunkt des Nachdenkens über eine zukünftige Kirchengestalt sich im deutschsprachigen Raum sehr deutlich von den französischen Überlegungen unterscheidet: Während hier bei uns der Ausgangspunkt die Bildung von Großstrukturen ist, in denen dann örtliche Gemeindebildungen möglich sind, ist es dort umgekehrt. Der Ausgangspunkt war eine Frage der Menschen vor Ort an den Bischof: „Was wird aus uns, wenn alle weggehen? Geht die Kirche jetzt auch weg?“ Dem Bischof wurde deutlich, dass hier ein Grundwert des Evangeliums in Frage gestellt wird: Dort, wo einfach nur zentralisiert wird, weil kein Priester vor Ort mehr zur Verfügung steht, da wird ein Grundwert des Evangeliums in Frage gestellt: die Nähe. „Die Zeit ist erfüllt, das Reich Gottes ist nahe – Kehrt um, und glaubt an das Evangelium“ (Mk 1,14). Die Grundbotschaft des Evangeliums verlangt eine Umkehr zur Nähe. Weil das Reich Gottes sich uns nähert, „mitten unter uns“ aufstrahlt, und nicht irgendwo, sondern dort, wo wir sind, die Christusgegenwart sich ereignet (Kol 1,27), kann eine zukünftige Gemeindegestalt auf der einen Seite über einen weiten sakramentalen Ermöglichungsrahmen verfügen (und das wird auch notwendiger Entwicklungsprozess im Bistum Poitiers sein), auf der anderen Seite aber geht es darum, dass Kirche hervorwächst aus der Gemeinschaft derer, die am Ort – oder in einem bestimmten Kontext – das Geheimnis der Gottesgegenwart leben und bezeugen: Hier wächst ein neuer Stil der Pastoral, den Theologen wie C. Theobald oder P. Bacq als „pastoral de engendrement“ bezeichnen[6]: eine Pastoral, die auf Werdeprozesse der Kirche am gegebenen Ort Wert legt und institutionelle Rahmung wie sakramentale Grundfigur als einen Ermöglichungsrahmen für das Wirklichwerden der Kirche in unterschiedlichen Gemeindeformen vor Ort ermöglicht. Die Pfarrei wird zum Raum eines Netzwerkes des Nähe, das lebt aus dem christlichen Engagement der Getauften und der Wahrnehmung der eigenen Sendung: vor Ort das Reich Gottes zu bezeugen.

„Bemüht euch um das Wohl der Stadt, in die ich euch weggeführt habe, und betet für sie zum Herrn; denn in ihrem Wohl liegt euer Wohl“ (Jer 29, 7). Der aufwühlende Brief des Jesaja an die Exilgemeinde beschreibt ein zweites Merkmal einer neuen Kultur des Kircheseins: Kirche wächst dort, wo Christen die konkrete Sendung und ihren konkreten Dienst entdecken. Mir bleibt in Erinnerung, was der mexikanische Gemeindeberater Alfons Vietmeyer erzählte: In den großen Megapfarreien bleibt Kirche auch dann „anonym“, wenn alle Kirchen voll sind. Deswegen beginnt Kirchenentwicklung dort, wo die Christen vor Ort leben: Dort, wo ein Kranker bettlägrig ist, bietet es sich an, dass seine katholischen Nachbarn nicht nur dafür sorgen, dass er einmal im Monat die Krankenkommunion erhält, sondern dass er ins Leben einer Gemeinschaft tauchen kann: Sie können miteinander die Schrift lesen, für ihn sorgen, und „Kirche“ wächst um diesen Kranken herum, und gemeinsam feiern sie die Krankenkommunion. Solche kleinen Geschichten machen deutlich, dass die Bildung von kirchlicher Gemeinschaft sehr stark lebt aus dem konkreten Hinschauen auf die Nächsten, auf das, was der Nächste braucht.

Dort, wo Christen sich gemeinsam in den Dienst ihrer konkreten Sendung stellen, dort wächst die Gemeinschaft, entstehen neue Formen von Gemeinde – wie zum Beispiel auch in der bekannten Pfarrei in Köln Vingst deutlich wird: Im genauen Hinschauen auf den Lebensraum und seine Herausforderungen und in der Antwort auf die sozialräumlichen Herausforderungen ereignet sich eine Wachstumsgeschichte der Gemeinde.

Auf diesem Hintergrund sind Entwicklungsprozesse an anderen Orten noch deutlicher in den Blick zu nehmen: Kirchliche Kindergärten, Familienbildungsstätten, Verbände und andere kirchliche Sozialrauminitiativen verweisen auf kirchliche Werdeprozesse, die genauer zu analysieren sind. Deutlich wird aber schon hier, dass gerade der Blick auf die konkreten Herausforderungen und Nöte, der Blick auf das Wohl der Stadt und ihrer Menschen, die Entwicklung neuer Gemeindeformen ermöglichen kann.

Kenosis

„Lass mich dich lernen … dein Denken und Sprechen, dein Fragen und Dasein, damit ich daran die Botschaft neu lernen kann, die ich dir zu überliefern habe".[7] So formuliert der verstorbene Bischof von Aachen Klaus Hemmerle und verweist damit auf eine Herausforderung von Gemeindebildungsprozessen, die mir zutiefst im philippinischen Urwald aufging. Pater Ewald Dinter SVD erzählte uns von seinen Versuchen der Evangelisierung der Mangyanen, einem Eingeborenenstamm. Und während ich ihm fasziniert zuhöre, mit welcher Leidenschaft er sich auf die Lebenswelt der Menschen eingelassen hat, um von ihnen zu lernen, wie das Evangelium sich auszeitigt in ihrer Kultur – und es ist ihm gelungen – frage ich mich, ob ich die „Ureinwohner Niedersachsens" so kenne, liebe und mich auf sie einlassen wie er es tut. Hier ergibt sich die zentrale Frage an zukünftige Gemeindeformen und Bildungsprozesse: Lassen wir uns wirklich auf die Menschen ein, mit denen wir tagtäglich leben? Verschiedene Bilder kommen in den Blick. Gemeinden bilden sich als „fresh expressions of church", als neue Ausdrucksformen des Kircheseins, dort, wo begeisterte Christen sich einlassen auf die Lebenswelt der Menschen: Ob das nun, wie in England, Kneipenkirchen, Skatergemeinden oder mittägliche Lunchpredigten sind, oder wie in Deutschland Erfahrungen wie das Motokikollektiv, die Jugendkirche Kafarna:um oder die Gemeinde „Greifbar" in Greifswald – immer geht es darum, sich auf die Menschen und ihre Kultur einzulassen[8]. Folgen einer solchen kenotischen Grundhaltung habe ich bei einem Kirchenfestival in Cheltenham staunend beobachtet: Eine junge Gemeinde fragte sich nach einiger Zeit, ob sie überhaupt in ihrem Stadtviertel integriert ist. Sie stellten fest, dass das Durchschnittsalter viel „jünger“ ist als das ihres Stadtteils: „Da mussten wir was tun“, sagte die afroamerikanische Pastorin. Sie haben gemeinsam überlegt, wie sie die Menschen vor Ort kennenlernen können und was ihre Bedürfnisse sind – um dann anschließend neue Formen in ihrer Gemeinde zu entwickeln, die den Menschen, mit denen sie leben, zu entsprechen.

Ausdrückliche Spiritualität

Bei allen Werdeprozessen und Wachstumsprozessen von Gemeinden spielt die Frage nach einer gelebten ausdrücklichen Spiritualität eine große Rolle. Dabei spielt besonders auch der gemeinsame Umgang mit der Schrift eine große Rolle. Das lässt sich besonders bei der Entwicklung von Gemeindeformen in der Südhalbkugel entdecken: die Erfahrung des Gospelsharings, des gemeinsamen Umgangs mit der Schrift: Es geht hier nicht um einen Prozess der Bibelarbeit, es geht auch nicht um die Bildung spiritueller Gruppen und Gemeinschaften, sondern um die „Eingründung“ von Christen in die Christusgegenwart. Das Bibelteilen wäre falsch verstanden – wie im Übrigen analoge spirituelle Gründungswege, denkt man eine spirituelle Verinnerlichung: Es geht eben darum, dass die Gemeinschaft der Glaubenden aus dem Wort Gottes heraus ihre Sendung entdeckt und lebt. Die Erfahrungen mit einem solchen Weg machen deutlich, dass diese Praxis des Lebens aus dem Wort Gottes einen Wachstumsprozess der einzelnen Getauften wie auch der Gemeinschaft hervorbringt: die Entdeckung der eigenen Glaubens- und Berufungsgeschichte, das Hervorkommen der eigenen Charismen und Gaben – und die Sehnsucht, Kirche im Lebensraum zu gestalten: All das gehört zu den „Wirkungen“ einer Spiritualität aus dem

Wort Gottes, die nicht in Konkurrenz zu Eucharistie steht – sondern auf sie verweist. Ich kenne ganz viele Erfahrungen, wo die Bildung solcher Gemeinden gerade ausgerichtet ist: Sie sind eucharistische Gemeinschaften, weil die Sendung der Eucharistie in ihnen alltäglich gelebt wird[9].

Größtmögliche Partizipation

Alle diese Merkmale einer zukünftigen Kultur des Kircheseins orientieren sich an der Neuentdeckung des gemeinsamen Priestertums aller Gläubigen – und nehmen damit eine der zentralen Perspektiven der Ekklesiologie der II. Vatikanums auf. Im Hintergrund steht eine Theologie, die diese alte und doch so neue Einsicht in die Würde der Getauften in einer gemeindlichen Praxis umsetzt: Die Teilhabe aller Getauften an den Entwicklungsprozessen der Kirche, an der Weiterentwicklung örtlicher Gemeinden – am gemeinsamen Traum zukünftiger Kirche ist selbst schon ein Teil der Entwicklung neuer Gemeindeformen. Denn es bedarf der Entwicklung von Vertrauen darin, dass Christen und ihre Freunde an dem Ort, wo sie leben, aus der Kraft des Geistes heraus Kirche entwickeln. Das Engagement und die Kreativität zu fördern, zu begleiten und einzubinden in eine Gesamtentwicklung – das wäre die vornehmste Herausforderung für alle, die Leitungsverantwortung wahrnehmen. Gerade die Verantwortung des sakramentalen Dienstamtes besteht ja darin, den Raum einer solchen lokalen Entwicklung zu eröffnen, und gerade auch durch Wort und Sakrament zu ermöglichen, dass Kirche an allen Orten und in allen Lebensbezügen in der je angemessenen Form wachsen kann.[10]

4. Gemeindeformen entdecken und gestalten

Wie können neue Gemeindeformen und -ideen etabliert werden – das war die Grundfrage der Überlegungen, die hier vorgelegt werden. Es zeigt sich, dass es zum einen möglich ist, das Ende eines gemeindetheologischen Modells zu analysieren, das keinen Rückhalt mehr in den gesellschaftlichen Rahmenbedingungen hat. Der Weg hin zu neuen Gemeindemodellen ist aber kein konstruktivistischer Weg, sondern ein Entdeckungszusammenhang, der wahrhaft „katholisch" ist, Frucht einer weltkirchlichen Lerngemeinschaft. Im Wahrnehmen der Aufbrüche und Gestaltwerdungen an verschiedenen Orten des Kircheseins wird auch die Wahrnehmung für die eigene Entwicklung geschärft. Und dann stellt sich zum einen heraus, dass auch im deutschsprachigen Kontext das Werden neuer Gemeindeformen in vollem Gang ist, aber häufig zu wenig Beachtung findet.

Das bedeutet aber auch: Die klassischen Gemeindekonstellationen geraten in eine relativierende Bewegung. Sie sind nicht mehr der Kern und Stern der Gemeindepraxis, sondern einer der Orte des Kircheseins – zusammen mit einer zuweilen etwas unüberschaubaren Fülle anderer Orte neuwachsender Gemeinden. Dieses „Planetensystem" kirchlicher Orte reflektiert recht gut die Fülle der Glaubenszugänge, aber auch die Unterschiedlichkeit der Menschen auf ihrem Glaubensweg. Es braucht gerade auf diesem Horizont eine echte Vision zukünftiger Kirche, die aus einer Kultur des Kircheseins wächst, die wir versucht haben zu beschreiben.

Eine anspruchsvolle Agenda tut sich auf: Sie reicht von der Frage nach Prozessen der Bewusstwerdung dieses Wandels hin zu der Frage, wie genau die Praxis des sakramentalen Dienstes an der Einheit, wie genau die Prozesse des Christwerdens bis hin zur Taufe, und wie eigentlich die eucharistische Mitte des Kircheseins gelebt werden kann: Wie immer, wenn Wachstumsschritte im evolutionären Prozess des Weges Gottes mit seinem Volk sich ereignen, gerät alles auf den Prüfstand und muss neu – eingetaucht in die große Tradition der Kirche – bedacht und durchkonjugiert werden. Dieses Abenteuer wird uns in den kommenden Jahrzehnten beschäftigen: ohne Angst, mit viel Vertrauen – denn die Kirche ist nicht unser Werk.

Literatur

Benedikt XVI.: Rede am 24.9.2012: http://www.papst-in-deutschland.de/fileadmin/redaktion/microsites/Papstbesuch/Tagebuch/Reden_Papst/DT_24092011_SH_13_ZDK_FB.pdf

ders.: Rede am 25.9. im Freiburger Konzerthaus: http://www.papst-in-deutschland.de/fileadmin/redaktion/microsites/Papstbesuch/Tagebuch/Reden_Papst/DT_25092011_SH_16_Konzerthaus_FB.pdf

Congar, Y.: Die Tradition und die Traditionen, Mainz 1965, Zwei Bände.

Elhaus, P./Hennecke, C. (Hg.): Gottes Sehnsucht in der Stadt. Auf der Suche nach Gemeinden von morgen, Würzburg 2011.

Hemmerle, K.: Spielräume Gottes und der Menschen, Freiburg 1996.

Hennecke, C.: Glänzenden Aussichten, Münster 2010.

ders.:. Ist es möglich? Kirchenentwicklung im Prozess, Münster 2012.

Lakeland, P.: Church. Engaging Theology: Catholic Perspectives, Collegeville 2009.

Mannion, G.: Ecclesiology and Postmodernity, Collegeville 2007.

Müller, H./Feiter, R. (Hg.): Frei geben, Ostfildern 2012.

dies. (Hg.): Was wird denn jetzt aus uns, Herr Bischof, Ostfildern [5]2011.

Anmerkungen

1 Vgl. hierzu die Arbeiten von *Mannion*, Ecclesiology (2007), und *Lakeland*, Church (2009).

2 Vgl. *Congar*, Tradition (1965).

3 *Benedikt XVI*, Rede am 24.9.2012.

4 *Benedikt XVI*, Rede am 25.9.2012 im Freiburger Konzerthaus.

5 Vgl. ausführlich *Müller/Feiter (Hg.)*, Was wird (2011).

6 Vgl. hierzu *Müller/Feiter (Hg.)*, Frei (2012).

7 *Hemmerle*, Spielräume (1996), 329.

8 Vgl. hierzu *Elhaus/Hennecke (Hg.)*, Gottes Sehnsucht (2011).

9 Vgl. hierzu *Hennecke*, Aussichten (2010).

10 Vgl. dazu: *Hennecke*, Ist es möglich? (2012).

Vielfalt christlicher Sozialformen als Anders-Orte nutzen

von Hildegard Wustmans

Überschaubarkeiten und Singularitäten gehören der Vergangenheit an. Gesamtgesellschaftlich leben wir im Modus der Globalisierung. In diesem Zusammenhang hat sich auch die gesellschaftliche Grammatik verändert. Der Philosoph Byung-Chul Han bezeichnet z. B. das vergangene Jahrhundert als „ein immunologisches Zeitalter. Es ist eine Epoche, in der eine klare Trennung von Innen und Außen, von Freund und Feind oder von Eigenem und Fremdem vorgenommen wurde.“[1] Dieses Zeitalter war auch von bestimmten Topologien geprägt: „von Grenzen, Übergängen und Schwellen, von Zäunen, Gräben und Mauern. Sie verhindern den universalen Tausch- und Austauschprozess.“[2] Mehr noch: „Die Dialektik der Negativität ist der Grundzug der Immunität. Das immunologisch Andere ist das Negative, das in das Eigene eindringt und es zu negieren sucht. Das Eigene geht an dieser Negativität des Anderen zugrunde, wenn es sie seinerseits nicht zu negieren vermag. Die immunologische Selbstbehauptung des Eigenen vollzieht sich also als Negation der Negation.“[3]

Diese Zusammenhänge sind, so Byung-Chul Han, in der Gesellschaft des 21. Jahrhunderts von anderen Aspekten überholt worden, was zum Beispiel daran deutlich wird, dass Differenzen und Vielfalt ein Thema sind. Ein Hinweis dafür ist das Stichwort Diversity. Der Begriff kommt ursprünglich aus der ökologischen Bewegung und fand schnell Aufnahme in wirtschaftlichen und sozialen Diskursen, allen voran in den Kontexten von Personalmanagement und Gendermainstreaming.[4] In Diversitykonzepten geht es grundsätzlich darum, Diskriminierungen zu überwinden und Chancengleichheit zu ermöglichen.[5] Zugleich erweist sich das Leben als fragil: Jobwechsel sind die Regel und Beziehungen werden immer öfter nur temporär als verbindlich und tragend erlebt. Disziplin und Ordnung können daran nichts ändern. „Es [das Leben, HW] ist nie so vergänglich gewesen wie heute. Radikal vergänglich ist nicht nur das menschliche Leben, sondern auch die Welt überhaupt. Nichts verspricht Dauer und Bestand."[6]

Betrachtet man jedoch die Koordinaten der katholischen Kirche der Gegenwart, dann kann der Eindruck entstehen, dass im sozialen Feld der Kirche noch immer das immunologische Zeitalter bzw. der Modus der Disziplinargesellschaft bestimmend ist. Gerade letztere definiert sich über die Negativität. „Sie [die Disziplinargesellschaft HW] wird bestimmt von der Negativität des Verbots. Das negative Modalverb, das sie beherrscht, ist das Nicht-Dürfen. Auch dem Sollen haftet eine Negativität, die des Zwangs, an."[7] Sichtbar werden diese Zusammenhänge im Kontext der Kirche in einschlägigen Internetportalen, in aktuellen Debatten, wie sie über die Bedeutung der Lehraussagen des Zweiten Vatikanischen Konzils geführt werden, im Umgang mit abweichenden Meinungen und Positionen, wie sie gegenwärtig in Österreich durch die Pfarrerinitiative hervorgerufen werden.

Die gesellschaftliche Überwindung der Dispositive der Negativität und des Sollens und die Herausbildung des Dispositives des Könnens, machen aber nicht vor den Türen der Kirche halt. Für sie bedeutet dieser Wechsel nicht mehr und nicht weniger, als dass sie unter dem *„Zustimmungsvorbehalt"* ihrer eigenen Mitglieder steht.[8] Der beständige Rückgang des Sonntagskirchgangs und die Kirchenaustrittszahlen sind markante Erscheinungsformen des Dispositivs des Könnens in der Kirche. Der Wechsel der eigenen Mitglieder in diesen Modus verlangt der Kirche einiges ab. Es reicht nicht mehr aus, Einladungen auszusprechen und zu erwarten, dass die Leute schon kommen werden.[9] Die Formen und Zeichen des Glaubens sind vielfältiger zu gestalten, wenn Anschlüsse in die Lebenswelten von Menschen ermöglicht werden sollen. Dem Modus des Bekannten sind Formate des Neuen, Ergänzenden, Überschreitenden hinzuzufügen. Dazu ist es unerlässlich, achtsam für das zu werden, was sich in den Lebenswelten von Menschen an Herausforderungen für den Glauben und das Evangelium zeigt. Standardantworten und Standardformate erreichen einen immer kleiner werdenden Teil. Auf diese Zusammenhänge weisen nicht zuletzt Milieustudien sehr deutlich hin und diese kritischen Hinweise bedürfen nicht nur der Kenntnisnahme.[10] Kreative Auseinandersetzungen sind zu führen und Risiken sind einzugehen, damit „milieuspezifische Einstiege in die Frohe Botschaft“[11] möglich werden. Dazu ist es ratsam, die Differenz in den eigenen Reihen, sowohl in Bezug auf Sozialformen wie auch auf die Charismen der Mitglieder im Volk Gottes, der Haupt- und Ehrenamtlichen kreativ und positiv zu nutzen. Wie das geschehen kann, soll nachfolgend exemplarisch herausgearbeitet werden. Dabei wird Pastoral als das begriffen, was Kirche tut, wofür es sie gibt[12]: vernetzen und beten, unterstützen und integrieren, erzählen und vormachen, sich annähern und helfen, sich aussetzen und mitteilen. Wo das umgesetzt wird, werden Andersorte in Kirche und Gesellschaft markiert und es wird deutlich, dass auch im religiösen Feld das immunologische Zeitalter überwunden werden kann.

Wo Pastoral sich nicht scheut, unbequem, nachfragend und zugleich zupackend zu sein, kann sie heterotopisch qualifiziert werden. Und darin kommt sie dem Reich Gottes ein Stück näher. Der Begriff der Heterotopie wurde von Michel Foucault geprägt.[13] Ursprünglich kommt er aus der Medizin. „Dort bezeichnet er ein Gewebe, das an einem Ort erscheint, an dem es üblicherweise nicht erscheint.“[14] Heterotopien durchkreuzen die Ordnung der Dinge. „Die *Heterotopien* beunruhigen [...].“[15] Sie machen (auf verstörende Weise) sichtbar und benennbar, was allgemein nicht gesehen oder verschwiegen wird. In Zeiten der Leistungs- und Machbarkeitsgesellschaft kann Beten z. B. darauf hinweisen, dass doch nicht alles leistbar und machbar ist. Dass es Zusammenhänge gibt, in denen im wahrsten Sinn des Wortes nichts anderes bleibt, als überantworten und überlassen. Oder dass in einer Gesellschaft, in der Exklusionen zunehmen[16], Orte der Integration und Inklusion angeboten werden.

Vernetzen und beten am Ort der Gemeinde

Die Gemeinde gehört zu jenen kirchlichen Orten, die deutlich unter Druck geraten sind. Systemisch bildet sich hier vieles von dem ab, was Kirche bedrängt. Die Fragen um die Beteiligung von Laien und Ehrenamtlichen, die Nachwuchsproblematik, der Geldmangel usw. Dabei sah es lange so aus, als wäre genau mit dieser Sozialform der Nerv der Zeit von der Kirche getroffen worden.[17] Aber inzwischen ist nicht von der Hand zu weisen, dass diese Sozialform den gesellschaftlichen Veränderungsprozessen in Kirche und Gesellschaft nur bedingt gewachsen ist. Auf Fragen der Gleichberechtigung von Männern und Frauen gibt dieses Konzept strukturell keine befriedigenden Antworten. Auch dem Wunsch von Menschen nach punktueller Vergemeinschaftung wird nur ansatzweise entsprochen. Projektarbeit hält erst langsam als Arbeitsform Einzug. Und unzweifelhaft stellen die Milieuverengung und die Fokussierung der Aktivitäten im Modus der Einladung gravierende Probleme dar. Insofern ist es in der Tat verwunderlich, warum „dieser so offensichtlich negative Ausgang eines gewissermaßen historischen Experiments immer noch ignoriert werden kann [...].“[18]

Nur auf der Basis einer schonungslosen Analyse der gegenwärtigen Situation ist es möglich, die Ressourcen und Potentiale der Gemeinde neu zu heben. Allerdings unter anderen Vorzeichen und Akzentuierungen. Zunächst einmal ist festzuhalten: „Die Gemeinde ist nicht der ‚Ernstfall von Kirche‘. Der Ernstfall von Kirche ist die alltägliche Konfrontation von Evangelium und Existenz heute in Wort und Sakrament, in Nächstenliebe und Einsatz für die Gerechtigkeit, in Liturgie und Seelsorge. Der Ernstfall von Kirche ist die Pastoral und ihr geradezu ungeheuerlicher Anspruch, den gnädigen Gott Jesu, den Herrn unsers Lebens, unserer Welt und der ganzen Schöpfung zu vergegenwärtigen.“[19] Es sind genau diese Ansprüche an die Gemeinde, die sie herausfordern und notwendiger Weise relativieren. Es geht darum, sich von den Lebensfragen der Menschen her zu formatieren und neu zu entwerfen. Dies geschieht nicht zuletzt dadurch, dass die Stärken anderer pastoraler Orte gesehen und die tatsächlich vorhandenen eigenen Schwächen nicht länger umgangen werden. Wo das geschieht, sind wesentliche Voraussetzungen für die Arbeit im Netzwerk gegeben.[20] Relativierungen von einseitigen Fokussierungen werden zugelassen und die entlastende Tatsache kann Raum greifen, dass nicht alle alles machen und können müssen. Im Kontext von Netzwerken hat die Gemeinde die wichtige Funktion, über andere Orte und Aktionen jederzeit informieren zu können, zumal Kirche mehr ist als die Kerngemeinde.[21] Gemeinde könnte sich dann als *„basisnaher innerkirchlicher Verweisagentur“*[22] ein neues Profil geben. Und zugleich könnte sie in einem Bereich ihr Profil klar schärfen – im Bereich von gottesdienstlichen Feiern.[23]

Es gibt wohl kaum einen so nachgefragten und akzeptierten kirchlichen Ort wie den Kindergarten.[24] An diesem Ort wird Unterstützung durch die Kirche konkret. Familien, die in vielfacher Hinsicht unter Druck stehen, erfahren kompetente Entlastung und Begleitung.[25] Im Kindergarten geht es inzwischen nicht mehr ausschließlich um die Kinder, sondern auch um die Familien. Kindertageseinrichtungen werden mit gezielten beraterischen, gottesdienstlichen und kommunikativen Angeboten zu innovativen Orten der Familienpastoral.[26] Die Zeiten, in denen (katholische) Kinder mit mehreren Geschwistern aufwachsen und deren Mutter ganztags zu Hause ist, sind vorbei. Durch die Erweiterung auf den Bereich der Betreuung von Kindern unter drei Jahren und durch längere Öffnungszeiten reagieren die katholischen Einrichtungen auch auf die Neuarrangements in den Geschlechter- und Familienzusammenhängen und bieten hier in mehreren Bereichen wichtige Dienstleistungen an. Kindergärten formieren sich zu Kompetenzzentren für die Entwicklung von Kindern und für Familien- und Erziehungsfragen. Daneben entwickeln sie sich vermehrt zu Orten der interreligiösen Begegnung und des Dialogs.[27] Dies hängt notwendiger Weise damit zusammen, dass die Zahl der katholischen Kinder in bestimmten Regionen rückläufig ist und der Anteil von konfessionslosen Kindern oder mit einem anderen Bekenntnis deutlich zunimmt.

Am Ort des Kindergartens zeigt sich, dass die katholische Kirche ihr Handeln am Wohl der Kinder und Eltern ausrichtet und in der Lage ist, sich den Veränderungen im Familienleben nicht nur anzunähern, sondern auch kreativ und konstruktiv damit umzugehen, indem sie Kindern und Eltern Orte anbietet, an denen sie Orientierung und Integration in soziale und religiöse Zusammenhänge erfahren.

Einzelkinder erhalten die Gelegenheit, in altersgemischten Gruppen soziale Erfahrungen zu machen, Kinder mit Migrationshintergrund werden z. B. im Spracherwerb gefördert und erleben sich als gleichberechtigt. Eltern werden durch gezielte Angebote in der Wahrnehmung ihrer Erziehungsaufgabe unterstützt. Zudem wird an diesem pastoralen Ort auch in religiöses Sprechen, in religiöse Zeichen und Rituale eingeführt.[28] Kindergärten sind Kirche vor Ort und haben eine wichtige Funktion, nicht zuletzt in neuen Seelsorgestrukturen und sie bieten über Milieugrenzen hinaus Begegnungs- und Erfahrungsorte von Kirche und Welt.[29]

Erzählen und vormachen im Kontext des Religionsunterrichtes

Der Religionsunterricht wird, ähnlich wie der Kindergarten, in einer Zeit, wo die Gemeindestrukturen immer poröser werden, zunehmend wichtig, indem er für Kinder und Jugendliche immer häufiger der einzige Begegnungsort mit dem christlichen Glauben ist. Für die Kirche stellt dieser Ort eine Herausforderung dar, denn hier trifft man auf Menschen, die oftmals im Alltag der Gemeinde nicht (mehr) anzutreffen sind. Ob der Glaube in diesem Kontext Sinn und Bedeutung hat, muss sich immer wieder neu erweisen. An diesem Ort geht es um nicht mehr und nicht weniger als die Autorität des Glaubens. Und das zeigt sich nicht zuletzt auch darin, dass das Fach ab einem bestimmten Alter abgewählt werden kann.

Am Ort der Schule befindet sich die Kirche sozusagen auf exterritorialem Gebiet. Schule ist ein institutionell ganz anderer Ort. Das allerdings bedeutet nicht, dass der Religionsunterricht nicht als pastoraler Ort zu formatieren ist. Allerdings konnte man lange Zeit den Eindruck haben, dass die Bedeutung des Religionsunterrichtes von Seiten der Gemeinden nicht erkannt wurde (und vielfach ist das wohl auch heute noch der Fall). Für die Arbeit in den Gemeinden hat der Religionsunterricht kaum Relevanz, was sich nicht zuletzt aus der Monopolstellung der Gemeinde erklären lässt. Doch in Zeiten, in denen die Sozialform Gemeinde mehr und mehr unter Druck gerät, kommen die Potentiale des Religionsunterrichtes deutlicher in den Blick, was sich auch aus der polaren Struktur des Religionsunterrichtes begründen lässt. Es geht im Religionsunterricht zum einen um Glaubenswissen und zum anderen um Glaubenserfahrungen. Dabei ist es erforderlich, diese Pole auszubalancieren. Wird ein Pol überbetont, so wird das Ganze geschwächt. Insofern ist die polare Signatur des Religionsunterrichtes Zumutung und Chance gleichermaßen. Die Balance von Wissen und Erfahrung kann Schüler/-innen dazu befähigen, „eine konstruktive Motivation für ihr Leben und ihr Lernen zu entwickeln.“[30] Das ist dann möglich, wenn die Themen des Religionsunterrichtes sich vom Leben der Schüler/-innen her entdecken und entschlüsseln lassen und damit deutlich von den institutionellen Dispositiven des Sollens und der Negativität abrücken. Dann können nicht nur sinnvolle, sondern bedeutsame Aspekte vermittelt werden, die eine Chance auf Nachhaltigkeit haben. Das jedoch hängt gerade auch von den Religionslehrer/-innen ab. Es ist entscheidend, ob sie in der Lage sind, die Themen des Religionsunterrichtes sowohl als kognitiv wie spirituell bedeutsame Zusammenhänge vorzuschlagen und zu diskutieren. Dann wird der eine oder die andere gewiss in ihrem Leben auch einmal darauf zurückgreifen können, und sei es „nur“, wenn sie diese in guter Erinnerung haben.[31]

Ein Kontext des Flüchtigen und Passageren sind die Einkaufszonen der Stadt. In ihnen kann man ablesen, wie es um die jeweilige Stadt bestellt ist und von welchen Widersprüchlichkeiten das Leben von Menschen geprägt ist. In der City von Städten sind Berufstätige, Touristen, Schüler/-innen und immer auch Obdachlose anzutreffen. Für sie alle ist die Stadt, wenngleich aus unterschiedlichen Motiven, ein Anziehungsort. Und diese Dynamik nimmt global gesehen zu. „Mit dem Anstieg der Weltbevölkerung von 2,53 Milliarden Menschen im Jahr 1950 auf 6,83 Milliarden 2009 und weiter auf schätzungsweise 9,15 Milliarden Menschen im Jahr 2050 verändern sich auch die jeweiligen Anteile der Land- und Stadtbevölkerung. Lebten 1950 nur 28,8 Prozent der Weltbevölkerung in Städten, sind es gegenwärtig schon 50,0 Prozent. Bis 2050 wird sich der Anteil nach Schätzungen des UN/DESA auf knapp 69 Prozent weiter erhöhen. Dabei wird der Anteil der Stadtbevölkerung in den ökonomisch entwickelten Staaten zwischen 2009 und 2050 von 74,9 auf 86,2 Prozent und in den ökonomisch sich entwickelnden Staaten von 44,6 auf 65,9 Prozent steigen.“[32]

Es liegt wohl auf der Hand, warum Menschen in die Städte ziehen – sie hoffen auf ein besseres Leben. Auf „ein höheres Angebot an Arbeitsmöglichkeiten, mehr ökonomische Vorteile, bessere medizinische Versorgung, weitergehende Schul- und höhere Bildung, mehr Freiheiten. [...] Sie sind Orte der Hoffnung und Orte der Sehnsucht nach sich erfüllender Hoffnung. Das macht ihre Dynamik aus, das erzeugt ihre Pluralität und das treibt ihre permanent relativierende Macht an.“[33]

Gerade wegen ihres Hoffnungsgehaltes und der Ambivalenz von eingetroffenen wie enttäuschten Erwartungen war und ist die Stadt eine Herausforderung für die Pastoral. Aufstieg und Abstieg, Erfolg und Scheitern liegen nah beieinander. Sichtbar wird das z. B. in den Einkaufszonen der Städte, wo Menschen die Geschäfte teurer und angesagter Labels betreten, diese mit gefüllten und schönen Einkaufstaschen verlassen und vor ihnen rumänische Frauen mit ihren Kindern betteln, wo die einen Aperol Spritz trinken und die anderen in den Abfallbehältern nach Pfandflaschen suchen. Wegen dieser bisweilen verstörenden, irritierenden Nähe und Unmittelbarkeit widersprüchlicher Wirklichkeiten sind die Einkaufsmeilen der Stadt Heterotopien. Tabuisierte, verdrängte Diskurse sind zum Greifen nah. Wie sieht es mit der Einkommens- und Verteilungsgerechtigkeit aus? Wie wird mit biografischen Brüchen umgegangen? Wo gibt es Milde und Barmherzigkeit?

Die Botschaft des Evangeliums fordert heraus, sich in diese Differenzen hineinzubegeben. Sie gilt allen gleichermaßen, aber wohl in je verschiedener Form und Ausgestaltung. Das ist Zuspruch und Anspruch gleichermaßen. Daraus ergibt sich die Notwendigkeit, dass Pastoral in der Stadt zum einen in der City vorhanden sein muss. Im Modus der Citypastoral als ein Ort für Touristen, für Bildungsbürger/-innen, für Experimentalisten und Moderne Performer. Pastoral in der Stadt sollte sich zugleich als Ort der „Hilfe gegen Marginalisierung“[34] etablieren. „So ist Citypastoral als eine mit anderen Dienstleistern vernetzte, integrationsförderliche Dienstleisterin herausgefordert, die unter dem Einsatz von ortsansässigen Haupt- und vor allem Ehrenamtlichen aber auch Gelegenheitsstrukturen schafft, damit sich neue communiale Formen herausbilden und ankristallisieren und – mittelfristig – auch mit den anderen kirchlichen Orten und Engagements (etwa den bestehenden Pfarrgemeinden bzw. religiösen Migrantencommunities) vermitteln bzw. vernetzen können.“[35] In dem Netzwerk kirchlicher und ebenfalls kommunaler Einrichtungen wird dann deutlich, dass Pastoral in der Stadt als „Seel- und Gesellschaftssorge“[36] den Widersprüchen und Ungerechtigkeiten, den Hoffnungen und Enttäuschungen von Menschen nicht ausweicht, sondern einen Ort anbietet und mit ihnen in „ihrer Freude und Hoffnung, Trauer und Angst“ (GS 4) ist.

Sich aussetzen und mitteilen im Web 2.0

Ein relativ neuer und herausfordernder Ort für die Pastoral ist das Web 2.0. Gerade in den Zusammenhängen von sozialen Netzwerken, allen voran Facebook, bietet sich die Gelegenheit, mit „jungen“ Milieus in Kontakt zu kommen, die im Allgemeinen im Kontext von Gemeinden und anderen kirchlichen Sozialformen nicht vertreten sind. Zudem wird an diesem Ort das „Beziehungsmanagement, ein wichtiger Baustein pastoraler Arbeit, [...] enorm erleichtert und dessen Möglichkeiten erweitert“[37] und zugleich vor neue kommunikative Herausforderungen gestellt.

Die New York Times zitierte 2008 einen Studenten, der nach seiner Mediennutzung befragt worden war, mit folgender Aussage: „Wenn die Nachricht wichtig ist, dann wird sie mich finden.“ Diese Aussage ist bedeutsam, denn sie weist darauf hin, „ dass er weder Zeitung liest, noch Radio hört, noch Fernsehen schaut. Er surft auch nur selten zu den Nachrichtenportalen im Internet. Stattdessen liest er lieber die Statusmeldungen seiner Freunde bei Facebook. Dort ist alles verlinkt, was er seiner Meinung nach wissen sollte. Ob Weltpolitik oder Partyverabredung – die Nachrichten finden ihn.“[38]

Gerade diese Haltung ist ein beachtenswerter Hinweis für die kirchliche Kommunikation. Solche Menschen erreicht man nicht schon damit, dass man einen guten Internetauftritt hat. Eine gute Medienpräsenz und technische Ausstattung müssen selbstredend gegeben sein. Es bedarf darüber hinaus im wahrsten Sinn des Wortes Vernetzungen in die Szenen und zugleich ist der Tatsache Bedeutung beizumessen, dass in der Kommunikation im Web 2.0 das gewohnte Sender-Empfänger-Modell obsolet geworden ist. Im Web 2.0 gibt es nicht mehr die Unterscheidung Sender-Empfänger, jede/r ist beides. „Der eigentliche Anbieter tritt in den Hintergrund und gibt lediglich die digitale Bühne frei für den großen Auftritt von Jedermann.“[39] Und diese Bühne bietet Raum für Ungeahntes, Überraschendes und vor allem Dynamisches. Es ist wohl nicht nur wünschenswert, sondern auch notwendig, dass dieser Raum auch kirchlicherseits kreativ genutzt wird. Beispiele wie das geht, gibt es ja bereits. Auf die Facebook-Seiten von Jugendkirchen sei hier exemplarisch verwiesen, aber auch auf die „Appetithäppchen Pastoraltheologie“ von Matthias Sellmann.[40] In diesen und anderen Fällen wird das Internet als Bühne genutzt, witziges und nachdenkliches, kritisches und zustimmendes Statement im wahrsten Sinn über Gott und die Welt abzugeben. Noch immer gibt es Stimmen, die diese Aktivitäten für Anbiederung an den Zeitgeist halten. Ich halte diese Präsenz für unbedingt erforderlich, um im weitesten Sinn zeitgemäße Glaubenskommunikation zu ermöglichen und alles dafür zu tun, dass die Botschaft ihre Adressat/-innen findet. Dazu ist es indes erforderlich, dass man nicht nur davon ausgeht, etwas zu sagen zu haben, sondern auch bereit ist, sich den Kommentaren und Stellungnahmen anderer auszusetzen. Gerade die Glaubenskommunikation im Web 2.0 zeigt, dass man diese nicht in der Hand hat. Wer sie kontrollieren will, wird damit untergehen. Wo Kirche bereit ist Kontrolle aufzugeben, zeigt sie, dass sie das immunologische Zeitalter hinter sich lässt. Denn Glaubenskommunikation im Web 2.0 ist nur im Modus des Risikos und des Abenteuers möglich. Daran führt in diesem Medium kein Weg vorbei. Man kann daran scheitern, aber eben auch Autorität gewinnen. Pastoral im Web 2.0 ist ein Abenteuer. Das war und ist Pastoral schon immer gewesen, nur zeigt es sich hier besonders offenkundig. Etwas anderes ist im Zusammenhang mit dem Web 2.0 noch von besonderer Bedeutung: Es bietet allen Mitgliedern im Volk Gottes Raum und Gelegenheit, sich einzubringen. Pastorale Kommunikation wird darin so vielfältig und kreativ, wie es die Mitglieder im Volk Gottes sind. Die Diözesen und Hauptamtlichen können diese Prozesse dadurch unterstützen, dass sie Entwicklungen im Netz aufmerksam beobachten und es zugleich als ihre Aufgabe ansehen, „eigene interessante Foren aufzubauen und gut zu administrieren.“[41] Sie sollten selbst durch einen Blog etc. im Web 2.0 präsent sein und wo auch immer „implizit religiöse Ausdrucksweisen entstehen [...] dies [...] unterstützen.“[42]

Die erwähnten Orte und Kontexte sind exemplarisch, weil sie in ihren Formen und Methoden den Modus des Bekannten überschreiten. Sie wagen allesamt das Risiko und setzen sich Zusammenhängen aus, in denen nicht sie über ihre Macht agieren, sondern in denen über ihre Autorität entschieden wird.[43] Sie akzeptieren und reagieren kreativ auf das Dispositiv des Könnens und wissen, dass es auf bedeutsame Argumente und passende Formen ankommt, die dann so selbstredend sind, dass man gar nicht umhin kann, diese anzuerkennen. Wo das geschieht, wird nicht nur die latent vorhandene Konkurrenz pastoraler Orte überwunden und in kreative Spannungen überführt, sondern das immunologische Zeitalter im eigenen System ansatzweise überwunden, mit dem Ziel, die Vielfalt christlicher Sozialformen um Gottes und der Menschen willen zu nutzen.

Arendt, H.: Was ist Autorität?, in: dies.: Zwischen Vergangenheit und Zukunft. Übungen im politischen Denken I, München 1994, 159–200.

Baumann, Z.: Verworfenes Leben. Die Ausgegrenzten der Moderne, Hamburg 2005.

Baumgartner, I.: Katholische Kitas in den neuen pastoralen Räumen, in: Lebendige Seelsorge 62 (2011) 6, 433–437.

Bucher, R.: 1935–1970–2009. Ursprünge, Aufstieg und Scheitern der „Gemeindetheologie“ als Basiskonzept pastoraler Organisation der katholischen Kirche, in: Scherzberg, L. (Hg.): Gemeinschaftskonzepte im 20. Jahrhundert zwischen Wissenschaft und Ideologie, Münster 2010, 289–316.

ders.: Die Gemeinde nach dem Scheitern der Gemeindetheologie. Perspektiven einer zentralen Sozialform der Kirche, in: Ritzer, G. (Hg.): „Mit euch bin ich Mensch…“. Festschrift anlässlich des 60. Geburtstags von F. Schleinzer O.Cist, Innsbruck / Wien 2008, 19–46.

ders.: Die Neuerfindung der Gemeinde und des Pfarrgemeinderates, in: Lebendige Seelsorge 55 (2004) 1, 18–22.

ders.: Die pastorale Konstitution der Kirche. Was soll Kirche eigentlich?, in: ders. (Hg.): Die Provokation der Krise. Zwölf Fragen und Antworten zur Lage der Kirche, Würzburg 2004, 30–44.

ders.: Entmonopolisierung und Machtverlust. Wie kam die Kirche in die Krise?, in: ders. (Hg.): Die Provokation der Krise. Zwölf Fragen und Antworten zur Lage der Kirche, Würzburg 2004, 11–29.

ders.: Jenseits der Idylle. Wie weiter mit den Gemeinden?, in: ders. (Hg.): Die Provokation der Krise. Zwölf Fragen und Antworten zur Lage der Kirche, Würzburg 2004, 106–130.

ders.: Pastoral im Kindergarten? Für eine Aufmerksamkeit der Gemeinde, die man nicht fürchten muss, in: Anzeiger für die Seelsorge (2004) 9, 16–19.

Calmbach, M. u. a.: Wie ticken Jugendliche? 2012 Lebenswelten von Jugendlichen im Alter von 14 bis 17 Jahren in Deutschland, Altenberg 2011.

Ebertz, M. N.: Kirche in der bürgerlichen Fremde. Citypastoral als Lernort der Seelsorge und Gesellschaftssorge, in: Lebendige Seelsorge 61 (2010) 4, 242–248.

ders.: Milieuspezifische Einstiege in die Frohe Botschaft, in: ders. / Wunder, B. (Hg.): Milieupraxis. Vom Sehen zum Handeln in der pastoralen Praxis, Würzburg 2009, 96–104.

ders.: Wider den Wohn-Territorialismus. Replik auf „Plädoyer für die Verörtlichung des Glaubens“, in: Lebendige Seelsorge 55 (2004) 1, 16–17.

Foucault, M.: Die Heterotopien. Der utopische Körper. Zwei Radiobeiträge, zweisprachige Ausgabe, Frankfurt 2005.
ders.: Die Ordnung der Dinge. Eine Archäologie der Humanwissenschaften, Frankfurt [12]1994.
Fuchs, O.: Schule als „pastoraler Ort“, in: Lebendige Seelsorge 63 (2012) 2, 82–87, 83.
Hafner, J. Ev.: Gezielt und außergewöhnlich. Die Replik von Johann Ev. Hafner auf Jürgen Pelzer: in: Lebendige Seelsorge 63 (2012)1, 15–16.
Han, B.-Ch.: Müdigkeitsgesellschaft, sechste, um ein Vorwort ergänzte Auflage, Berlin 2010.
Hartmann, K.: Wir müssen leider draußen bleiben. Die neue Armut in der Konsumgesellschaft, München 2012.
Henry-Huthmacher, Ch./Borchard, M. (Hg): Eltern unter Druck. Selbstverständnisse, Befindlichkeiten und Bedürfnisse von Eltern in verschiedenen Lebenswelten. Eine sozialwissenschaftliche Untersuchung von Sinus-Sociovision GmbH im Auftrag der Konrad-Adenauer-Stiftung e.V., von Merkle, T./Wippermann, C., Stuttgart 2008.
Klass, T.: 17. Heterotopie, in: Kammler, C./Parr, R./Schneider, U.J. (Hrsg.): Foucault Handbuch. Leben-Werk-Wirkung, Stuttgart 2008, 263–266.
Pelzer, J.: Chance Agents pastoraler Diversifizierung. Neue Medien und die veränderte Rollendefinition pastoraler Kommunikation, in: Lebendige Seelsorge 63 (2012) 1, 2–6.
Sander, H.-J.: Postmetropolis und Kirche. Die Präsenz des Evangeliums in heutigen Stadtlandschaften, in: Im Blickpunkt. Theologie im Fernkurs/Katholische Akademie Domschule Würzburg, Mitteilungen 42 (2012), 1–5.
Sellmann, M.: Von der „Gruppe“ zum „Netzwerk“. Große pastorale Räume als Chance für eine durchbrechende Vielfalt kirchlicher Sozialformen, in: Anzeiger für die Seelsorge (2010) 3, 19–23.
Wippermann, C.: Milieus in Bewegung – Werte, Sinn, Religion und Ästhetik in Deutschland. Das Gesellschaftsmodell der DELTA-Milieus als Grundlage für die soziale, politische, kirchliche und kommerzielle Arbeit, Würzburg 2011.
Wrasmann, M.: Gottesdienste für Menschen, die nicht zur Kirche gehen, in: Lebendige Seelsorge 62 (2011) 4, 284–289.
Wustmans, H.: Wir sind nicht der Nabel der Welt. Chancen und Zumutungen von Netzwerken, in: Findl-Ludescher, A./Schneider, S. (Hg.): Seelsorge(t)räume. Zwischen Notverwaltung und Zukunftsgestaltung, Ostfildern 2011, 149–162.

[1] *Han,* Müdigkeitsgesellschaft (2010), 8.
[2] Ebd., 11.
[3] Ebd., 12.
[4] http://www.gender-mainstreaming.net/gm/Wissensnetz/ziele,did=16586.html [17. Juli 2012].
[5] Im Bereich des Managements bedeutet dies, dass die Unterschiede von Mitarbeiter/-innen nicht als Hindernis gesehen werden, sondern als eine besondere Ressource für den Erfolg von Unternehmen. In diese Logik fügt sich auch der Deutsche Diversity-Preis ein, der von Henkel, McKinsey&Company und der Wirtschaftswoche zum ersten Mal im vergangenen Jahr vergeben wurde. In vier Kategorien (Vielfältigster Arbeitgeber Deutschlands, Bestes Diversity Image, Diversity Persönlichkeit und Innovativstes Diversity Projekt Deutschlands) werden Preise vergeben. http://diversity-preis.de/ [17. Juli 2012].
[6] *Han,* Müdigkeitsgesellschaft (2010), 35.
[7] Ebd., 20.
[8] *Bucher,* Entmonopolisierung (2004), 19.
[9] Vgl. *Sander,* Postmetropolis (2012), 4f.
[10] Vgl. *Calmbach,* Jugendliche (2011); *Wippermann,* Milieus (2011).
[11] *Ebertz,* Einstiege (2009), 96.
[12] Vgl. *Bucher,* Konstitution (2004), 34.
[13] *Foucault,* Heterotopien (2005), 7–22.
[14] *Klass,* 17. Heterotopie (2008), 264.
[15] *Foucault,* Ordnung (1994), 20.
[16] *Hartmann,* draußen bleiben (2012); *Baumann,* Leben (2005).
[17] Vgl. *Bucher,* 1935–1970–2009 (2010).
[18] *Ebertz,* Wohn-Territorialismus (2004), 17.
[19] *Bucher,* Gemeinde (2008), 38.
[20] Vgl. *Wustmans,* Nabel (2011); *Sellmann,* Gruppe (2010).
[21] Vgl. *Bucher,* Neuerfindung (2004), 20.
[22] *Bucher,* Neuerfindung (2004), 20.
[23] Vgl. *Bucher,* Idylle (2004), 127.
[24] Vgl. *Bucher,* Pastoral (2004).
[25] Vgl. *Henry-Huthmacher/Borchard,(Hg),* Eltern (2008).
[26] Vgl. *Wrasmann,* Gottesdienste (2011), 286f.
[27] Zum Thema religiöse Vielfalt in der Kita: http://www.ravensburger.de/ueber-ravensburger/stiftung/aktuelles/deutschlands-kitas/index.html [7. Juli 2012]
[28] Vgl. *Wrasmann,* Gottesdienste (2011), 286f.
[29] Vgl. *Baumgartner,* Kitas (2011).
[30] *Fuchs,* Schule (2012), 83.
[31] Vgl. Ebd., 86.
[32] United Nations – Department of Economic and Social Affairs (UN/DESA): World Urbanization Prospects: The 2009 Revision, World

Population Prospects: The 2008 Revision, zit. n. http://www.bpb.de/wissen/6ODQKG [7. Juli 2012].

[33] *Sander,* Postmetropolis (2012), 2f.

[34] *Ebertz,* Kirche (2010), 246.

[35] Ebd.

[36] Ebd., 247.

[37] *Pelzer,* Chance Agents (2012), 2.

[38] http://t3n.de/magazin/media-future-netz-selbermacher-228576/ [8. Juli 2012].

[39] *Pelzer,* Chance Agents (2012), 3.

[40] http://www.youtube.com/watch?v=_MvWXuvvgtI [16. Juli 2012].

[41] *Hafner,* Gezielt (2012), 16.

[42] *Pelzer,* Chance Agents (2012), 5.

[43] Vgl. *Arendt,* Autorität (1994), 189.

Eine Gemeindeleitung neuen Typs entwickeln

von Michael Böhnke

Zu den Eckdaten des kirchlichen Lebens in den Bistümern der Bundesrepublik Deutschland heißt es in einer von der Deutschen Bischofskonferenz herausgegebenen Broschüre:

> „Seit über zehn Jahren verändert sich die pastorale Struktur der 27 deutschen Bistümer: Pfarreien werden zusammengelegt und so die pastoralen Räume vergrößert. Das bedeutet, dass ein Priester für weitaus mehr Gläubige zuständig ist als zuvor. Sinkende Priesterzahlen werden damit aufgefangen, die Laien bekommen gleichzeitig aber auch mehr Verantwortung. Die Rechte und Pflichten der Gemeinde, bei der Verkündigung des Glaubens mitzuwirken, werden dabei betont und andere Träger kirchlichen Lebens, wie etwa geistliche Gemeinschaften, Orden, Vereine und kirchliche Schulen, mehr in den Alltag der Pfarreien einbezogen."[1]

Die damit nüchtern beschriebene Veränderung der pastoralen Strukturen ist keineswegs abgeschlossen. Die beigefügten Zahlenreihen[2] geben vielmehr einen Trend an, der sich in den kommenden Jahren verstetigen dürfte. Ob die sinkende Zahl der Priester allerdings allein durch die Zusammenlegung von Pfarreien dauerhaft aufgefangen werden kann, ist fraglich. Ferner bedeutet die Veränderung der pastoralen Struktur nicht nur, dass ein Priester für weitaus mehr Gläubige[3] zuständig ist als zuvor; sie bedeutet auch, dass ein Pfarrer für mehrere Gemeinden zuständig ist. Pfarrei und Gemeinde, die bislang, wie der Begriff Pfarrgemeinde belegt, eine selbstverständliche Einheit bildeten, werden auseinanderdividiert. Diese Veränderung kann man unter unterschiedlichen Aspekten beurteilen. Man kann einerseits mit Tebartz-van Elst von Pfarreien neuen Typs sprechen.[4] Man kann andererseits aber auch von Gemeinden neuen Typs sprechen, nämlich solchen Gemeinden, in und aus denen eine Pfarrei besteht, die jedoch selbst nicht mehr als Pfarrei verfasst sind. Im pastoralen Raum einer Pfarrei gibt es künftig mehrere Gemeinden. Eine allgemeine kirchenrechtliche Ordnung für diese Gemeinden existiert nicht. So ist keineswegs geklärt, ob die Leitung dieser Gemeinden durch den Pfarrer der Pfarrei erfolgen sollte, oder ob die Gemeinden nicht eine eigenständige Leitung bräuchten. Könnte so das Mehr an Verantwortung aussehen, das die Laien gemäß dem Zitat aus den Eckdaten des Kirchlichen Lebens in den Bistümern Deutschlands bekommen sollen?[5] Offen lässt der zitierte Text darüber hinaus, ob dafür die Laien im pastoralen Dienst, d. h. die Gemeinde- und Pastoralreferentinnen und -referenten in Frage kommen, oder ob eher an ehrenamtliche Laien aus den Gemeinden gedacht wird. Die Rede ist von der Gemeinde als Trägerin kirchlichen Lebens. Als solche wird sie neben geistliche Gemeinschaften, Orden, Vereine und kirchliche Schulen gestellt, die alle über eine eigene Leitung verfügen.[6] Diese unterschiedlichen Träger des kirchlichen Lebens sollen verstärkt in den ‚Alltag der Pfarreien', die keine Pfarrgemeinden mehr sind, einbezogen werden.

Die Frage nach der Gemeindeleitung wird durch diesen strukturellen Wandel von der Frage nach der Leitung von Pfarreien entkoppelt. Und als solche soll sie im Folgenden auch thematisiert werden. Es geht folglich nicht um die Leitung der Groß-Pfarreien und die damit einhergehenden Veränderungen im Berufsprofil des Pfarrers.[7] Es geht um die Leitung der Gemeinden neuen Typs, das heißt solcher Gemeinden, die nicht mehr als Pfarreien verfasst sind. Gleichwohl kann aus den Erfahrungen, die bereits mit der Leitung von Pfarrgemeinden durch Laien gemacht worden sind, für die Leitung von Gemeinden, die nicht mehr als Pfarreien verfasst sind, gelernt werden. So stellt sich zum Beispiel die Frage, ob Gemeinden als Träger des kirchlichen Lebens von außen oder von innen geleitet werden sollen, ob ihre Leiter/innen ehrenamtlich oder hauptamtlich im pastoralen Dienst stehen sollen, ob die Leitung in den Gemeinden durch Einzelne oder im Team ausgeübt werden soll und welche Qualifikationen die Leiterinnen und Leiter der Gemeinden benötigen. Zudem wäre zu fragen, ob das Amt des Gemeindeleiters oder der Gemeindeleiterin ein Wahlamt sein soll, ob es auf Zeit oder auf unbestimmte Zeit ausgeübt werden soll. Darüber hinaus wäre die Form einer möglichen bischöflichen Beauftragung zu diskutieren sowie die Frage, was eine christliche Gemeinde braucht, um Trägerin kirchlichen Lebens sein zu können. Ich will im Folgenden versuchen, auf diese Fragen auf der Basis bisheriger Erfahrungen mit einer „Gemeindeleitung durch Laien" und deren wissenschaftlicher Auswertung eine Antwort zu geben.[8] Sie könnte die Grundlage bilden, auf der eine *Gemeindeleitung neuen Typs* sich ausbilden kann. Ausgangspunkt für all dies ist die These, Gemeindeleitung als Prozess zu verstehen, in dem die Kirche als Organisation lernt. Gemeindeleitung muss sich entwickeln können. Sie kann es nur, wenn die Kirche als Organisation auf der Ebene des Bistums wie der Gemeinde lernbereit ist. Die Verfassung der Gemeindeleitung ist der Entwicklung nachrangig, sollte diese im Idealfall aber unterstützen.

In einem ersten Schritt möchte ich die Genese zur Entwicklung des Modells einer (Pfarr-) Gemeindeleitung durch Laien im Bistum Aachen rekonstruieren. Dabei liegt der Schwerpunkt auf der diözesanen Perspektive, denn auf der Ebene der Diözese wird über das ‚Dass' und ‚Wie' einer Gemeindeleitung neuen Typs entschieden. In einem zweiten

Schritt werde ich dann Erkenntnisse aus der wissenschaftlichen Evaluation der pfarrgemeindlichen Praxis der vergangenen Jahre präsentieren können. In einem dritten Schritt sollen Konsequenzen aus den Einsichten gezogen werden, die die Genese und die Evaluation zu Tage gefördert haben. Schließlich sind viertens weitere, für die Gemeinde als Trägerin kirchlichen Lebens konstitutive Elemente ins Bewusstsein zu rufen.

1. Gemeindeleitung – ein Prozess

Über die Zukunft der Gemeindeleitung wird auf der Ebene des Bistums entschieden. Allerdings nicht durch eine einzelne Entscheidung. Vielmehr durch eine Reihe von Weichenstellungen, die sich über einen längeren Zeitraum erstrecken. Dabei stellt ein Bistum, das sich auf den Prozess einlässt, eine Gemeindeleitung neuen Typs zu entwickeln, die Kirche als lernende Organisation dar. Unter den Bistümern in der Bundesrepublik Deutschland trifft dies seit nunmehr über dreißig Jahren für die Kirche im Bistum Aachen zu. Deshalb verwundert es nicht, dass das Bistum Aachen beim Mannheimer Katholikentag mit einem Stand zum Thema „Gemeindeleitung durch Laien“ einen viel beachteten Beitrag zum Wagnis eines neuen Aufbruchs in der Kirche leistete.[9] Im Folgenden werden entscheidende Phasen des dem zugrunde liegenden und andauernden Prozesses aus diözesaner Perspektive[10] geschildert.

Erste Phase – „unio aeque principalis“

Im teils ländlich geprägten Raum des Bistums Aachen gibt es viele kleine Pfarrgemeinden. Bereits in den 70er Jahren des letzten Jahrhunderts war absehbar, dass nicht mehr jede Pfarrgemeinde einen eigenen Pfarrer haben konnte. Die Praxis, einen Pfarrer zum Pfarradministrator weiterer Pfarrgemeinden zu ernennen, stieß auf Widerstand und bald auch an Grenzen. So gab es seit 1982 im Bistum Aachen Überlegungen zur „unio aeque principalis“ von benachbarten Pfarreien.[11] Das kirchliche Gesetzbuch von 1917 sah diese aus dem Benefizialrecht stammende Rechtsfigur in c. 460 in Verbindung mit cc. 1419 n 2, 1420 § 2, 1423 § 1 CIC/1917 vor. Entscheidend ist, dass es im Zusammenhang mit den Überlegungen zur „unio aeque principalis“ zum Konzept kam, welches den Einsatz von ehrenamtlichen Bezugspersonen in den Pfarrgemeinden vorsieht, in denen der Pfarrer nicht wohnt.

Zweite Phase – „curam pastoralem moderetur“

Im Fastenhirtenbrief von 1989 hat Bischof Dr. Klaus Hemmerle nach Beratungen im Diözesanpriesterrat sowie der Ordinariatskonferenz die Gläubigen im Bistum Aachen aufgerufen, sich an der Meinungsbildung über die Gestalt der zukünftigen Pastoral in den Pfarrgemeinden aktiv zu beteiligen.[12] Unter dem Stichwort „Weggemeinschaft“ sollte die Zusammenarbeit in und zwischen Gemeinden durch einen umfassenden Dialog gefördert werden. Im Verlauf der Meinungsbildung, die 1989 auf Regionaltagen gebündelt worden ist, sah sich der Bischof während des Regionaltages in Mönchengladbach mit der Forderung konfrontiert, Laien an der Gemeindeleitung beteiligen zu sollen. Das Anliegen wurde unter dem Schlagwort „Moderator der Seelsorge“ vorgetragen. Im Hintergrund stand eine Initiative von Pfr. Edmund Erlemann, der sich auf ein für ihn erstelltes Kurzgutachten des Bonner Kirchenrechtswissenschaftlers Hubert Müller zu c. 517 § 2 des kirchlichen Gesetzbuchs von 1983 stützte. Nach anfänglichem Zögern und einer ersten grundsätzlichen Stellungnahme des Bischöflichen Generalvikariates sagte Bischof Hemmerle auf dem Regionaltag 1990 seine Unterstützung für ein solches Projekt zu. Daraufhin wurde die Frage im Diözesanpriesterrat während der Sitzung vom 28. bis 30. April 1991 beraten. Die Beratungen endeten ohne eine empfehlende Stellungnahme: „Nach einer ausführlichen Diskussion über Gemeindeleitung und Leitung der Seelsorge wird in dieser Sitzung über eine evtl. Ermöglichung eines Modells gemäß c. 517 § 2 CIC nicht mehr weiter beraten.“[13]

Neuer Schwung kam in die Frage durch einen Brief von Dr. Josef Vohn, seit 1985 Pfarrer an St. Laurentius und seit 1988 auch an St. Michael in Rheydt-Odenkirchen, an den Bischof von Aachen. Das Schreiben gipfelte in der emotional vorgetragenen Aussage, er lasse sich nicht mehr zwischen zwei Pfarrgemeinden verschleißen, er müsse wissen, wo er hingehöre. Pfarrer Vohn unterbreitete den Vorschlag, eine Lösung gemäß c. 517 § 2 CIC in St. Michael zu ermöglichen. Er bat um Entpflichtung von seinem Amt als Pfarrer in St. Michael und wollte dort künftig als Moderator der Seelsorge wirken. Im Jahr 1992 befasst sich der Diözesanpriesterrat daraufhin erneut mit der Materie und stimmt dem Vorhaben schließlich zu. Dieses gewinnt in zahlreichen Gesprächen zwischen Bistum und der Pfarrei St. Michael in Mönchengladbach-Odenkirchen Konturen. Von Beginn an werden die Vertreter des Pfarrgemeinderates und Kirchenvorstandes in diese Gespräche einbezogen. Aufgaben, Beteiligungen und Zuständigkeiten sollen weitgehend vor Ort abgesprochen, die neue Form der Gemeindeleitung im Dialog entwickelt werden. Schließlich wird am 12. September 1993 eine Gemeinschaft von Personen – darunter ein Gemeindereferent und Mitglieder des Pfarrgemeinderatsvorstandes – vom Diözesanbischof mit der Teilhabe an der Wahrnehmung der Hirtensorge in St. Michael beauftragt. Gleichzeitig beauftragt der Bischof den Pfarrer von St. Laurentius, die Hirtensorge zu moderieren. Dazu stattet er ihn mit allen Vollmachten und Befugnissen eines Pfarrers aus. Die entsprechenden bischöflichen Urkunden werden in der genannten Reihenfolge während der Sonntagsmesse durch den Dechanten vorgelesen. Die Predigt hält der Gemeindereferent.

Alle Beteiligten haben also eine Beauftragung durch den Diözesanbischof erhalten. Die Beauftragungen beziehen sich nicht nur auf einzelne Aufgabenbereiche der Hirtensorge, sondern auf die pfarrgemeindliche Pastoral insgesamt. Für die Mitglieder des Pfarrgemeinderates sind die Beauftragungen zeitlich befristet. Darüber hinaus ist vor Ort Folgendes einvernehmlich vereinbart worden: Der Gemeindereferent hat Sitz und Stimme im Pfarrgemeinderat. Er wird als Gast zu den Sitzungen des Kirchenvorstandes eingeladen. Der Vorsitz im Kirchenvorstand bleibt vakant. Der stellvertretende Kirchenvorstandsvorsitzende führt die Geschäfte, für die der Kirchenvorstand zuständig ist. Der Kirchenvorstand hat sich per Beschluss verpflichtet, das Pastoralteam in St. Michael, bestehend aus der Gemeinschaft der beauftragten nichtpriesterlichen Personen, zu respektieren. Der Gemeindereferent ist auch Mitglied im Pastoralteam von St. Laurentius, der Nachbargemeinde, in welcher der moderierende Priester Pfarrer ist. Er führt die pfarrlichen Bücher, das Pfarrsiegel, die Pfarramtskasse und ist unterschriftsberechtigt. Dazu ist er gemäß c. 535 § 3 CIC delegiert worden. Der moderierende Priester ist Dienstvorgesetzter des Gemeindereferenten.

Als Besonderheit ist hervorzuheben, dass eine Gemeinschaft von ehrenamtlichen Mitarbeitern aus der Pfarrgemeinde an der Hirtensorge in St. Michael beteiligt worden ist. So wird – nebenbei – dem Anliegen der Gemeinsamen Synode der Bistümer in der Bundesrepublik Deutschland, von der versorgten zur mitsorgenden Gemeinde zu kommen, Genüge getan.[14]

Am 18.10.1993 befasst sich der Diözesanpriesterrat mit „Konsequenzen für die Personalarbeit des Bistums aus dem Prozess ‚Weggemeinschaft'“, als dessen Teil die Entwicklung einer Gemeindeleitung neuen Typs im Bistum Aachen verstanden werden muss.

In der Aussprache zu einer Vorlage des Leiters der Hauptabteilung Pastoralpersonal „wird [bereits vor einer Auswertung des Modellprojekts St. Michael Odenkirchen, M.B.] auf die Notwendigkeit hingewiesen, Veränderungen in der Amtsstruktur vorzunehmen, etwa das Modell des Moderators der Seelsorge gemäß c. 517.2 in größerer Zahl zu ermöglichen."[15] Daraufhin werden weitere Projekte zugelassen und nach der erforderlichen Vorbereitungszeit ab 1996 in den Pfarrgemeinden St. Maria-Waldrast, Krefeld und St. Gregorius, Aachen auch realisiert. In beiden Pfarrgemeinden ging die Initiative dazu von den aus dem aktiven Dienst ausscheidenden Pfarrern aus.

Das Projekt St. Michael, Odenkirchen, wird 1997 mittels Fragebogen in einer Selbstevaluation ausgewertet. In Bezug auf die Ehrenamtlichen sind folgende Aussagen beachtenswert: „Die Arbeit des ‚rein ehrenamtlichen' Kirchenvorstands wird durch das Generalvikariat Aachen und seine Fachreferate nicht sonderlich unterstützt, z. T. sogar extrem behindert." Die Rolle der Ehrenamtlichen wird vielfach an der des Hauptamtlichen gemessen (Ehrenamtliche sind wie Hauptamtliche, mit den gegebenen Abstrichen, wie z. B. Zeit, Bezahlung, Ausbildung, ...). Zudem wird angemerkt, dass die Ehrenamtlichen sich zunehmend an der Planung der Gemeinde beteiligt hätten und zunehmend die Gesamtgemeinde und auch Kirche (z. B. Bistum Aachen, ...) in den Blick bekommen hätten: „Das Interesse an Kirche im Kleinen und Großen wächst ständig." Durch die Ausprägung von Verantwortungsbereichen gäbe es eine größere Sicherheit in der Aufgabenstellung. Die Rolle der Frauen sei selbstbewusster und stärker geworden.[16]

Es werden als Konsequenz aus dem Evaluationsbericht dann auch Kriterien für die Organisation der Pastoral nach c. 517 § 2 genannt, darunter:

- Freiwilligkeit (das Modell könne nicht verordnet werden; es bedürfe des ausdrücklichen Wunsches der Gemeinde),
- Zeit (vor allem zur Vorbereitung),
- Gemeinschaft (grundsätzlich soll nur ein Team beauftragt werden).

Am 16. 12. 1997 befasste sich der Diözesanpriesterrat wiederum mit dem Thema. Auf Basis der Selbstevaluation in St. Michael, Odenkirchen, wurde das Projekt, das auf fünf Jahre befristet war, verlängert. Es wurden die benannten Kriterien für die Entwicklung weiterer Projekte festgelegt.

Dritte Phase – „Gemeindeleitung in Gemeinschaft"

Angeregt durch den Beschluss zur ‚Gemeindeleitung in Gemeinschaft' auf der Gemeinsamen Tagung der Räte am 28. November 1998[17] wurden im Bistum Aachen Projekte initiiert, begleitet und ausgewertet, in denen Gemeindeleitung von ehrenamtlich und hauptberuflich tätigen Laien, Diakonen und Priestern in Gemeinschaft ausgeübt werden sollte. Diese Form der Gemeindeleitung wird nicht mehr mit dem Priestermangel begründet, ist auch nicht auf Situationen des Priestermangels beschränkt, sondern mit einem notwendigen Aggiornamento: Es gelte, „Gemeindeleitung unter heutigen Bedingungen" zu realisieren, weil „das monarchische Modell von Gemeindeleitung durch den Priester sowohl praktisch als auch theologisch nicht mehr zu halten ist."[18] Angesprochen wird damit eine den Zeichen der Zeit entsprechende Form der Gemeindeleitung und zugleich, dass Priester für diesen Dienst unverzichtbar seien. Der Beschluss fordert und fördert Vertrauen in die Leitungskompetenz von Laien und begründet und beschränkt dies nicht mehr mit dem und auf den Priestermangel.

Der Auswertungsbericht zu den initiierten Projekten wurde im Jahr 2007 erstellt und mit Datum vom 21. 09. 2007 vorgelegt.[19]

In einer Vorlage für den Diözesanpriesterrat haben die Leiter der Hauptabteilungen Pastoralpersonal, Pfarrer Heiner Schmitz, und Pastoral / Schule / Bildung, Pfarrer Rolf-Peter Cremer, bereits Anfang 2007 zwei neue Varianten zur Realisierung der pfarrgemeindlichen Pastoral im Bistum Aachen gemäß c. 517 § 2 CIC eingebracht. Sie adaptieren damit das Modell für die durch das Bistum geforderten Vereinbarungen von Pfarrgemeinden zur Bildung von Gemeinschaften der Gemeinden. In der Vorlage heißt es:

„Bei der Besetzung einer Pfarrei nach c. 517 § 2 CIC wird im Bistum Aachen eine Gemeinschaft von ehrenamtlichen Personen durch den Bischof auf Zeit zur Wahrnehmung der Seelsorgeaufgaben in dieser Pfarrei beauftragt. Der Bischof ernennt einen Priester als ‚Moderator der Seelsorge'.

Voraussetzungen zur Wahrnehmung der Seelsorgsaufgaben [sic!] in einer Pfarrei einer Gemeinschaft von Gemeinden nach c. 517 § 2 CIC sind:

1. In der Pfarrgemeinde muss ein arbeitsfähiger (Gesamt-) Pfarrgemeinderat im Amt sein.
2. Die Zahl und das Engagement von ehrenamtlich Tätigen müssen in reichem Maße vorhanden und auch auf längere Zeit gewährleistet sein.
3. Die Gemeinschaft der Gemeinden ist nach Strukturplan vereinbart und es liegt ein Pastoralkonzept der Gemeinschaft von Gemeinden vor.
4. Das eingesetzte Pastoralpersonal ist für das gesamte Strukturgebiet der Gemeinschaft von Gemeinden ernannt und bildet ein Pastoralteam.
5. Das Kooperationsgremium der Pfarrgemeinderäte der Gemeinschaft der Gemeinden muss ~~der~~ (zur) Einrichtung von c. 517 § 2 CIC in der betreffenden Pfarrei ~~zustimmen~~ (ein positives Votum abgeben).
6. Nach einer Vorbereitungszeit der Pfarrgemeinde erfol-

gen die positive Willensbekundung des Pfarrgemeinderates und eine Stellungnahme des Kirchenvorstandes.

Für die Umsetzung gilt:

7. (Die pastorale und organisatorische Zusammenarbeit in der Gemeinschaft der Gemeinden ist entsprechend der ‚Rahmenvereinbarung für Gemeinschaften von Gemeinden‘ §3, §4 und §5 zu handhaben.)
8. Es wird eine Gemeinschaft von ehrenamtlichen Personen an der Wahrnehmung der Seelsorge einer Pfarrei beteiligt, die dem Pfarrgemeinderat oder dem Kirchenvorstand angehören bzw. von diesen Gremien durch *Wahl* dem Bischof vorgeschlagen werden. Diese Personen müssen im Leben der Pfarrei verwurzelt und dort akzeptiert sein.
9. ‚Moderierender Seelsorger‘ wird ein Priester, der im Pastoralteam *regelmäßig mitarbeitet.*
10. Die Aufträge (an den moderierenden Priester und die ehrenamtlichen Personen) werden befristet auf die Dauer der Amtsperiode des Pfarrgemeinderates, damit zu gegebener Zeit *überprüft* werden kann, ob die Voraussetzungen noch gegeben sind.
11. Die pastoralen Mitarbeiterinnen und Mitarbeiter werden nach Maßgabe des ‚Einsatzplans Pastorale Ämter und Dienste‘ für die Gemeinschaft von Gemeinden eingesetzt. Das Pastoralteam stimmt (nach Absprache mit dem Kooperationsgremium der Pfarrgemeinderäte) intern ab, welche Gemeindereferentin / welcher Gemeindereferent im Rahmen ihrer / seiner Dienste in den Pfarrgemeinden der Gemeinschaft von Gemeinden die Gemeinschaft von ehrenamtlichen Personen, der an der Wahrnehmung der Seelsorge nach c. 517 § 2 CIC beteiligt ist, ~~*unterstützt*~~ (mitarbeitet). ~~Diese Form der Unterstützung wird im Pastoralkonzept der Gemeinschaft von Gemeinden festgeschrieben~~."[20]

Die Ausführungen der Vorlage nehmen einige entscheidende Weichenstellungen vor. Sie integrieren die neue Form der Gemeindeleitung in das Pastoralkonzept der Gemeinschaft von Gemeinden. Ferner besteht das Pastoralteam nur noch aus im Leben der Gemeinde verwurzelten Ehrenamtlichen. Ein/e Gemeindereferent/in ist nicht mehr Mitglied des Teams. Er/Sie soll das Team der gewählten (!) Ehrenamtlichen „unterstützen", eine Formulierung die in der endgültigen Version nach heftigen Diskussionen durch „mitarbeiten" ersetzt worden ist. Ferner wird eine regelmäßige Überprüfung der Voraussetzungen für dieses Modell vor Ort festgeschrieben und die Verpflichtung ausgesprochen, dass der moderierende Priester regelmäßig im Pastoralteam mitzuarbeiten habe. Zugleich wird die sich an c. 517 § 2 CIC orientierende Form der Gemeindeleitung durch Formen der Gemeindeleitung in Gemeinschaft ergänzt, die auf der Basis des Beschlusses von 1998 in Pfarrgemeinden praktiziert werden können, die einen eigenen Pfarrer haben.[21] Das, was in Vakanzsituationen möglich ist, soll nicht auf Vakanzsituationen beschränkt bleiben, auch, damit nicht der Eindruck entsteht, Priester seien durch Laien ersetzbar. Einen Überblick über die die derzeitige Praxis im Bistum Aachen bestimmenden Modelle vermittelt ein entsprechender Auszug aus den Leitlinien der Pastoral im Bistum Aachen, die im Internet zugänglich sind.[22]

Würdigung

Die entscheidenden Anregungen und Weichenstellungen zur Entwicklung eines neuen Typs von Gemeindeleitung im Bistum Aachen sind von Pfarrern ausgegangen. Die Diözesanbischöfe Hemmerle und Mussinghoff haben den Rahmen dafür geschaffen, dass diese Anregungen konstruktiv aufgegriffen und diskutiert werden konnten. Sie haben zur ‚Weggemeinschaft' aufgerufen und so Dialogprozesse initiiert, gesteuert und zugelassen. Unverzichtbar für das diözesane Entscheidungshandeln war und ist die Bewährung der Modelle in der pastoralen Praxis sowie die Einsicht in deren Ermöglichung durch das kirchliche Recht. Gleichzeitig scheint es erforderlich zu sein, diese Gemeindeleitung neuen Typs an sich verändernde Pastoralstrukturen kontinuierlich anzupassen und vor einem identitätsgefährdenden Konkurrenzdenken in Schutz zu nehmen.

2. Erkenntnisse aus der wissenschaftlichen Evaluation

Die Pastoral in den Pfarrgemeinden ohne Pfarrer nach c. 517 § 2 CIC ist Gegenstand einer in den Bistümern Limburg und Aachen durchgeführten qualitativen empirischen Studie, die im Jahr 2011 erschienen ist.[23] Im Fokus der Auswertung von insgesamt 65 Interviews steht die Entwicklung eines Anforderungsprofils für die Pastoralstrukturen, die pastoralen Dienste und Rollen sowie das pastorale Handeln auf der Basis der Erwartungen der Interviewpartner. In ihnen wird unter anderem die Rolle der Laien in der Gemeindeleitung, die Frage, ob Gemeindeleitung durch Einzelne oder im Team ausgeübt werden soll, die Beteiligung von Ehrenamtlichen an der Gemeindeleitung und ob Gemeindeleiter/innen aus der Gemeinde kommen oder in die Gemeinde gesandt werden sollen, thematisiert. Die Antworten, die anderenorts ausführlich dokumentiert worden sind, sollen und können im Folgenden nur auf diese Punkte konzentriert, zusammenfassend und knapp dargestellt werden.

Vorab ist zu bemerken: Die theologische Rechtfertigung für die in c. 517 § 2 CIC vorausgesetzte grundsätzliche Verantwortung aller Christen für den Aufbau der Gemeinde wird dem Geistwirken Gottes zugeschrieben: So heißt es in einem Interview: „*Der Heilige Geist ist bei jedem. Punkt. Also sind wir auch alle verantwortlich.*“ Es herrscht die Erwartung, dass die Verantwortung auch kirchlich übernommen und anerkannt werden könne, die die Gläubigen, weil der Heilige Geist bei allen wirke, durch den Beistand des Geistes ohnehin trügen.

Die Beteiligung von Laien an der Pfarrgemeindeleitung

Ebenso wie die konkreten Erfahrungen mit einem Priester die Einstellungen der Gläubigen zur Pfarrgemeinde und Kirche beeinflussen, beeinflussen die konkreten Erfahrungen die Einstellungen der Interviewpartner zur Beteiligung von Laien an der Gemeindeleitung in der Pfarrgemeindeleitungsform nach c. 517 § 2 CIC. Positive Erfahrungen begünstigen Akzeptanz, negative Ablehnung. In den Interviews begegnet häufig die Auffassung, dass die Präsenz der Kirche vor Ort durch den Dienst Ehrenamtlicher aufrecht erhalten werden könne. Kriterium ist die Lebendigkeit der Pfarrgemeinde, das florierende Gemeindeleben.

Als Einzelner oder als Team

In den Interviews findet sich sowohl die Erwartung, dass die Pfarrgemeindeleitung besser durch eine einzelne Person als auch, dass sie besser durch ein Team ausgeübt werden sollte.

Vorteile bei der Leitung durch eine einzelne Person werden vor allem hinsichtlich der notwendigen Entscheidungsfindung gesehen. Das Erfordernis, gemeinsam als und im Team Beschlüsse zu fassen, bewirkt, dass die Entscheidungsfindungsprozesse komplexer, darum meist langwieriger sind, aber auf einer breiteren Basis aufbauen können. Die getroffenen Entscheidungen werden von mehreren mitgetragen und haben, da sie aus einem umfassenderen Beratungsprozess hervorgehen, eine größere Chance, auf Anerkennung zu treffen.

Dabei wird genau wahrgenommen, ob die Mitglieder des Pastoralteams sich verstehen und vertrauensvoll miteinander zusammenarbeiten. Die Erwartungen richten sich darauf, dass sie es tun.

Die Einbeziehung Ehrenamtlicher

In zahlreichen Interviews wird von Ehrenamtlichen erwartet, die Präsenz der Kirche vor Ort durch den Erhalt der Pfarrgemeinden zu sichern. Je mehr Ehrenamtliche aus der betreffenden Pfarrgemeinde verantwortlich in die Pfarrgemeindeleitung einbezogen werden, umso mehr dürfte sich der Schwerpunkt des praktischen Interesses an c. 517 § 2 CIC – Sicherung der Pastoral in Zeiten des Priestermangels – zugunsten des Interesses an der Erhaltung eigenständiger Pfarrgemeinden verlagern. Ehrenamtliche erwarten, gestaltend und nicht nur durchführend, eigenständig und nicht nur von Pfarrers Gnaden wirken zu können.

Dies betrifft damit die rechtliche und die fachliche Kompetenz. Die Ehrenamtlichen, die an der Pfarrgemeindeleitung beteiligt sind, erhalten die rechtliche Kompetenz durch eine bischöfliche Beauftragung. Diese wird im Bistum Aachen bisher nicht an die Voraussetzung des Nachweises einer besonderen pastoralen Kompetenz geknüpft. Die kirchenrechtliche Option von c. 517 § 2 CIC, Leitungsaufgaben auf mehrere Schultern zu verteilen, hat nach Ansicht zahlreicher Interviewpartner weitere Ehrenamtliche motiviert, sich zu engagieren.

Dabei sind den Interviewpartnern die Grenzen der ehrenamtlichen Belastbarkeit bewusst. Realistischerweise wird man davon ausgehen müssen, dass die Pastoral und Leitung einer Pfarrgemeinde – angesichts der gegenwärtigen institutionell vorgegebenen Normen und Strukturen – in der Regel nicht ausschließlich durch ehrenamtliche Pfarrgemeindemitglieder wird wahrgenommen werden können.

Aus der Pfarrgemeinde kommend oder in die Pfarrgemeinde gesandt

Die Frage, ob es mehr Vor- oder Nachteile habe, wenn Personen, die an der Leitung der Pfarrgemeinde beteiligt sind, aus der Pfarrgemeinde selbst kommen oder von außerhalb in die Pfarrgemeinde gesandt werden, wird besonders in Bezug auf die Ausgestaltung der Pfarrgemeindeleitung nach c. 517 § 2 CIC im Bistum Aachen virulent.

Einerseits wird die Erwartung zum Ausdruck gebracht, dass Personen, die von außerhalb kommen, wie der Pfarrer oder andere hauptamtliche pastorale Mitarbeiter, unangenehme Entscheidungen leichter treffen könnten als ortsansässige Pfarrgemeindemitglieder.

Andere Aussagen lassen erwarten, dass Personen, die aus der Pfarrgemeinde kommen, mit Neid und Autoritätsproblemen konfrontiert werden könnten, wenn sie vom Bischof mit der Wahrnehmung der Pastoral in ihrer Pfarrgemeinde beauftragt werden. Dass sich ehrenamtliche Pfarrgemeindemitglieder durch eine besondere, allgemein anerkannte Form der bischöflichen Beauftragung von den anderen Gläubigen unterscheiden, befähigt diese rechtlich, die Pfarrgemeinde mit zu leiten. Diese rechtliche Befähigung könnte durch eine pastoraltheologische Ausbildung ergänzt werden, die die Ehrenamtlichen auch fachlich in die Lage versetzen würde, ihrer Beauftragung nachzukommen. Auch wenn diese Voraussetzungen gegeben sind, ist es fraglich, ob den aus der Pfarrgemeinde kommenden Ehrenamtlichen die nötige Autorität, die Leitung der Pfarrgemeinde mitzubestimmen, von den anderen Pfarrgemeindemitgliedern zugebilligt wird. Gefragt ist hier das legitimierende Element einer Wahl. Ohne eine solche Legitimation ist es vor allem das Motiv der ‚Fremdheit', das es gerade den hauptamtlichen pastoralen Mitarbeitern, die von außen kommen, erleichtert, in der Rolle des Leiters der Pfarrgemeinde als Autorität geachtet und anerkannt zu werden.

Nicht nur Pfarreien neuen Typs, auch Gemeinden neuen Typs, nämlich solche, die nicht mehr Pfarreien sind, aber in denen und aus denen Kirche lebt, brauchen eine Leitung. Die Form dieser Leitung muss sich entwickeln. Das ist nur in einem länger andauernden, Innovationen und Korrekturen zulassenden wie vertrauensbildenden Prozess möglich. Zu denken ist hierbei eher an Generationen als an Jahre. Bereits gesammelte Erfahrungen in der Gemeindeleitung mit Laien, sofern diese sich auf die Pfarrgemeinden bezogen haben, können in diesen Prozess konstruktiv eingebracht werden. So scheint eine bischöfliche Beauftragung ekklesiologisch unabdingbar.[24] Zur Legitimation neuer Autoritäten müsste die Wahl durch die Gemeinde einer bischöflichen Beauftragung vorausgehen, sofern ehrenamtliche Mitglieder aus der Gemeinde mit der Gemeindeleitung betraut werden. Unabhängig davon, ob Gemeindeleitung ehrenamtlich oder hauptamtlich ausgeübt wird und unabhängig davon, ob die Gemeindeleiter aus der Gemeinde kommen oder von außen kommend in die Gemeinde gesandt werden, haben sie in der Gemeinde Führungsverantwortung wahrzunehmen. Dazu bedarf es neben der fachlichen auch der Führungskompetenz. Entsprechende Erkenntnisse wären einzuspielen. Wolfgang Pax hat dies in Anlehnung an die moderne organisationspsychologische Führungsforschung in Grundzügen knapp und präzise geleistet.[25] Er versteht unter Führung ganz allgemein „eine beabsichtigte, zielgerichtete Einflussnahme auf Andere“ (84), die stets situationsbedingt ist. Durch Führungsverhalten, so Pax weiter, können „Zielerreichung und Leistungserbringung positiv oder negativ beeinflusst werden“ (85). Als Ziel kirchlichen Handelns definiert Pax den Auftrag, „das Evangelium allen zu verkünden“ (85). Dieses Ziel gelte es durch die Leistungserbringung der Mitarbeiterinnen und Mitarbeiter mit „qualitativ und quantitativ gute[n] und beste[n] Ergebnissen“ (85) zu erreichen. Führung ist also stets Mittel zum Zweck oder in kirchlicher Terminologie ausgedrückt: Dienst. „Vier grundlegende Rahmenbedingungen sind durch Führungsverhalten zu steuern: Stabilität und Flexibilität, Zusammenhalt nach innen und Wirksamkeit nach außen.“ Dabei komme es darauf an, nicht immer das Gleichgewicht zwischen diesen Polen zu suchen, sondern „Situationen usw. zu definieren, in denen das eine oder das andere stark ist“. (86)

Die wissenschaftliche Evaluation zur Gemeindeleitung durch Laien hat unter anderem zu Tage gefördert, dass gegenwärtig die Evangeliumsverkündigung sich vorrangig in bestimmten, oft unvorhersehbaren Lebenssituationen ereignet, in denen die Nähe der Kirche gefragt ist.[26] Will die Kirche ihr Ziel erreichen, d.h. den Glauben lebendig werden lassen in einer Zeit, in der er nicht mehr die Alltagserfahrung der Menschen, auch vieler Christen, prägt, scheint ein Mitleben mit den Menschen vor Ort, eine „präsentische Herangehensweise“ (A. Baart),[27] die die Erreichbarkeit der Kirche, dann, wenn man sie braucht, garantiert, erfolgversprechend zu sein. Verlässlichkeit, dass auf die Kirche vor Ort Verlass sein kann, ist dafür ein entscheidendes Kriterium. Deshalb seien abschließend noch einige Elemente in Erinnerung gerufen, damit Gemeinde verlässlich bleibt und geistig lebt.

4. Damit Gemeinde verlässlich bleibt und geistlich lebt

Auch eine Gemeinde ohne eigenen Pfarrer am Ort muss wahrnehmbar sein: sichtbar durch ihre Kirche, vor allem durch den Kirchturm, hörbar durch das Schlagen und das feierliche Geläut der Glocken, das Spiel der Orgel und den Gesang der Gemeinde, erfahrbar in der regelmäßigen gottesdienstlichen Versammlung sowie ihren diakonischen und pädagogischen Diensten, ansprechbar durch die Präsenz von Mitarbeiter/innen, verlässlich durch ein Büro und offene Türen, vernetzt in der lokalen Agenda.

Darüber hinaus wäre darüber nachzudenken, welche Symbole eine solche Gemeinde, verstanden eher als Handlungssubjekt denn als Sozialgebilde, braucht und haben sollte, um ihre Identität als christliche Gemeinde zu wahren und ihr geistliches Leben zu pflegen. Ich glaube, dass das Evangelium in die Gemeinde gehört und zu jedem Gottesdienst feierlich das Evangelienbuch aus der Gemeinde zum Ambo getragen werden sollte. Ebenso wie eine jüdische Gemeinde eine oder mehrere Thorarollen besitzt, sollte jede Gemeinde ein festliches Evangelienbuch oder eine festliche Bibelausgabe besitzen. Ich glaube auch, dass die Gaben Brot und Wein Gaben der Gemeinde sind, in die Gemeinde gehören, und bei jeder Eucharistiefeier durch Gemeindemitglieder feierlich zum Altar gebracht werden sollten. Ich glaube, dass das epikletische Gebet, das Herabrufen des göttlichen Geistes, als Gebet der Gemeinde in jede Gemeindefeier gehört und von der Gemeinde in der gottesdienstlichen Feier mit oder ohne priesterlichen Vorsteher betont und gepflegt werden sollte, denn das „Vertrauen, dass Gott im Heiligen Geist der Souverän der Kirche ist, stellt die sprachpragmatische Voraussetzung jeder Ekklesiologie [und damit auch jeden Gemeindelebens M.B.] dar“[28], kann doch die Kirche in ihrer Gesamtheit als Resonanzkörper des Heiligen Geistes verstanden werden. Die Aufzählung dieser Punkte ist beispielhaft. Sie erhebt keinen Anspruch auf Vollständigkeit. Ich glaube aber, dass durch diese und weitere Symbole die Gemeinde als Subjekt gläubigen Handelns repräsentiert wird, sie nicht nur als Außenstelle der Pfarrei fungiert und dass zudem einer magischen Überhöhung eines vielleicht eines Tages nur noch von außen und nicht mehr regelmäßig kommenden sakramentalen Dienstes vorgebeugt werden könnte.

Literatur

AG ,Gemeindeleitung in Gemeinschaft': Bericht zur Auswertung des Modells „Gemeindeleitung in Gemeinschaft", Aachen 21.09.2007.

Arens, H.: Vorbemerkungen, in: Bistum Aachen (Hg.), Gemeindeleitung in Gemeinschaft (1999), 7–11.

Baart, A.: Een theorie van de presentie, Utrecht 2001.

Bistum Aachen (Hg.): Gemeindeleitung in Gemeinschaft. Dokumentation der Gemeinsamen Tagung der Räte am 28. November 1988 im Haus Eich, Aachen 1999.

Böhnke, M./Schüller, Th.: Zeitgemäße Nähe. Evaluation von Modellen pfarrgemeindlicher Pastoral nach c. 517 § 2 CIC (= Studien zur Theologie und Praxis der Seelsorge 84), Würzburg 2011.

dies. (Hg.): Gemeindeleitung durch Laien? Internationale Erfahrungen und Erkenntnisse, Regensburg 2011.

Böhnke, M.: ,Gemeindeleitung' durch Laien. Genese und Ergebnisse eines Forschungsprojektes, in: Böhnke/Schüller (Hg.), Gemeindeleitung durch Laien?, 9–34.

Diözesanpriesterrat des Bistums Aachen: Protokoll der Sitzung am 18.10.1993, TOP 2.

ders.: Protokoll der Sitzung vom 28. bis 30.04.1991, TOP 5.

Fastenhirtenbrief 1989, in: Kirchlicher Anzeiger für die Diözese Aachen. Amtsblatt des Bistums Aachen 59 (1989). Nr. 1.

Feiter, R./Müller, H. (Hg.): Was wird jetzt aus uns, Herr Bischof? Ermutigende Erfahrungen der Gemeindebildung in Poitiers, Ostfildern [3]2009.

Gemeinsame Synode der Bistümer in der Bundesrepublik Deutschland: Beschlüsse der Vollversammlung. Offizielle Gesamtausgabe I, Freiburg, Basel, Wien 1976, Beschluss: Dienste und Ämter 1.3.2.

Hallermann, H.: Neue Formen der „Gemeindeleitung"? Kanonistische Reflexionen zu neueren Entwicklungen in den einzelnen Diözesen, in: AfkKR 179 (2010), 37–69.

Hoff, G. M.: Ekklesiologie, Paderborn u.a. 2011.

Löhr, Th.: Die Pfarrei der Zukunft und ihre innere Gestalt. Überlegungen zu einer neuen Weise, Kirche am Ort zu leben, Limburg, 30.09.2010. http://www.bereitschaftzurbewegung.bistumlimburg.de/index.php?_1=320585&_7=m_&_0=14&sid=ebd1167d977ed344a50b9cbbc07e5a93 (30.05.2012).

Pax, W.: Wer will schon gerne Schaf sein? Aspekte für eine reflektierte Führung in kirchlichen Kontexten, in: Hilden, M./Poell, G. (Hg.),

Die Kirche im Dorf lassen. Stimmen zur Pastoral auf dem Land, gesammelt aus Anlass der Verabschiedung von Bezirksdekan Dieter Lippert, Beselich 2010, 84–87.
Schmidt, L.: Priester. Zu 15 Prozent Geistlicher, zu 85 Prozent Manager, in: http://www.faz.net/aktuell/rhein-main/priester-zu-15-prozent-geistlicher-zu-85-prozent-manager-11657891.html (30.05.2012).
Sekretariat der Deutschen Bischofskonferenz (Hg.): Katholische Kirche in Deutschland. Zahlen und Fakten 2010/11 (= Arbeitshilfe 249), Bonn 2011, Kap. 4, S. 12. http://www.dbk.de/fileadmin/redaktion/Zahlen%20und%20Fakten/Kirchliche%20Statistik/Allgemein_-_Zahlen_und_Fakten/Zahlen-Fakten10-11-de.pdf (30.05.2012).
Zdarsa, K.: Hirtenwort zur österlichen Bußzeit 2012. http://bistum-augsburg.de/index.php/bistum/Hirtenworte/Hirtenwort-zur-oesterlichen-Busszeit-2012/Uebersicht/Das-Hirtenwort-zur-Oesterlichen-Busszeit-2012-von-Bischof-Dr.-Konrad-Zdarsa-im-Volltext_id_153596 (30.05.2012).

Anmerkungen

1 *Sekretariat der Deutschen Bischofskonferenz (Hg.),* Katholische Kirche (2011), 12.
2 Ebd., 11–20.
3 Das widerlegt statistisch die These vom Gläubigenmangel, mit dem nicht selten vom Priestermangel abgelenkt werden soll. Prosperierende Kirchensteuereinnahmen widerlegen zudem die These vom Finanzmangel. Vgl. http://www.dbk.de/fileadmin/redaktion/diverse_downloads/Diagramm-Kirchensteuer_1991-2011.pdf (30.05.2012).
4 Vgl. *Löhr,* Pfarrei der Zukunft (2010).
5 Man mag dies mit Fug und Recht bezweifeln, wenn man die Ankündigung des Bischofs von Augsburg zur Kenntnis und ernst nimmt, dass dort, wo sonntags keine Eucharistiefeier stattfindet, kein priesterloser Wortgottesdienst stattfinden dürfe und dass die Kompetenzen der Pfarrgemeinderäte an neu zu bildende Pastoralräte abzugeben seien. Aber die Entwicklung verläuft in den unterschiedlichen Bistümern keineswegs einheitlich. Vgl. *Zdarsa,* Hirtenwort (2012).
6 Ob die kirchenrechtliche Klassifizierung der Gemeinde als Verein in der Kirche im Unterschied zur Pfarrei als Teil der verfassten Kirche, wie sie H. Hallermann jüngst vorgetragen hat, zutreffend ist, kann mit guten theologischen Gründen bezweifelt werden. Vgl. *Hallermann,* Neue Formen (2010), 49. Hallermann füllt neuen Wein in alte Schläuche und versäumt es die Frage zu stellen, ob die kodikarischen Kategorien noch zutreffend sind, oder ob sie nicht vielleicht der neuen pastoralen Situation angepasst werden müssten.
7 Vgl. *Schmidt,* Priester (2012).

[8] Vgl. *Böhnke/Schüller,* Zeitgemäße Nähe (2011).

[9] Vgl. http://laieninleitung.de/seiten/nachrichtendetailansicht?view=detail&id=2845badc-1317-4ba3-9604-67b16900d6de (30.05.2012).

[10] Der Autor war von 1988–2004 Leiter der Abteilung Grundsatzfragen und Kirchliches Recht im Bischöflichen Generalvikariat Aachen. Als solcher kann er zahlreiche, allerdings keineswegs alle Aspekte des Prozesses benennen.

[11] Vereinigung zweier oder mehrerer Pfarren in einer unio aeque principalis. Ergebnisprotokoll eines Gesprächs am 28.09.1982 (unveröffentlicht).

[12] Fastenhirtenbrief (1989).

[13] *Diözesanpriesterrat des Bistums Aachen,* Protokoll der Sitzung vom 28. bis 30.04.1991, TOP 5.

[14] *Gemeinsame Synode der Bistümer in der Bundesrepublik Deutschland,* Beschlüsse (1976), Beschluss: Dienste und Ämter 1.3.2.

[15] *Diözesanpriesterrat des Bistums Aachen,* Protokoll der Sitzung am 18.10.1993, TOP 2.

[16] Vgl. Auswertung des Projekts c. 517 § 2 CIC in St. Michael Odenkirchen (unveröffentlicht).

[17] *Bistum Aachen (Hg.),* Gemeindeleitung (1999).

[18] *Arens,* Vorbemerkungen (1999), 10.

[19] *AG ‚Gemeindeleitung in Gemeinschaft',* Bericht (2007).

[20] Die Vorlage wird hier mit den Veränderungen der durch den Bischof von Aachen am 12.08.2008 unterzeichneten Version zitiert. Vgl. http://laieninleitung.de/medien/7a6b34a6-5d21-4b7a-b9b9-b3d0dd89f697/080412-gig-beschluss-bischof.pdf (30.05.2012). Die endgültige Version enthält gegenüber der Vorlage einige präzisierende Veränderungen, die in Klammern wiedergegeben werden. In der endgültigen Version gestrichene Passagen werden entsprechend markiert.

[21] Vgl. ebd.

[22] http://laieninleitung.de/medien/8f9d424c-c34b-4c67-b7bb-b002d0ab80c7/auszug-leitlinien-der-pastoral-2011.pdf (30.05.2012).

[23] Vgl. zum Folgenden, *Böhnke/Schüller,* Zeitgemäße Nähe (2011), bes. 148–157.

[24] Vgl. *Feiter/Müller (Hg.),* Was wird jetzt (2009).

[25] *Pax,* Schaf (2010). Die Seitenangaben im Text beziehen sich auf diesen Aufsatz.

[26] Vgl. *Böhnke,* ‚Gemeindeleitung' (2011).

[27] Vgl. *Baart,* theorie (2001).

[28] *Hoff,* Ekklesiologie (2011), 123.

Dienstleistungsqualität als grundlegende Hermeneutik entwickeln

von Michael Fischer

Seit einigen Jahren hat die Qualitätsdebatte in der pastoralen Arbeit ihren Widerhall gefunden. Die Frage nach der Qualität pastoraler Arbeit – was darunter zu verstehen ist, ob diese überhaupt mit den Methoden eines Qualitätsmanagements adäquat erfasst und gestaltet werden kann – bestimmt die Diskussion. Fast scheint es so, als habe sich mit dem Begriff ‚Qualität' in der pastoraltheologischen Debatte ein neues analytisches Paradigma angemeldet, dessen hermeneutische Erschließungskraft nach und nach theoretisch wie praktisch erkundet wird.

Auf dem Hintergrund der aktuellen Gemeinde- und Kirchenentwicklung ist dies gut verständlich: Je mehr das traditionelle Glaubensmilieu abnimmt, das mit einer großen Selbstverständlichkeit am kirchlichen Leben teilnahm, je mehr weitere so genannte Sinnanbieter mit der Kirche konkurrieren, je mehr neue oder verloren gegangene Zielgruppen insbesondere im Kontext einer missionarischen Pastoral anvisiert werden und sich Sozialformen der Kirche pluraler gestalten, desto plausibler scheint die Verwendung des Kundenbegriffes und des Dienstleistungsgedankens zu sein.[1]

Ob diese Entwicklung bei den pastoralen Akteuren mehr Freude oder mehr Skepsis auslöst, ist schwer zu orten. Manchmal vermischen sich auch Ablehnung und Zustimmung. Diese Ambivalenz ist nachvollziehbar: die Übertragung des Dienstleistungsgedankens mit den damit verbundenen Qualitätskonzepten kann in der Tat das Verständnis pastoraler Arbeit weiten; zugleich ist damit aber auch die Gefahr verbunden, dass sich neue und verhängnisvolle Aporien pastoralen Handelns einschleichen.

1. Adaption und Modifikation

Die Übernahme qualitätssichernder Konzepte in die pastorale Arbeit findet nicht nur Zustimmung. Von daher kann die pastoraltheologische Qualitätsdebatte der vergangenen Jahre als produktiv und zugleich als anstößig bezeichnet werden.[2] Produktiv, weil im Rahmen der Auseinandersetzung mit dem Thema Qualität neue Perspektiven in die Wahrnehmung pastoraler Dienste und Angebote eingeflossen sind. Gemeindemitglieder und weitere Zielgruppen der Pastoral einmal aus der Perspektive eines Kunden zu betrachten, ist angesichts der Pluralisierung kirchlicher Sozialformen die Anstrengung wert. Oder gar die Gemeindearbeit insgesamt auf der Folie eines Qualitätsmodells kritisch zu beleuchten, kann neue Aspekte zur Gestaltung des Gemeindelebens beitragen.[3]

Anstößig kann die Debatte sein, weil mit der Einführung dieses Gedankenguts weitreichende Befürchtungen verknüpft sind. Insbesondere wird die Sorge geäußert, dass mit dem Einzug des Gedankenguts einer „marktförmige(n) pastoralen Praxis“ Vorschub geleistet würde.[4] Denn der unternehmerische Kontext des Qualitätsmanagements, der mit der Trias Produkt, Markt und Kunde bezeichnet werden kann, überforme pastorales Handeln und gleiche dadurch einem Methoden- und Gedankenimperialismus, der das Wesen pastoraler Arbeit verkennt und folglich deformiert.[5] Ebenso würde die Wirkung pastoraler Arbeit menschlichem Handeln zugeschrieben, wo doch das Wirken des Geistes Gottes nicht machbar sei und somit die Grenze zwischen Gotteswerk und menschlichem Tun verwischt würde.[6]

Solche Befürchtungen müssen ernst genommen werden. Entspringen doch die derzeit gängigen Qualitätskonzepte zweifelsfrei dem industriellen Bereich. Werden diese Konzepte in einen anderen Kontext übertragen, nimmt deren Logik naturgemäß Einfluss auf die Wahrnehmung, die Sprache und das Handeln jener Personen und Organisationen als Ganze, in denen die Konzepte nun Anwendung finden. Denn eine neue Kontextmarkierung bestimmt – zumindest in Teilen – wie Wirklichkeit wahrgenommen, gedeutet und gestaltet wird.[7] Mit anderen Worten: Der gedankliche Horizont, aus dessen Perspektive Dinge betrachtet werden, bestimmt das Ergebnis der Reflexion.

Den Eindruck allerdings, dass durch die Einführung qualitätssichernder Maßnahmen die entsprechenden Bereiche nur noch nach Marktgesichtspunkten funktionieren und das Qualitätsmanagement einen totalitären ökonomischen Anspruch nach sich zieht, teile ich nicht. Die Erfahrungen mit dem Qualitätsmanagement im Sozial- und Gesundheitsbereich lassen eher den Schluss zu, dass die Aufnahme solcher Konzepte nicht mit einer blinden Übernahme ökonomischen Denkens verbunden sein muss. Vielmehr ist bei der Einführung qualitätssichernder Maßnahmen ein gegenseitiger Lernprozess entstanden, in dem die Akteure mit neuen Fragen konfrontiert wurden. Zugleich haben aber eben diese Personen die Qualitätsmodelle aufgrund ihrer kritischen Reflexion modifiziert und ihrem jeweiligen Referenzrahmen angepasst. Zahlreiche unterschiedliche Zertifizierungsverfahren und Qualitätsmodelle sind das Resultat dieser Entwicklung. Auch die weitgehende Ablehnung des Kundenbegriffes weist darauf hin, dass die Adaption eines Qualitätsmodells in einen anderen Kontext im idealen Fall ein gegenseitiger Lernprozess und nicht eine übermächtige Bevormundung von anderer Seite ist.[8] Dies gilt allerdings nur, wenn in der Adaptionsphase wirkliche Entscheidungsfreiheit gegeben ist – neues Gedankengut also auch abgelehnt oder modifiziert werden kann. Dies ist freilich nicht in allen Fällen gegeben.

2. Qualitätsmanagement

Wie verhält es sich nun mit qualitätssichernden Konzepten im pastoralen Bereich? Können diese, wie dies in anderen Feldern bereits geschehen ist, sinnvollerweise in den pastoralen Bereich übertragen werden? Sind sie geeignet, Gemeinden, Diözesen und Landeskirchen in ihrem pastoralen Grundauftrag zu unterstützen? Die Beantwortung dieser Fragen bewegt sich im axiomatischen Spannungsfeld sozialwissenschaftlicher Erkenntnisse und theologischer Überlegungen zum Grundauftrag der Pastoral. Um das Spannungsverhältnis angemessen auszuloten, werden zunächst das inzwischen äußert umfangreiche Gedankengut und Methodenrepertoire des Qualitätsmanagements in einem dreifachen Zugang skizziert: Im Hinblick auf die zentralen Inhalte, die Ausgestaltung der Methoden und die Bedeutung in organisationssoziologischer Hinsicht.

2.1 Inhaltlich

Der Fluchtpunkt sämtlicher Qualitätskonzepte ist die Zufriedenheit des Kunden mit einem Produkt oder einer Dienstleistung. Was dabei unter einer bestmöglichen Qualität verstanden wird, ist nicht von vornherein festgelegt, sondern bedarf einer Klärung im jeweiligen Kontext. Qualität ist daher ein relativer Begriff, der inhaltlich gefüllt werden muss.[9] Allein formale Qualitätsdefinitionen wie die von Donabedian, der den Qualitätsbegriff in eine Struktur-, Prozess- und Ergebnisqualität unterteilte[10], oder die Definition gemäß der DIN EN ISO-Norm, die Qualität als den „Grad, in dem ein Satz inhärenter Merkmale Anforderungen erfüllt“[11] versteht, werden als allgemeine Qualitätsdefinition anerkannt.[12] Der Preis für diesen Konsens ist die Abstraktion.

Trotz dieser Bestimmungsoffenheit unterstellen umfassende Qualitätskonzepte, dass zur Erreichung einer entsprechenden Qualität fünf Grundanliegen beachtet werden müssen.[13]

- Kundenorientierung: Die Zufriedenheit des Kunden mit einem Produkt oder einer Dienstleistung bestimmt zunächst, wie diese beschaffen sein sollen. Freilich müssen die Wünsche der Kunden auf der Grundlage der jeweiligen professionellen Standards erfüllt werden. So wird beispielsweise im Krankenhaus die Behandlung der Patienten nicht nur auf der Basis der Patientenwünsche, sondern wesentlich auf der Grundlage medizinischer und pflegerischer Erkenntnisse definiert. Die Sachgemäßheit einer Behandlung kann der Patient aufgrund der Wissensasymmetrie zwischen Arzt und Patient in den seltensten Fällen fachkompetent beurteilen. Die Erfüllung der Kundenwünsche und die Umsetzung fachlicher Angemessenheit können dabei in Konflikt geraten.
- Mitarbeiterorientierung: Es zählt nicht nur der Kunde, sondern auch der Mitarbeiter. Seit den siebziger Jahren des vergangenen Jahrhunderts hat sich unisono die Erkenntnis durchgesetzt, dass die Zufriedenheit und die Einbindung der Mitarbeiter entscheidenden Einfluss auf die Qualität eines Produktes und einer Dienstleistung haben. Daher finden sich in umfassenden Qualitätskonzepten immer Qualitätskriterien, die sich auf die Einbindung, Ermächtigung, Weiterentwicklung und Führung von Mitarbeitern beziehen.
- Prozessorientierung: Die Erstellung eines Produktes oder die Erbringung einer Dienstleistung beruhen auf einem dahinterliegenden Prozess. Dies gilt für die Taufe eines

Kindes ebenso wie für die Betreuung eines Sterbenden oder die Notaufnahme eines schwerverletzten Patienten. Die Gestaltung von Prozessen entscheidet über die Qualität von Produkten und Dienstleistungen. Prozesse wachsen selbstständig, verfestigen sich in Routinen, können und müssen bewusst gestaltet werden. Daher fordern Qualitätskonzepte eine kontinuierliche Überarbeitung von Prozessen. Dabei sind in der Regel zwei Prozesskriterien entscheidend: Kosten und Qualität. Es geht also darum, mit möglichst wenig Kosten und Aufwand eine zuvor definierte Qualität zu erreichen.
- Entwicklungsorientierung: Weil ein Qualitätsmanagement die kontinuierliche Verbesserung und Weiterentwicklung sichern möchte, zielen dessen Methoden und Verfahren auf eine personale wie organisationale Selbstreflexion. Das zugrundeliegende Gedankenmodell ist der so genannte Deming-Kreislauf: plan – do – check – act. Demnach müssen Aktivitäten geplant, durchgeführt, überprüft und verbessert werden. Dieses Modell ist vordergründig trivial, doch in der konsequenten Umsetzung in Organisationen äußerst mühsam. Dabei sollen nach Möglichkeit Verbesserungen auf messbaren Zahlen basieren.
- Managementorientierung: Und schließlich ist das Anliegen, bestmögliche Qualität zu erzielen, nicht nur die Aufgabe von einzelnen Personen, sondern integraler Bestandteil von Managementmodellen.

2.2 Methodisch

Das Qualitätsmanagement hat ein umfangreiches Instrumentarium entwickelt, das hier nicht gänzlich dargestellt werden soll. Eine Auswahl von Methoden verdeutlicht allerdings, in welcher Weise und mit welcher Zielsetzung im Qualitätsmanagement gearbeitet wird.
- Qualitätsziele: Es ist eine Binsenweisheit, dass Entwick-

lungen ohne Zielvorstellungen in die Irre gehen. Daher sind Zielformulierungen in Form von Leitbildern, Qualitätszielen und vielen weiteren Möglichkeiten der Zielvergewisserung notwendiger Bestandteil von Qualitätsentwicklungsprozessen. Wer darauf verzichtet, macht das, was andere vorgeben.

- Qualitätssteuerung: Entwicklungen müssen beobachtet und gesteuert werden. Zielsetzungen ohne Verbindlichkeiten verlieren sich gerne in der Alltagsroutine. Ein derzeit beliebtes Instrumente der Qualitäts- und Unternehmenssteuerung ist beispielsweise eine Balanced Score Card. Sie dient der Planung und Steuerung von Organisationen. Mit Hilfe dieser Methode wird eine verbindliche und ausbalancierte Steuerung eines Unternehmens anvisiert. Verbindlich, weil Ziele, Zeiten und Verantwortlichkeiten benannt sind, ausbalanciert deshalb, weil nicht nur finanzielle Kennzahlen gefordert sind, sondern ebenso weiche (Qualitäts-) Faktoren wie beispielsweise die Mitarbeiterorientierung oder unternehmenskulturelle Anliegen eine wichtige Rolle spielen.[14]
- Qualitätsverbesserung: Das Grundanliegen des Qualitätsmanagements ist in der Tat eine kontinuierliche Verbesserung. Das ist zunächst äußerst sympathisch, weil hiermit selbstgefälligen Routinen der Kampf angesagt ist. Freilich fordert dies von Mitarbeitern die Offenheit, sich selbst und ihre Arbeit auf den Prüfstand stellen zu lassen. Ehrlicherweise muss man sagen, dass dies anstrengend ist. Vor der Tendenz, sich in sicheren Routinen einzurichten, sind die wenigsten gefeit. Entscheidend ist daher das richtige Maß zwischen Routine und Veränderung. Um den Weg einer kontinuierlichen Verbesserung zu beschreiten, hat das Qualitätsmanagement äußerst wirksame und sinnvolle Methoden entwickelt. Es gibt beispielsweise Qualitätsgruppen und -zirkel, die für die Lösung anstehender

Probleme für eine gewisse Zeit berufsgruppen- und hierarchieübergreifend zusammengesetzt sind; es gibt zahlreiche Methoden, um Prozesse zu überprüfen.

- Qualitätsvergleich: Um die Qualität eines Produktes oder einer Dienstleistung vergleichen zu können, werden sogenannte Benchmarks aufgebaut. Dabei können Unternehmen interne Benchmarks durchführen und somit beispielsweise einzelne Abteilungen miteinander vergleichen. Es ist auch ein Abgleich mit anderen Unternehmen möglich. Die Durchführung eines Benchmarks geschieht in unterschiedlicher Weise: In der einfachsten Form tauschen Unternehmen Erfahrungen und Konzepte aus. In abstraktester Form werden Kennzahlen miteinander verglichen. Das Ziel eines Vergleichs von Qualitätskennzahlen ist die Transparenz in Bezug auf die erbrachten Leistungen. Die erbrachte Qualität ist also keine individuelle Angelegenheit mehr, sondern von öffentlichem Interesse.
- Qualitätsüberprüfung: Um Qualität sicherzustellen, erfolgen regelmäßige Überprüfungen. Auch hierfür existiert eine Reihe von hilfreichen Methoden. Beispielweise werden mit Hilfe von Audits bestimmte Bereiche durch Fachkollegen einer kollegialen Visitation unterzogen. Die Ergebnisse geben Hinweise, wo Verbesserungen möglich oder gar notwendig sind. Dazu dienen auch regelmäßig durchgeführte Kunden- und Mitarbeiterbefragungen. Alle Überprüfungen haben das Ziel, Hinweise auf Qualitätsverbesserungen zu liefern.

2.3 Organisationssoziologisch

Heutiges Qualitätsmanagement versteht sich als ein umfassender Ansatz zur Organisationsentwicklung mit dem Fokus auf exzellenter Qualität. Aus der Perspektive des Managements handelt es sich um Managementkonzepte, in denen die Qualitätsentwicklung ein integraler Bestandteil des Managements ist.[15] Der übergreifende Terminus für diesen umfassenden Qualitätsansatz lautet: Total Quality Management (TQM).[16] Gute Qualität ist also nicht nur das Anliegen einzelner Personen, sondern Qualitätsentwicklung geschieht auf der Grundlage eines integralen Managementansatzes, in dem es auf allen Ebenen unternehmerischen Handelns ein konsistent abgestimmtes Vorgehen gibt.

Die Praxis braucht handhabbare Modelle. Daher gibt es eine Reihe von Qualitätsmodellen, mit deren Hilfe ein umfassendes Qualitätsmanagement eingeführt werden kann. Aus zwei Urmodellen schöpfen praktisch alle derzeit gegenwärtigen und branchenspezifischen Qualitätsmodelle und Zertifizierungsverfahren, indem sie beide Modelle teilweise kombinieren und inhaltlich dem jeweiligen Bereich anpassen. Es handelt sich dabei um die DIN EN ISO-Normenreihe und das EFQM–Modell. Beide Modelle sind umfassend, in ihren Qualitätsdimensionen vergleichbar, sie folgen aber jeweils einem anderen pädagogischen Impetus: Während die DIN EN ISO-Reihe ein Zertifikat zum Ziel hat, also auf Überprüfung und Kontrolle setzt, arbeitet das EFQM-Modell vorrangig mit der Motivation, besser werden zu wollen, die sich methodisch in Form von Selbstbewertungen ausdrückt.

Ohne näher auf die einzelnen Qualitätsmodelle einzugehen, ist wichtig zu bemerken, dass ein umfassendes Qualitätsmanagement nur im Zusammenspiel von Qualitätszielen, Organisationsstrukturen und der wertetragenden Unternehmenskultur funktioniert.[17] Umfassende Qualitätsmodelle sind das Gegenteil von versprengten Qualitätsbeauftragten, belanglosen Leitbildern, einer additiven Auseinandereihung einzelner Qualitätsmethoden und unkoordinierten Anstrengungen. Sie sind vielmehr eine anspruchsvolle Herausforderung für Unternehmen und Einrichtungen.

Nun ist gleichsam der Qualitätsgabentisch angerichtet. Bevor sich allerdings die für die Pastoral Verantwortlichen daran bedienen, sollten sie überlegen, ob denn die reichen und bisweilen verheißungsvollen Gaben dem pastoralen Grundauftrag gerecht werden. Insbesondere ist zu klären, ob im Zusammenhang mit dem pastoralen Grundauftrag der Kirche die Rede von Kunden und pastoralen Dienstleistungen angemessen ist. Ein Grundkonflikt ist, wie die Grundamtlichkeit aller der Glaubensgemeinschaft zugehörigen Kirchenmitglieder zu einem Verständnis der Kirche als Dienstleistungsunternehmen in Beziehungen gesetzt werden kann: Wie verhält sich das Eigenengagement zur Wahrnehmung einer Dienstleistung und wie die Spannung zwischen einem „religiösen Dienstleistungsbetrieb" zu „kleinen Glaubenszellen"[18]? Erschließen der Kundenbegriff und der Dienstleistungsgedanke das Wesen pastoralen Handelns oder verschließen sie eher einen adäquaten Zugang?

Der Begriff Kunde meint in seinem Wortsinn einen „Zeugen" oder „Künder", eine Person, die mit einem Sachverhalt vertraut ist. Im Laufe der Zeit verengt sich diese Begriffsbedeutung zu „Wirtschaftsgast" und seit dem 16. Jahrhundert meint man damit „der in einem Geschäft Kaufende". Ein Kunde ist heute jemand, der ein offensichtliches Interesse an einem Vertragsabschluss hat, um ein Produkt oder eine Dienstleistung zu erwerben.[19]

In der Pastoral ist die Verwendung des Kundenbegriffs hilfreich, wenn hiermit auf ein beziehungsorientiertes Handeln verwiesen wird, in dem die Orientierung an der Lebenswelt und an den Bedürfnissen der Menschen im Mittelpunkt steht und darunter nicht eine manipulative Technik zur Instrumentalisierung von Menschen verstanden wird.[20]

Die Gestaltung der Beziehung ist dann eine wesentliche Voraussetzung dafür, dass ein pastorales Angebot entwickelt werden kann. In diesem Sinn ist eine Orientierung am Kunden eine konsequente Kontextualisierung von Kirche. Als ein beziehungsorientiertes Handeln kann daher das Kundenverständnis, wie es Pott beschrieben hat, in der Pastoral als Sehhilfe dienen: „Als Hauptfunktionen des Kundenmanagements können zusammenfassend gelten: die Sammlung und Aufbereitung von Informationen über den Kunden, die darauf aufbauende Planung der Arbeit mit dem Kunden, die Vorbereitung und Aushandlung von Vereinbarungen, einschließlich des Aufbaus entsprechender Kontaktsysteme sowie die Kontrollfunktion, die überwacht, ob die angestrebten Ziele erreicht werden können."[21]

Bei der Übertragung des Kundenbegriffs in die pastorale Arbeit sollte aber ein grundlegender Unterschied zwischen dem Bereich der Wirtschaft und der Pastoral nicht nivelliert werden. „Anders als im Bereich der Wirtschaft hat in der Kirche jedes Glied fundamental und wesentlich einen ‚Doppelstatus'. Jede und jeder ist zugleich Träger, Trägerin und Empfänger der kirchlichen Sendung!"[22] Freilich hat sich dieser Doppelstatus im Rahmen der gesellschaftlichen und kirchlichen Gesamtentwicklung verschoben. „In dem Maße, wie sich die verfasste Kirche differenziert, organisiert und auch bürokratisiert hat, erleben zunehmend mehr Menschen sie als ein religiöses Service-Unternehmen im Gegenüber, und damit sich selbst nicht mehr als Mitglied und Mitträger von Kirche aus dem Innern dieser Kirche selbst heraus. Dies gilt in vornehmlicher Weise für die Pastoral der kirchlichen Erststruktur, aber auch für die caritaswissenschaftliche Zweitstruktur, die sich als Spitzenverband der Freien Wohlfahrtspflege zu einem der größten Arbeitgeber in Deutschland entwickelt hat."[23] Hinzu kommt, dass für manche Zielgruppe der pastoralen Arbeit allerdings der Doppelstatus nicht mehr zutrifft, weil ihre Angehörigen nicht (mehr) Mitglieder der Kirche sind.

In ihrem Doppelstatus als Empfänger und Träger des Evangeliums haben Menschen im pastoralen Kontext immer auch Anteile eines Kunden. In diesem Sinne argumentiert Pott, wenn er schreibt: „Übertragen auf die Situation der Pastoral ist es geboten, den Kunden, die Kundin in seiner und ihrer spezifischen Rolle präzise zu differenzieren. Er bzw. sie kann als Kunde, als Kundin Nachfrager bzw. Konsument eines Gottesdienstes sein, Teilnehmer an einem Bildungsabend zu einem religiösen Thema, Nutzer des pfarrgemeindlichen Jugendheimes oder Kindergartentagesplatzes oder auch freiwilliger Klient im Prozess einer seelsorgerlichen Beratung.“[24] Pastorale Vollzüge können also generell aus einer Kundenperspektive betrachtet werden. Damit ist noch keineswegs gesagt, dass diese Perspektive ausreichend ist und sie das pastorale Handeln insgesamt adäquat erfasst.

So hilfreich die Kundenperspektive ist, so befindet sich die Rede vom Kunden latent in der Gefahr, einem verkürzten Kirchenverständnis Vorschub zu leisten. Die Ambivalenz besteht darin, die Doppelrolle nicht mehr wahrzunehmen, in der alle zugleich Empfänger und Künder des Evangeliums sind und in der die Kunden auch zu Kündern werden sollen. „Der Kirche muss in der Tat daran gelegen sein, dass Menschen ‚Kunden‘ ihrer ‚Kunde‘ und deren ‚Künder‘ sind oder werden.“[25] In diesem Sinne argumentiert auch die Würzburger Synode: „An der Aufgabe der Kirche, Träger der Heilssendung zu sein, haben die ganzen Gemeinden und jedes ihrer Glieder Anteil. Von der gemeinsamen Verantwortung kann niemand sich ausschließen oder ausgeschlossen werden.“[26]

Damit ist auch die Gefahr einer Marktorientierung verbunden. Steinkamp kritisiert zu Recht eine Gefahr des Dienstleistungsgedankens, der mit dem Kundenverständnis zusammenhängt, in der der Mechanismus von Angebot und Nachfrage die Interaktion zwischen den Akteuren der Pastoral bestimmt.[27] Würde man im kirchlichen Bereich nur dann von Kunden reden, wenn sie über Mittel verfügten und aktiv damit umgehen könnten, dann hätte die Kirche in der Tat ein ausschließlich marktwirtschaftliches Paradigma eingeführt, in dem sich das Verhältnis auf den Kopf gestellt hätte: Die ersten Kunden der Kirche müssen jene sein, die über keine Kundenmacht verfügen.[28] Es geht in der pastoralen Arbeit nicht darum, allen und allem gerecht zu werden. Dass Erfolg bei den Kunden nicht zwangsläufig etwas mit Qualität zu tun hat, beweisen verschiedene Casting-Shows im Fernsehen seit Jahren in überzeugender Weise. In der pastoralen Arbeit geht es nicht darum, allen Kunden und Milieus gerecht zu werden, sondern in erster Linie heißt ihre Berufung, der empfangenen Kunde gerecht zu werden – und das unabhängig davon, was mögliche Kunden davon halten. Eine Kundenorientierung darf die prophetische Kraft der Kirche nicht abschleifen. Dass dies keine dumme Ausrede pastoraler Akteure für Faulheit, Trägheit oder eine Abschottung gegen die Moderne sein kann, versteht sich von selbst.

Die Rede vom Kunden in der Pastoral ist also ambivalent. Sie kann einer Konsumentenmentalität Vorschub leisten, in der die Menschen nur noch als Kunden unter unterschiedlichen Angeboten auswählen und der konstitutive Doppelstatus nicht mehr beachtet wird. Auf der anderen Seite kann die Kundenperspektive Ausdruck einer wahren Hinwendung zu den Menschen sein, die ihr Subjektsein fördert und sie auf gleicher Augenhöhe achtet. Aufgrund dieser Ambivalenz scheint mir der Kundenbegriff als ein das pastorale Handeln der Kirche und ihrer Gemeinden selbstrelativierender Begriff zwar hilfreich zu sein, aber als Schlüsselbegriff pastoralen Handelns empfiehlt er sich nicht.

Menschen werden sich zukünftig in verschiedener Weise der Kirche angehörig fühlen, diese ausdrücken und in unterschiedlichen Sozialformen leben.[29] Inmitten und auf der Basis der heutigen Kirchenstruktur werden sich neue (Sozial-)Formen entwickeln; allerdings wird sich die Pastoral darin nicht erschöpfen. Denn je mehr milieusensible, dienstleistungsorientierte und eventgeprägte Angebote geschaffen werden, umso notwendiger wird eine intensive, basisgemeindliche Förderung der Gemeindebildung sein. Das eine kann ohne das andere nicht funktionieren, weil Gemeinden und geistliche Gemeinschaften die Trägerinnen pastoraler Dienste und Leistungen sein werden.

In Anbetracht dieser Entwicklung sollte man sich gewahr werden, dass neue pastorale Formen und neue (Dienst-)Leistungen eine verlässliche Basis brauchen, aus der sie erwachsen und von der diese getragen werden. Geld, das bei der Ausübung der meisten Dienstleistungen als Tauschmedium dient, kann es in der Pastoral nur teilweise sein: weil das Geld auch in der Kirche endlich ist und die Motivation, das Evangelium zu leben und anderen zu verkünden, langfristig eine andere sein muss.

So stelle ich mir in wenigen Schlagworten die Kirchen- und Gemeindeentwicklung vor. Andere haben davon abweichende Ideen und Vorstellungen. Aufgrund der Vielfalt existierender Lebenswelten liegt dies in der Natur der Sache. Manche Diözesen verfolgen das Konzept von kleinen christlichen Gemeinschaften, andere setzen auf weiträumig und zentral organisierte Seelsorgebereiche, wieder andere kombinieren beiden Vorgehensweisen unter dem Schlagwort einer lokalen Kirchortentwicklung; Diözesen setzten auf eine aktive (Leitungs-)Rolle haupt- und ehrenamtlicher Laien, andere schreiben den Priestern die zentrale Rolle zu;

Konzepte favorisieren eine am Sozialraum orientierte Diakonie, andere weisen diese Aufgabe der Sozialarbeit zu. Weitere sich teilweise widerstreitenden Pole pastoraler Konzeptionen ließen sich ohne Not anfügen.

Wie verhält sich nun das Qualitätsmanagement zu der Divergenz dieser Ansätze? Gibt es für jede pastorale Ausrichtung ein passendes Qualitätsmodell und ein entsprechendes Instrumentarium? Oder funktioniert es andersherum: Jeder pastorale Ansatz biegt sich das verwendete Qualitätsmodell so zurecht, dass es den selbst gesetzten Zielen zur Umsetzung verhilft? Diese Fragen nähren die Vermutung, dass unabhängig von der pastoralen Zielsetzung für jeden Personenkreis und jede pastorale Konzeption ein passendes oder ein dementsprechend modifiziertes Qualitätsmodell existiert, das Hilfestellung bietet – selbst wenn dabei pastoraler Unsinn geschieht. Dies ähnelt dem Vorwurf an die DIN EN ISO-Zertifizierung, dass man mit dessen Hilfe auch Schwimmwesten aus Beton bauen kann – freilich in bester Qualität.

Richtig an diesen Überlegungen ist, dass Qualitätsmodelle sich branchenunabhängig verstehen und sie daher mit Erfolg in viele Bereiche übertragen werden konnten. Sie wurden dabei den entsprechenden Zielsetzungen und Anfordernissen angepasst. Beispielsweise bilden die derzeit in Krankenhäusern gängigen Qualitätsmodelle den kompletten Behandlungsverlauf von Patienten mit all den dazugehörigen Prozessen ab. Aufgrund dieser Adaptionsfähigkeit haben qualitätssichernde Maßnahmen eine Themen- und Zieloffenheit. Auf der anderen Seite lassen Qualitätsmodelle nicht alles mit sich machen und geben gleichsam einen Rahmen vor, in dem sinnvoll gearbeitet werden kann. Auf diese Weise wirken der Referenzrahmen, in dem ein Modell zur Anwendung kommt, und das verwendete Qualitätsmodell wechselseitig aufeinander ein.

Sollen Impulse aus dem Qualitätsmanagement für die pastorale Arbeit aufgegriffen werden, ist zunächst zu klären, in welchem pastoralen Handlungsfeld qualitätssichernde Maßnahmen eingesetzt werden können. Es ist ein grundlegender Unterschied, ob eine diözesane Verwaltung sich dem Qualitätsgedanken verschreibt, eine Gemeinde ihre pastorale Arbeit planen möchte, Gemeindevisitationen durchgeführt oder katechetische Maßnahmen konzipiert werden, diakonische Hilfen im Sozialraum aufgebaut werden sollen oder liturgische Angebote im Hinblick auf ihre qualitative Resonanz durchdacht werden.

Dem Vorhaben und der Zielsetzung entsprechend wird man bestimmte Modelle und Methoden des Qualitätsmanagements favorisieren. Unabhängig davon werden jene, die sich ernsthaft mit dem Gedankengut des Qualitätsmanagements in der Pastoral auseinanderzusetzen, mit folgenden Anfragen konfrontiert:

– *Pastoralplanerische Vergewisserung*

Qualitätsmodelle fordern ihre Anwender auf, die erstrebte Qualität zu definieren, also eine Zieldebatte zu führen. Das beste Qualitätsmodell bietet keine Hilfe bei theologischer oder pastoralplanerischer Substanzlosigkeit. Es bewahrt die Kirche und ihre Gemeinden nicht vor ekklesiologischen Grundsatzdiskussionen, die im Hinblick auf Prozesse der Kirchen- und Gemeindeentwicklung fundamental sind. Das ist gut so und kann auch gar nicht anders sein. Noch weniger können Qualitätskonzepte ein Ersatz für die spirituelle Verwurzelung und die Glaubwürdigkeit der Kirche in Wort und Tat sein. Hier wandelt sich die Qualitätsfrage in eine pastoraltheologische Reflexion. In der Kirche kann Qualität nicht ohne einen Bezug zur Theologie formuliert werden.

Udo Schmälzle bemerkt völlig zu Recht: „Eine Theologie der Qualität trägt primär die Verantwortung dafür, dass ein aus dem Glauben fermentiertes soziales Handeln von Christinnen und Christen das sinn- und lebensbestimmende Potential der Reich-Gottes-Botschaft im Gesellschaftsprozess zum Tragen bringt. Die Reich-Gottes-Botschaft mit ihrer vom Evangelium geprägten Axiomatik hat einen Bezug zur Kompetenzsicherung auf der personalen Ebene von Mitarbeiterinnen und Mitarbeitern und zur Kriteriologie bei der Klärung von Qualitätsstandards."[30] Hier befindet sich die Nahtstelle sozialwissenschaftlicher und theologischer Reflexion.

– *Einbindung von Mitarbeitern*

Aus der Perspektive des Qualitätsmanagements können die Qualität einer Dienstleistung und die Frage der Mitarbeiterorientierung nicht getrennt werden. Das eine bedingt das andere. Es ist weithin bekannt, dass das gesamte Vermögen von Mitarbeitern am besten durch gemeinsame Ziele und Werte sowie durch eine Kultur des Vertrauens und Zutrauens freigesetzt wird, welche die Mitarbeiter ermutigt, sich zu beteiligen. Daher sind in Qualitätsmodellen die Ermächtigung, die Weiterentwicklung und das Zusammenspiel zwischen Leitung und Mitarbeiter elementare Bestandteile. Das Gegenstück zur Delegation und Ermächtigung der Mitarbeiter ist das Nachhalten der vereinbarten Ziele und Aufgaben, also die Frage von Verbindlichkeiten. Auch hier schließt sich der Kreis zur pastoraltheologischen Diskussion. Bevor die Kriterien zur Mitarbeiterorientierung von Qualitätsmodellen in den pastoralen Bereich übertragen werden können, ist die grundsätzliche Frage zu klären, wer in welcher Rolle als Mitarbeiter überhaupt gemeint ist. Wie sieht es aus mit dem allgemeinen Priestertum und der Einbindung von Charismen?[31] Der Blick auf eine Dienstleistung in der Kirche führt daher unweigerlich zur Qualität der Dienstgemeinschaft. Qualitätsmodelle lassen sich nicht dahingehend verbiegen, dass Mitarbeiter, seien sie haupt- oder ehrenamtlich, nicht ermächtigt und zugleich in die Pflicht genommen werden. Etwas pointierter formuliert: Als Handlanger oder Zuarbeiter verkümmern die Charismen der Mitarbeiter.

– Perspektivenwechsel
Obgleich der Kundenbegriff kein pastoraltheologisches Schlüsselwort sein sollte, schärft der Dienstleistungsgedanke den Blick für jene, die Empfänger einer pastoralen Handlung sind. Dies zwingt pastorale Akteure, fremde Lebenswelten wahrzunehmen und zu verstehen. Im besten Sinne führt dieser Weg zu einer Kontextualisierung von Kirche und zu einer Öffnung hin zu modernen Lebenswelten. Wie bereits gesagt, gerät man hier in Spannung zwischen Kundenwünschen und empfangener Kunde. Wer allen alles recht machen will, erübrigt sich selbst.

– Zielgerichtete Zusammenarbeit
Umfassende Qualitätsmodelle nehmen Organisationen als Ganze in den Blick. Es führt Verantwortliche zur Einsicht, dass geplante Maßnahmen einer konsistenten Abstimmung und geteilten Verantwortung in allen Bereichen und Hierarchieebenen bedürfen. Es geht um ein abgestimmtes Vorgehen von Leitung und Mitarbeitern, von Zielsetzung und Prozessen, von Inhalten und Strukturen. Passen diese Dinge nicht zusammen, blockieren sie sich selbst. An dieser Stelle könnten viele Beispiele eines unfruchtbaren Nebeneinanders in Diözesen aufgeführt werden. Es gibt zwar den produktiven Reichtum der Vielfalt in der Einheit, aber auch das sich selbst lähmende Durcheinander unterschiedlicher Ebenen. Qualitätsmodelle favorisieren nicht grundsätzlich eine Hierarchisierung von Organisationen, aber befördern

eine Klärung der unterschiedlichen Zuständigkeiten. An dieser Stelle geht es in der Kirche nicht ohne die Theologie. Das Verständnis eines gedeihlichen Zusammenspiels basiert auf einer theologischen Vergewisserung des Kirchenverständnisses. Wie verhält sich die Einheit in der Vielfalt in der Kirche, wie das Miteinander von Ortskirchen und Weltkirche, von Gemeinde und Diözese.

– *Kontinuierliches Lernen*
Der Kern von Qualitätsmanagementkonzepten zielt auf die personale und organisationale Selbstreflexion. Diese Kompetenz wächst nicht von alleine, sondern muss gezielt aufgebaut und ausgestaltet werden. Dafür sind nicht nur die Bereitschaft und Fähigkeit zu kontinuierlichem Lernen notwendig, sondern auch der Mut neue Wege zu beschreiten und Experimente zu wagen. Hier muss freilich die Balance zwischen Beständigkeit und Wandel gefunden werden.

– *Ergebnisorientierung*
Und schließlich geht es im Qualitätsmanagement um das Ergebnis. Die Qualität einer Dienstleistung ist eben die Nagelprobe aller Anstrengungen. Daher wird im Qualitätsmanagement oft gemessen und nachgefragt: Bei den Kunden, den Kooperationspartnern und den Mitarbeitern. Man möchte wissen, wie es um die Dinge aus deren Sicht bestellt ist. Überträgt man diesen Anspruch in die pastorale Arbeit, ergeben sich deutliche Grenzen. In einzelnen seelsorgerlichen Vollzügen der pastoralen Arbeit ist die Ergebnisqualität nicht einfach mit Hilfe von eindeutigen Indikatoren zu messen. Auch gilt für die Seelsorge, dass sie sich erst im Vollzug ereignet und damit in ein kommunikatives Geschehen eingebunden ist. Es ist das Resultat eines sozialen Interaktionsprozesses, der nur begrenzt geplant, standardisiert und gemessen werden kann. Es gibt keinen Maß-

stab für die Qualität einer Beziehung. Und Gottes Handeln ist menschlich nicht planbar. Aber diese berechtigten Argumente gleichsam selbstbestimmend und gegen jegliche kritische Selbstreflexion ins Feld zu führen, offenbart natürlich eine ganz andere Motivation, die dem pastoralen Grundauftrag auch nicht entspricht. Gott, so ein Gebet aus dem 14. Jahrhundert, ist eben auch auf Menschenhände angewiesen, um zu handeln.

Die hermeneutische und heuristische Erschließungskraft der Dienstleistungskategorie für theologische und kirchliche Zusammenhange bleibt ambivalent. Die Anwendung und Übertragung von Qualitätsmodellen mit deren theoretischen Implikationen kann nur sinnvoll auf der Grundlage einer theologischen Vergewisserung geschehen. Das Qualitätsmanagement steckt einen hilfreichen Rahmen ab, regt wichtige Diskussionen an, zeigt Zusammenhänge und Interdependenzen in Organisationen auf, gibt hilfreiche Methoden an die Hand, verhilft zu einem Perspektivenwechsel, ersetzt aber keine theologisch substanzlose Pastoralplanung. In Abwandlung eines Zitats von Udo Schmälzle lässt sich sagen: „Wer pastoral kompetent, theologisch gültig und empirisch stichhaltig die Qualität pastoraler Dienstleistungen sicherstellen will, muss sich gleichermaßen mit den Humanwissenschaften und der Theologie auseinandersetzen.“[32]

Literatur

Donabedian, A.: Promoting Quality through evaluation the Process of Patient Care.

Fendler, F.: Von der „Qualitas“ zur Messung. Theologisch verantwortet von Qualität reden, in: Liturgie und Kultur 1(2011), 387–391.

Fischer, M.: Das konfessionelle Krankenhaus. Begründung und Gestaltung aus theologischer und unternehmerischer Perspektive, Münster 2010.

Fischer, M.: Die Qualität pastoralen Handelns. Braucht es ein pastorales Qualitätsmanagement, in: WzM 63(2011), 273–88.

Fürst, W./Severin, B.: Organisationsentwicklung – Überlebensstrategien für die Kirche?, PBI 51(1999), 259–237.

Gemeinsame Synode der Bistümer in der Bundesrepublik Deutschland. Offizielle Gesamtausgabe, Freiburg 1976, Beschluss: Räte und Verbände, 1.4, 653.

Hanselmann, P.G.: Qualitätsentwicklung in der Diakonie. Leitbild, System und Qualitätskultur, Stuttgart 2007.

Hilberath, B.J./Nitsche, B.: Ist Kirche planbar? Organisationsentwicklung und Theologie in Interaktion, Mainz 2002.

Jäger, U.: Wertbewusstes Controlling. Weiche und harte Faktoren integrieren, Wiesbaden 2003.

Karle, I.: Die Qualität pastoraler Arbeit im Sog gesellschaftlicher Ökonomisierungstendenzen, in: Zur Qualität pastoraler Arbeit. Eine Konsultation der Vereinigten Evangelisch-Lutherischen Kirche Deutschlands, hg. v. Lasogga, M./Jahrn, C./Hahn, U., Hannover 2010, 121–144.

Kehl, M.: Reizwort Gemeindezusammenlegung. Theologische Überlegungen, in: Stimmen der Zeit 225(2007), 316–329.

Kramer, M.: Bemerkungen zu Forderungen nach Qualitätsverbesserungen in der kirchlichen Arbeit. Ein Zwischenruf, in: Grabe, I. (Hg.), Kirche im Profanen. Studien zum Verhältnis von Profanität und Kirche im 2. Jahrhundert, Frankfurt 2009, 571–574.

Langenickel, H.: Was hat Qualität?, in: neue caritas 11(2001), 9–17.

Latzel, T.: Qualität von Gottesdiensten, in: Zur Qualität pastoraler Arbeit. Eine Konsultation der Vereinigten Evangelisch-Lutherischen Kirche Deutschlands, hg. v. Lasogga, M./Jahrn, C./Hahn, U., Hannover 2010, 95–110.

Pott, M.: Kundenorientierung in Pastoral und Caritas, Anstöße zum kirchlichen Handeln im Kontext der Marktgesellschaft, Münster 2001.

Schmälzle, U.: Charismen teilen in überschaubaren Räumen. Woran orientieren sich die diözesanen Umstrukturierungsmaßnahmen?, in: HerderKorrespondenz 61 (2007) 4, 175–179.

ders.: Die Qualitätsfrage aus dem Blickwinkel der Praktischen Theologie entwickeln.

ders.: Dienstleistungsqualität in den sozialen Organisationen der Kirche – ein Beitrag der Katholischen Theologie, in: Theologie der Qualität – Qualität der Theologie, hg. v. Bopp, K./Neuhauser, P., Freiburg 2001, 222–254.

Seghezzi, H. D.: Integriertes Qualitätsmanagement. Das St. Galler Konzept, München Wien 2003.

„Stärkere Orientierung am Kunden". Ein Gespräch mit McKinsey-Direktor Peter Barrenstein, HerderKorrespondenz 7(1998), 342–347.

Steinkamp, H.: Die sanfte Macht der Hirten, Die Bedeutung Michel Foucaults für die praktische Theologie, Mainz 1990.

Störmer-Schuppner, A.: Welche Qualität braucht die Kirche?, in: Pastoraltheologie 2009, Heft 12, 491–506.

Zink, K.J.: TQM als integratives Managementkonzept – Das europäische Qualitätsmodell und seine Umsetzung, Wien 1995.

Zulehner, P.M.: Ein neues Pfingsten. Ermutigung zu einem Weg der Hoffnung, Ostfildern 2008.

Anmerkungen

[1] Vgl. dazu beispielsweise „Stärkere Orientierung am Kunden“ (1998).

[2] Vgl. *Latzel*, Qualität (2010), 95. Thorsten Latzel konzediert dem Begriff Qualität im pastoralen Bereich eine produktive Anstößigkeit.

[3] *Fischer*, Qualität (2011).

[4] Vgl. *Steinkamp*, Macht (1990), 90.

[5] In diesem Sinn argumentiert eine Reihe von Autoren. Beispielhaft seinen hier nur genannt: *Karle*, Qualität (2010).

[6] Vgl. *Kramer*, Bemerkungen (2009).

[7] *Störmer-Schuppner*, Qualität (2009), 496.

[8] Die Unternehmen des Gesundheits- und Sozialbereiches haben den Kundenbegriff nur partiell übernommen. Krankenhäuser sprechen nach wie vor von Patienten (am ehesten machen hier private Träger eine Ausnahme), Behinderteneinrichtungen von Bewohnern, Hospize von Gästen und Beratungsstellen von Klienten.

[9] Vgl. *Fischer*, Krankenhaus (2010), 285f.

[10] Vgl. *Donabedian*, Promoting Quality.

[11] Norm EN ISO 9000:2005.

[12] Vgl. zur Geschichte des Qualitätsbegriffs *Fendler*, „Qualitas“ (2011).

[13] Die Ausführungen basieren auf den Überlegungen von *Langenickel*, Qualität (2001).

[14] Vgl. beispielsweise *Jäger*, Controlling (2003).

[15] Vgl. *Seghezzi*, Qualitätsmanagement (2003).

[16] *Zink*, TQM (1995).

[17] *Hanselmann*, Qualitätsentwicklung (2007), 222.

[18] *Kehl*, Reizwort (2007).

[19] Duden (2007), 394.

[20] Hilberath und Nitsche weisen darauf hin, dass viele Missverständnisse in Bezug auf den Kundenbegriff in der Kirche auf Grund einer ungenauen Definition und daraus resultierenden Assoziationen entstehen. Vgl. *Hilberath/Nitsche*, Kirche (2002).

[21] *Pott*, Kundenorientierung (2001), 89.

[22] Ebd., 214.

[23] Ebd., 215.

[24] Ebd., 220. An anderer Stelle schreibt Pott: „Anbieter und Kunde sind im kirchlichen Bereich theologisch betrachtet gemeinsam Empfangende der ‚Kunde' des Evangeliums." (221)

[25] *Fürst/Severin,* Organisationsentwicklung (1999), hier Anm. 37.

[26] *Gemeinsame Synode der Bistümer in der Bundesrepublik Deutschland* (1976), 1.4, 653.

[27] Vgl. *Steinkamp,* Macht (1990), 90.

[28] Vgl. *Pott,* Kundenorientierung (2001), 220.

[29] Vgl. *Zulehner,* Pfingsten (2008), 96f.

[30] *Schmälzle,* Dienstleistungsqualität (2001), 228.

[31] Vgl. *ders.,* Charismen (2007).

[32] *Ders.,* Qualitätsfrage, 228.

Gott außerhalb der Pfarrgemeinde entdecken

von Christian Bauer

Wir sitzen im Stuhlkreis und beten zum Abschluss. Soweit, so normal. Nur eine Sache ist anders als bei anderen Pastoralkonferenzen: wir sitzen nicht nach innen gerichtet, in den Stuhlkreis blickend und einander zugewandt, sondern nach außen orientiert. Wir beten zu jenem *Deus semper maior,* der sich nicht auf den Innenraum seiner Kirche festlegen lässt, sondern auch in deren Außenwelt begegnen kann. Diese Seite eines verborgenen, bisweilen sogar fremden Gottes, kann unsere Pfarrgemeinden inspirieren, den Wegen seiner zuvorkommenden Gnade auch einmal außerhalb ihrer Kirchenmauern zu folgen. Die Unterscheidung von Innen und Außen ist nämlich zwar bedeutsam für unser eigenes Kirchengefühl, nicht aber für die Gnade Gottes. Diese wirkt auch jenseits unserer gemeindlichen Stuhlkreise. Gott selbst lockt uns hinaus, führt auf fremdes Terrain. Und als Kirche des Konzils dürfen wir den Spuren seiner verborgenen „Präsenz" (GS 11) auch auf säkularem Boden nachgehen, Elemente seiner Gnade auch „außerhalb des Gefüges" (LG 8) der Kirche entdecken und uns von den „Strahlen" (NA 2) seiner Wahrheit in anderen Religionen und sogar bei Nichtglaubenden erleuchten lassen: „Gott kommt früher als der Missionar."[1] Der folgende Beitrag lädt ein zu entsprechenden kirchlichen Lockerungsübungen, die das Verhältnis zwischen unseren Pfarrgemeinden und ihrem gesellschaftlichen Umfeld zu entkrampfen suchen. Sie ermutigen dazu, missionarische Gemeinden zu werden, die sich ihrer Außenwelt mit einer grundsätzlichen Gottesvermutung zuwenden. Auf diese Weise realisieren sie die wohl kürzeste und beste Definition eines Missionsbegriffs, dessen theologische Fährte nach Nachkriegsfrankreich führt: „Die Kirche muss aus sich herausgehen."[2]

Dieser postkoloniale Missionsbegriff[3], demzufolge die Kirche nicht bei sich selber bleiben darf, sondern sich immer wieder auf den unendlichen Horizont Gottes hin überschreiten muss, entstand im Kontext der ersten französischen Arbeiterpriester. Ein wichtiger Zündfunke war 1943 der pastoralsoziologische Bestseller *La France, pays de mission* („Frankreich, ein Missionsland"), der so etwas wie eine vorkonziliare Sinus-Milieustudie darstellt und die Augen dafür öffnete, dass beinahe das gesamte Arbeitermilieu in Frankreich damals völlig entkirchlicht war. Missionsland – das war nun nicht mehr ein geographischer, sondern ein soziologischer Begriff. Und Mission hieß bald schon nicht mehr, andere wie kulturfremde Kolonisatoren zur Kirche bekehren, sondern im eigenen Außen etwas von Gott zu entdecken. Für die zugehörige pastorale Schlüsselerfahrung stehen die genannten Arbeiterpriester, die nach eigener Aussage jenes Evangelium, das sie ihren Arbeiterkameraden hatten bringen wollen, unter diesen überhaupt erst verstanden haben. Nicht sie haben die Arbeiter zur Kirche bekehrt, sondern diese sie zum Evangelium. Auf dem Boden dieses französisch eingefärbten Missionsbegriffs lassen sich im Folgenden Karl Rahners „Friedliche Erwägungen über das Pfarrprinzip"[4] und Ferdinand Reisingers „Friedliche Erwägungen über das Gemeindeprinzip"[5] auf weiterführende Weise zusammendenken. Eine entsprechend gegenwartsfähige Gemeindetheologie verhilft zu einer Erfahrung in der Spur der französischen Arbeiterpriester, die im Pastoralbegriff des Zweiten Vatikanums schließlich gesamtkirchlich rezipiert wurde: Auch fremder Boden trägt!

„Unsere Pfarreien müssen zu Gemeinden werden“[6] – mit diesem Slogan war die katholische Gemeindetheologie nach dem letzten Konzil angetreten. Vor kurzem wandte sich der Pfarrgemeinderatsvorstand der Christkönigs-Gemeinde in Frankfurt-Eschborn, einer bekannten nachkonziliaren Modellgemeinde im deutschen Sprachraum, nach einer Gemeindeversammlung an den Bischof seiner Diözese mit der besorgten Frage, ob die aktuellen Strukturprozesse des Bistums wieder „weg von der Gemeinde, hin zur Pfarrei“[7] führen sollten: weg von der Gemeinde als vertrautem kirchlichem Nahbereich, hin zur Großpfarrei als neuer pastoraler Grundstruktur. Hier lohnt es sich nun, ein wenig näher an das Problem heranzuzoomen. Denn einerseits kann man aus theologisch richtigen Gründen etwas pastoral Fragwürdiges tun. Aber man kann andererseits auch aus theologisch fragwürdigen Gründen etwas pastoral Richtiges tun. So scheint es der Fall zu sein, wenn pastorale Räume im Augenblick hauptsächlich aufgrund des Priestermangels vergrößert werden. Das Problem der gegenwärtigen Zulassungsbedingungen zum Priesteramt kann hier ebenso wenig thematisiert werden wie die Frage, ob sich die Lage der Kirche bei einer Veränderung dieser Bedingungen substanziell verändern würde. Hier kann es lediglich um die Suche nach theologisch verantwortbaren Gründen dafür gehen, die beiden kirchlichen Basisgrößen von Pfarrei und Gemeinde, von pfarrlichem Großraum und gemeindlichem Nahbereich strukturell zu differenzieren und einander im Rahmen einer konzilsgemäßen Gesamtpastoral auf eine neue Weise zuzuordnen. Pastoral im Sinne des Konzils ist nämlich immer Kirche nach innen („ad intra“) und zugleich Kirche nach außen („ad extra“). *Communio* als Sammlung in der Kirche und *missio* als Sendung in die Welt, Kommher-Kirche und Geh-hin-Kirche[8] bedingen und ermöglichen einander. Und der nachkonziliare Kompromissbegriff der ‚Pfarrgemeinde' stößt ohnehin längst an seine Grenzen:

> „Kreatives Potenzial [...] kann die Pfarrgemeinde nur gewinnen, wenn sie [...] sich dem fundamentalen Konflikt stellt, den sie bereits in ihrem Namen trägt. [...] [...] Es ist der Anspruch, gleichzeitig [...] Pfarrei und Gemeinde zu sein [...]. [...] Dieser Versuch [...] ist der Kern des Problems. Denn er ignoriert ihre Differenz. [...] Diese Differenz markiert das Problem der Pfarrgemeinde, in der die Qualitäten beider so miteinander verknüpft werden, dass sie sich gegenseitig an ihrer Entfaltung hindern: Pfarrgemeinden sind heute weithin zu klein, um als Pfarrei ein Netzwerk [...] von wechselnder Nähe und Distanz zu sein, andererseits sind sie zu groß, um als Gemeinde freundschaftlich geprägte Nahgemeinschaft [...] zu ermöglichen [...]."[9]

Pastoral weiterführend ist es, nach den unterschiedlichen Qualitäten von Pfarrei und Gemeinde zu fragen und beide Begriffe im Sinne einer konzilsgemäßen Gesamtekklesologie umzuprägen. Meiner Ansicht nach lassen sich Gemeinden kommunial als stabile Orte der Nähe verstehen, die jedoch keine Orte der Enge sein dürfen (Stichwort: Milieuverengung) und Pfarreien missionarisch als dynamische Räume der Weite, die jedoch keine Räume der Ferne sein dürfen (Stichwort: Kirchenverdunstung). Es gilt also: Nähe und Weite statt Enge und Ferne! Nur wenn diese Differenz aufrecht erhalten wird, lassen sich Milieuverengung einerseits und Kirchenverdunstung andererseits vermeiden – und nur dann werden theologisch gute Gründe auch nicht zur Kaschierung anderer Kirchenprobleme missbraucht. Aus den Zumutungen einer zum Teil selbstverschuldeten Krisenlage darf man nicht vorschnell pastorale Chancen machen. Trauer und Wut haben ihre Berechtigung. Erst wenn das prinzipiell und spürbar anerkannt ist, können auch die möglichen Chancen in den Blick kommen – und die bestehen in einer missionarischen Öffnung von Gemeinden auf den vergrößerten Sozialraum einer Pfarrei: Auffrischung der Sendung im Zeichen eines entdeckerischen Missionsbegriffs. In jedem Fall ist davon auszugehen, dass es in Zukunft vermutlich einige wenige Großpfarreien mit vielen kleinen Einzelgemeinden geben wird, die sehr unterschiedliche Sozialformen annehmen können. Der Grad ihrer kirchenrechtlichen Eigenständigkeit sollte, besonders im Fall ehemaliger Pfarrgemeinden, möglichst groß sein. Und ihre Pluralität ein Treibsatz für die weiterführende Frage nach ihrem Zusammenhang im Kontext einer transversalen Gesamtpastoral.

Draußen zuhause

Eine entsprechende ekklesiologische „Zweiheit“[10] kennzeichnet das Christentum seit seinen frühesten Ursprüngen. Sie ist sozusagen in seinen genetischen Code eingraviert. Von Beginn an gab es umherziehende Wanderprediger einerseits und sesshafte Ortsgemeinden andererseits[11]. Die *stabilitas loci* der Hausgemeinden wurde vom kirchlichen *mainstream* seither im Territorialformat der Pfarrei tradiert, das Wandercharisma der *vita apostolica* immer wieder durch grenzgängerische Ordensgründungen wiederbelebt[12]. Albert Rouet, der ehemalige Bischof von Portiers, wo man konsequent den Weg kleiner christlicher Ortsgemeinschaften beschritt, bringt das mit dieser Gesamtkonstellation verbundene Kirchenparadox wie folgt auf den Punkt:

> „Obwohl der Begriff der Pfarrei [von griech *paroikia*] nur eine provisorische Bleibe bezeichnet, wurde sie schnell ein stabiles Territorium. [...] Aus dem Wanderprediger [itinérant] machte das Territorium einen Ortsansässigen [résidant].“[13]

Residenzpflicht und Wandercharisma markieren jene paradoxe Herausforderung einer ‚passageren Verortung‘, vor der kirchliche Hauptamtliche in unseren Breiten heute so oft stehen. Ob sie nicht im Erbe der ersten christlichen Wanderprediger[14] eine ebenso evangeliumsgemäße wie alltagstaugliche Spiritualität für ihre Arbeit finden könnten? In jedem Fall stehen sie, wie auch alle anderen Christinnen und Christen, vor *der* pastoralen Herausforderung des Zweiten Vatikanums, die eigentlich eine Heraus-Forderung ist: heraus aus dem binnenkirchlichen Sakristeimief, hinein in die spätmodernen Pluralitätsstrudel unserer Gesellschaft. Denn Kirche im Sinne des Konzils ist das, was ein großer deutscher Outdoor-Ausrüster, aber auch ein kleines österreichisches Säkularinstitut[15] von sich behaupten: *Draußen zuhause.* Dieser Werbeslogan arbeitet mit einem weiteren Paradox. Normalerweise sind Menschen drinnen daheim, in ihren eigenen vier Wänden. Aber der Heilige Geist ist nun einmal keine „Zimmerlinde“[16]. Und die Kirche findet erst dann wirklich zu sich, wenn sie über sich selbst hinausgeht. Denn ihre Mission, das ist dem Konzil zufolge ihr Wesen: ihre Mission in die Welt, ihre Welt-Mission. Das Zweite Vatikanum war das extrovertierte Outdoor-Unternehmen einer Kirche, die sich selbst – und damit auch: jede einzelne ihrer Pfarrgemeinden – als ein einziges großes ‚Säkularinstitut' begreift, das in der Welt nach Spuren der profanen Bedeutung des Evangeliums sucht. Dabei entstehen jede Menge „Versuchslaboratorien, in denen die Kirche die konkreten Möglichkeiten ihrer Beziehungen zur Welt erprobt“[17]. Das können die von Papst Paul VI. hier gemeinten Säkularinstitute sein, aber auch eine ganz normale Pfarrei – wenn sie denn mit dem Konzil die Welt ihrer Umgebung nicht einfach nur als irgendwie pastoral relevant betrachtet, sondern auch als dogmatisch revelant (von lat. *revelatio* = Offenbarung): als einen Ort der verborgenen Präsenz Gottes (GS 11).

Pfarrei auf Französisch

An diesem Punkt lohnt es sich, der Spur eines missionarischen, also in diesem Sinne weltoffenen[18] Pfarreibegriffs nachzugehen und einen interessierten Seitenblick nach Frankreich zu werfen. Es geht um eine Zeitreise[19] in die französische Vorgeschichte des Konzils, mitten hinein in den pastoralen Frühling einer „Église en marche“[20] – einer Kirche im Aufbruch, von der Yves Congar bekennt: „Wer diese Jahre nicht miterlebt hat, hat einen der schönsten Augenblicke im Leben der Kirche verpasst.“[21] Eine solche Entdeckungsfahrt in die jüngere Pastoralgeschichte unseres Nachbarlandes könnte sich als eine Erinnerung an die Zukunft auch der Pfarrgemeinden hierzulande erweisen. Zwei Jahrzehnte vor dem Zweiten Vatikanum nämlich begannen die französischen Katholikinnen und Katholiken mit wachsender pastoraler Neugier um sich zu blicken. Ein unter anderem von dem späteren Konzilstheologen M.-Dominique Chenu inspiriertes[22] Modellbeispiel dafür sind die beiden Pfarreien Sacré-Cœur in Petit-Colombes und in Saint-Pierre-Saint-Paul in Grand-Colombes in der Nähe von Paris, die den *Fils de la charité* anvertraut waren und deren letztgenannte eine Zweiheit von kommunialer Sammlung („Pierre“) und missionarischer Sendung („Paul“) schon in ihrem Namen trägt. Die Bücher der prägenden Pfarrergestalt Georges Michonneau übten einen gewaltigen Einfluss auf nachkonziliare deutschsprachige Modellgemeinden wie die bereits erwähnte Frankfurt-Eschborner Christkönigsgemeinde[23] aus – und zogen auch den jungen polnischen Theologiestudenten Karol Wojtyla an, der sich damals sehr für den pastoralen Aufbruch Frankreichs interessierte.

Das wohl bekannteste Buch Abbé Michonneaus aus dem Jahr 1945 trägt den programmatischen Titel *Paroisse, communaute missionnaire.* Hier werden unter dem Begriff der Pfarrei die beiden unterschiedlichen Grunddynamiken von *communio* und *missio* zusammengehalten: Pfarrei als missionarische Gemeinschaft. Ein früher Mitarbeiter Michonneaus bekennt: „Ich habe die Geburt der Kirche von morgen gesehen“[24]. Das 2002 publizierte Buch *La paroisse dans la mission* analysiert die historischen Etappen dieses vorkonziliaren „Abenteuers“[25] – aus heutiger Perspektive besonders spannend: das erste gemeinsame Arbeitsjahr der 1940 installierten Pastoralequipe von Petit-Colombes[26]. Es handelt sich um das wegweisende Musterbeispiel einer „missionarischen Pastoral“[27] vor dem Konzil, in deren Zusammenhang der pastorale Ort einer „Pfarrei der Zukunft“[28] inkarnatorisch bestimmt wird:

> „Die Pfarrei kann ihre heilbringende Mission nur dann erfüllen, wenn sie bis ins Detail der menschlichen Realitäten hinein inkarniert ist [...]. [...] Sie wird eine offene, missionarische Pfarrei sein, die sich weniger um das Schützen und Bewahren sorgt als um das Zeugnisgeben und die Grenzüberschreitung. Ihre beständige Sorge ist es, die Welt außerhalb ihrer Kirchenpforten im Blick zu haben. Das Ziel [...] ist es nicht, ein harmonisches ‚Pfarrmilieu' zu organisieren, das für die anderen auf ihrem Territorium beheimateten Milieus von ausgesuchter Fremdheit ist, sondern eben dieses Pfarrmilieu [...] für all jene Schwellenchristen und Nichtchristen zu öffnen, die auf dem Territorium [...] leben. Eine solche Pfarrei wird gastfreundlich [accueillante] sein: sie empfängt neue Christen ohne sie zu entmutigen [...].“[29]

Fühlung mit dem Raum

So manche Pfarrei ist heute genau das Gegenteil – nämlich ein „Hindernis der missionarischen Tätigkeit“[30], das eine vom Erfurter Bischof Joachim Wanke, einem Pionier missionarischer Pastoral in Deutschland, immer wieder gestellte Frage an sich heranlassen muss: Wollen wir überhaupt wachsen? Weitergefragt heißt das: Wollen wir überhaupt neue Christinnen und Christen in unseren Reihen? Menschen ohne kirchlichen Stallgeruch? Rolf Zerfaß spricht in diesem Zusammenhang von „Leuten, die Umwege gemacht und Federn gelassen haben“[31] und mahnt alle guten Kirchenchristen: „Wer sich für diese Erfahrungen nicht interessiert, [...] taugt nicht für das Reich Gottes."[32] Mission bedeutet in diesem Zusammenhang weniger, dass die anderen *uns* brauchen, sondern vielmehr dass *wir* die anderen brauchen: die anderen Menschen mit ihren anderen Lebensgeschichten, mit ihren anderen Sozialmilieus und mit ihrem anderen Gotteswissen. Denn das „Milieu Gottes"[33] ist nicht deckungsgleich mit den alltagskulturellen Milieugrenzen unserer Pfarrgemeinden. Der territoriale Begriff der Pfarrei kann daran erinnern, dass wir vor keiner kirchenfremden Lebensform ausweichen müssen, sondern dass wir uns ihnen allen neugierig, unaufdringlich und bescheiden nähern können. Die pastorale Alltagssprache in Österreich bringt es auf den Punkt. Unsere neue Innsbrucker Heimatgemeinde zum Beispiel heißt im Volksmund *Pfarre Saggen* und eben nicht *Liebfrauen-Pfarre*. Der territoriale Außenrahmen des Stadtviertels („Saggen") ist hier namensgebend, und nicht wie gewöhnlich in Deutschland die kirchliche Binnenkategorie des Patroziniums („Liebfrauen"). Zur Verdeutlichung dieses Zusammengangs eine geistliche Übung, die Abbé Michonneau seinen Amtsbrüdern in *Paroisse, communaute missionnaire* verschlägt:

> „Sie besteht darin, dass man auf dem Stadtplan den Umriss seiner Pfarrei betrachtet [...] und sich dann sagt: Meine Pfarrei, das ist dieses ganze Gebiet, [...] alle Strassen, die es durchziehen, selbst der verlorene Pfad im unbebauten Ödland. Alle diese Häuser und Hütten, [...] bis hin zum ausrangierten Schleppkahn, der für immer am Ufer der Seine festgemacht ist. ‚Meine Pfarreimitglieder', das sind ohne Ausnahme alle, die auf diesem Territorium wohnen [...]. Das Leben meiner Pfarrei ist [...] das religiöse Leben aller, die noch eines haben [...], aber darüber hinaus ist es auch [...] das Leben aller anderen Menschen [...]: [...] ihr Leben im Quartier, ihr Kommen und Gehen."[34]

Dem nachkonziliaren Sozialformat der Pfarrgemeinde steht in weiten Teilen noch jene „Schleifung der Bastionen"[35] bevor, durch die das Konzil der gesamten Kirche eine größere „Fühlung mit dem Raum"[36] ermöglichte – bis hin zu

Yves Congars schönem Buchtitel *Vaste monde, ma paroisse* („Meine Pfarrei, das ist die Welt"). Das territoriale Pfarrprinzip ist in diesem Zusammenhang nicht wie meist üblich von *Lumen gentium* her, als vielmehr von *Gaudium et spes* aus zu rekonstruieren:

> „Realisiert es Kirche als wahrnehmungssensible Angebotsstruktur, zwingt das so verstandene Territorialprinzip die Kirche hinein in die Gesellschaft […]. Es wäre dann ein starkes Signal diakonischer Selbstanbietung der Kirche […]."[37]

Sammlung und Sendung

Wenn eine christliche Gemeinde in dieser Weise „auf ihre Umgebung antwortet"[38], dann ergibt sich eine pastorale ‚Kumpanei' im besten Sinn des Wortes, bei der es zugeht wie im Evangelium: es wird miteinander („cum") im Namen Jesu das Brot des Alltags („panis") geteilt. *Communio* und Kommune, kommuniale Sammlung und kommunale Sendung, gehören dabei untrennbar zusammen. Denn das Missionarische steckt bereits im konzilstheologisch problematischen Begriff der *Communio*[39] selbst, der von seiner etymologischen Herkunft aus zu einer Ekklesiologie des Volkes Gottes umzuformatieren wäre. Auch in der *Communio* geht es nämlich zunächst einmal um ein *munus*[40]: ein gemeinsames Dienstamt im Zeichen der Welt-Mission Christi. Versammlung im Dienst der Zerstreuung, auch und gerade in einer Kirche, die sich nach dem „Ende der konstantinischen Ära"[41] wieder auf dem Weg in die gesellschaftliche Minderheit befindet (Stichwort: Diaspora). Diese nachkonstantinische Kirche der Zukunft wird so klein sein, dass sie wieder in ein Wohnhaus passt. Ihre Sendung aber bleibt so umfassend, dass die ganze Welt dafür nicht groß genug ist. Der bekannte Exeget Hans-Josef Klauck hat in der Spannung von *oikos* und *polis* den entsprechenden Zusammenhang von christlichem Nahraum (Stichwort: *communio* der Hausgemeinden) und den heidnischen Großraum (Stichwort: *missio* in die Stadtgesellschaft) folgendermaßen profiliert:

> „Es mochte damals nicht weniger als heute verlockend erscheinen, sich mit den engen, aber sicheren Grenzen eines Hauses und mit der überschaubaren Gemeinschaft [...] zu begnügen. Darüber drohen aber Außenwirkung und Expansionskraft, kurz der missionarische Impuls [...] verloren zu gehen. Im Extremfall wäre die Gettoisierung des Christentums daraus gefolgt, ein christlicher Mikrokosmos [...] mit hochentwickelter Binnenkommunikation, aber ohne jede Ausstrahlung. [...] Was [...] verlangt wird, ist ein ständiger Balanceakt zwischen zwei Polen, deren einer sich mit [...] offensivem missionarischem Bemühen und dessen anderer sich mit [...] Stabilisierung der eigenen Identität [...] umschreiben lässt."[42]

Rolf Zerfass, der Altmeister der deutschsprachigen Pastoraltheologie, konturiert diese beiden Pole einer ausgewogenen Pastoral auf dem Boden des Konzils als eine pneumatologisch grundierte Doppelekklesiologie:

> „Bei der Suche nach einer [...] Ordnungsfigur [...] hat [...] eine Unterscheidung neue Aufmerksamkeit gewonnen [...]: *Sammlung* (Communio) und *Sendung* (Missio). Sie verhalten sich zueinander wie Öffnen und Schließen, Ausatmen und Einatmen [...]: Öffnen und Schließen [...] sind menschliche Grundgesten; Ausatmen und Einatmen bestimmen den Rhythmus alles Lebendigen [...]. Wenn wirklich das Leben der Kirche sich dem Heiligen Geist verdankt, leuchtet ein, dass auch für sie dieses Gesetz des Lebens gilt."[43]

Lumen gentium und *Gaudium et spes* sind die beiden Herzkammern einer dualen Ekklesiologie, deren weltbezogene Gesamtpastoral diastolisch und systolisch zugleich wirkt. Der Bischof von Limburg, Franz-Peter Tebartz-van Elst, ermöglicht eine entsprechende Überleitung zum nächsten Punkt:

> „Wo eine Pastoral [...] diese Spannungspole verliert, wird die vermeintliche Mitte schlaff und leer. [...] Gemeinde im Spannungsgefüge von Sammlung und Sendung komplementär zu gestalten, kann [...] durchaus bedeuten, Zwischenlösungen anzustreben [...]. Eine

solche […] Vorgehensweise weiß sich […] in der theologischen Verantwortung, von diesen Spannungspolen aus zu denken und auf sie hin zu handeln. Die Mitte, die sich dann ergibt, ist differenzierter im Sinne von offen und entschieden zugleich.“[44]

Gott am Lagerfeuer

Wechseln wir nun vom Begriff der Pfarrei zu dem der Gemeinde. Der Gedanke einer offenen und zugleich entschiedenen Mitte ermöglicht es, die christliche Gemeinde nun in der Metapher vom Lagerfeuer[45] näher zu profilieren. Ein Lagerfeuer hat einen heißen Kern und offene Ränder. Das genaue Gegenteil wäre Karl Rahners Sprachbild von den pastoralen „Thermosflaschen, die nach innen warm halten, außen aber alles kalt lassen“[46]. Lagerfeuer sind anders. Sie sind innen warm und nach Außen offen. Diese Metapher legt ein gemeindliches Strukturformat nahe, dessen Eigenschaften sich mit Rainer Bucher wie folgt beschreiben lassen:

> „Es muss allen Sozialformen der Kirche […] darum gehen, Menschen zusammenzubringen, die voneinander lernen, was es heißt, eine spezifische Phase des eigenen Lebens unter dem Anspruch […] Jesu […] zu gestalten. Die Räume, in denen dies geschieht, werden offene Ränder haben müssen und zeitlich wie örtlich durchaus flüchtig sein können; Intensität und Flüchtigkeit müssen sich nicht widersprechen, bisweilen bedingen sie sich gar.“[47]

Diesselbe pastorale Grundparadoxie von Konzentration und Offenheit, kurz und knackig mit Karl Rahner auf den Punkt gebracht:

> „Die künftige Pfarrei […] muss […] eine missionarische Gemeinde werden, die offen ist zur Welt […]. [Sie] […] muss einen lebendigen festen Kern haben und […] doch offen sein […] [; sie] darf keine festen Grenzen haben […].“[48]

Der frühere Wiener Kardinal Franz König hatte wohl entsprechende flüchtige wie intensive Lagerfeuerorte mit heißem Kern und offenen Rändern im Blick, als er kurz nach dem Konzil mit erstaunlichem Weitblick schrieb – und auch diese optimistische Äußerung dient als Überleitung zum nächsten Punkt:

> „Wirkliche Gemeinschaft gelingt nur rund um einen Tisch: bei zehn, zwölf, zwanzig Menschen, aber nicht bei mehr. [...] [Die] [...] größere Pfarrgemeinde braucht diese kleinen Gemeinschaften [...]. [Sie] [...] sind die heißen Kerne im Reich Gottes. Nur wenn es sehr viele und sehr heiße Kerne gibt, wird die christliche Temperatur in den großen Städten unserer Heimat wieder ansteigen. [...] Dann wird sich auch das geistige Klima ändern. Dann wird man wieder ‚Christen' kennen von Angesicht zu Angesicht, in jedem Büro, in jeder Familie. [...] Tausend Gruppen von Christen, jede rund um einen Tisch, werden ein Feuer sein, an dem sich viele entzünden. [...] Die zweite Bedingung für eine Volkskirche von morgen ist der Aufbau einer echten Seelsorge an jenen, die der Seelsorger nicht namentlich kennt, die ihm fremd sind von Angesicht zu Angesicht."[49]

Sakrament des Heils

Georges Michonneau, der bereits mehrfach erwähnte französische ‚Modellpfarrer', sprach von der Kirche immer wieder als einem „Sakrament des Heils"[50] für die Welt. In diesem Zusammenhang lohnt es sich (wie so oft), den guten alten Rahner wieder einmal aus dem Bücherschrank zu ziehen und vorsichtig zu entstauben. Denn er kann helfen, die transzendentale „Heilsmöglichkeit"[51] eines implizit-anonymen Christentums im territorialen Großraum positiv zu denken, ohne zugleich die kategoriale „Heilsnotwendigkeit"[52] explizit-christlicher Kirchlichkeit im personalen Nahbereich zu verneinen. Im Rahmen einer sakramentalen Ekklesiologie[53] lässt sich Kirche als ein „unter den Völkern aufgerichtetes Zeichen"[54] verstehen, ein *signum visibile invisibilis gratiae*, das aus vielen kleinen Gemeinden mit unterschiedlichen Sozialformen besteht, welche die Knotenpunkte eines flächendeckenden Netzes von Pfarreien darstellen. Dessen Zwischenräume bilden keinesfalls gnadenfreie Zonen:

„Das Zeichen ist nie einfach identisch mit den Bezeichneten; die Kirche ist das *Zeichen* für das Heil der Welt – und das Heil erstreckt sich natürlich weit über dieses sakramentale Zeichen hinaus. Diese Vorstellung vom Wesen der Kirche können wir auch auf eine einzelne Gemeinde anwenden [...]. Diese Gemeinde ist eine christliche Oase in einer Welt [...], die sich [...] sehr profan [...] ausnimmt. Darin ist die Gemeinde das sichtbare Heilszeichen, das Gott in dieser [...] Welt aufgerichtet hat. [...] Gott sagt durch diese Gemeinde: Hier in dieser Welt bin ich und bleibe ich mit meiner Gnade; ich erfülle im Geheimen die letzten Tiefen des Menschen [...] Gott wollte ein Zeichen [...], daß das Heil [...] auch in seiner letzten, eindeutig christlichen Ausdrücklichkeit in Erscheinung trete."[55]

Als dieses sakramentale Zeichen ist die Gemeinde jedoch „nicht die Gemeinschaft derer, die besitzen, zum Unterschied von jenen, die Gottes Gnade entbehren, sondern die Gemeinschaft derer, die ausdrücklich bekennen können, was sie und die anderen zu sein hoffen"[56]. In diese gnadentheologische Heilsentgrenzung Rahners lässt sich nun auch das Begriffspaar von Pfarrei und Gemeinde einpassen. Die Pfarrei stünde dann für die Weite der implizit-anonym wirkenden Gnade Gottes in der Welt („disperse Kirche"[57]), die Gemeinde hingegen für die Nähe seiner explizit-namentlich aufgerichteten Gnade in der Kirche („kompakte Kirche"[58]) – wobei ihre Diasporasituation als Minderheit auf dem Territorium einer ungleich größeren Pfarrei ein „heilsgeschichtliches Muss"[59] darstellt. Individuell gewendet und mit dem jungen Ratzinger vom Begriff der „Stellvertretung"[60] her gelesen, stellen diese vom Konzil[61] übernommenen Einsichten Karl Rahners eine enorme Entlastung dar. Insbesondere angesichts des „gemeindetheologischen Pelagianismus"[62], der unseren pastoralen Alltag heute vielfach prägt. Man kann als Christ eine bestimmte Phase seines Lebens auch einmal im Impliziten leben und sich von der Stellvertretung der anderen Christen getragen wissen, ohne dabei gleich aus der Gnade Gottes herauszufallen. Denn auch explizite Christen sind zuweilen Alltagssäkulare. Auch ihr Alltag hat seine eigene Schwerkraft und bedarf einer regelmäßigen Unterbrechung. Es gilt daher, den Alltag nicht nur indirekt zu heiligen[63], sondern ihn – zumindest hin und wieder – auch ausdrücklich zu sakralisieren. Denn wir brauchen Unterbrechungen durch das Explizite in unserem Kontinuum des Impliziten: Feiertage, Nikodemusgespräche, verdichtete Hochphasen des Engagements. Ist das prinzipiell gegeben, so genügt aus der Perspektive Gottes generell auch das Implizite. Nicht anders verhält es sich auch im Evangelium. Darin kommt es zu heilvollen Kontakten von Menschen mit Jesus, die nicht immer in einen expliziten Ruf in die Nachfolge hineinführen müssen, sondern auch mit der Entlassung in das Abenteuer säkularer Alltagsexistenz münden können: „Geh hin und sündige von nun an nicht mehr!" (Joh 8,11).

Gute Nachbarschaft

Christliche Gemeinden – dem Konzil zufolge „oft klein und arm in der Zerstreuung"[64] (LG 26) – sind überall dort zu finden, wo in den kirchlichen Primärvollzügen[65] von Liturgie und Diakonie die Nachfolge Christi gelebt wird. Man könnte auch mit Dietrich Bonhoeffer vom „Beten und Tun des Gerechten"[66] sprechen, mit Roger Schutz von „Kampf und Kontemplation"[67] oder mit Johann B. Metz von „Mystik und Politik"[68]. In jedem Fall richten liturgisches Gotteslob und diakonische Menschenliebe, die nicht für die Sekundärvollzüge[69] von Koinonia und Martyria kirchlich verzweckt werden dürfen, ein Zeichen unter den Völkern auf, dessen leuchtendes Vorbild die durch den Kinofilm *Des hommes et des dieux* berühmt gewordenen, 1996 ermordeten Trappisten von Tibhirine sein können. Das Lebenszeugnis dieser algerischen Märtyrer bestand in einer stillen, selbstlosen Präsenz von Anbetung Gottes und guter Nachbarschaft mit den Muslimen der Umgebung. Von beidem her lässt sich die

Aufgabe von christlichen Gemeinden in der Welt von heute als eine Pastoral der gottesfrohen Nachbarschaft bestimmen – und zwar im Sinne einer Aussage aus dem Kontext indischer *Small christian communities,* die sich inzwischen mancherorts zu *Small human communities* weiterentwickelt haben: „Es gibt keinen Muslim-Strom, keine Christen-Toilette und keine Hindu-Straße."[70] Im Begriff der guten Nachbarschaft von Christen und Nichtchristen, die „Freude und Hoffnung, Trauer und Angst" (GS 1) des Alltags miteinander teilen, berühren sich die Nähe kommunialer Ortsverwurzelung in der Gemeinde und die Weite missionarischer Raumentgrenzung in der Pfarrei:

> „Der Begriff Pfarrei kommt aus dem Griechischen ‚par-oikos', was sich mit ums Haus herum oder mit Nachbarschaft übersetzen lässt. Nicht die Gemeinde ist die Pfarrei [...], sondern die fernen und die nahen Nachbarinnen und Nachbarn von Katholiken und Katholikinnen sind par-oikoi, Nachbarn. Ihnen gegenüber gilt es, sich als christliche Gemeinde zu verhalten. Ihnen gegenüber gilt es, nachbarschaftlich [...] Zeugnis zu geben [...]. [...] Damit hat die Kirche keinen exklusiven pastoralen Raum mehr, sondern nur den Raum der einen Welt, den sie mit allen Menschen nachbarschaftlich teilt. [...] Die Mission der Gemeinde ist die Gestaltung guter Nachbarschaft!"[71]

Noch einmal zurück zum Konzil. Der Titel der Pastoralkonstitution ist eine schöne konzilstheologische Kurzformel für eine entsprechend missionarisch ausgerichtete nachbarschaftliche Pastoral: Kirche in der Welt von heute. Und nicht: Kirche im stillen Kämmerlein. Denn neben die dogmatische Konstitution *De ecclesia* (ohne Zusatz) tritt mit gleicher Verbindlichkeit die pastorale Konstitution *De ecclesia in mundo huius temporis.* Den Unterschied macht der explizite Umweltbezug. Für die Präsenz dieser Kirche in der Welt ihrer Zeit gilt genau das, was der Beginn des täglichen Gebets der Konzilsväter war: *Adsumus.* Wir sind da, sagt eine Kirche der guten Nachbarschaft – präsent in der Welt unserer Gegenwart. In französischen Schulen antwortet man auf die Frage nach der eigenen Anwesenheit nichts anderes: „présent". Von daher überrascht es nicht weiter, dass der Titel der vor allem französisch inspirierten Pastoralkonstitution ursprünglich *De praesentia ecclesiae in mundo* hätte lauten sollen – wenn das lateinische Wort *praesentia* denn die gesamte spirituelle, theologische und pastorale Bedeutungsweite des französischen Wortes *présence* hätte erfassen können.

In jedem Fall ist Weltpräsenz der Kirche eine gute Umschreibung des in *Gaudium et spes* ausformulierten, konzilstheologisch erweiterten Pastoralbegriffs, der sich nun anhand der beiden Begriffe von Welt und Erde noch einmal abschließend in Richtung der skizzierten Gesamtekklesiologie ausfalten lässt. Eine nachbarschaftliche Kirche, die sich in der Welt („mundus") von heute verortet, muss nämlich auch mit beiden Beinen auf der Erde („tellus") stehen. Sie braucht nicht nur eine *mundiale* Pastoral der Raumentgrenzung in Pfarreien, deren missionarische Weltoffenheit beflügelt, sondern auch eine *tellurische* Pastoral der Ortsverwurzelung in Gemeinden, die in kommunialer Erdverbundenheit mit den „Füßen am Boden"[72] bleibt. Welche pastorale Dynamik je nach aktueller kirchlicher Gesamtsituation stark zu machen ist, kann und muss von möglichst vielen Beteiligten jeweils vor Ort entschieden werden. Jede Option für pfarrliche Weite[73] erfordert dabei eine umso größere Aufmerksamkeit für gemeindliche Nähe (und umgekehrt). Eine entsprechend bodennahe Nachbarschaftspastoral weiß den offenen Himmel Gottes über sich: „Christen sind Menschen, die an den Himmel glauben und die Erde lieben."[74] Oder mit Dietrich Bonhoeffer gesprochen: „Ich fürchte, dass die Christen, die nur mit einem Bein auf der Erde zu stehen wagen, auch nur mit einem Bein im Himmel stehen."[75] Eine Pastoral der guten Nachbarschaft erfordert daher – im Sinne der hier vorgeschlagenen Verwendung der Begriffe –

zugleich die Erdennähe kommunialer Gemeinden und die Himmelsweite missionarischer Pfarreien. Jede christliche Gemeinde, die sich auf den Spuren des Konzils aufmacht in die Welt ihrer unmittelbaren Nachbarschaft, kann dort in gelassener Zuversicht vieles entdecken. Interessante Menschen, spannende Geschichten, aufrichtige Hingabe – am allermeisten aber: ihren eigenen Gott.

Literatur

Balthasar, H. U. v.: Die Schleifung der Bastionen. Von der Kirche in dieser Zeit, Einsiedeln [5]1989.

Bauer, Ch.: Crossing borders. Report on an Indian-German experiment, in: Jnanadeepa. Pune Journal of Religious studies, 14 (2011), 117–129.

ders.: Gott am Lagerfeuer. Historisch verortete Thesen zum Romantikbedarf einer systembewussten Theologie, in: Bucher, R. / Krockauer, R. (Hg): Gott. Eine pastoraltheologische Annäherung, Münster 2007, 143–157.

ders.: Gott im Milieu? Ein zweiter Blick auf die Sinus-Milieu-Studie, in: Diakonia 39 (2008), 123–129.

ders.: Heiligkeit des Profanen? Spuren der „école Chenu-Schillebeeckx" (H. de Lubac) auf dem Zweiten Vatikanum, in: Eggensperger, Th./Engel, U./Méndez Montoya, A. (Hg): Edward Schillebeeckx. Impulse für Theologien im 21. Jahrhundert, Ostfildern 2012, 67–83.

ders.: Konzilsrezeption in Deutschland. Anmerkungen zur Nachgeschichte des Zweiten Vatikanums, in: Anzeiger für die Seelsorge 121 (2012/10), 32–37.

ders.: Lerne am Herd die Würde des Gastes. Für den missionarischen Ortswechsel einer ‚Geh-hin-Kirche', in: Diakonia 41 (2010), 351–358.

ders.: Optionen des Konzils? Umrisse einer konstellativen Hermeneutik des Zweiten Vatikanums, in: Zeitschrift für katholische Theologie 134 (2012), 141–162.

ders.: Spuren in die Nachfolge? Inspirationen aus dem Erbe der jesuanischen Wanderprediger, in: Pastoraltheologische Informationen 32 (2012), i. E.

Boff, C.: Mit den Füßen am Boden. Theologie aus dem Leben des Volkes, Düsseldorf 1986.

Boff, L.: Gott kommt früher als der Missionar. Neuevangelisierung für eine Kultur des Lebens und der Freiheit, Düsseldorf 1991.

Bonhoeffer, D.: Widerstand und Ergebung. Briefe und Aufzeichnungen aus der Haft, Gütersloh [15]1994.

ders./Wedemeyer, M. v.: Brautbriefe Zelle 92. 1943–1945, München 1999.
Bucher, R.: Die Gemeinde nach dem Scheitern der Gemeindetheologie. Perspektiven einer zentralen Sozialform der Kirche, in: Ritzer, G. (Hg): „Mit euch bin ich Mensch" [FS F. Schleinzer], Innsbruck-Wien 2008, 19–46.
ders.: Jenseits der Idylle. Wie weiter mit den Gemeinden?, in: ders. (Hg): Die Provokation der Krise. Zwölf Antworten zur Lage der Kirche, Würzburg 2004, 106–130.
Bünker, A.: Übergreifende Großpfarrei und/oder Gemeinde vor Ort, in: Freckenhorster Kreis – Informationen (September 2005), 4–6.
Chenu, M.-D.: La fin de l'ère constantinienne, in: ders.: L'évangile dans les temps. La parole de dieu II, Paris 1964, 17–36.
ders.: Un Concile à la dimension du monde, in: ders.: L'évangile dans les temps. La parole de dieu II, Paris 1964, 633–637.
Congar, Y.: Chrétiens en dialogue. Contributions catholiques à l'œcuménisme, Paris 1964.
ders.: Vaste monde, ma paroisse. Vérité et dimension du salut, Paris 1966.
Daniel, Y./Le Mouël, G.: Paroisses d'hier … paroisses de demain, Paris 1957.
Fischer, H./Greinacher, N./Klostermann, F.: Die Gemeinde, in: Pastorale. Handreichung für den pastoralen Dienst, Mainz 1970.
Fuchs, O.: Die zur Welt hin offene Kirche, in: Weber, F.: Mission – Gegenstand der Praktischen Theologie? Die Missionstätigkeit der Kirche in den pastoraltheologischen Lehrbüchern von der Aufklärung bis zum Zweiten Vatikanum, Frankfurt/M. 1999, 13–29.
ders.: Sakramententheologische Kriterien der Kasualpastoral, in: Först, J./Kügler, J. (Hg): Die unbekannte Mehrheit. Mit Taufe, Trauung und Bestattung durchs Leben? Eine empirische Untersuchung zur Kasualienfrömmigkeit von KatholikInnen – Bericht und interdisziplinäre Auswertung, Münster 2006, 93–115.
Haslinger, H.: Es geht um den Menschen. Wovon ich mich nicht mehr abbringen lasse, in: Bibel und Liturgie 69 (1996), 9–18.
Klauck, H.-J.: Gemeinde zwischen Haus und Stadt. Evangelisierung in Korinth zur Zeit des Paulus, in: ders.: Gemeinde zwischen Haus und Stadt. Kirche bei Paulus, Freiburg/Br. 1992, 11–4.
Klinger, E.: Die Kirche auf dem Weg zum Volk. Der Prinzipienstreit in der Ekklesiologie, in: Delgado, M./Lob-Hüdepohl, A. (Hg): Markierungen. Theologie in den Zeichen der Zeit, Berlin 1995, 253–274.
König, F.: Das Zeichen Gottes. Die Kirche in unserer Zeit, Graz 1973.
Marti, K.: Der Heilige Geist ist keine Zimmerlinde. Achtzig ausgewählte Texte, Stuttgart ²2001.

Metz, J. B.: Zeit der Orden? Zur Mystik und Politik der Nachfolge, Freiburg/Br. 1977.

Mijolla, J. de: La paroisse dans la mission. Relecture d'une page de notre histoire, Châteaufort 2002.

Modehn, Ch.: Kein Gott mehr in Frankreich. Die Krise der Kirche und die Suche nach Neubeginn, http://religionsphilosophischer-salon.venetus.de/topics/gott-in-frankreich (Zugriff: 28.9.2012).

Paul VI.: Discours au conseil exécutif de la conférence mondiale des instituts séculiers, http://www.vatican.va/holy_father/paul_vi/speeches/1976/documents/hf_p-vi_spe_19760825_istituti-secolari_fr.html (Zugriff: 28.9.2012).

Quisinsky, M.: Verortungen de Glaubens. Neuere französischsprachige Diskussionen um die Pfarrei, in *Lebendige Seelsorge* (2011), 141–151.

Rahner, K.: Das Christentum und die nichtchristlichen Religionen, in: ders.: Schriften zur Theologie VI, Einsiedeln 1965, 136–158.

ders.: Die Hochschulgemeinde als Modell einer künftigen Pfarrstruktur, in: ders.: Gnade als Freiheit. Kleine theologische Beiträge, Freiburg/Br. 1968, 167–169.

ders.: Friedliche Erwägungen über das Pfarrprinzip, in: ders.: Schriften zur Theologie (Band II), Einsiedeln ²1956, 299–337.

ders.: Glaube in winterlicher Zeit. Gespräche mit Karl Rahner aus den letzten Lebensjahren, Düsseldorf 1986.

ders.: Kirche im Wandel, in: Ders. Schriften zur Theologie VI, Einsiedeln 1965, 455–478.

ders.: Theologische Deutung der Position des Christen in der modernen Welt, in: ders.: Sendung und Gnade. Beiträge zur Pastoraltheologie, Innsbruck 1961, 13–47.

ders.: Über die Gegenwart Christi in der Diasporagemeinde nach der Lehre des Zweiten Vatikanischen Konzils, in: ders.: Schriften zur Theologie VIII, Einsiedeln 1967, 409–425.

ders.: Über die Zukunft der Gemeinden, in: Ders.: Schriften zur Theologie XVI, Zürich 1984, 160–177.

Ratzinger, J.: Stellvertretung: Handbuch Theologischer Grundbegriffe, München 1963, 566–575.

Reisinger, F.: „Christliche Gemeinde" – Möglichkeiten und Grenzen, in: ders. [Hg], Menschsein in der Gesellschaft. Christliche Fundamente und Perspektiven, Linz 1983, 93–138.

Rétif, L.: J'ai vu naître l'Église de demain, Paris 1971.

Rouet, A.: Préface, in: Mijolla, J. de: La paroisse dans la mission. Relecture d'une page de notre histoire, Châteaufort 2002, 7–12.

Sander, H.-J.: Das katholische Ich jenseits von Aporie und Apologie. Der Glaube an die Pastoralgemeinschaft Kirche, in: Zur Debatte (2003), 13–15.

Schulz, H.-M.: Damit Kirche lebt. Eine Pfarrei wird zur Gemeinde, Mainz 1975.
Schutz, R.: Kampf und Kontemplation. Auf der Suche nach Gemeinschaft mit allen, Freiburg/Br. 1974.
Spielberg, B.: Kann Kirche noch Gemeinde sein? Praxis, Probleme und Perspektiven der Kirche vor Ort, Würzburg 2008.
Tebartz-van Elst, F.-P.: Gemeinde in mobiler Gesellschaft. Kontexte – Kriterien – Konkretionen, Würzburg 1999.
Teilhard de Chardin, P.: Le milieu divin. Essai de vie intérieure, Paris 1957.
Theißen, G.: Soziologie der Jesusbewegung. Ein Beitrag zur Entstehungsgeschichte des Urchristentums, München [5]1988.
Wassilowsky, G.: Universales Heilssakrament Kirche. Karl Rahners Beitrag zur Ekklesiologie des II. Vatikanums, Innsbruck 2001.
Zerfaß, R.: Die kirchlichen Grundvollzüge – im Horizont der Gottesherrschaft, in: Konferenz der Bayrischen Pastoraltheologen (Hg): Das Handeln der Kirche in der Welt von heute. Ein pastoraltheologischer Grundriß, München 1994, 32–50.
Zerfaß, R.: Was sind letztlich unsere Ziele? Pastoralpsychologische Thesen zur Motivationskrise in der Pastoral der Kirchenfremden, in: Katholische Glaubensinformation (Hg): Erfahrungen mit Randchristen. Neue Horizonte für die Seelsorge, Freiburg/Br. 1985, 43–64.

Anmerkungen

[1] *Boff*, Gott kommt (1991).
[2] *Chenu*, Concile (1964), 636.
[3] Vgl. *Bauer*, Gott im Milieu (2008).
[4] *Rahner*, Erwägungen (1956).
[5] *Reisinger*, Gemeinde (1983), 93.
[6] *Fischer/Greinacher/Klostermann*, Gemeinde (1970), 15.
[7] Brief vom 24. August 2010.
[8] Vgl. *Bauer*, Lerne am Herd (2010).
[9] *Spielberg*, Kirche (2008), 388; 390f.
[10] Vgl. *Sander*, Das katholische Ich (2003).
[11] Vgl. *Theißen*, Soziologie (1988).
[12] Siehe auch die Grunddifferenz von monastischen Orden (Benediktiner, Zisterzienser, Trappisten) und apostolischen Orden (Franziskaner, Dominikaner, Jesuiten).
[13] *Rouet*, Préface (2002), 7 (vgl. Mijolla: paroisse (2002), 220.).
[14] Vgl. *Bauer*, Spuren (2012).
[15] Gemeinschaft der 1947 in Batschuns/Vorarlberg gegründeten *Frohbotinnen*.
[16] *Marti*, Der Heilige Geist (2001).

[17] *Paul VI.,* Discours (1976).
[18] Vgl. *Fuchs,* Welt (1999).
[19] Für die gegenwärtige Lage siehe Quisinsky: Verortungen (2011).
[20] *Mijolla,* paroisse(2002), 168.
[21] *Congar,* Chrétiens (1964), XLIII.
[22] Vgl. *Mijolla,* paroisse (2002), 113; 187–191.
[23] Vgl. *Schulz,* Kirche (1975), 20.
[24] *Rétif,* J'ai vu naître (1971).
[25] *Mijolla,* paroisse (2002),19.
[26] Ebd., 28–32.
[27] *Daniel/Le Mouël,* Paroisses d'hier (1957), 225.
[28] Ebd., 241.
[29] Ebd., 246.
[30] Ebd., 246.
[31] *Zerfaß,* Ziele (1985), 63.
[32] Ebd.
[33] *Teilhard de Chardin,* Le milieu divin (1957).
[34] *Michonneau,* Paroisse (1946), 43.
[35] *Balthasar,* Schleifung (1989).
[36] Ebd., 83.
[37] *Bucher,* Gemeinde (2008), 23f.
[38] *Modehn,* Kein Gott (2012).
[39] Vgl. *Klinger,* Kirche (1995).
[40] Vgl. *Rouet,* Préface (2002), 11 (unter Berufung auf Yves Congar).
[41] *Chenu,* La fin (1964).
[42] *Klauck,* Gemeinde (1992), 32; 37.
[43] *Zerfaß,* Grundvollzüge (1994), 35.
[44] *Tebartz-van Elst,* Gemeinde (1999), 450f.
[45] Vgl. *Bauer,* Gott am Lagerfeuer (2007)
[46] *Rahner,* Glaube (1986), 236.
[47] *Bucher,* Idylle (2004), 122.
[48] *Rahner,* Hochschulgemeinde (1968), 167f.
[49] *König,* Zeichen (1973), 52; 56; 83f.
[50] Zit. nach *Rouet,* Préface (2002), 10.
[51] *Rahner,* Kirche im Wandel (1965), 467.
[52] Ebd.
[53] Vgl. *Wassilowsky,* Heilssakrament (2001).
[54] SC 2, UR 2, AG 36.
[55] *Rahner,* Zukunft der Gemeinden (1984), 164.
[56] *Rahner,* Christentum (1965), 158.
[57] *Fuchs:* Kriterien (2006), 97.
[58] Ebd.
[59] *Rahner,* Theologische Deutung (1961), 27.
[60] *Ratzinger,* Stellvertretung (1963)
[61] Vgl. *Bauer,* Optionen des Konzils (2012), 153–156.
[62] *Haslinger,* Menschen (1996), 15.

[63] Vgl. *Bauer,* Heiligkeit des Profanen (2012).

[64] Dazu immer noch höchst lesenswert Rahner: Über die Gegenwart Christi in der Diasporagemeinde nach der Lehre des Zweiten Vatikanischen Konzils.

[65] Vgl. *Bauer,* Konzilsrezeption (2012), 34.

[66] *Bonhoeffer,* Widerstand (1994), 156.

[67] *Schutz,* Kampf (1974).

[68] Vgl. *Metz,* Zeit der Orden (1977).

[69] Vgl. *Bauer,* Konzilsrezeption (2012), 34.

[70] Vgl. *Bauer,* Crossing borders (2011).

[71] *Bünker,* Übergreifende Großpfarrei (2005), 5f.

[72] Vgl. *Boff*: Mit den Füßen am Boden.

[73] Vgl. *Bauer*: Lerne am Herd die Würde des Gastes.

[74] *Klinger*: Armut, 107.

[75] *Bonhoeffer*: Brautbriefe Zelle 92, 38.

Die Zukunft der Gemeinde – Stellschrauben möglicher Veränderungen[1]

Weltkirchliche Lernchancen ergreifen

von Markus-Liborius Hermann

1. Einleitung

Die Pfarrei und das Pfarr- bzw. Gemeindeleben kann als Eckstein des US-amerikanischen Katholizismus bezeichnet werden.[2] Die folgenden Überlegungen sollen der Frage nach der Zukunft der Gemeinde aus der Perspektive US-amerikanischer Gemeindeerfahrung nachgehen. Basis der Überlegungen ist ein Aufenthalt in der katholischen Gemeinde „Our Lady of Perpetual Help (OLPH)"[3] in Glenview nahe Chicago, Il. im Rahmen des Projekts „CrossingOver" der Ruhr-Universität Bochum (http://www.crossingover.de/). Dabei handelt es sich um ein Projekt zur Förderung des Dialogs über katholische Kirche und Gemeindeleben in den USA und Deutschland, dessen Ziel eine „Zufuhr an Inspiration und an Innovation für die Kirchenentwicklung in Deutschland"[4] ist.

Bevor jedoch der konkreten Frage nach der Zukunft der Gemeinde aus der Perspektive US-amerikanischer Gemeindeerfahrung nachgegangen werden kann, muss, in aller Kürze, die Frage nach der „Lerngemeinschaft Weltkirche" gestellt werden. Mit dieser Formulierung ist für A.-P. Rethmann häufig der „Wunsch der europäischen Ortskirchen ausgedrückt, etwas von der ‚Glaubensfreude aus den jungen Kirchen' zu vermitteln. Gedacht wird dann oft an Kleine Christliche Gemeinschaften, an afrikanisches Bibelteilen oder asiatische Meditationsformen“[5]. Rethmann sieht dabei jedoch hermeneutische Probleme, die sich vor allem daraus speisen, ob neben „Lebens- und Glaubensformen auch die pastoralen Modelle aus anderen Teilen der Weltkirche kompatibel sind mit den Bedürfnissen und Fragen der Menschen unserer westeuropäischen Gesellschaften.“[6] Vor diesem Hintergrund bietet CrossingOver einen differenzierten Blick über den Tellerrand, einen interkulturellen Lernprozess, bei dem es „nicht um einen ‚Import‘ einer vermeintlich besseren Seelsorge“ geht, sondern vielmehr darum, „in der Auseinandersetzung mit dem Fremden die Stärken und Schwächen des Eigenen besser zu verstehen und so neue Handlungsoptionen zu gewinnen.“[7] Die USA erscheinen für ein solches Unterfangen als ein geeignetes Gegenüber, da einerseits die Lebendigkeit der religiösen Landschaft einen deutschen Betrachter überraschen kann und die USA andererseits ein „modernes“, mit Deutschland zumindest vergleichbares Land sind, in dem die Inkompatibilität von Moderne und Religion erstaunlicherweise nicht zuzutreffen scheint.[8]

2. Geschichtlicher Rückblick

Die katholische Kirche stellt in den USA mit rund 25% die mitgliederstärkste christliche Denomination dar. Man kann von etwa 68 Mio. Katholiken ausgehen.[9] Regional sind die Katholikenzahlen recht unterschiedlich, können aber für den Mittleren Westen, das Gebiet des Erzbistums Chicago mit ca. 23% beziffert werden, wobei in der urbanen Region Chicagos beinahe jeder Zweite der katholischen Kirche angehört.[10]

Dass dies heute so zu konstatieren ist, mag angesichts der wechselhaften und problematischen Geschichte der katholischen Kirche in den USA überraschen. In den meisten der ursprünglichen 13 englischen Kolonien war die Ausübung des katholischen Glaubens untersagt und auch nach der Trennung von Kirche und Staat im Jahr 1791 waren antikatholische Antipathien weiterhin präsent. Die großen Einwanderungswellen des 19. Jahrhunderts verstärkten dieses Phänomen, da die zumeist katholischen Iren, Deutschen, Polen und Italiener die Traditionen aus ihrer Heimat mitbrachten und sich in eine religiöse Subkultur, die *ethnic parish* des 19. und 20. Jahrhunderts, zurückzogen. Diese ethnisch geprägten Pfarreien waren nach den jeweiligen Einwanderungsgruppen getrennt.[11]

Spätestens seit der Präsidentschaft des Katholiken J.F. Kennedy (1961–63) definierten sich die weißen katholischen Amerikaner jedoch nicht mehr „über ihre europäischen Herkunftsländer und verschmolzen auch sprachlich zu einer Großgruppe, die heute in der Statistik als *White American* geführt wird."[12] Der sich daraufhin entwickelnde und auch gegenwärtig prägende Typ der Pfarrei wird als *voluntary parish*, als Freiwilligengemeinde, bezeichnet.[13] Das Gemeindeleben und das Leben einer ethnischen Gruppe fielen hier nicht mehr ineinander, sondern *Partizipation* und *freie Entscheidung* traten nun als Basis kirchlichen Lebens hervor. So trat das Individuum ins Zentrum der Pastoral. Damit korrespondiert die Feststellung, dass die individuelle Entscheidung, zu einer Kirche zu gehören, fast von der Hälfte aller befragten Amerikaner mindestens einmal geändert wurde und ein Wechsel stattfand.[14] Konkurrenz ist somit auch ein Begriff für die Kirchen geworden.

3. Gemeindeleben in den USA

Wie bereits zu Beginn erwähnt, ist das Pfarr- bzw. das Gemeindeleben Dreh- und Angelpunkt des US-amerikanischen Katholizismus. Es zeigt sich, dass im selben Maße, in dem alle Politik *lokal* ist, auch alles Kirchenleben lokal ist. Dies deckt sich mit deutschen Erfahrungen: „Eine Kirche, die nicht mehr nahe bei den Menschen erlebt wird, darf sich nicht wundern, wenn immer mehr Menschen ihr fern bleiben."[15]

Hier sei kurz angemerkt, dass sprachlich bedingte terminologische Schwierigkeiten in den USA bisweilen ausfallen. Ob „Pfarrei", „Gemeinde", „Pfarrgemeinde" oder „Kirchengemeinde" – alles firmiert unter dem Begriff „parish". Auch ist die Distinktion von „Dienst" und „Amt" in den USA nur bedingt verständlich zu machen – „ministries" heißen sie dort alle, und man kann bisweilen von einer „ministry explosion"[16] sprechen.

Insgesamt erscheinen für das US-amerikanische Gemeindeleben vier Elemente entscheidend: *Gastfreundschaft* (Hospitality), *Zugehörigkeitsgefühl* (Belonging), *Liturgie* (Celebrating) und *missionarisches Engagement*.[17]

a) Gastfreundschaft (Hospitality)

A. Henkelmann betitelt eine Publikation über die Erfahrungen des CrossingOver-Projekts mit „All are welcome!"[18] Damit ist ein Grundzug des US-amerikanischen Gemeindelebens benannt, durch den die Notwendigkeit zum Ausdruck gebracht wird, attraktive Orte zu schaffen, die nicht nur für die, „die bereits da sind", sondern auch für Gäste und verhalten Interessierte von Belang sein könnten. Es geht darum, die Perspektive des Anderen, des Fremden einzunehmen und ihn so in gewisser Weise für die Gemeinde „einzunehmen". Dabei ist es nur allzu deutlich, dass dieses Angebot in einer Weise geschehen muss, die der „Gast" auch verstehen kann. Viele deutsche Gemeinden gehen davon aus, dass „Gemeindlichkeit [...] so aussehen muss, wie die ‚Bürgerliche Mitte' und die ‚Traditionsverwurzelten' es prägen. Es kommt aufgrund dieser Dominanzwahrnehmung zu faktischen Exklusionen all derer, die mit Gemeinde etwas anderes attraktiv verbinden würden als ‚Geselligkeit' oder ‚familiale Nähe'."[19] So stellt sich die Frage, wie es zu schaffen ist, dass „unsere Kirchenversammlungen ästhetischer Ausdruck nicht nur derer sind, die gerade miteinander feiern, sondern aller, die sich gerne zur Gemeinde zählen möchten?"[20] In diesem Zusammenhang scheint die Bedeutung von Gastfreundschaft und Inklusion gar nicht überschätzt werden zu können, da dies helfen kann, eine auch in Deutschland vielmals anzutreffende Milieuverengung aufzusprengen und Nähe für alle erfahrbar zu machen.

Dabei stehen in US-amerikanischen Gemeinden personale Beziehungen und die persönliche Einladung im Vordergrund. So gibt es beispielsweise zumeist ein „Willkommens-Kommitee" und „Begrüßungspakete" mit Informationen zur Gemeinde. Dabei geht es darum, jedes neue Gemeindemitglied in das Gemeindeleben einzubeziehen und einzuladen, und zwar persönlich. Aber auch der bekannte Dienst der „Begrüßer" (greeters) und das Aufwiedersehen-Sagen des Priesters am Eingang der Kirche sind hier zu nennen. In einem Gottesdienst rief der Pfarrer dazu auf, dass alle Gäste kurz aufstehen sollten, um zu sagen woher sie kommen. Unvorstellbar, dass hinterher nicht ein Gemeindemitglied auf den Gast zukommt, um ein paar Worte zu wechseln. Man bedenke auf diesem Hintergrund nur, wie es in manchen deutschen Gemeinden zugeht. Bevor jemand angesprochen und willkommen geheißen wird, kann eine lange Zeit vergehen, wenn es überhaupt geschieht.

Die Atmosphäre der Gastfreundschaft hat natürlich auch architektonische Dimensionen. Im Blick auf die US-amerikanischen Verhältnisse hat M. Sellmann die jeweils eigene Gemeinde als „Verlängerung des eigenen Wohnzimmers"[21] bezeichnet. Dies soll zum Ausdruck bringen, dass es in gewisser Weise auch um ein „Wohlfühlen" innerhalb der kirchlichen Räume geht. Neben vielen Beispielen, wie Auslegware statt Steinfußböden, gemeindlicher Beteiligung bei der Dekoration und beim Bau neuer Gebäude etc., soll an dieser Stelle der Narthex, die Vorhalle am Haupteingang einer Kirche besonders herausgehoben sein. Dieser ist für die „familiäre Versammlungs- und emotionale Aufenthaltsqualität“[22] von großer Wichtigkeit, da es hier, oft bei Essen und Trinken, zu Gesprächen vor und nach dem Gottesdienst kommt und auch die Hauptamtlichen Präsenz zeigen. Zusammenfassend kann konstatiert werden: Egal ob Kirchbauten, spezielle Dienste oder anderes – all dies soll ein Gefühl der Zusammengehörigkeit, des Willkommenseins, der Heimat vermitteln.

b) Zugehörigkeitsgefühl (Belonging)

In den USA definieren sich Katholiken untereinander selbst schon einmal über die Zugehörigkeit zu ihrer Kirchengemeinde. So bekommt man oft die Frage zu hören, aus welcher Gemeinde man stamme, oder sogar Aussagen wie „I am not catholic, I am Scared Heart“ und zwar von der Vorsitzenden des Pfarrgemeinderates ihrer Gemeinde.[23] *Belonging* und *Ownership* (Besitzergefühl) sind wichtige und stetig zu fördernde Haltungen. Grundlegend ist hierbei natürlich, dass Zugehörigkeit ein zutiefst menschliches Bedürfnis ist. Ein Ort der Zugehörigkeit bietet Platz zur Suche und zum Auffinden der eigenen Identität.[24]

Nun finden sich unzählige Beispiele, auf welche Weise die Zugehörigkeit und das „Besitzergefühl“ in US-amerikanischen Gemeinden gefördert werden kann. Aus allen seien zwei herausgehoben und benannt: ein erstaunliches Ehrenamtsverständnis, das unter dem Namen *Stewardship* bekannt ist und die oft mit der Gemeinde verbundenen Programme zur *geistlichen Erneuerung*.

Stewardship of Time, Talent and Treasure

Auf der Grundlage des biblischen Bildes des treuen und klugen Verwalters (= steward; vgl. Lk 12,42) hat sich in den USA ein Identifikationsangebot herausgebildet, das die Volk-Gottes-Theologie des Zweiten Vaticanums ernst nimmt und die allen innewohnenden Charismen zum Gemeindeaufbau zu nutzen versucht. Da zu diesem Thema bereits viel gearbeitet worden ist[25], sei an dieser Stelle nur noch einmal Zentrales herausgehoben: Beim Stewardship-Modell geht es um *faith in action*, und zwar in einer Weise, dass „das alte Denken von ‚Versorgung' und ‚Abhängigkeit'" überwunden werden und „eine neue dynamische Form von kirchlicher Gemeinschaft"[26] entstehen kann. Ausgehend von der Frage, wie man seinen Glauben in seinem Leben konkret umzusetzen vermag, wurden drei gleichberechtigte Felder identifiziert: *Time, Talent and Treasure.* Stewardship bedeutet also, den Glauben lokal in der Gemeinde zu leben, durch das Geben von Zeit, Begabungen und Geld.

Begonnen hat dieses Programm mit dem Einwerben von Spendengeldern, doch hat sich im Lauf der Zeit etwas Größeres daraus entwickelt. Dennoch seien an dieser Stelle kurz einige Bemerkungen zum Thema Geld und katholische Kirche in den USA gemacht: Bekanntermaßen gibt es in den Vereinigten Staaten keine Kirchensteuer, die Pfarreien werden direkt von den Gemeindemitgliedern unterhalten.[27] Dies steigert die Bedeutung der Pfarrei ebenfalls, da sie als eigentlicher Ort des Einwerbens von Geldern zu identifizieren ist. Kirchliche Mitarbeiter sind normalerweise direkt in der Pfarrei angestellt (und dort auch wieder entlassen). Manche Pfarreien sind so in bestimmten Bereichen personell besser aufgestellt als das auf Bistumsebene der Fall ist. Den Gläubigen ist dabei bewusst, dass alles, was in der Pfarrei geschieht von ihren finanziellen Beiträgen abhängig ist. Dass damit natürlich auch negative Aspekte verbunden sind, liegt auf der Hand, kann an dieser Stelle jedoch nicht ausgeführt werden.

Das Stewardship-Modell ermöglicht *Partizipation*. Der Pfarrer erscheint dabei (im Idealfall) als spiritueller Führer seiner Gemeinde, der keine „follower“ zu seiner Unterstützung sucht, sondern „leader“ ausbilden und befähigen will und soll: *„God doesn't call the qualified, he qualifies the called!“* Und *called and gifted*, berufen und begabt, sind alle.[28] *Called and gifted* ist auch der Name eines Programms zum Finden der eigenen Gaben, das vom *Catherine of Siena Institute* in Colorado Springs, Co. angeboten wird.[29] Das Programm „is designed to help Christians discern the presence of *charisms* in their life“. Charismen zu „scannen“ ist sicherlich eine für deutsche Ohren ungewohnte Methode, doch sie kann funktionieren.[30] An dieser Stelle kommt also eine professionelle Engagementförderung zum Zug, die Zugänge schafft und so Menschen gewinnen, qualifizieren, begleiten und anerkennen will und kann. Dabei ist besonders darauf hinzuweisen, dass es zu jedem Freiwilligenamt ein gemeindliches Ausbildungsprogramm gibt, sodass jeder weiß, was genau er zu tun hat.[31] So steht den Gemeinden in den USA mit „dem Ansatz ‚Stewardship‘ […] ein Modell zur Verfügung, dass Spiritualität und praktische Engagementförderung vereint.“[32]

Geistliche Gemeindeerneuerung

Man wird in den USA kaum eine katholische Gemeinde finden, die nicht unterschiedlichste Angebote zur geistlichen Erneuerung anbietet.[33] Damit kommen besonders *Glaubenskurse* in den Blick, die die Möglichkeit der Glaubensvertiefung mit einer gleichzeitigen Gemeindeanbindung kombinieren. Sie erscheinen als ein differenziertes Instrument, das es Gemeindemitgliedern ermöglicht, sich in einem „Biotop des Glaubens“ auf Zeit auf den zu Weg machen, ihr Christsein neu zu bedenken und bewusst zu reflektieren.
In diesem Zusammenhang seien einige kurz genannt:

Christ renews his parish (CRHP)[34] (Christus erneuert seine Gemeinde) ist eine dem Gemeindeleben angepasste Version des *Cursillo*[35]. Einmal initiiert zielt CRHP darauf ab, einen fortlaufenden Prozess in den Gemeinden zu kreieren.

ARISE Together in Christ (Gemeinsames Auf(er)stehen) ist ein Programm von Renew International[36], einer katholischen Organisation unter der Aufsicht des Erzbistums Newark. ARISE ist ein auf drei Jahre angelegter Prozess für Gemeinden, in dem geistliche Erneuerung und Evangelisation angestrebt werden.

Meeting Christ in Prayer (Jesus im Gebet begegnen)[37] wurde ursprünglich vom Office of Spiritual Development der Erzdiözese Boston entwickelt.[38] Das einmalige achtwöchige Programm vermittelt angeleitete Gebetserfahrungen und orientiert sich an den ignatianischen Exerzitien.

All diese Programme und Kurse sollen Menschen befähigen, ihren Glauben zu vertiefen, eine engere Beziehung zu Christus zu entwickeln, in der Gemeinschaft zu wachsen und andere zu unterstützen. Eine durch solche Angebote veränderte Lebenseinstellung bedeutet vielmals auch ein Neubedenken der eigenen Rolle in der Kirche und eine veränderte Haltung zum Engagement in der Gemeinde. Diejenigen, die diese Kurse durchlaufen, werden zu lokalen und damit ansprechbaren und ansprechenden Multiplikatoren.[39] Ein gemeindliches Erfolgsprogramm stellt sicher auch der Erwachsenenkatechumenat, der RCIA[40], dar, der in den USA zu einem prägenden Merkmal des II. Vaticanums geworden ist und voll in das Gemeindeleben integriert ist.

Insgesamt betrachtet gelingt es vielen US-amerikanischen Gemeinden das Zugehörigkeits- und das Besitzergefühl zu fördern. Eine solche Haltung der Zugehörigkeit und das Bewusstsein, dass die Gemeinde „meine“ Gemeinde ist, sind natürlich auch für die katholische Kirche in Deutschland relevant. So bemerkt N. Mette im Blick auf den Vertrauensverlust der katholischen Kirche in jüngster Vergangenheit, dass das „negative Image [erfahrungsgemäß] dort nicht so sehr durch[schlägt], wo in der konkreten Begegnung mit ihr, im gemeinsam gelebten Miteinander von den Kirchenangehörigen andere, positive Erfahrungen gemacht werden. Wenn Christen und Christinnen ihrer Gemeinde, der sie sich zugehörig fühlen, die Treue halten und weiterhin – in welchem Ausmaß auch immer – an ihrem Leben partizipieren, dann liegt das nicht daran, dass sie vor der verbreiteten Stimmungslage die Augen verschließen und völlig introvertiert sich ‚nach außen' abschließen. Sondern dann liegt das daran, dass sie in ihrem Nahbereich mit ihrem Christsein und der Kirche – bei allen Fragen und Zweifeln, die auch sie haben – zu viele positive Erfahrungen verbinden, als dass sie das alles einfach hinter sich lassen könnten. Sie lassen sich nicht einreden, dass in der Tat missliche oder gar abstoßende Erscheinungsformen der Kirche die Kirche schlechthin sein sollen."[41]

c) Liturgie (Celebrating)

Im Blick auf die Liturgie, besonders die sonntägliche Eucharistiefeier gibt es in den Gemeinden ein ausgeprägtes Bewusstsein dafür, dass dies gut vorbereitet und umgesetzt werden muss: „*Whatever you do, do it well!*" Angesichts der Tatsache, dass sich in den USA Gläubige die Gemeinde aussuchen, die zu ihnen passt und etwa die Hälfte aller Befragten bereits einmal ihre Kirche gewechselt hat[42], stellt sich die Frage nach guter Kirchenmusik und gut vorbereiteten Predigten in anderer Weise. All das, was zum Thema der Zugehörigkeit gesagt worden ist, ist an dieser Stelle natürlich von Bedeutung. In „seiner" Kirche möchte das Gemeindemitglied *Qualität*. Dass dafür auch ungewöhnliche Wege eingeschlagen werden können, zeigt das Beispiel des *Director of Music*

Ministry der Gemeinde „*Our Lady of Perpetual Help*", Russell Stern. Er hatte sich als Jude um diese Anstellung in der katholischen Gemeinde beworben und wurde angestellt, da er nach Ansicht der Verantwortlichen von allen Bewerbern das beste musikalische Empfinden für katholische Liturgie vorweisen konnte. „*Whatever you do, do it well!*"

An dieser Stelle seien noch einige kurze Bemerkungen zu *Willow Creek* gemacht (http://www.willowcreek.org/). An vielen Stellen findet sich die Frage, ob und wenn ja was von dieser Gemeinschaft zu lernen sei. Den beeindruckend großen Hauptsitz findet man in South Barrington, nahe Chicago. D*ie „Willow Creek Comunity Church*" ist in den letzten Jahren sehr stark gewachsen – zu einer „Megachurch". Beim Eintritt in eines der Auditorien erinnert zunächst vieles an einen Theatersaal, im Halbrund aufgestellte äußerst bequeme Sitze, alle hingeordnet auf eine Bühne, auf der eine Gruppe junger Leute entspannte und eingängige Popmusik mit christlichen Texten spielt. Die meisten Anwesenden stehen, rechts und links finden sich Leinwände, auf denen nicht nur die Gesichter der Musiker, sondern auch die Texte der Lieder zu sehen sind. Ohne jede Vorbereitung und Vorbedingung, plötzlich hineingeworfen in dieses neue Umfeld, kann jeder sofort mitsingen und damit ein Teil dieser Gemeinschaft sein. Die Melodien sind simpel, die Refrains wiederholen sich oft – guter und einfacher Rock und Pop. Nach ca. 25 min hört die Band auf zu spielen, die perfekt installierte und arrangierte Bühnenbeleuchtung wird auf hell gestellt und ein Redner spricht über einen biblischen Text. Alles in allem ist es eine gute Show, Entertainment, das aber viele, sehr viele Menschen in seinen Bann schlägt, auch viele Katholiken. Hier findet sich eine leicht zugängliche und unterhaltsame religiöse Tankstelle, die beim Auftanken gute Musik spielt und zunächst keinerlei Bedingungen stellt, einfach einladend ist; auch wenn schnell Fragen nach Spenden etc. aufkommen. Im Ganzen erscheint alles sehr stark vom Ostersonntag, der Auferstehung, dem Sieg über den Tod geprägt zu sein. Karfreitag und Karsamstag verlieren dabei irgendwie ihren Platz und ihre Bedeutung. Irdisches Glück scheint ein verbriefter Teil der Verheißung zu sein.[43]

d) Missionarisches Engagement

Dass das missionarische, evangelisierende Moment als Grundhaltung aller Pastoral gestärkt werden muss, haben die deutschen Bischöfe spätestens mit dem Dokument „Zeit zur Aussaat" im Jahr 2000 unmissverständlich zum Ausdruck gebracht.[44] Mit dem Thema *Mission* greifen sie ein „Grundwort kirchlichen Lebens"[45] auf und machen es zum pastoralen Programm. Diese Grundhaltung findet sich nun auf andere Weise in US-amerikanischen Gemeinden wieder. Grundsätzlich muss an dieser Stelle natürlich bemerkt werden, dass Amerikaner insgesamt in einem höheren Maß religiös aktiv sind.[46] D. Pollack und G. Rosta kommen zu einem eindeutigen Befund: „Amerikanische Katholiken praktizieren ihren Glauben intensiver als deutsche Katholiken, bejahen in höheren Prozentsätzen die Aussagen der katholischen Lehre und messen der Religion und dem Katholischsein einen höheren Stellenwert im ihrem Leben bei."[47] Damit unterscheiden sie sich jedoch weniger von der amerikanischen Gesamtbevölkerung als von der deutschen Situation. So kommt eine zweite Größe ins Spiel: *Konkurrenz*. Zwischen den einzelnen Denominationen, aber auch zwischen den Religionsgemeinschaften, gibt es ein nicht zu unterschätzendes Konkurrenzverhältnis um potentielle Mitglieder. Dies ist u. a. auch darin begründet, dass die Kirchen direkt von den Spenden der Mitglieder finanziert werden.[48]

In den USA ist so ein „Wettbewerb der Anziehungskraft" festzustellen, der gleichwohl recht unterschiedlich gestaltet wird. Auf jeden Fall ist das Werben für die eigene Glaubensgemeinschaft, die eigene Gemeinde nichts Anstößiges, sondern wird vielmehr begrüßt. Dies ist schon beim Betrachten der Homepage einer beliebigen Pfarrei festzustellen. Lange wird man nicht brauchen um die Buttons „*Join us*“ oder „*Become a Catholic*“ zu finden.[49] In diesem Kontext ist natürlich zu wiederholen, was oben bereits formuliert wurde: Gastfreundlichkeit, Zugehörigkeitsgefühl, geistliche Vertiefung und Erneuerung und qualitativ gut gefeierte Liturgien sind grundlegend und haben ihren Anteil an der missionarischen Ausstrahlungskraft – sie erzählen etwas über die Gemeinde. Dazu kommt noch das *diakonische Moment*. Die meisten, nicht nur die wohlhabenderen Gemeinden verfügen über verschiedene Programme und Aktionen zur Unterstützung Bedürftiger. Natürlich ist die Frage, ab welchem Punkt eine „diakonische Insuffizienz“ überwunden ist, nur schwer zu beantworten, doch sind viele aus den katholischen Gemeinden erwachsenden Hilfsprogramme nur beeindruckend zu nennen.[50]

An dieser Stelle ist auch auf den professionellen Umgang mit *modernen Medien* hinzuweisen. Kaum eine Institution in den USA arbeitet ohne Facebook & Co. Videos werden auf Youtube verankert und von dort mit Social Networks verknüpft. Dabei zeigen diese Auftritte immer ein hohes Maß an Qualität und Kreativität. Ebenfalls aus konkreter Gemeindearbeit entwickelte sich eine nunmehr diözesane und sehr erfolgreiche Homepage namens www.wordonfire.org von Fr. Robert Barron, der von Kard. F. George OMI seit längerem mit dem Thema Evangelisierung beauftragt ist. *Wordonfire* bietet niederschwellige Anknüpfungspunkte zum christlichen Glauben: TV- und Videopredigten, Katechesen, Film- und Buchbesprechung, alles professionell medial aufbereitet. Durch die Nutzung moderner Medien und innovativer Kommunikationstechnologien erreicht Fr. Barron mittlerweile Millionen von Menschen.[51] Die Seite ist so populär, dass im Jahr 2011 ein 10-teiliges DVD-Katechismus-Projekt namens „Catholicism-Project“[52] produziert wurde, das von zahlreichen TV-Stationen in den USA ausgestrahlt wurde und auch in vielen katholischen Gemeinden gemeinsam gesehen und diskutiert wird.[53]

4. Weltkirchliche Lernchancen ergreifen – aber wie?

Die beschriebenen pastoralen Grundhaltungen: *Gastfreundschaft, Zugehörigkeitsgefühl, Liturgie* und *missionarisches Engagement* haben konkrete Auswirkungen auf das Gemeindeleben: Katholiken beteiligen sich in den USA „deutlich mehr am Leben ihrer Kirche und stimmen auch den dogmatischen Lehren ihrer Kirchen weitaus häufiger zu als ihre deutschen Glaubensbrüder und -schwestern.“[54] Es ist ein signifikant höherer Anteil an Messbesuch festzustellen (Dtl.: 24% einmal pro Woche; USA: 43% einmal pro Woche), ein häufigeres persönliches Gebet (Dtl.: 68% 2–3 Mal pro Tag; USA: 83% 2–3 Mal pro Tag), häufigeres Bibellesen und ein häufigerer Empfang der Beichte etc. Dazu kommt, dass „Gebildete, Jüngere, Erwerbstätige, Großstädter und Mobile [...] in den katholischen Gemeinden der USA eine größere Rolle“[55] spielen.[56] So verwundert es nicht, dass höhere Bildung „in Deutschland sowohl auf die regelmäßige kirchliche Praxis als auch auf die Akzeptanz kirchlicher Lehren einen negativen Effekt [hat]. In den USA gehen Hochgebildete dagegen häufiger zur Messfeier, zur Kommunion und zur Beichte.“[57] US-Gemeinden erscheinen so insgesamt bekenntnisfreudiger, missionarisch selbstbewusster und partizipativer.

Wie können nun aus diesen Beobachtungen weltkirchliche Lernchancen ergriffen werden? Dafür seien kurz die zu Beginn gemachten hermeneutischen Überlegungen in Erinnerung gerufen. Es geht nicht um den „Import“ einer vermeintlich besseren Seelsorge, sondern darum, „in the eye of the stranger“ die eigenen Stärken und Schwächen besser zu verstehen und so neue Handlungsoptionen zu gewinnen. So wird der Blick erneut auf die Gastfreundschaft, die Förderung eines Zugehörigkeitsgefühls eine qualitativ gut gefeierte Liturgie und ein missionarisches Engagement gelenkt. Wie dies in unseren Gemeinden umgesetzt werden kann, stellt sich uns als lohnenswerte Aufgabe. Im Einzelnen sei hier auf das Stewardship-Modell verwiesen, das für ein Weiterdenken im Bereich des *Laienengagements* hilfreich sein kann, da es Partizipation ermöglicht und fördert – besonders im Blick auf die nachkonziliare Gemeindeentwicklung, in der für N. Mette das „Setzen auf Kontrolle, dass alles in geordneten Bahnen verlief, [...] häufig genug ausschlaggebender [war] als das Vertrauen darauf, dass der Heilige Geist letztlich den rechten Weg weisen wird.“[58] Als ein weiteres Lernfeld ist die *„konstruktive Akzeptanz individueller religiöser Freiheit“*[59] zu benennen, und zwar nicht nur im Blick auf die sogenannten Kasualienfrommen, die die „Kirche in anderer Weise [nutzen], als diese es möchte“[60].

Grundlegend ist natürlich die Stellung der Gemeinde zu bedenken, die in den USA kaum überzubewerten ist, sie ist der Eckstein des US-amerikanischen Katholizismus.[61] Die Relevanz der lokalen Gemeinde scheint also wieder neu bedacht werden zu müssen, denn sie ist *kirchliche „Präsenz nahe bei den Menschen, und zwar dort, wo sie wohnen“*[62]. Die US-amerikanischen Erfahrungen können in diesem Zusammenhang als ein Argument zum Festhalten an der lokalen bzw. lebensraumorientierten Pastoral gelten, für die auch R. Bucher nachdrücklich plädiert. „Realisiert es Kirche als wahrnehmungssensible *Angebotsstruktur*, zwingt das so verstandene Territorialprinzip die Kirche hinein in die Gesellschaft, verringert es tatsächlich die Gefahr, den

‚Zeichen der Zeit' auszuweichen, und kann es helfen, den Selbstabschluss kirchlicher Sozialräume zu verhindern. Es wäre dann ein starkes Signal diakonischer Selbstanbietung der Kirche an und für alle."[63]

In Lumen Gentium 26 heißt es, dass die „Kirche Christi [...] wahrhaft in allen rechtmäßigen Ortsgemeinschaften der Gläubigen anwesend" ist. Und weiter: „In ihnen werden durch die Verkündigung der Frohbotschaft Christi die Gläubigen versammelt, in ihnen wird das Mysterium des Herrenmahls begangen [...] In diesen Gemeinden, auch wenn sie oft klein und arm sind oder in der Diaspora leben, ist Christus gegenwärtig, durch dessen Kraft die eine, heilige, katholische und apostolische Kirche geeint wird." In der Gemeinde ereignet sich also Kirche. Ein guter Grund weiter an ihr zu arbeiten und, nicht nur nach amerikanischem Vorbild, für sie zu beten.

Literatur

Bucher, R.: Das Ende der Überschaubarkeit. Perspektiven einer zukünftigen Sozialgestalt von Kirche, in: HK Spezial (1-2011), 6-10.

ders.: Die Entdeckung der Kasualienfrommen. Einige Konsequenzen für Pastoral und Pastoraltheologie, in: Först, J. / Kügler, J. (Hg.), Die unbekannte Mehrheit. Mit Taufe, Trauung und Bestattung durchs Leben? Eine empirische Untersuchung zur ‚Kasualienfrömmigkeit' von KatholikInnen – Bericht und interdisziplinäre Auswertung, Münster 2006, 77-92.

ders.: Die Gemeinde nach dem Scheitern der Gemeindetheologie. Perspektiven einer zentralen Sozialform der Kirche, in: Pastoraltheologische Informationen 28 (2008) Heft 1, 66-90.

D'Souza, V.: Kirche als Inkarnation des Gottesreiches und Ortskirche als Inkulturation des Gottesreiches, in: Heberling, M. u.a. (Hg.), Inkulturation als Herausforderung und Chance. Dokumentation des 1. Dialogforums der Partnerdiözesen Poona und Eichstätt, Aachen 2001, 5-13.

Die deutschen Bischöfe, „Zeit zur Aussaat" – Missionarisch Kirche sein (Die deutschen Bischöfe 68). hrsg. von der Deutschen Bischofskonferenz. Bonn 2000.

Döring, M.: Erfahrungsbericht St. Norbert, Northbrook. Engagementförderung in Gemeinden der Erzdiözese Chicago. http://www.crossingover.de/fileadmin/media/Erfahrung/Erfahrungsberichte_PDF/2011-2_Doering.pdf (abgerufen am 12.9.2012).

Galluschke, B.: Connect! Mit neuen Medien evangelisieren. Ein Erfolgsmodell – auch für die deutsche Kirche, in: LS 3/2011, 187–192.

Haslinger, H.: Lebensort für alle. Gemeinde neu verstehen, Düsseldorf 2005.

Henkelmann, A. (Hg.): „All are welcome!“. Gelebte Gemeinde im Erzbistum Chicago, Münster 2009.

ders.: Einleitung, in: *ders.* (Hg.), „All are welcome!“. Gelebte Gemeinde im Erzbistum Chicago, Münster 2009, 11–23.

ders.: Plurifom in einer pluralistischen Gesellschaft. Historische Perspektiven auf die aktuelle Situation der katholischen Kirche in den USA, in: LS 3/2011, 170–174.

Lehmann, K. Kard.: Zum Geleit, in: Die deutschen Bischöfe, „Zeit zur Aussaat“ – Missionarisch Kirche sein (Die deutschen Bischöfe 68). hg. von der Deutschen Bischofskonferenz. Bonn 2000, 5–6.

Mette, N.: Die Bindung der katholischen Kirchenangehörigen an ihre Pfarrgemeinde – aus pastoraltheologischer Perspektive kommentiert, in: Sellmann, M./Reinhold, K. (Hg.), Katholische Kirche und Gemeindeleben in den USA und in Deutschland. Überraschende Ergebnisse einer ländervergleichenden Studie, Münster 2011, 133–146.

ders.: Gemeinde – eine Wiederentdeckung des Zweiten Vatikanischen Konzils, in: Euangel 2 (2011), 5–10.

Pollack, D./Rosta, G.: Religiöse Vitalität und soziale Heimat. Ein Vergleich katholischer Gemeinden in Deutschland und den USA, in: Sellmann, M./Reinhold, K. (Hg.), Katholische Kirche und Gemeindeleben in den USA und in Deutschland. Überraschende Ergebnisse einer ländervergleichenden Studie, Münster 2011, 63–85.

Rethmann, A.-P.: Katholische Kirche in Deutschland. Organisationsentwicklung mit weltkirchlichem Bewusstsein, in: Euangel 2 (2001), 34–39.

Richardy, M.: „Giving back my gifts to the Lord.“ Stewardship – Spiritualität und Gemeindeaufbau im US-amerikanischen Katholizismus, in: *Henkelmann.* (Hg.), „All are welcome!“, 66–85.

Sellmann, M./Reinhold, K.: Einleitung, in: *dies.* (Hg.), Katholische Kirche und Gemeindeleben in den USA und in Deutschland. Überraschende Ergebnisse einer ländervergleichenden Studie, Münster 2011, 11–19.

Sellmann, M.:‚In the eye of the stranger‘: Profilmerkmale des deutschen Katholizismus im Spiegel des US-amerikanischen, in: *ders./Reinhold, K.* (Hg.), Katholische Kirche und Gemeindeleben in den USA und in Deutschland. Überraschende Ergebnisse einer ländervergleichenden Studie, Münster 2011, 189–212.

ders.: Ein Gespräch mit Hans Joas, in: LS 3/2011, 181–186.
ders.: Katholische Kirche in den USA. Was wir von ihr lernen können, Freiburg–Basel–Wien 2011.

Anmerkungen

1 Eine gekürzte Version dieses Artikels ist erschienen unter dem Titel: Kirche auf der anderen Seite des „großen Teichs". Lernerfahrungen im Projekt CrossingOver. In: Evangel 3 (2012), 17–21.
2 M. Sellmann und K. Reinhold bezeichnen die über 19.000 katholischen Pfarreien als „Herzkammer" des US-amerikanischen Katholizismus. Vgl. *Sellmann/Reinhold*, Einleitung (2011).
3 http://www.olphglenview.org/ (aberufen am 12.9.2012).
4 http://www.crossingover.de/index.php?id=2 (aberufen am 12.9.2012).
5 *Rethmann*, Katholische Kirche (2001), 35.
6 Ebd.
7 http://www.crossingover.de/index.php?id=2 (abgerufen am 12.9.2012). Insofern entspricht CrossingOver der Forderung Rethmanns, nach der „Ziel der Begegnung und des Austausches [...] nicht das Studium und die anschließende Übernahme konkreter pastoraler Programme sein" kann. „Vielmehr geht es darum, dass wir einander in der Weltkirche so begegnen, dass wir den anderen in seiner Andersheit wahrnehmen und verstehen lernen. [...] Der Andere motiviert dann mit seinem Engagement zur Suche nach eigenen Antworten, die notwendigerweise häufig anders aussehen als die des Partners." *Rethmann*, Katholische Kirche (2001), 36. Vgl. insgesamt zur Frage der Berechtigung eines solchen Prozesses: *Henkelmann*, Einleitung (2009).
8 Vgl. u.a. das Interview mit Hans Joas über Inspirationen aus den USA: *Sellmann*, Gespräch (2011).
9 Genau genommen schwanken die Prozentangaben zws. 22–28%, sodass von etwa 65 bis 77 Mio. Katholiken auszugehen ist. Dass keine genauen Zahlen vorliegen, liegt u.a. daran, dass sich in den USA kein mit Deutschland vergleichbares Melderegister findet und sich Katholiken daher in ihrer Pfarrei registrieren lassen müssen. A. Henkelmann weist darauf hin, dass sich die überwiegend katholischen Hispanics, die ohne gültige Papiere in den USA leben, verständlicherweise oft nicht registrieren. Vgl. *Henkelmann*, Plurifom (2011), 170f.
10 Einige Zahlen zum Erzbistum Chicago: 2,3 Mio. Katholiken, davon 49% Weiße; 42% Hispanic; 3% Schwarze; 5%; Asiatisch/andere; 1% Multi racial. Im Erzbistum gibt es 357 Pfarreien; ca. 35.800 Taufen; 26.200 Erstkommunionen; 20.800 Firmungen; 5.900 Hochzeiten; 13.000 Beerdigungen, ca. 1.700 Messen am Wochenende (¾

englisch; ¼ spanisch, polnisch oder einer anderen Sprache); 216 elementary schools (ca. 63.000 Schüler); 40 secondary schools (ca. 25.500 Schüler); Religionsunterricht in anderen elementary schools (ca. 88.000 Schüler) und secondary schools (ca. 8.000 Schüler).

[11] Weiter dazu: *Henkelmann*, Plurifom (2011), 172.

[12] Ebd., 172.

[13] Für M. Sellmann besteht in der *voluntary parish* „der innovative Beitrag der US-amerikanischen Kirche zum Weltkatholizismus". *Sellmann*, Katholische Kirche (2011), 31.

[14] Vgl. *U.S. Religious Landscape Survey 2007.*

[15] *Mette*, Bindung (2011), 145. Ähnlich Bischof Valerian D'Souza, Bischof von Poona: „Ortskirche ist die Konkretisierung der Kirche. Ohne Ortskirche bleibt Kirche eine Abstraktion. Die Aufgabe der Ortskirche ist es, das Gottesreich zu vermitteln. Diese Vermittlung heißt Inkulturation, die wie ein immerwährender Dialog zwischen Gottesreich, Kirche und Ortskirche stattfindet." Vgl. *D'Souza*, Kirche als Inkarnation (2001), 7.

[16] Ein von G. Sonntag geprägter Begriff. Vgl. *Sellmann*, Katholische (2011), 30.

[17] So Robert Schreiter (CTU Chicago) in seinem Statement als Kongressbeobachter bei der Convocation und dem Fachkongress CrossingOver „Zwischen Erneuerung und Krise". Die Gemeinde und ihre Theologie im Vergleich zweier Ortskirchen: Deutschland und die USA (8.–10.7.2011, Essen/Bochum).

[18] *Henkelmann (Hg.)*, „All are welcome!" (2009).

[19] *Sellmann*, ‚In the eye of the stranger' (2011), 198. „Gemeindebildung und -erfahrung [wird oft] als *clanning* und *clubbing* interpretiert." Ebd. 191.

[20] *Sellmann*, Katholische Kirche (2011), 61.

[21] Ebd., 55.

[22] Ebd., 56.

[23] Ebd., 58.

[24] Erwähnt sei hier nur kurz die Erfahrung, dass am Ende einer Heiligen Messe in St. Sabina, Chicago, die Beauftragten für die Krankenkommunion von der ganzen Gemeinde ausgesandt wurden und auch alle in der Kirche anwesenden Lehrer von der gesamten Gemeinde gesegnet wurden.

[25] Vgl. dazu u.a. *Richardy*, Giving back my gifts (2009); *Sellmann*, Katholische Kirche (2011), 84–94.; *Döring*, Erfahrungsbericht (2011).

[26] *Sellmann*, Katholische Kirche (2011), 88.

[27] Zwar gibt es auch Zuschüsse vom Bistum und eine Art Pfarreien-Finanz-Ausgleich, doch sind die Pfarreien primär selbst für ihre ökonomische Sicherheit verantwortlich. Damit verändern sich insgesamt, wie Rev. Robert J. Heidenreich, einer der Organisatoren des CrossingOver Programms auf amerikanischer Seite, es formuliert, Dynamiken. Während er in Deutschland eine dem Geldfluss ent-

sprechende „top-bottom-dynamic“ entdeckt, charakterisiert er für die USA eine „bottom-top-dynamic“.

[28] Vgl. dazu u.a. die Überlegungen der US-amerikanischen Bischofskonferenz „Called and Gifted for the Third Millennium“ Quelle: http://old.usccb.org/laity/calleden.shtml (abgerufen am 12.9.2012).

[29] http://www.siena.org/Called-Gifted/called-a-gifted (abgerufen am 12.9.2012)

[30] Vgl. dazu auch das Kapitel „Charismen kann man *scannen*“ bei *Sellmann*, Katholische Kirche (2011), 130–142.

[31] Vorbildlich sind hierfür u.a. St. Clement, Chicago und St. Anne, Barrington. Dort findet man ein ausgearbeitetes Buch mit Möglichkeiten und Notwendigkeiten und einem angehängten kurzem Charismencheck. Natürlich sei an dieser Stelle auch das *Ministry Directory* der Pfarrei OLPH genannt (http://www.olphglenview.org/webfm_send/929). Hier werden Möglichkeiten geschaffen!

[32] *Döring*, Erfahrungsbericht (2011), 33.

[33] Dazu gehört auch, dass alle Treffen mit einem Gebet eröffnet werden.

[34] http://www.mycrhp.org/MYCRHP/Welcome.html (abgerufen am 12.9.2012)

[35] http://www.cursillo.de/ (abgerufen am 12.9.2012)

[36] http://www.renewintl.org/renew/Index.nsf/vPages/ARISEOverview?OpenDocument (abgerufen am 12.9.2012)

[37] http://www.bostoncatholic.org/Events-Calendar/Event-Detail.aspx?id=17196 (abgerufen am 12.9.2012).

[38] Dieses Programm wird nun von Loyola Press veröffentlicht http://www.loyolapress.com/meeting-christ-in-prayer.htm (abgerufen am 12.9.2012).

[39] Die Evangelische Kirche in Deutschland versucht die Möglichkeiten einer solchen geistlichen Erneuerung mit ihren „Kursen zum Glauben“ zu heben (vgl. http://www.kurse-zum-glauben.de/startseite/) (abgerufen am 12.9.2012). Im katholischen Bereich gibt es zwar zahlreiche Glaubenskurse (Cursillo, Wege erwachsenen Glaubens, Speyerer Glaubenskurs etc.), doch erscheint deren Einbettung in das Gemeindeleben vielerorts noch als Aufgabe.

[40] Vgl. beispielsweise http://www.olphglenview.org/liturgy/sacraments/becomeacatholicrcia (abgerufen am 12.9.2012).

[41] Vgl. *Mette*, Gemeinde (2011),9–10.

[42] S.o.

[43] Die katholische Kirche begegnet übrigens diesem Phänomen hier in Chicago u.a. dadurch, dass in unmittelbarer Nähe zu dem Hauptquartier von Willow Creek eine Pfarrei gegründet wurde, die diesem Stil (Musik, Ästhetik etc.) eben mit katholischem Profil Konkurrenz machen soll, die Pfarrei „Holy Family“ in Inverness. http://www.holyfamilyparish.org/welcome-info/index.htm (abgerufen am 12.9.2012).

[44] Vgl. dazu: *Die deutschen Bischöfe,* „Zeit zur Aussaat" (2000). Vgl. auch die Informationen der Katholischen Arbeitsstelle für missionarische Pastoral (KAMP) (http://www.kamp-erfurt.de/) (abgerufen am 12.9.2012).

[45] *Lehmann,* Geleit (2000), 6.

[46] *Pollack/Rosta,* Religiöse Vitalität (2011), 82.

[47] Ebd., 67.

[48] Ähnliche Dynamiken finden sich bereits im Frühchristentum, als die sich gerade entwickelnde Kirche des Anfangs eine große Anziehungskraft auf die sich im nahen Umfeld der jüdischen Synagoge ansiedelnden „Gottesfürchtigen" ausübte.

[49] Verwiesen sei der Einfachheit wieder auf: http://www.olphglenview.org/.

[50] Vgl. zu diesem Thema den grundsätzlichen Beitrag von *Herbert Haslinger* in diesem Band und/oder *Haslinger,* Lebensort (2005).

[51] Vgl. zu diesem Thema auch: *Galluschke,* Connect! (2011).

[52] http://www.catholicismseries.com/ (abgerufen am 12.9.2012)

[53] Bemerkt sei an dieser Stelle nur die Bereitschaft zur *Projektevaluation.* Die zahlreichen *Umfragen* im Blick auf den Pfarrer, das Gemeindeleben, die Mitarbeiter und die Selbsteinschätzung der Gemeindemitglieder erscheinen in manchen Zusammenhängen ein wenig übermäßig, andererseits kann durch die zumeist für eine jeweilige Pfarrei durchgeführten Umfragen belastungsfähiges Material zu Verfügung gestellt werden, das für die weitere Planung auch genutzt wird.

[54] *Pollack/Rosta,* Religiöse Vitalität (2011), 63.

[55] Ebd., 73.

[56] Natürlich sind hier auch andere, bereits beschriebene Gründe auszumachen.

[57] *Pollack/Rosta,* Religiöse Vitalität (2011), 73.

[58] Vgl. *Mette,* Gemeinde (2011), 8. Vgl. dabei auch: *Bucher,* Überschaubarkeit (2011).

[59] *Sellmann,* ‚In the eye of the stranger' (2011), 209.

[60] *Bucher,* Entdeckung (2006), 83.

[61] Dabei ist jedoch auch die Gefahr des Parochialismus und des Kongregationalismus, also die Gefahr, dass die Autonomie der einzelnen Kirchengemeinde zur obersten Priorität wird, zu benennen, die bisher in den USA zwar wahrgenommen wird, der aber noch nicht angemessen begegnet werden kann.

[62] *Mette,* Bindung (2011), 144.

[63] *Bucher,* Gemeinde (2008), 22f.

III. Zusammenfassende Beobachtungen

Aus welchen Ressourcen schöpft die Gemeinde der Zukunft?

Zusammenfassende Beobachtungen zum aktuellen gemeindetheologischen Diskurs[1]

von Matthias Sellmann

Von Vielen wird derzeit die Frage nach der Zukunft der Gemeinde gestellt. Und von Vielen dieser Vielen mit banger Ahnung. Zwar setzt sich mehr und mehr die Einsicht durch, dass die etwa seit der Synode implantierte und konsolidierte Sozialform der ‚Gemeinde'[2] ihre Grenzen hat. Die Stichworte der Milieuverengung, der diakonischen Insuffizienz, der katechetischen Infantilisierung, der Segmentierung in ein aktives ‚Innen' und ein konsumierendes ‚Außen' und weitere Aspekte zeigen diese Grenzen an. Es gibt kaum noch Stimmen im pastoraltheologischen Diskurs, die das so stark einsozialisierte Ideal mündiger, politischer, gruppenaktiver, nahräumlich versammelter Christinnen und Christen rund um das Pastoralteam und den ortskirchlichen Altar ungebrochen vertreten. Faktisch tun dies ja nicht einmal mehr die Pastoralplanungsabteilungen der Diözesen selbst, die mit ihren Strukturreformen genau diesem Typ kirchlicher Sozialform wichtige Grundlagen entziehen.

Aber trotz all dieser Einwände und Grenzanzeigen muss man doch festhalten, schon in empirischer Sicht, dass wir hier nach wie vor über jenen Typ Kirchlichkeit sprechen, der in Deutschland die höchste Verbreitung, die intensivste regelmäßige Mobilisierung und eine sehr hohe Zufriedenheitsbelegung aufweist. Ob es einem gemäß pastoraltheologischer Kriterien passt oder nicht; ob man es für einen zukunftsfähigen Kirchennutzerstil hält oder nicht; ob man es begrüßt, dass die diözesanen Reformen mit ihrer Vergrößerung der pastoralen Räume frischen Wind in die Szene bringen oder nicht – fest steht, dass sich nach wie vor 50% aller deutschen Katholiken einer bestimmten Pfarrgemeinde zugehörig fühlen; diese ist zu 84% auch die wohnortnahe Gemeinde, wird von 69% als ideal oder nahezu ideal bewertet und ist für 64% sogar ‚ein wichtiger Teil ihres Lebens'.[3] Auch wenn diese Zahlen nunmehr sechs Jahre alt sind[4] und bei den interpretierenden Experten hohe Überraschung auslösten[5], deutet nichts darauf hin, dass die Idee der sogenannten ‚Gemeindekirche' in naher Zukunft ihre Mobilisierungs- und Plausibilisierungsbasis verlieren wird.[6]

Vor der Kulisse dieser Feststellung ist die Frage reizvoll, welche Ressourcen denn zur Verfügung stehen, um der Praxis- und Sozialform ‚Gemeinde' eine gute Zukunft zu ermöglichen. Woraus können Akteure schöpfen, welche Unterstützungen sind zu finden, wenn Getaufte daran gehen, eine Gemeinde – ‚ihre' Gemeinde – vor Ort wieder zum Leben zu erwecken oder gar neu zu gründen – was immer sie genau unter ‚Leben' und ‚Gründung' verstehen? Ganz pragmatisch: Angenommen, man wollte einen Coaching-Kurs konzipieren, der solche gemeindlichen Gründungs- oder Vitalisierungskompetenzen schulen wollen würde – was wäre sein Curriculum?

Die Beiträge in Teil II dieses Bandes geben auf diese Fragen eine erste Antwort. Insgesamt findet die Leserin, der Leser sechs Hinweise auf Ressourcen zukünftiger Gemeindeentwicklung, die entweder von allen oder doch von den meisten hier versammelten Expertenstimmen gesehen werden. Dies ist durchaus überraschend und war so nicht erwartbar. Der Befund deutet aber darauf hin, dass es augenscheinlich trotz der allgemeinen Diffusität der Gesamtlage durchaus größere Linien gibt, die sich entweder deswegen nahelegen, weil theologisch und / oder soziologisch vieles positiv für sie spricht, oder deswegen, weil es angesichts der gegebenen Bedingungsrahmen kaum Alternativen zu geben scheint.

Diese Ressourcen werden im Folgenden zuerst von den Beiträgen des Teils II her entwickelt und dort, wo es sich anbot, von den Theorieperspektiven aus Teil I kurz kommentiert. Der Beitrag führt damit noch einmal synoptisch zu jeder Autorin und jedem Autor zurück.

Ressource 1: Pneumatologisch gewendete Ekklesiologie und die Charismen der Einzelnen

Es ist schon auffällig, wie oft in den Beiträgen des zweiten Buchteils der Begriff des ‚Charismas' fällt. Ganz offensichtlich liegt auf ihm eine hohe konzeptionsbezogene Hoffnung; er scheint ein Portal zu bieten für das Verlassen eines alten und das Aufnehmen eines neuen ekklesiogenetischen Pfades. Der Begriff fällt bei *Steinebach* im Zusammenhang ihres Konzeptes einer Ermöglichungspastoral (252ff). *Hermann* referiert ihn im Zuge seiner Skizze zum *Stewardship*-Modell der US-Kirche (378f). *Hennecke* konzipiert im Rahmen seiner laborähnlichen „induktiven Ekklesiologie" einen „charismatischen Überschuss der Kirche" (beide 270f) und sieht hierin die eigentliche Ressource für Kirchenentwicklung. *Böhnke* bezieht in seiner Diskussion über Gemeindeleitung die theologische Rechtfertigung für die Inanspruchnahme des c. 517 § 2 CIC im Geistwirken Gottes, der die Christen begabt (316). *Wustmans* erarbeitet ihr Portfolio pastoraler ‚Anders-Orte' von den Differenzpotentialen der unterstellten Charismen im Volk Gottes her (289). *Fischer* sieht im Charismenbegriff den Selbstschutz theologischer Qualitätsmodelle vor eindimensionalen Rollenfunktionalitäten kirchlicher ‚Mitarbeiter' (342). Und *Bauer* schließlich entwickelt seine „pneumatologisch grundierte Doppelekklesiologie" (359) nach Zerfass und Rahner als gnadentheologischen Diskurs rund um die Pole der örtlichen Konzentration (‚Gemeinde'/communio) *und* der räumlichen Entgrenzung (‚Pfarrei'/missio). Das Wandercharisma brauche die Residenzpflicht der Kirche und umgekehrt (353).

Eine solche Übereinstimmung in der ekklesiologischen Grundkonzeption ist sicher kein Zufall. Natürlich könnte man argumentieren, dass hier einfach neueste Ekklesiologie betrieben wird, die die Selbstentdeckung der Kirche auf dem Zweiten Vatikanum nachvollzieht – und die war eben pneumatologisch.[7] Tatsächlich betont ‚Lumen Gentium' ja die Gleichheit aller Gläubigen (Nr. 32), die Wichtigkeit der Charismen für den Aufbau der Kirche (Nr. 12; ähnlich AA Nr. 3), die Partizipation aller Christen am dreifachen Amt (Nr. 31) sowie die aktive Teilnahme aller an der Heilssendung Christi (Nr. 33).[8] Trotzdem sprengen aber die genannten Bezugnahmen auf die charismatische Dimension des Katholischen diese sehr großformatig aufgespannten Horizonte der Kirchenkonstitution. Diese lesen sich ja teilweise nach wie vor wie eine Art Ständelehre.

Nein, in den hier publizierten pastoralpraktischen Beiträgen vollzieht sich etwas anderes, und dieses weist ganz deutlich in eine bestimmte Richtung, die nach Maßgabe der hier versammelten Expertise die Gestalt von Gemeinde in der Zukunft prägen wird. Gemeint ist die Hoffnung, es könne in die Routinen unserer kommunialen Vergemeinschaftungen mehr und mehr die Erwartungen an Individualisierung und Biografisierung des religiösen Lebens eingespielt werden. Der Charismenbegriff, so meine erste Beobachtung, wird zur Chiffre, über die man eine bestimmte Modernisierung des Gemeindlichen erreichen will. Man benutzt ihn, um das Recht, aber auch das Potenzial des seiner selbst bewussten Einzelnen in der religiösen Selbstbestimmung stärker zu beachten.

Diese semantische Strategie wird kaum auf seine offenbare Paradoxie hin problematisiert: Warum kommt es gerade im Zusammenhang der Frage nach der Zukunft der *Gemeinde* zu einer Betonung des religiösen *Einzelnen*? Müsste eine charismenoffene Gemeindetheologie nicht auch darüber reflektieren, dass der Begriff biblisch 17mal genannt wird, dabei bis auf den ersten Petrusbrief (4,10) immer bei Paulus, dieser ihn aber gerade kollektivspezifisch verwendet, nämlich um die Gaben der Einzelnen in das Ganze der Gemeinde einzubinden (vgl. nur 1 Kor 12)?

Hier, in der Entdeckung des Charismenbegriffes, liegen erste Ansatzpunkte, an denen die theoretische Debatte des ersten Teils zu befragen ist. *Bucher* etwa markiert ja sehr deutlich, dass die Gegenwartskultur geprägt ist von der zunehmenden Spannung der Pole Gemeinschaft-Individuum. „Die Grundfrage von Kirchenbildung unter spätmodernen Bedingungen ist eben nicht, wie viel Gemeinschaft kann gegen den Freiheitsdrang des Einzelnen noch gerettet werden, sondern (...), „Wie stiftet Freiheit ekklesiale Sozialität?“ (37; vgl. auch 30–33). Ganz ähnlich markiert *Haslinger* das Grundproblem: der Konstruktionspunkt der Gemeinde-Idee „ist gerade nicht das Subjektsein der Gläubigen, sondern deren neue Anbindung an die Kirche.“ (75) Die Gemeinde-Idee „ist (...) die Fortsetzung des Patriarchalismus mit anderen Mitteln.“ (78) In der Problembeschreibung ähnlich, allerdings in einer anderen Argumentationsrichtung bestätigt auch *Wollbold*, „dass die Frage von Freiheit und Bindung die Kernfrage des Ganzen darstellt.“ (128)

Angesichts solcher Befürchtungen wäre zu diskutieren, inwiefern der Charismenbegriff geeignet ist, das individuelle Freiheitspotenzial religiöser Selbstbestimmung erstens zu artikulieren und ihn zweitens hinsichtlich der kreativen Bildung ekklesialer Sozialformen so einzuspielen, dass man ihn am Ende eben doch nicht wieder uniformiert und domestiziert. Zunächst einmal bietet er die Chance dazu, lässt er sich doch schon gut paulinisch sowohl individuell wie sozial ausbuchstabieren.[9]

Pastoralpraktisch hat die Begriffsverwendung des Charismas drei Facetten: Theologisch wird sie in die neu erkannte Bedeutung der Kirchwerdung aus der Taufe gebracht (Ressource 2); machttheoretisch wird damit der Bereich der unsichtbaren Kirche stark gemacht und mit dem der sichtbaren Kirche in einer christologisch fundierten Ekklesiologie kontrastiert – etwa in der Leitungsfrage von Gemeinde (Ressource 3). Soziologisch wird sie mit dem Phänomen religiöser Biografisierung gekoppelt (Ressource 4).

Ressource 2: Taufe und neues Taufbewusstsein

Der Ursprung des für die Zukunft der Gemeinde als bedeutend ermittelten Charismas der Christinnen und Christen liegt in ihrer Taufe. Die in ihrer Popularität eher junge Entdeckung des Charismenbegriffes in der gemeindetheologischen Literatur korrespondiert mit einer neuen Entdeckung der Taufe. Beide Semantiken haben erkennbar eine ökumenische Dimension, und beide Bewusstwerdungsprozesse, das darf man begründet vermuten, entstehen vor allem aus der Wahrnehmung von Laien, dass sich die Hauptamtlichen aus dem pastoralen Nahraum zurückziehen (müssen). Plötzlich wird ein Gestaltungsfeld frei, das die einen bejubeln und das die anderen überfordert. Jedenfalls steht die Frage im Raum, wer das bisher als Kirche Angebotene jetzt weiterführt, ob überhaupt, wer das entscheidet und wer überhaupt was könnte, wenn man sich für bestimmte Dinge entschiede.

Es ist wichtig festzuhalten, dass es sich hier keineswegs nur um eine Umsteuerung von Verantwortlichkeiten auf andere Schultern und damit um einen rein logistischen Prozess der Arbeitsoptimierung handelt. Der unüberhörbare Hinweis auf die Taufwürde der Gläubigen, der übrigens schnell die Konsequenz erkennt, nun auch Taufpflichten einzufordern[10], ist die geistliche Verarbeitung einer neuen Kirchenerfahrung. In Zeiten, in denen Geweihte und von Geweihten mit einer Sendung ausgestattete Professionelle vor Ort die Pastoral ‚machen', denkt man weniger an das, was aus der eigenen Taufe folgt, als in Zeiten, in denen man sich plötzlich im Pfarrheim nur noch unter seinesgleichen, also unter (unbezahlten) Laien vorfindet. Wenn man so will, wäre pointiert zu sagen: Das Verblassen der Weihe ist gegenwärtig der Grund für das Erleuchten der Taufe. Dies ist nur vordergründig ein schiefer Satz angesichts der Formulierung aus LG 10, dass Priester und Laien eben keinen Unterschied im Grad, sondern nur im Wesen aufweisen, und beide Realitäten darum nicht gegeneinander ausgespielt werden können. Denn es geht ja nicht um eine kompetitive, schon gar nicht um eine kausale, sondern um eine konstellative Feststellung: Ekklesiogenese als Gemeindeentwicklung ist heute mehr und mehr unter der Rücksicht zu denken, dass der faktische Einfluss der weniger werdenden Träger des Weihesakramentes bzw. der Hauptamtlichen abnimmt und sich damit ein neuer Praxisraum von getauften Amateuren[11] auftut.

Hennecke fasst Kirche daher als „die Wirklichkeit gemeinschaftlich gelebter Taufgnade, die in einem fortlaufenden Prozess der existentiellen Erneuerung steht." (279). In weltkirchlicher Perspektive weist *Hermann* darauf hin, dass im US-Katholizismus der Erwachsenenkatechumenat ein sehr wichtiger Bestandteil der Gemeindeentwicklung ist (380). *Steinebach* diskutiert diese Entwicklung unter dem Begriff der Berufung (256f). Und zusammen mit *Fischer* ziehen beide sofort die entscheidende Konsequenz: Gemeindebildung aus der Taufwürde heraus ist prozessual eine Sache der laikalen Selbstorganisation und Selbstreflexion. Notwendig ist eine „intensive, basisgemeindliche Förderung der Gemeindebildung“ (339), die Ausstattung mit „Zuständigkeitskompetenz“ und systemischem „Empowerment“ (Steinebach 263) ist Teil verantwortlichen Führungshandelns mit dem Ziel, kompetente Selbstorganisation zu ermöglichen (253).

Halten wir kurz fest: In der pneumatologischen Drift der Ekklesiologie bildet der Begriff des Charismas mit dem der Taufe ein Konglomerat, das im Zuge der Gemeindewerdung als Kompetenz zur gemeinsamen Selbstorganisation präzisiert werden kann. Die Zukunft der gemeindlichen Präsenz der Gottesrede wird demgemäß stark von ‚Leuten‘[12] abhängen, die ihre Taufe als aktiven Handlungsimpuls verstehen und sich immer stärker jenseits hauptamtlicher Vorgaben oder Hilfen selbst organisieren (können).

Von der theoretischen Debatte her ergibt sich hier ein möglicher Einspruch. Mit *Haslinger* müsste man aufmerksam sein, ob die Erneuerung des Taufbewusstseins nicht doch wieder in eine latent elitäre Idee einer Entscheidungs- und Bekenntniskirche und in eine Engagementerwartung einmündet, die vor allem gemeindefixierte ‚Mit‘-Arbeit honoriert (vgl. nur 82f). Man müsste realistisch fragen: Wer sind diese Laien, die sich an der Basis selber organisieren und überhaupt hierzu Kompetenz und Zeit haben? Auf welches Ziel hin sollen sich diese organisieren und mobilisieren: Ziele der Gemeindeentwicklung, oder Ziele im Sinne der ‚diakonischen Kirche‘ bei *Haslinger* (84–86), für die die Gemeinde nicht mehr ist als das Werkzeug, um in einer voll akzeptierten säkularen Welt „den Menschen zu einer heilvollen Zukunft zu verhelfen“ (86). Tatsächlich ist ja etwa die Bewegung rund um ‚Kleine Christliche Gemeinschaften‘ klar diakonisch ausgerichtet, weil sie das Taufsakrament so in den Vordergrund rückt.[13] Trotzdem wird man auf *Haslingers* Notiz zu achten haben: Gerade kleine Gruppen tendieren zu normativ imprägnierten wechselseitigen Beobachtungen, die die interne Gruppenkohäsion gegenüber dem externen Gruppenzweck höher prämieren.

Ein Weiteres: Die Betonung der kirchenbildenden Taufe träfe bei *Wollbolds* Ableitung der Pastoral aus den Ämtern Christi wohl schnell auf Nachfragen. Diese beginnen spätestens dort, wo die Amtsrepräsentation Christi im Leitungsamt des Geweihten lokalisiert wird. *Mette* argumentiert, dass die ursprüngliche Gemeinde-Idee ab den 1970ern genau deswegen nur eingeschränkt kirchenreformerisch zur Geltung kommen konnte, weil der Klerikalismus der Bistumsleitungen hier blockierte. „Und hätten Kirchenleitungen nicht immer wieder aus Angst vor zu großer Eigenständigkeit und Mündigkeit reglementierend-restriktiv in Gemeindeerneuerungsprozessen eingegriffen (...) wäre es um den Zustand vieler Ortsgemeinden nochmals um einiges besser bestellt" (190; vgl. auch 101; kritisch 171f). Das Vermächtnis der Gemeindetheologie scheint *Mette* nicht eingelöst.

Operativ sind wir damit beim Aspekt der Gemeindeleitung angelangt.

Ressource 3: Die Lehre vom ‚Gemeinsamen Priestertum aller Getauften' und die Neufassung der Leitungsproblematik

In den meisten Beiträgen des pastoralpraktischen Teils II wird das Zukunftsbild einer von der Taufe und dem Charisma der Einzelnen her als Konzilstheologie des ‚Gemeinsamen Priestertums' gefasst.

Der Begriff fällt wörtlich oder sinngemäß in allen hier versammelten Beiträgen. *Bauer* entwickelt ihn von der *munus*-Etymologie des Begriffes Communio (358), *Steinebach* von der zu schaffenden und zu schätzenden Pluralität des Pastoralteams her (263). *Fischer* sieht im ‚allgemeinen [sic!]

Priestertum‘ die Chance, das Schema der ‚Mitarbeit‘ in eine Kultur echter Integration zu wechseln (342). Nähe – Sendung – Hingabe – explizite Spiritualität: das sind die „Merkmale einer zukünftigen Kultur des Kircheseins“ bei *Hennecke* (279), die für ihn nichts anderes darstellen als die Entfaltung der Lehre vom Gemeinsamen Priestertum. Diese sei besonders den Leitungsverantwortlichen nahezulegen, da Ekklesiogenese nicht nur einen Ergebnis-, sondern vor allem einen Prozessbezug hat: Dort, wo Getaufte ihre Gaben vor Ort einbringen dürfen, um kirchliche Präsenz aufzubauen, wird schon sichtbar, was erst noch entstehen soll.

Die Beiträge zeigen damit eine doppelte Funktionsverwendung der Theologie vom Gemeinsamen Priestertum: Angepeilt ist erstens eine Überwindung des Ständischen in der Kirche, einem Schema, das oft einhergeht mit der Idee vom sogenannten Heilsdienst der Geweihten und Weltdienst der Laien. Hiergegen soll das Gemeinsame Priestertum nicht nur die Gleichheit beider Dienste behaupten, sondern auch die Effektivität und Effizienz des Handelns erhöhen, da man aus der Synergie Getaufter und geweihter Getaufter schöpfen können will. Zweitens tendiert der Begriffsgebrauch zur Forderung an eine neue Leitungskultur. Diese richtet sich vornehmlich an das ‚Besondere Priestertum‘, beinhaltet aber auch eine Botschaft an alle.

Besonders der Beitrag von *Böhnke* entfaltet diesen Aspekt. Sein Referat des Aachener Prozesses hin zu ‚Gemeinsamer Gemeindeleitung‘ unter den Zeichen des c. 521 § 2 CIC trägt viele weiterführende Aspekte bei: so etwa, dass die Installation solcher Schritte von der Diözese auszugehen hätte, gleichwohl aber durch engagierte Pfarrer vor Ort beschleunigt werden kann[14]; dass man hier trotz der geistlichen Überschrift in die Dimension ganz konkreter und voraussetzungsreicher Organisationsentwicklung eintritt; dass sehr differenziert noch einmal zwischen den Laien im Ehrenamt und im Hauptamt zu unterscheiden und für letztere wohl der genaue ekklesiale Status noch gefunden werden muss. Auffällig ist allerdings, dass es in der Sache um das Gemeinsame Priestertum geht, der Begriff selbst aber im Aachener Prozess nicht prominent gefallen zu sein scheint. Auch dies deutet darauf hin, dass es sich um eine eher jüngere Wendung des Diskurses handelt, die sicher durch die mehr und mehr konstatierte Krise eines Priestermangels, aber wohl auch durch das ‚Jahr des Priesters' und die Erinnerungsfeierlichkeiten zum Vatikanum II befördert wurde.

Der Begriff hat jedenfalls unverkennbar Konjunktur und stellt eine potenzialreiche semantische Ressource dar. Er gibt den Getauften einen neuen und für viele unerwarteten ekklesialen Ort; er verleiht eine neue Optik auf die Beheimatung des Geweihten im Volk Gottes (und nicht diesem gegenüber); er vitalisiert die große Milleniums-Idee des verstorbenen Papst Johannes Paul II. von einer „Spiritualität der Gemeinschaft".[15]

Ekklesiologisch ist zu beachten, dass die Inkraftsetzung der Lehre vom Gemeinsamen Priestertum in einer bestimmten Weise die Dimension der sogenannten unsichtbaren Kirche stark macht, von der LG 8 spricht. Hier wird die Bedeutung des Priesterlichen von seinem amtsrepräsentativen auf seinen charismatischen Akzent verlagert und damit potenziell verbreitert. Das Besondere Priestertum wird eher pneumatologisch gelesen und damit passender in eine gesamtkirchliche Schau eines Volkes Gottes der Getauften aufnehmbar. Diese Verschiebung kontrastiert die eher christologisch fundierte Theologie des Priesters (als caput christi, als vicarius usw.), welche immer die sichtbare Kirche, ihre Institutionalität und ihre Rollenhierarchie stark gemacht hat. Mit dem bekannten Schema von Hans-Joachim Sander kann man sagen: Das Gemeinsame Priestertum macht die von allen Getauften zu bildende *Pastoral*gemeinschaft Kirche stark und überwindet eine rein *religions*gemeinschaftliche Sicht auf den geweihten Priester. In die Ekklesiologie kommt damit Akteursvielfalt, Lastenausgleich, Interpretationsplural und ein deutlicher Primat der Aufgaben- vor der Sozialformorientierung.[16]

Instruktiv ist im Übrigen *Böhnkes* Beobachtung, dass die eigentliche Begründung für eine operative Inkraftsetzung von Modellen gemeinsamen Priestertums nicht im Priestermangel liegt[17], sondern im Anachronismus monarchischer Leitungsmodelle (312). Es passe weder praktisch noch theologisch noch zu den „Zeichen der Zeit" (ebd.), Leitung an den zu Leitenden vorbei zu organisieren. Vielmehr liegt das eigentliche Argument für Umsetzungen des Gemeinsamen Priestertums darin, die Leitungskompetenz von Laien zu unterstellen und ihr zu vertrauen. Auch *Wollbold* betont die Verwiesenheit aller Dienste aufeinander, wenn er formuliert: „Nicht zuletzt macht diese Ausrichtung den Priestern auch klar, wie sehr sie auf das Mitwirken aller Gläubigen in diesen drei Ämtern angewiesen sind; so wird das Verbindende betont, ohne doch den Priester in seiner unverzichtbaren Sendung zu relativieren." (211)

Dort, wo der Begriff einer Kompetenz fällt, die gerade nicht aus einer sakramentalen, sondern einer sozusagen naturalen Dimension herrührt, vollzieht sich eine interessante und überraschende Wendung, die zu einem nächsten Punkt führt. Offenbar gibt es auch Kontextbeobachtungen, soziologische Ressourcen, auf die künftige Gemeindeentwicklung zurückgreifen kann.

Ressource 4: Biografisierung des Religiösen

Auch in diesem Punkt zeigen die pastoralpraktischen Beiträge größtmögliche Übereinstimmungen: Die zukünftige Gemeindeentwicklung wäre von denen her zu konzipieren, mit denen sie vollzogen werden soll. Die biografischen Potenziale der Leute sind dabei nicht nur willkommene Hilfen zur Bewältigung der anstehenden pastoralen Arbeit.[18] Vor allem sind sie normativ. Sie stellen den Maßstab dar, den Gemeinde nicht unterbieten will. Denn nach der Ekklesiologie des letzten Konzils ist Kirche nicht eine Realität an denen vorbei, die sie bilden, sondern präsentiert instrumental und zeichenhaft den Gott, der in seinem Volk wohnt. Kirche als Leib Christi ist gemäß LG 1 der Leuchtkörper Gottes und gemäß GS 1 der Klangkörper der Menschen. Insofern bilden die Lebenslogiken der Leute eine unverzichtbare Orientierung, ja nach GS 44 sogar ein Lernprogramm dafür, was an Offenbarung heute kirchlich zu artikulieren wäre – und was eher nicht.[19]

In den hier publizierten Beiträgen wird diese normative Orientierung vielfältig nachvollzogen. Programmatisch etwa bei *Wustmans*: „Es geht darum, sich von den Lebensfragen der Menschen her zu formatieren und neu zu entwerfen." (291). *Steinebach* bietet nach Angelika Eckart den Begriff der „Lebenslandkarten" (253ff), an deren Topografie Gemeindeentwicklung nicht vorbei gehen sollte. *Wustmans* widmet dieser biografischen Verortung ihren ganzen Beitrag: Ausgehend von der Einsicht in den zu beachtenden Zustimmungsvorbehalt der eigenen Mitglieder (288), der milieusensible Glaubenskommunikation nahelegt, entwickelt sie das differenzierungstheoretische Konzept der ‚Heterotopie': Biografische Praxis produziert semantische und strukturelle Überschüsse, die von vorgängiger pastoralplanerischer Theorie weder geahnt noch vorgespurt werden können. Freiheitshandeln, das haben etwa Rahner und Pröpper eingehend dargelegt, ist generell als nicht deduzierbare Dimension zu betrachten. Insofern kann die Theologie sich überraschen lassen, welche Orte biografisches Handeln hervorbringen und welche Orte die Entfaltung biografischer Freiheit benötigen. Ganz ähnlich wie das Konzept der Kirch-Orte nach Pohl-Patalong[20] empfiehlt *Wustmans* der Pastoraltheologie daher, Gemeindeentwicklung von den Orten her zu denken, an denen sich biografischen Bedeutungen verdichten, mitteilen, strukturieren. Hier liegt sozusagen das pastoralgemeinschaftliche ‚Material' der Ekklesiogenese. Beispiele sind der Kindergarten, der Religionsunterricht, die City oder das web.

Die Pointe eines solchen ekklesialen Ansatzes liegt in der Umkehrung von einer Komm- in eine Geh-Struktur. *Hennecke* bringt dafür ein eindrückliches Bild (281): Wo ein Kranker ist, soll Gemeinde nicht nur bedeuten, dass man ihm einmal im Monat die Krankenkommunion bringt. Vielmehr soll das, was man ‚Kirche' nennt, das sein, was rund um diesen Kranken wächst: Man besucht ihn; man isst zusammen am Krankenbett; man lässt sich von biblischen Erzählungen inspirieren; man betet gemeinsam; man ist, so wie es GS 1 sagen würde, krank mit dem Kranken. Kirche entsteht an einer biografischen Kreuzung. Kirche baut keine eigenen Orte und erwartet dann, dass sie von Besuchern ‚bespielt' werden – was für ein Unwort! – sondern qualifiziert (bereichert, artikuliert, interpretiert usw.) die Orte, die es schon gibt, weil sie durch biografische Dynamiken errichtet und auf Dauer gehalten werden. So entstehen *fresh expressions of church*, wie die Anglikaner es nennen[21]: „Kneipenkirchen, Skatergemeinden oder mittägliche Lunchpredigten" (282).

Diesen Faden nimmt *Bauer* auf. Unter Hinweis auf französische Theologie vor dem Konzil zitiert er die gemeindetheologische Quintessenz der damaligen Erfahrungen, die für die nachfolgende Entwicklung wegweisend wurden: „Die Pfarrei kann ihre heilbringende Mission nur dann erfüllen, wenn sie bis ins Detail der menschlichen Realitäten inkarniert ist." (356) Die Pfarrei, die Gemeinde als der Ort all derer, die auf dem Territorium wohnen, ist der ‚Lebensort für alle', wie Herbert Haslinger das nennt. Und dies nicht aus pastoraler Raffinesse, aus einem verkürzten Dienstleistungsgedanken oder krudem Mitleid mit unverstandenen Lebenslogiken. *Bauer*: „Mission bedeutet in diesen Zusammenhang weniger, dass die anderen uns brauchen, sondern vielmehr, dass wir die anderen brauchen: die anderen Menschen mit ihren anderen Lebensgeschichten, mit ihren anderen Sozialmilieus und mit ihrem anderen Gotteswissen." (ebd.)

„Das Leben meiner Pfarrei ist (...) das Leben aller anderen Menschen" (357): Dieser idealistische Satz – dessen Realisierungsmöglichkeit im Übrigen soziologisch durchaus zweifelhaft ist – ist nichts anderes als die intelligente Schlussfolgerung aus dem, was aktuelle Religionssoziologie als eine der wichtigsten religionsproduktiven Tendenzen beobachtet. Die einfache säkularisierungstheoretische Gleichung, dass religiöse Intensität und Relevanz proportional zum steigenden Modernisierungs- und Individualisierungsgrad einer Gesellschaft abnimmt, stimmt so nicht. Es ist deutlich erkennbar[22], dass gerade die Bedingungen von Wahlfreiheit, Optionenvielfalt und der Buchung kollektiver Risiken auf das Konto des Subjekts einen enormen Bedarf nicht nur an mentaler Selbstdeutung, sondern auch an sozialer Vergewisserung über diese Selbstdeutungen generieren.[23] Hier werden religiöse und religionsanaloge Sprachspiele plötzlich sehr attraktiv, wie ein auch nur oberflächlicher Blick in Werbe-, Kino-, Zeitschriften- oder etwa Tourismuswelten zeigt.

Die komplexe Gesellschaftstheorie hinter diesem Argument kann hier nicht vorgestellt werden.[24] Wichtig für den hier einschlägigen Diskurs der Gemeindetheologie ist aber die Feststellung, dass die funktionale Differenzierung der Moderne in den biografischen Orientierungsstrategien der Leute ein enormes Reservoir von und für religiöse oder religionsanaloge Artikulationen hervorbringt. Das Diktum, man dürfe Kirche nicht an den Lebenskreationen der Leute vorbei organisieren, bedeutet zwar nicht, dass man sich den hier gegebenen Bedürfnislogiken einfach ausliefert und ihre Normativität theologisch zu kurzschlüssig ansetzt – bekanntlich der Standardvorwurf an die Vertreter einer milieusensiblen Pastoral. Dies stellt *Fischer* unmissverständlich klar: „In der pastoralen Arbeit geht es nicht darum, allen Kunden und Milieus gerecht zu werden, sondern in erster Linie heißt ihre Berufung, der empfangenen Kunde gerecht zu werden – und zwar unabhängig davon, was mögliche Kunden davon halten." (338) Trotzdem stimmt auch der andere Pol der Aussage. Die Verkündigung ‚des Evangeliums', was immer man substantivisch darunter versteht, kann von ihrem eigenen Inhalt her gar nicht als reine und dann mythische Fremdmitteilung verstanden werden. Das individuelle Leben, in das sich die Selbstmitteilung Gottes hineinsprechen will, ist immer mehr als ein leerer und dann austauschbarer Container; Verkündigung ist als christliche immer auch individuell, biografisch und angelegt auf eine im Subjekt angelegte Entscheidungskompetenz. Pastoral ist Beziehungshandeln, wie auch *Fischer* betont, und so verstanden ist ihm die Orientierung am Kundenbegriff auch eine „konsequente Kontextualisierung von Kirche" (336). Dies ist kein Makel, wie diejenigen es gerne darstellen, die den ersten Vorzug des Christseins in einer von Subjektivismen unverfälschten Lehre erblicken, sondern eine enorme Chance – gerade in einer Gesellschaft, deren Bedingungen es unausweichlich machen, sich als Person je neu situativ zu entwerfen, zu präsentieren und weiter zu entwickeln.

Gemeinde wird Zukunft haben, wenn sie diese Religionsproduktivität als eigenen Wachstumsfaktor einrechnet, um damit zum inneren Wachstumsfaktor jener Leute zu werden, die sie bilden. Dieses Projekt ,Lebensnähe' zieht einiges an organisationaler Intelligenz nach sich: Wie *Hermann* aus den USA berichtet, gehören hierzu Programme der Partizipationsförderung genauso wie umfassendes Medienengagement oder Arbeit an einer Kultur der Gastfreundlichkeit.

Hierzu sind in den Theoriebeiträgen des Teils I zwar unterschiedliche Akzentuierungen zu bemerken: *Wollbold* präferiert eher Verben des Gewährens des Kommen-Lassens als des Hingehens, wenn er betont: Gemeindetheologie und -praxis werde „Mittel und Wege finden, die Menschen zur Kirche zu führen und sie darin zu beheimaten" (61). Er markiert: „Sammlung steht vor Sendung." (146) Hieran stoßen sich die Ansätze der anderen und entwickeln die Ekklesiologie aus der Missiologie, aus dem Auftrag. Trotzdem ist auch *Wollbolds* Konzeption schon wegen ihrer starken Betonung der Seelsorge biografisch ausgerichtet. Auch der oftmalige Rekurs der Beiträge auf die Ergebnisse der pastoralsoziologischen Milieuforschung zeigt, wie genau man sich von den pluralen biografischen Logiken her orientiert.

Ressource 5: Nähe, Lokalität

Eng mit der biografischen Orientierung ist die Drift der Beiträge gekoppelt, Gemeinde im Nahraum zu verorten. In einem bestimmten Sinn scheint dies sogar die wichtigste Ressource zu sein, die zu sichern wäre. Dabei ist der Begriff der Nähe ja mehrdeutig: Dass die Gemeinde nah an den Lebenswelten sein sollte und sich etwa an den bedeutungsverdichtenden säkularen ,Anders-Orten' (*Wustmans*) bilden kann, wurde in den vorigen Abschnitten bereits deutlich. Jetzt geht es um die klassisch territoriale Füllung des Begriffes – und damit, wie die Kontroverse zwischen *Bucher, Wollbold, Haslinger* und *Mette* überdeutlich zeigt, um einen echten Streitpunkt. Nach Maßgabe der hier konsultierten

Pastoralpraktiker im Teil II scheint es aber wenig Interpretationsraum zu geben: Ihrer überwiegenden Meinung nach werden die Gemeinden ihre Zukunft auch daraus beziehen, dass sie nah erreichbar bleiben.

Ob man das mit *Hennecke* und den Erfahrungen von Poitiers als ‚proximité' benennt (279) oder mit *Wustmans* und *Bucher* als „basisnahe Verweisagentur" (291); ob man Prozesse der Selbstorganisation an sich oder schon mit Hinblick auf Leitung reflektiert (*Steinebach*, Böhnke); ob man, bei aller Ambivalenz, die Dienstleistungsqualität von Gemeinden beurteilt *(Fischer)* oder nach den Gründen für die satte Vitalität ausgesuchter Parishes in den USA fahndet *(Hermann* – in allen Beiträgen geht es um das ‚vor Ort', oder, mit *Bauer*: um eine „Pastoral der gottesfrohen Nachbarschaft" (364). Gemeinde, das scheint die Sozialform des Christseins zu sein, die die nahräumliche Präsenz kirchlicher Grundvollzüge sicherstellt. Im Plural der heute zu diskutierenden Sozialformen wie Events, Pilgern, Medienkontakten, Bewegungen, Verbänden oder Kirch-Orten scheint das große Bonus der Gemeinde ihre wohnortnahe Lokalität zu sein. Die Gemeinde bezieht ihre Attraktivität offenbar nach wie vor aus der Tatsache einer Versammlung der Verschiedenen, die vorrangig weniger durch eine ähnliche thematische Fokussierung noch durch eine ähnliche lebensweltliche Situierung gebildet wird, sondern durch die Tatsache der komfortablen Erreichbarkeit und der Nachbarschaft.

Diese konzeptionelle Idee wird dabei nicht exklusiv, schon gar nicht normativ oder naiv vorgetragen. Man sieht die Gemeinde als eine Form unter anderen in einem ganzen Netzwerk *(Hennecke, Wustmans)* von kirchlichen Präsenzen im Raum der Pfarrei; man sieht die Sicherung von Lokalität primär als Leistung von Ehrenamtlichen und Laien; man denkt diese nachbarschaftliche Pastoral nicht von der Eucharistie her, sondern vom kirchenbildenden Kontakt mit dem Wort Gottes; man differenziert den kirchenrechtlichen Charakter der Leitungsfrage in die Ebenen von Pfarrei und Gemeinde *(Böhnke)*; man kontrastiert den Sammlungswunsch der Christen vor Ort mit dem diakonischen Sendungsbefehl in den Raum hinein *(Bauer)*. Trotzdem ist der Befund überraschend, wie viel man offenbar nach wie vor einer Präsenzform zutraut, die auf territoriale Logik setzt und Leute in ihrer Freizeit, also wahlförmig, jenseits von soziostrukturellen Differenzierungen versammeln will.

Dies ist von der allgemeinen gemeindetheologischen Debatte her zu beleuchten, die etwa in der bekannten Kontroverse zwischen Jürgen Werbick und Michael N. Ebertz einen Kristallisationspunkt gefunden hat.[25] Im Panorama der in diesem Band geführten Debatte ist es *Bucher*, der vor dem Hintergrund von funktionaler Systemtheorie, der in ihr implizierten kulturellen Pluralität und aus historischen Gründen am stärksten bezweifelt, dass eine kirchliche Sozialform allein in der Lage sein kann, solch eine lokale Gesamtrepräsentation des Glaubens zu leisten. Dies sei utopisch (107f sowie 205).

Der Optimismus in die ekklesiale Aufnahmekapazität von gemeindlicher Nahräumlichkeit wird auch gebrochen durch neue religionssoziologische Forschungen, die mit dem Begriffspaar von De- und Relokalisierung arbeiten. Hellemans / Damberg konnten ermitteln, dass sich seit etwa den 1960er Jahren eine Neuorganisation des Katholizismus ereignet, die die traditionelle Zweiteilung einer zentralistischen (Rom, kuriale Verwaltung usw.) und einer basalen (Pfarreien vor Ort) Ebene um eine dritte, nämlich die intermediäre Dimension erweitern. Hier, und eben nicht vor Ort, bilde sich die „neue Mitte der Kirche".[26] Gemeint ist vor allem die enorme Stärkung der diözesanen Verwaltungsapparate, die ihre rein infrastrukturelle Sicherungsrolle verlassen und nunmehr selbst pastoral aktiv werden: etwa mit eingreifender Raumplanung (Strukturreformen), personellem Angebot (Diözesanreferenten), Organisation von überpfarrlichen Events (Bistumstage) oder der Verstärkung der visitatorischen Kontrolle. Dieser Ausbau des Intermediären reagiert auf eine deutliche Schwächung der lokalen Ebene durch Priestermangel und erweiterter Mobilität der Gläubigen, letzteres gepaart mit deren ansteigendem Auswahlverhalten. „Eine Vertiefung des Glaubens lässt sich in den Augen der Gläubigen nicht mehr in erster Linie auf lokaler Ebene entwickeln.“[27] Auch Orden oder Vereine sorgen für einen Ausbau solcher mittlerer Ebenen zwischen basaler Parochie und der römischen Zentrale. Delokalisierung ist daher der Fachbegriff für den „Prozess der Lockerung der Ortsgebundenheit.“[28]

Nun muss dieser Befund nicht sofort gegen die Modellierung der Gemeinde ‚in gottesfroher Nachbarschaft‘ *(Bauer)* sprechen. Schon seit Talcott Parsons wissen wir, dass die beeinflussbare Kultur homogenisiert, wenn die Struktur komplexer wird und differenziert. Bei hoher Komplexitätserfahrung greift die Kultur zu vereinfachenden Generalsemantiken. Pointiert gesagt: Wenn Europa und seine Bürokratie bewusst werden, boomen nationalitätsbezogene Denkmuster (gegenwärtig: ‚die verschwenderischen Griechen‘; ‚wir zahlenden Deutschen‘ u. a.). Wird mir bewusst, dass mein Konsumverhalten immer globaler wird, steuere ich semantisch gegen, indem ich bestimmte Waren gerne und ‚ganz bewusst‘ auf dem heimischen Wochenmarkt erstehe. Gibt’s nur noch e-mail, schreibe ich manches bewusst mit der Hand, mit einem ausgesuchten Füllfederhalter und auf werthaltigem Papier.

Dies beobachten auch Damberg / Hellemans: Die Delokalisierung hat auch eine Re- oder Neulokalisierung im Gefolge. Schließlich müssen auch die von der höheren, intermediären Ebene geplanten und angebotenen Aktivitäten irgendwo stattfinden. Es kommt damit durchaus zu einer Stärkung lokaler Präsenz, dies allerdings unter anderen Vorzeichen als in früheren Zeiten, in denen die Netzwerke eines Ortes und die des kirchlichen Einzugs weitgehend deckungsgleich waren. Die aktuelle Situation ist eher von einer „vertrackten Verflechtung mehrerer Ebenen“[29] gekennzeichnet. Es herrscht Konkurrenz zwischen paroikalen und diözesanen Angeboten; es kommt zwar zu größerem Portfolio an religiösen Ausdrucksmöglichkeiten für die Einzelnen, aber auch zu Planungsunsicherheiten für die ‚Anbieter‘; bei Abstimmungsproblemen der Ebenen kann man schneller in die Bürokratiefalle geraten usw. Man kann also aus der Delokalisierung vor allem dann lokalen Profit schlagen, wenn man eine starke und selbstbewusste Präsenz vor Ort aufbaut und die Gläubigen zu mobilisieren versteht, die Kirche weniger konsumatorisch als Dienstleisterin für die eigenen religiösen Bedürfnisse sehen, sondern als diakonisches Netzwerk für den säkularen Ort, an dem man wohnt und lebt. Das Problem: Genau dieser Kirchennutzerstil ist im deutschen Katholizismus sehr wenig eingeübt, konnte auch durch gemeindetheologisch inspirierte Bildungsanstrengungen kaum vermittelt und müsste erst mit langem Atem beworben werden. Für die heutige Situation gilt eher: Die, die teils vehement auf eine wohnortnahe Gemeindepräsenz dringen, tun dies weniger aus der Idee, dass die Gemeinde für ihr Territorium eine Sendung und eine Verantwortung hat, sondern ‚weil es dazugehört‘[30], weil man es nicht anders kennt, weil man aus seinen Kirchensteuerbeiträgen ein Recht auf lokale Versorgung ableitet oder weil es einfach bequemer ist.[31] Die Idee, Gemeindeentwicklung vor Ort zu mobilisieren[32], nachbarschaftlich und diakonisch, in Prozessen der Selbstorganisation und aus einer Taufspiritualität heraus, hat eine frappierende Plausibilität. Nur: Die Leute, die dieses Engagement als Ausdruck ihrer christlichen Zeitgenossenschaft verstehen und betreiben, sind noch in zu kleiner Zahl gefunden und motiviert. Hier liegt vielleicht die zentrale Steuerungsaufgabe, die sowohl von intermediärer wie von basaler Ebene her anzugehen ist.

Ressource 6: Kontexte des Säkularen und des Weltkirchlichen

Ein letzter Punkt bündelt in gewisser Weise die übrigen genannten: Gemeinde wird ihre Zukunftsfähigkeit daraus schöpfen können, dass sie sich von ihren kulturellen Kontexten her immer neu inspirieren, vitalisieren und korrigieren lässt. Diese sozusagen osmotische Grundausrichtung liegt sowohl allgemein in der Konsequenz der pneumatologischen Fundierung des Kirchenverständnisses wie speziell in der Logik gabenorientierter Partizipation in einer Gemeindewerdung aus Taufe und Gemeinsamem Priestertum. Vollends ist in der ‚Nutzung' der religionsproduktiven Dynamik der Biografisierung der Kontextbezug erkennbar.

Von den hier versammelten Expertisen wird die Gemeinde der Zukunft damit gerade nicht in einem Schema der Kontrastgesellschaft, der Opposition zur ‚Welt' oder der inneren Abgeschlossenheit gedacht. Gemeinde, das ist hier nicht der Gegenort zum Säkularen, nicht die Sammlung der Entschiedenen und keine Komm-Struktur, nicht der ‚U-topos', sondern bestenfalls der ‚Hetero-Topos', der überraschende und optioneneröffnende Anders-Ort zum Gewohnten *(Wustmans)*. Die Ekklesiologie ist induktiv, nicht deduktiv (*Hennecke*, 269). Der Schauplatz von Gemeindewerdung und Gemeindepräsenz wird nicht kirchenexklusiv modelliert, etwa als Betonung der rituellen oder diakonischen Vollzüge, sondern lebensweltlich-inklusiv, öffentlich und dezentral. Gemeinde soll das ausdrücken, was Menschen aus dem Glauben an Gottes Präsenz an Leben hervorbringen, und zwar genau dort, wo sie es genuin hervorbringen. Insofern wird die übliche Grenzziehung obsolet: Kirche steht von ihrem Wesen und ihrer Aufgabe her nicht der ‚Welt' als Referenzgröße derselben Kategorie gegenüber, sondern ‚Welt' wird der umfassende Kontext, in dem auch Kirche sich ereignet. Der Kontext, die Umwelt von Gemeinde kann ihr daher gar nicht irgendwie fremd sein oder hinderlich. Im Gegenteil: In einer Konstellation von ‚Kirche *in* der Welt von heute' bekommen kirchliche Präsenzformen die Aufgabe der repräsentativen Artikulation eines Lebens von der Heilserfahrung Gottes her, und zwar im gegebenen Raum. Die geschichts- und strukturbildende Kraft des Katholischen liegt ja gerade in ihrer kulturellen Anschlussfähigkeit, nicht in einer ideologischen Zuspitzung, die die lernend zu verkündende Botschaft immer als ungeschichtlich und unsituiert auspreist.[33] Es ist ein Warnzeichen, wenn eine Gemeinde in einer Stadt wie Gelsenkirchen einer Gemeinde im Sauerland zu stark zu ähneln beginnt.

Welche Kontexte sind das konkret, die für zukunftsfähige Gemeindeentwicklung zur Ressource werden können? Hier zeigen die Beiträge, zusätzlich zur bereits skizzierten Dynamik biografisierter Lebens- und Glaubensgestaltung sowie zum unmittelbar kommunalen Ortsbezug zwei weitere Hauptformen auf: Lernen von den Sozialwissenschaften sowie von den anderen Ortskirchen im globalen Katholizismus.

Das Lernen von den Sozialwissenschaften führen besonders *Fischer* und *Steinebach* vor, indem sie aktuelle Managementliteratur studieren und empirische Modelle der Unternehmens- und Personalentwicklung auf die Ekklesiogenese beziehen. Ohne ihre Überlegungen hier genauer diskutieren zu wollen, sind ihre Beiträge doch ein deutlicher Beleg für die immer weiter ansteigende Wichtigkeit solcher Übertragungen organisationalen Lernens von dem einen Kultursachbereich (wie etwa Wirtschaft, Verwaltung oder Medien) auf den kirchlichen. Nur so kann Pastoraltheologie ihrer von Rahner wegweisend formulierten Dienstfunktion nachkommen, eine theologisch fundierte Situationsanalyse beizubringen, die dem kirchlichen Selbstvollzug jene Daten zuführt, die aus den klassischen Offenbarungsquellen nicht zu eruieren sind.

Als weltkirchliche Kontexte werden vor allem die französischen *(Bauer, Böhnke, Hennecke)*, anglikanischen *(Hennecke)* sowie die US-amerikanischen *(Hermann)* Erfahrungen benannt. Hier ist mindestens bemerkenswert, dass offenbar neue Ortskirchen auf dem Lernradar der Gemeindetheologie auf- und altbekannte abgetaucht sind. Etwa lateinamerikanische Erfahrungen, eigentlich in diesem Diskurs immer ‚gesetzt', werden gegenwärtig weniger als maßgebliche Orientierung genannt. Das Gespräch um Basisgemeinden scheint eher abgeflaut. Oder leben sie in anderem Gewand wieder auf? Schließlich sind die oben ja bereits genannten Prozesse der Selbstorganisation aus Taufe und damit auch Wort Gottes heraus den basisgemeindlichen Prozessen nicht unähnlich. Konjunktur haben aber aktuell eher andere Bezirke: etwa die Erfahrungen aus dem Bistum Poitiers[34], die anglikanischen *fresh expressions of church*[35] oder die Erkundungen des US-Katholizismus im Bochumer Projekt CrossingOver[36].

Dies kann man ganz unspektakulär beobachten, denn damit sind ja keine Wertungen verbunden. Es wäre übrigens ohnehin einmal eine Untersuchung wert, nach welchen Prozessdynamiken solche Themen-Konjunkturen und Agenda-Settings in der gemeindetheologischen Szene eigentlich verlaufen. Positiv ist festzuhalten, dass mindestens in Sachen Gemeindeentwicklung die ökumenische Orientierung in vollem Gange ist und neue Lernchancen freisetzt. Hinzuweisen ist hier auf den Großkongress ‚Kirche hoch zwei' im

Februar 2013, der sowohl landes- und freikirchliche protestantische Erfahrungen wie anglikanische und katholische vorstellen wird.[37]

Zusammenfassung

Sechs Ressourcenbündel konnten synoptisch gefunden werden, die die sieben Handlungsvorschläge der Beiträge in Teil II wie Querlinien kreuzen. Eine Art thetisches Koordinatensystem zukunftsfähiger Gemeindepraxis zeichnet sich damit ab und stellt sich der Diskussion – wobei bei einem solchen Synthetisierungsversuch natürlich sowohl die Differenz der einzelnen Autorinnen und Autoren wie die referierten kritischen Kommentare des akademischen Diskurses aus Teil I mitzulesen sind.

Aber immerhin: Eine Drift ist deutlich erkennbar. Aus der Sicht der Herausgeberschaft dieses Bandes kann diese in folgenden Thesen zusammengefasst werden:

Wie hat ‚Gemeinde' Zukunft?

- ‚Gemeinde' ist eine Praxis- und eine Sozialform.
- Als Praxisform kann ‚Gemeinde' in verschiedenen Sozialformen Gestalt annehmen (als Event, Kirch-Ort, Bewegung, Hauskreis, Verband usw.).
- Für die Gemeinde als eigener Sozialform sind Prozesse der Selbstorganisation konstitutiv.
- Diese Prozesse der Selbstorganisation werden geistlich aus einem neu betonten Taufbewusstsein vitalisiert. Die Identitätsformel ‚Getaufte' trifft das neue Rollenbewusstsein besser als die Bezeichnung ‚Laie'.
- Diese Prozesse der Selbstorganisation richten sich auf die lokale, nahräumliche, vielleicht sogar nachbarschaftliche Ebene.
- Jedenfalls soll Gemeinde die Garantin für die katholisch-diakonische Idee sein, mindestens potenziell alle Men-

schen und alle Situationen eines bestimmten Raumes mit dem Heilsversprechen Gottes in Verbindung zu bringen.

- Insofern ist der die Gemeinde umgebende Kontext der Stadt, der Kommune, der säkularen Kultur eine normativ orientierende Größe für die Prozesse der Gemeindeentwicklung. Letztlich hat Gemeindeentwicklung einen doppelten Sinn: Als ‚Zeichen' soll die Heilszusage Gottes am Ort dreidimensional wahrnehmbar sein; als ‚Instrument' soll die ‚Heils-Entwicklung' des umgebenden Raumes (in Allianz mit anderen) vorangetrieben werden.
- Gemeinde ist damit nicht Gegenspielerin oder Überwinderin, sondern Akteurin im säkularen Raum.
- Gemeinde profitiert in diesem Zusammenhang vor allem von den religionsproduktiven biografischen Dynamiken moderner Vergesellschaftung. Sie will eine ihrer Repräsentations- und Artikulationsforen sein.
- Hierzu bietet die Rede von ‚Begabungen', ‚Berufungen' oder ‚Charismen' eine sowohl soziologisch wie alltagsweltlich und ekklesiologisch potenzialreiche Heuristik an.
- Am deutlichsten zeigt sich ein solch aufgabenorientiertes und kontextualisiertes ekklesiologisches Selbstverständnis in der Idee, Gemeinden vor allem dort neu zu bilden, wo säkulare Verdichtungen von verschiedenen Lebensbedeutungen bereits eigene Orte bilden. Als Beispiele werden Schulen, Cities, Kneipen, Kindergärten oder Gefängnisse genannt. Kirche fügt in diesem Verständnis dem Raum keine eigenen Orte hinzu, sondern bietet sich an, das Leben an diesen bereits vorhandenen säkularen Orten im Namen Christi geistlich und kommunial zu gestalten, zu deuten und zu feiern.
- Diese Idee solcher sogenannter *fresh expressions of church* ist ein Lernimport aus der anglikanischen Kirche. Dies ist ein Beispiel für eine wichtige Ressource zukünftiger Gemeindeentwicklung: Man wird aus ökumenischer und

weltkirchlicher Recherche lernen können, was eventuell auch am eigenen Ort Bedeutung bekommen kann.

- Im gleichen Sinn ist auch die Orientierung am Erkenntnisangebot der Human- und Sozialwissenschaften unerlässlich. Kirchliche Selbstorganisation ist nicht identisch, hat aber enorme Überschneidungsflächen mit ähnlichen Prozessen anderer gesellschaftlicher Praxisfelder.
- Wie auch immer sich die Prozesse lokaler Selbstorganisation der Getauften darstellen: Es ist erste Aufgabe der übergeordneten hauptamtlichen und intermediären Ebenen, sie operativ, curricular, personell und finanziell zu unterstützen.
- Der überkommene Rollendualismus aus ‚Geweihten' und ‚Laien' wird in der neu zu Bewusstsein gekommenen übergreifenden Größe des ‚Gemeinsamen Priestertums' aller Getaufter neu ausbalanciert. Dies impliziert gleichermaßen einen Abbau klerikaler wie laikaler Überbewertungen der eigenen wie einen Abbau des teils überbordenden Anspruchsverhaltens an die je andere Rolle im Volk Gottes.
- In der Leitungsfrage hat die Theologie des ‚Gemeinsamen Priestertums' einen ihrer wichtigsten operativen Bewährungspunkte. Diskutiert werden Ergänzungs-, Team- und/oder Ersatzmodelle zur Praxis einer rein pfarrerzentrierten Leitungsidee. Eine große und kaum zu substituierende Glaubwürdigkeitschance liegt auf der Frage, ob an dieser Stelle der Überschlag von theologischer Semantik in operative Struktur gelingt.
- Insgesamt überzeugt eine pneumatologisch gewendete Ekklesiologie am meisten. Sie nimmt die Impulse des Vatikanum II auf, weitet und dynamisiert das Kirchenverständnis von der institutionellen auf die diakonisch-missionarische Dimension, bietet religiös selbstbestimmten Individuen ausdrucksstarke Selbstbeschreibungen an

(Taufe, Charisma, Gemeinsames Priestertum, Priester bzw. Hauptamtliche/r im Volk Gottes usw.), ist aufnahmefähig für die zu kultivierenden anstehenden verschiedenen Pluralitäten (von ekklesialen Sozialformen, von lebensweltlichen Religiositätsstilen, von Ortssituationen usw.) und kann sehr genau in operative Handlungslogiken überführt werden (Selbstorganisation, Change-Management, Prozessbegleitung von Gemeindebildung, systemische Sicherung von Innovation u. a.).

Literatur

Deutsche Bischofskonferenz (Hg.): Apostolisches Schreiben Johannes Pauls II. Novo millenio ineunte (= Verlautbarungen Nr.150), Bonn 2001.

EKD (Hg.): Das Evangelium unter die Leute bringen. Zum missionarischen Dienst der Kirche in unserem Land (= EKD-Texte 68, hg. vom Kirchenamt der EKD), Hannover 2000.

Feiter, R./Müller, H. (Hg.): Frei geben. Pastoraltheologische Impulse aus Frankreich, Mainz 2012.

dies. (Hg.): Was wird jetzt aus uns, Herr Bischof? Ermutigende Erfahrungen der Gemeindebildung in Poitiers, Ostfildern 2009.

Först, J./Kügler, J. (Hg.): Die unbekannte Mehrheit. Mit Taufe, Trauung und Bestattung durchs Leben?, Berlin 2006.

Gabriel, K.: Gemeinden im Spannungsfeld von Delokalisierung und Relokalisierung. Theoretische Reflexionen und empirische Bezüge, in: Evangelische Theologie H.6/2010, 427–438.

Hempelmann, H./Herbst, M./Weimer, M. (Hg.): Gemeinde 2.0. Frische Formen für die Kirche von heute, Neukirchen-Vluyn 2011.

Hennecke, Ch./Elhaus, Ph. (Hg.): Gottes Sehnsucht in der Stadt. Auf der Suche nach Gemeinden für Morgen, Würzburg 2011.

Hennecke, Ch./Samson-Ohlendorf, M. (Hg.): Die Rückkehr der Verantwortung. Kleine Christliche Gemeinschaften als Kirche der Nähe, Würzburg 2011.

Herbst, M.: Dem „Englischen Patienten" geht es besser. Was können wir von der Anglikanischen Kirche lernen?, in: Hennecke/Elhaus, 39–74.

Hervieu-Léger, D.: Pilger und Konvertiten. Religion in Bewegung, Würzburg 2004.

Hilberath, B.J.: Das Gemeinsame Priestertum aller Gläubigen, in: Lebendige Seelsorge, H. 2/2010, 143–147.
Hoff, G.M.: Ekklesiologie, Paderborn u.a. 2011.
Kehl, M.: Die Kirche. Eine katholische Ekklesiologie, Würzburg 1994.
MDG, MDG-Trendmonitor Religiöse Kommunikation 2010, München 2010.
Pohl-Patalong, U.: Von der Ortskirche zu kirchlichen Orten. Ein Zukunftsmodell, Göttingen[2] 2005.
Rahner, K.: Strukturwandel der Kirche als Aufgabe und Chance, Freiburg / Br. 1958.
Reinhold, K./Sellmann, M. (Hg.), Katholische Kirche und Gemeindeleben in den USA und bei uns. Ergebnisse einer überraschenden Umfrage, Münster 2011.
Sander, H.-J.: nicht ausweichen. Die prekäre Lage der Kirche, Würzburg 2002.
Sellmann, M.: Vom großen Wunsch, aus seinem Leben eine Kunst zu machen. Eine pastoraltheologische Phänomenanalyse, in: Karle, I. (Hg), Lebensberatung – Weisheit – Lebenskunst, Leipzig 2011, 185–199.
ders.: Von der Unsicherheit, individuell sein zu wollen, in: Hoff, G.M. (Hg.), Sicher/Unsicher (= Publikation der Salzburger Hochschulwochen 2011), 93–119.
ders.: Zuhören – Austauschen – Vorschlagen. Entdeckungen pastoraltheologischer Milieuforschung, Würzburg 2012.
Spielberg, B./Schilling, A. (Hg.): Kontroversen: Worum es sich in der Seelsorge zu streiten lohnt. Festschrift für Erich Garhammer zum 60. Geburtstag, Würzburg 2011.
Stuflesser, M.: Lernen von den USA?! Die Zukunft der Gemeindeliturgie in Deutschland, in: Henkelmann, A./Sellmann, M. (Hrsg.), Gemeinde unter Druck – Suchbewegungen im weltkirchlichen Vergleich: Deutschland und die USA; Parish under Pressure – Quests for Meaning from a Global Perspective: Germany and the USA in Comparison, Münster 2013 (i.E.).
Wenzel, K.: Gott in der Moderne. Grund und Ansatz einer Theologie der Säkularität, in: ders./Schmidt, Th.M. (Hg.): Moderne Religion? Theologische und religionsphilosophische Reaktionen auf Jürgen Habermas, Freiburg 2009, 347–376.
Wollbold, A.: Professionalisierung und Amateurisierung. Ihr schillerndes Verhältnis in der Seelsorge, in: Anzeiger für die Seelsorge, H.1/2008, 17–20.

Anmerkungen

1 Da dieser Beitrag am Schluss des Bandes noch einmal zu allen Autorinnen und Autoren hinführen soll, sind die folgenden Zahlen in Klammern als Seitenzahlen dieses Buches zu verstehen – und laden (hoffentlich) zum nochmaligen Nachblättern ein.

2 Gemeint ist hier jene typische Form, die im Gefolge von Paul Weß und in der synthetisierenden Formel von Petro Müller und Rainer Bucher wie folgt beschrieben wird: „Überschaubare Gemeinschaften mündiger Christen sollten die anonymen Pfarrstrukturen aufbrechen und an ihre Stelle treten." (Bucher 24). Die Charakteristika dieser ‚Gemeinde-Idee' liefert Haslinger (65–69). Zu beachten ist aber Mettes Hinweis, dass sowohl die programmatische wie die reale Gemeindetheologie erheblich vielfältiger und pluraler war als es der gegenwärtige Diskurs abbildet (181).

3 Zahlen für 2006; vgl. *Reinhold/Sellmann* (Hg.), Katholische Kirche (2011), Tabellen A-25; A-78; A-34; A-135.

4 Vgl. aber auch die neueren Belege in *MDG* (2010), Trendmonitor 2010.

5 Vgl. nur *Reinhold/Sellmann*, Katholische Kirche (2011), 11–19.

6 Mette formuliert den Zusammenhang so: „Wenn Christinnen und Christen ihrer Gemeinde, der sie sich zugehörig fühlen, die Treue halten und weiterhin – in welchen Ausmaß auch immer – an ihrem Leben partizipieren, dann liegt das nicht daran, dass sie vor der verbreiteten Stimmungslage die Augen verschließen und völlig introvertiert sich ‚nach außen' abschließen. Sondern dann liegt das daran, dass sie in ihrem Nahbereich mit ihrem Christsein und der Kirche – bei allen Fragen und Zweifeln, die auch sie haben – zu viel positive Erfahrungen verbinden, als dass sie das alles einfach hinter sich lassen könnten. Sie lasse sich nicht einreden, dass in der Tat missliche oder gar abstoßende Erscheinungsformen der Kirche die Kirche schlechthin sein soll." (Mette I, 10; zustimmend zitiert bei Hermann, 6f). Zum Ganzen vgl. auch *Gabriel*, Gemeinden (2010).

7 Vgl. nur *Kehl*, Kirche (1994), 67–79; hinzuweisen ist natürlich auch schon auf *Rahner*, Strukturwandel (1958).

8 Dazu *Hoff*, Ekklesiologie (2011), 133–136.

9 Vgl. nur *Ebner*, Strukturen (2000), 62f. Ebner betont hier, dass Paulus im Korintherbrief die Gaben der Einzelnen zwar koordiniert, aber keineswegs reglementiert.

10 Vgl. nur *Stuflesser*, Lernen (2013), Kapitel 2.1. und 2.2.

11 Vgl. dazu *Wollbold*, Professionalisierung (2008).

12 Der Begriff der ‚Leute' ist hier nicht pejorativ gemeint. Gesucht wird ein Sprachgebrauch, der pluralitätsfähiger und ethnologischer ist als die immer leicht essentialistische und latent paternalistische Rede von ‚den Menschen' und die schnell zu abstrakte Rede von den ‚Personen' oder ‚Subjekten'; vgl. auch *EKD*, Evangelium (2000).

[13] Vgl. *Hennecke/Samson-Ohlendorf* (Hg.), Rückkehr (2011).

[14] Hier kann man sich der Assoziation auf aktuelle Prozesse von Pfarrerwiderständen natürlich nicht erwehren. Ohnehin wäre es eingehender Beobachtungen wert, wie eigentlich amtstheologisch das Verhältnis von Pfarrern und diözesanen Abteilungen differenziert ist. Zum Beispiel wird durch Böhnkes Schilderung die These erhärtet, dass diözesane Entwicklungsprozesse abstrakt offenbar aus der konzilstheologischen Stärkung des Bistums und der 1983 nachfolgenden kirchenrechtlichen Stärkung des Pfarrers dynamisiert werden.

[15] Vgl. *Deutsche Bischofskonferenz* (Hg.), Nuovo millenio ineunte (2001), 39–42.

[16] Vgl. *Sander*, nicht ausweichen (2002).

[17] Dies betont auch *Hilberath*, Gemeinsames Priestertum (2010).

[18] Das ist ganz unironisch gemeint. Natürlich hat der Diskurs um zukünftige Gemeindeentwicklung auch diese pragmatische Dimension: Wer wird zukünftig für Katechese zur Verfügung stehen? Wer wird zu Weihnachten die Krippe aufbauen? Wer wird sich um das Gemeindezentrum kümmern? usw. So wenig Gemeinde nur aus solchen Vollzügen gedacht werden kann, so sehr Gemeinde nicht in Verkirchlichung aufgehen darf und so gefährlich reines Betriebsdenken und Vereinsmeierei ist (‚der Laden soll laufen'), so berechtigt ist und bleibt es, Gemeinde *auch* als sozialen Handlungsvollzug zu denken, auf den hin sich schon auch irgendjemand engagieren muss.

[19] Zur offenbarungstheologischen Implikation von GS 44 vgl. ausführlich *Sellmann*, Zuhören (2012), 29–57.

[20] Vgl. *Pohl-Patalong*, Ortskirche (2005).

[21] Vgl. zu den anglikanischen Aufbrüchen *Hennecke/Elhaus* (Hg.), Sehnsucht (2011); *Hempelmann u.a.* (Hg.), Gemeinde 2.0 (2011).

[22] Vgl. nur folgende Autoren: Nassehi (Theorie der ausbleibenden Voll-Inklusion), Joas (Theorie der Sakralisierung des Selbst), Taylor (Theorie des expressiven Individualismus), Kaufmann (Theorie der konstitutiven Kulturkompatibilität des Christentums), Gabriel (Theorie der Biografie als Bezugspunkt moderner Religiosität), Wohlrab-Sahr (Theorie moderner Konversion) u.a.

[23] Dies hat *Hervieu-Léger*, Pilger (2004) für das Phänomen des modernen Pilgertums plausibel herausgearbeitet.

[24] Vgl. ausführlich *Sellmann*, Unsicherheit (2011); *Sellmann*, Wunsch (2011).

[25] Abgedruckt in *Spielberg/Schillling* (Hg.), Kontroversen (2011), 100–119.

[26] So der Titel des im Folgenden referierten Buches von *Damberg/Hellemans*.

[27] *Damberg/Hellemans* (Hg.), Neue Mitte (2010), 10.

[28] Ebd., 11.

[29] Ebd., 13.

[30] Vgl. *Först/Kügler* (Hg.), Mehrheit (2006).

[31] Zum Ganzen vgl. aber auch *Gabriel*, Delokalisierung (2010) - ein eindringliches Plädoyer dafür, die Integrationsleistung der Gemeinden nicht zu unterschätzen.

[32] Etwa als ‚*mission shaped church*' oder ‚Gemeindepflanzung', wie die evangelische Theologie das nennt; vgl. *Herbst*, Patient (2011), 60–67.

[33] Hier ist ein Seitenblick auf die aktuellen Forschungen des Frankfurter Systematikers Knut Wenzel lohnend, der schon länger an einer ‚Theologie der Welt' arbeitet und diese in Beiträgen zu einer ‚Theologie der Stadt' präzisiert hat (vgl. *Wenzel*, Gott (2009). Wenzel plädiert für eine Theologie, die gerade dann ihre Katholizität einlöst, wenn sie Säkularität unterstützt und gestaltet. Instruktiv ist hier etwa Wenzels Rezeption einer Theologie der Höflichkeit (cortesia), also des Hof-Überlassens, des Hof-Bereitens, des Raum-Gebens. Aus ihrer eigenen Intention heraus müsse Kirche aktive Kraft der Schaffung eines common grounds sein, der gerade weltanschaulich neutral bleiben müsse, um für weltanschauliche Anliegen glaubwürdigen Kommunikationsplatz zu bereiten.

[34] Vgl. nur *Feiter/Müller* (Hg.), Bischof (2009); *Feiter/Müller* (Hg.), Frei geben (2012); *Damberg/Hellemans* (Hg.), Mitte (2010), 111–137.

[35] Vgl. *Hennecke/Elhaus* (Hg.), Sehnsucht (2011); *Hempelmann u.a. (Hg.)*, Gemeinde 2.0 (2011).

[36] Vgl. nur www.crossingover.de (Button ‚Forschung'/‚Publikationen').

[37] Vgl. http://kirchehochzwei.hkdh.de (Zugriff Oktober 2012).

Die Autoren

Prof. Dr. Christian Bauer: Professor für Interkulturelle Pastoraltheologie an der Universität Innsbruck.

Prof. Dr. Michael Böhnke: Professor für Systematische Theologie an der Bergischen Universität Wuppertal.

Prof. Dr. Rainer Bucher: Professor für Pastoraltheologie an der Karl Franzens Universität Graz.

Prof. Dr. Michael Fischer: Professor für Qualitätsmanagement an der Privaten Universität für Gesundheitswissenschaften, medizinische Informatik und Technik (UMIT) in Hall in Tirol.

Prof. Dr. Herbert Haslinger: Professor für Pastoraltheologie, Homiletik, Religionspädagogik und Katechetik an der Theologischen Fakultät Paderborn.

Dr. Christian Hennecke: Regens am Priesterseminar des Bistums Hildesheim.

Dr. Markus-Liborius Hermann: Referent für Evangelisierung und missionarische Pastoral in der katholischen Arbeitsstelle für missionarische Pastoral (KAMP) in Erfurt.

Prof. Dr. Dr. h.c. Norbert Mette: Professor i.R. für Religionspädagogik und Praktische Theologie an der Technischen Universität Dortmund.

Prof. Dr. Matthias Sellmann: Professor für Pastoraltheologie an der Ruhr-Universität Bochum

Dr. Dorothea Steinebach: ständige Vertreterin des Leiters der Zentralabteilung Pastorales Personal im Bistum Paderborn.

Prof. Dr. Andreas Wollbold: Professor für Pastoraltheologie an der Ludwig-Maximilians-Universität München.

Prof. Dr. Hildegard Wustmans: Professorin für Pastoraltheologie an der Katholisch-Theologischen Privatuniversität Linz.

Weitere Bände der Reihe Theologie kontrovers

Magnus Striet (Hg.)
Gestorben für wen?
Zur Diskussion um das „pro multis"
2007, 112 Seiten
ISBN 978-3-451-29708-3

Thomas Söding (Hg.)
Das Jesus-Buch des Papstes
Die Antwort der Neutestamentler
2007, 160 Seiten
ISBN 978-3-451-29716-8

Helmut Hoping / Michael Schulz (Hg.)
Jesus und der Papst
Systematische Reflexionen zum Jesus-Buch des Papstes
2007, 128 Seiten
ISBN 978-3-451-29725-0

Albert Gerhards (Hg.)
Ein Ritus – zwei Formen
Die Richtlinie Papst Benedikts XVI. zur Liturgie
2008, 176 Seiten
ISBN 978-3-451-29781-6

Magnus Striet (Hg.)
Wiederkehr des Atheismus
Fluch oder Segen für die Theologie?
2008, 160 Seiten
ISBN 978-3-451-29821-9

HERDER

Weitere Bände der Reihe Theologie kontrovers

Jan-Heiner Tück (Hg.)
Römisches Monopol?
Der Streit um die Einheit der Kirche
2008, 160 Seiten
ISBN 978-3-451-29854-7

Walter Homolka / Erich Zenger (Hg.)
„... damit Sie Jesus Christus erkennen"
Die neue Karfreitagsfürbitte für die Juden
2008, 224 Seiten
ISBN 978-3-451-29964-3

Wolfgang Beinert (Hg.)
Vatikan und Pius-Brüder
Anatomie einer Krise
2. Auflage 2009, 260 Seiten
ISBN 978-3-451-30279-4

Stefan Orth (Hg.)
Eros – Körper – Christentum
Provokation für den Glauben?
2009, 148 Seiten
ISBN 978-3-451-30213-8

Magnus Striet (Hg.)
Hilft beten?
Schwierigkeiten mit dem Bittgebet
2010, 140 Seiten
ISBN 978-3-451-30377-7

HERDER

Weitere Bände der Reihe Theologie kontrovers

Thomas Söding (Hg.)
Tod und Auferstehung Jesu
Theologische Antworten auf das Buch des Papstes
2011, 260 Seiten
ISBN 978-3-451-30511-5

Judith Könemann, Thomas Schüller (Hg.)
Das Memorandum
Die Positionen im Für und Wider
2011, 200 Seiten
ISBN 978-3-451-30517-7

Benedikt Kranemann, Stephan Wahle (Hg.)
„... Ohren der Barmherzigkeit"
Über angemessene Liturgiesprache
2011, 240 Seiten
ISBN 978-3-451-30515-3

Jürgen Erbacher (Hg.)
Entweltlichung der Kirche?
Die Freiburger Rede des Papstes
2012, 260 Seiten
ISBN 978-3-451-30577-1

Georg Essen (Hg.)
Verfassung ohne Grund?
Die Rede des Papstes im Bundestag
2012, 220 Seiten
ISBN 978-3-451-30576-4

Weitere Bände der Reihe Theologie kontrovers

Jan-Heiner Tück (Hg.)
Risse im Fundament?
Die Pfarrerinitiative und der Streit um die Kirchenreform
2. Auflage 2012, 240 Seiten
ISBN 978-3-451-30579-5

Magnus Striet, Jan-Heiner Tück (Hg.)
Erlösung auf Golgota?
Der Opfertod Jesu im Streit der Interpretationen
2012, 180 Seiten
ISBN 978-3-451-30651-8